S. FISCHER-FABIAN

RITTER, TOD UND TEUFEL

S. FISCHER-FABIAN

RITTER, TOD UND TEUFEL

DIE DEUTSCHEN IM SPÄTEN MITTELALTER

tosa

Lizenzausgabe mit Genehmigung der
Verlagsgruppe Lübbe GmbH & Co. KG, Bergisch Gladbach,
für Tosa Verlagsgesellschaft m.b.H., Wien
Covergestaltung: Studio Höpfner-Thoma GraphicDesign, Gräfelfing,
unter Verwendung eines Bildes von AKG Berlin
Druck: Druckerei Theiss GmbH, St. Stefan im Lavanttal, Austria

www.tosa-verlag.com

Für Dietrich F.-D.,
den Freund

Inhalt

Ein Wort zuvor ...

Wer des Nachts durch die Gassen von Dinkelsbühl oder Rothenburg wandert, Städten von einzigartiger Schönheit, vom Feuersturm des letzten Krieges auf wunderbare Weise verschont, wer zu den verwitterten Wehrtürmen hinaufblickt, zu den schimmernden Giebeln der Fachwerkhäuser, zu den spitzbogigen Fenstern der Kirchen und dem »Hört, ihr Leute, laßt euch sagen!« des Nachtwächters lauscht, der wird sich für einen Moment, als sei er verzaubert, in das späte Mittelalter zurückversetzt fühlen (in ein Zeitalter, das die moderne Geschichtsschreibung von der Mitte des 14. bis zum Ende des 15. Jahrhunderts datiert).

Enea Silvio Piccolomini, Sekretär Kaiser Friedrichs III., Priester dann und aufgestiegen zum höchsten Amt der katholischen Christenheit, schrieb über die deutschen Städte jener Zeit, nachdem er Köln, Worms, Speyer, Straßburg, Ulm, Wien, Breslau, Danzig, Lübeck und Frankfurt besonders hervorgehoben hatte: »Will man daher die Wahrheit sagen, so gibt es keine Nation in Europa, deren Städte besser gestaltet sind und einen schöneren Anblick böten als die der Deutschen ...«

Eine Welt des Wohlstands und der Geborgenheit also, so möchte man glauben, geschaffen von den Bürgern der Städte, und die bürgerliche Tüchtigkeit ist in der Tat eine der gediegensten Gaben des deutschen Spätmittelalters. Bürger waren es, die die himmelragenden Dome bauten, die die Skulpturen schufen, die die Gemälde malten. Bürger fuhren mit ihren Wagen und Schiffen in abenteuerliche Fernen, und ihr Wort, das Kaufmannswort, galt mehr als Königswort. Bürger bereiteten dem Handwerk einen goldenen Boden, und bei ihren

Arbeiten gedieh die Zweckmäßigkeit zur Schönheit. Bürger lehrten und lernten an den neu gegründeten Universitäten, entdeckten die Kunst, Bücher zu drucken, und das System, anstelle von Naturalien mit Geld zu zahlen.

Diese bürgerliche Kultur, von der nationalen Geschichtsschreibung des 19. Jahrhunderts zur Butzenscheibenromantik stilisiert, verliert bei näherer Betrachtung von ihrem Glanz. Hinter der prächtigen Fassade erscheint ein Reich, zersplittert in Hunderte von Gebilden, die sich Herzogtümer nennen, Erzbistümer, Bistümer, Abteien, Kurfürstentümer, Fürstentümer, Markgrafschaften, Landgrafschaften, Burggrafschaften, Herrschaften; thronen Kaiser ohne die Macht, Frieden zu wahren und das Recht zu schützen, und Päpste, die ihr Amt, Gott auf Erden zu vertreten, mißbrauchen; lauert der Tod in vielerlei Gestalt: er bringt die Pest und die Syphilis, läßt Hunderttausende auf den Schlachtfeldern verkommen und noch mehr Hungers sterben; er wartet am Bett der Wöchnerin und am Lager des armen Mannes, der zum Leben zuwenig hat und zum Sterben zuviel; er ist zu Gast in den Folterkammern und steht an den Scheiterhaufen, auf denen die Ketzer und die Hexen brennen.

Zwischen Verklärung und Finsternis erscheint uns das Zeitalter des späten Mittelalters, zwei Gegensätze, die ahnen lassen, von welch extremen Spannungen es bestimmt wurde. Sie zeigten sich nicht nur darin, daß es Reiche gab und Arme, Herrschende und Geknechtete, Gute und Böse; wann hätte es sie nicht gegeben? Der Mensch mit den zwei Seelen in seiner Brust tritt jetzt in die Geschichte, ein innerlich Zerrissener, der an allem zweifelt, was einst unbezweifelbar gewesen ist, dessen Leitsterne erloschen sind, dessen Welt aus den Fugen geraten ist.

Irre geworden an seinem Glauben und an denen, die ihn verkünden, ohne Maß und Mitte, ist der Mensch den Stürmen einer Epoche ausgeliefert, in der das Alte wankt und das

Neue seine Gestalt noch nicht gefunden hat. Und sein Herz ist bedrängt von namenloser Angst vor dem, was kommen wird, was kommen *muß,* das Weltenende, der Jüngste Tag.

Parallelen zum Heute? Sie zu ziehen würde nicht schwerfallen.

I Der Schwarze Tod

Es begann in Messina

Als die Galeere sich dem Hafen von Messina näherte, brach der Mann, der das Steuerruder führte, zusammen und starb innerhalb von Minuten. Zwei Ruderknechte schoben ihn mit langen Stangen an die Bordwand, stießen ihn ins Meer und krochen wieder auf ihre Bänke. Die Männer, die vor ihnen und hinter ihnen hockten, hielten die schweren Riemen umkrampft, kaum fähig, sie zu handhaben. In dem Gang zwischen den Ruderbänken lagen, noch angekettet, die Leichen, die über Bord zu werfen niemand mehr die Kraft besaß. Ihre nackten Körper waren bedeckt mit schwarzen Flecken, aus beulenförmigen Schwellungen unter den Achseln und in der Leistengegend rann eine schwärzliche Flüssigkeit, die Münder waren vom Blut verkrustet.

Die Galeere lief unter genuesischer Flagge und kam zusammen mit zwölf anderen Schiffen aus dem Schwarzmeerhafen Kaffa auf der Krim, wo die Genuesen einen Handelsstützpunkt besaßen. Ständig beunruhigt von den einheimischen Moslems, war es dort immer wieder zu Streitigkeiten gekommen, zu Waffengängen, schließlich zu einem Krieg, in dessen Verlauf Tataren die von mächtigen Mauern gesicherten Quartiere der Italiener belagerten und sie zu erobern im Begriff waren, als eine Seuche ihre Reihen lichtete. Gezwungen, die Belagerung aufzugeben, kamen sie vor ihrem Abzug auf eine infernalische Idee: statt mit Steinen luden sie ihre Belagerungsmaschinen mit Leichen. Die an der geheimnisvollen Epidemie verstorbenen Krieger wurden zu Hunderten über die Wälle katapultiert und wirkten schrecklicher, als es

Geschosse je vermocht hätten. Innerhalb weniger Tage starben durch diese bakteriologische Waffe so viele Genuesen, daß der Befehl erging, jeder möge sich retten, wie schnell er nur könne.

Die verwesenden Kadaver schienen einen wahren Gifthauch ausgeströmt zu haben.

Die Flüchtenden waren schneller als die Fama vom großen Sterben auf der Krim. Als die erste Galeere in den Hafen von Messina einlief, kamen die Menschen herbeigeströmt wie immer beim Einlaufen eines Schiffes. Sie sprachen mit den Seeleuten, tauschten Brotfladen, Wein, Öl gegen Tuche und Gewürze. Einige von ihnen nahmen sich der Kranken an und beerdigten die Toten. Niemand von ihnen ahnte, und hier geben wir dem Chronisten, einem Franziskanerpater, das Wort, daß »die Seeleute in ihren Gebeinen eine Krankheit trugen, die jeden, der nur mit ihnen sprach, ergriff, so daß er dem Tode auf keine Weise entfliehen konnte. Es starben aber nicht nur alle, welche mit ihnen verkehrten, auch jene, welche von ihren Sachen kauften oder sie berührten oder sie gebrauchten. Als die Einwohner von Messina erkannten, daß der plötzliche Tod ihnen von den genuesischen Schiffen herkam, vertrieben sie diese aus dem Hafen mit größter Eile. Aber das Übel blieb bei ihren zurück und verursachte ein ungeheures Sterben.« In diesen glutheißen Oktobertagen des Jahres 1347 begannen für Europa Jahrzehnte des Schreckens, die namenloses Elend über seine Menschen brachten und die Geschichte ihrer Länder veränderten.

Die aus Messina vertriebenen Schiffe nahmen Kurs auf die italienische Küste. Spaziergänger, die an einem Sonntag auf der Piazza dei Pesci in Pisa mit den Matrosen plauderten, erkrankten und starben binnen drei Tagen. Genua wurde heimgesucht, Lucca, dann Siena, Europas Bankenzentrum; die Toskana verwandelte sich in ein Leichenfeld; Florenz, die Reiche, Schöne, mit ihren 100 000 Einwohnern eine der größten Städte des späten Mittelalters, erlebte die Hölle auf Erden. Giovanni Boccaccio, dessen Vater zu den Opfern gehörte, leitete seine berühmte Novellensammlung »*Decamerone*« mit einem Bericht über den Schwarzen Tod ein, wie die geheimnisvolle Krankheit später allgemein genannt wurde. »Schweigen wollen wir davon, daß ein Bürger dem anderen aus dem Weg ging und daß sich schier niemand um seinen Nachbarn kümmerte, aber diese Heimsuchung hatte in den Herzen der Männer und Frauen einen solchen Schauder erregt, daß ein Bruder den anderen verließ oder der Oheim den Neffen und die Schwester den Bruder und oft die Frau ihren Gatten; und, was gewichtiger und schier unglaublich ist, sogar die Väter und die Mütter scheuten sich, nach ihren Kindern zu sehen und sie zu pflegen, als ob sie Fremde geworden wären. Nicht wenige waren es, die bei Tag oder bei Nacht auf öffentlicher Straße verschieden, und bei vielen, die in ihren Häusern gestorben, erfuhren die Nachbarn erst durch den Gestank ihrer verwesenden Körper, daß sie tot waren; und sie zogen die Leichname entweder allein oder, wenn sie Träger haben konnten, mit deren Hilfe aus den Häusern und legten sie vor die Türen, so daß jeder der Vorübergehenden ganze Reihen derselben antreffen konnte. Gewöhnlich wurden drei und vier zusammengelegt, und es geschah des öfteren, daß Frau und Mann, zwei oder drei Brüder oder Vater und Sohn beieinanderlagen ... Da für die große Menge der Leichen, die täglich, ja beinah stündlich zu allen Kirchen gebracht wurden, die geweihte Erde der Friedhöfe nicht ausreichte, wurden große Gruben gemacht und die neu hinzukommenden zu Hunderten hineingelegt; dort wurden sie, wie Kaufmannswaren in Schiffen, schichtweise übereinander gelegt und mit wenig Erde bedeckt, bis die Grube bis zum Rand voll war.«

Beim Schwarzen Tod handelt es sich um die Pest, eine Bezeichnung, die aus dem Lateinischen kommt, wo das Wort *pestis* Seuche heißt. Sie zeigt sich zunächst durch Lymphknotenschwellungen an den Leisten-, den Achsel-, den Halsdrüsen und durch Karbunkel. Neben dieser Beulenpest entwickelte sich im Verlauf mancher Epidemien durch die das Blut vergiftenden Bakterien eine Erkrankung der Lungen. Wer von der Beulenpest befallen war, hatte eine Überlebenschance, wenn die vereiterten Lymphknoten frühzeitig aufgeschnitten wurden. Die Lungenpest dagegen, die durch die Tröpfcheninfektion übertragen wurde, bedeutete das Todesurteil.

Woher sie kam, was ihre Ursache war, davon hegte man Vorstellungen, die auf dem Boden des Aberglaubens und des Gerüchts wucherten. Im fernsten China habe die Erde sich geöffnet, Blut sei vom Himmel geregnet, Schlangen, Kröten, Ratten in ungeheurer Zahl hätten die Menschen aus ihren Häusern vertrieben, Heuschrecken ihre Felder kahlgefressen und aus dem Hexensabbat steige todbringender giftiger Nebel. Der Wind wehe den Nebel der Pestilenz hinüber zu den Ländern Europas, getragen von den Engeln des Herrn, den Racheengeln. Denn Gott habe die Pest als Strafe für die Sünden der Menschen verhängt, sie, die unmenschlich geworden seien, die Ihn nicht mehr kennten, Seiner Stimme nicht mehr gehorchten, den Nächsten nicht mehr liebten, in Üppigkeit, Gier und Heuchelei verkamen.

Wenn Gott die Menschen mit der Seuche züchtigen wollte, dann hieß das, in sich zu gehen, sich zu bessern, zu büßen, seinen Zorn zu besänftigen. Hunderte versammelten sich in den Kirchen, Tausende auf den Plätzen davor: ihre Gebete stiegen zum Himmel, ihr Flehen und ihre Rufe um Fürbitte »Heilige Jungfrau, hilf!« – »Heiliger Rochus, hilf!« – »Heiliger Sebastian, hilf!«

Die Heiligen aber zeigten sich taub und halfen nicht. Im Gegenteil, nach jedem Bittgottesdienst starben mehr Menschen als zuvor. Die meisten Opfer gab es unter denen, die daran teilgenommen hatten: sie hatten sich angesteckt und steckten wieder andere an. So wanderte die Pest weiter. Die apokalyptischen Reiter, die den Krieg brachten, den Hunger, den Tod und die Pest, Schreckensgestalten, denen Dürer am eindringlichsten Leben verleihen sollte, zogen unaufhaltsam voran.

In einer Zangenbewegung rückte die Pest auf die deutschen Länder vor: von Oberitalien über Kärnten, Steiermark, Wien nach Regensburg und, westwärts, über das Rhônetal in die Schweiz, nach Konstanz, den Rhein abwärts. Die Städte an den großen Flüssen und am Meer erreichte sie besonders rasch, im Gegensatz zu ihrem eher gemächlichen, wenn auch stetem Fortschreiten zu Land – denn sie reiste mit den Schiffen. Ostern 1349 gelangte sie nach Frankfurt, wo sie binnen 72 Tagen mehr als 2 000 Einwohner tötete. In Köln, Mainz und Limburg starben zeitweise über 100 Menschen am Tag, Hannover zählte 3 000, Münster 11 000, Erfurt 12 000 Tote. In Hamburg starben 12 von 34 Bäckermeistern, 18 von 40 Fleischern, 16 von 21 Ratsmitgliedern, in Lüneburg starb jeder dritte Stadtschreiber, in den Kreuzgängen des Franziskanerklosters von Magdeburg traf man auf drei völlig verwirrte Mönche, die einzigen Überlebenden.

Hühnermist, Krötenlaich und Spinneneier

Die Sterblichkeit war in der Enge der Städte größer als auf dem Lande, mit einer einzigen Ausnahme – Nürnberg, der Stadt, die den Handel zwischen dem Süden und dem Norden vermittelte. Die etwa zwanzigtausend Einwohner wurden von Ratsherren regiert, denen, und das war ungewöhnlich, Sauberkeit über alles zu gehen schien. Sie ließen die – gepflasterten! – Straßen reinigen, die Schweine von den Plätzen vertreiben, drohten Schmutzfinken hohe Strafen an, richteten öffentliche Bäder ein, beschäftigten Amtsärzte, Hebammen,

Krankenschwestern. Die Behausungen verstorbener Pestkranker wurden ausgeräuchert, ihre Kleider und Betten verbrannt, die Toten möglichst rasch vor den Toren begraben.

Maßnahmen, die kaum Schule machten, war doch der Zusammenhang zwischen Hygiene und Krankheit weitgehend unbekannt. Die medizinische Versorgung wurde von praktischen Ärzten, von Chirurgen, Apothekern, Barbieren und Quacksalbern betrieben. Die Allgemeinärzte und die Chirurgen damals waren besser als ihr heutiger Ruf und keineswegs vom Typ des Doktors Eisenbarth, der die Leut' kuriert auf seine Art, wie es im Spottlied hieß. Wer auf den medizinischen Hochschulen von Salerno, Montpellier, Bologna, Paris, Padua, Oxford gelernt hatte, verstand es, komplizierte Brüche zu richten, Blasensteine zu entfernen, den grauen Star zu stechen. Die Farbe und Konsistenz des Urins, die Zahl der Pulsschläge, das Aussehen des Auges wurden zur Diagnose herangezogen. Im übrigen tat man das, was man heute zunehmend wieder tut: man bediente sich kenntnisreich und mit viel Erfolg der großen Apotheke namens Natur.

Gegen die Pest jedoch war ihnen kein Kraut gewachsen. Sie zündeten Räucherstäbchen an, legten Weihrauch, Myrrhe, Sandelholz auf Kohlebecken, entfachten in den Krankenstuben stark rauchende Feuer (wobei bisweilen das Haus zusammen mit dem Patienten verbrannte). Oder sie brauten nach dem heute noch geltenden Volksglauben, wonach eine Arznei scheußlich schmecken müsse, solle sie helfen, ekelerregende Mixturen aus Hühnermist, Krötenlaich, Spinneneiern, Knabenurin und verabreichten sie den Kranken. Wenn sie nicht, wie die Priester, den von der Pest Befallenen empfahlen, zu beten und zu beichten, denn so würden »die vergiffte Astralische Pfeil abgewend«. Bezeichnend für die Hilflosigkeit der Ärzteschaft waren die Ratschläge der medizinischen Fakultät der Universität Paris, wonach man sich nicht dem Morgentau aussetzen, starke Gemütserregungen vermeiden solle, Kalbfleisch essen dürfe, aber kein Schweinefleisch, ein guter Trunk starken Weins nie schaden könne. Eine Dreierkonstellation aus Saturn, Jupiter und Mars, die in einem Winkel von vierzig Grad zum Aquarius getreten sei, trage die Schuld an der Epidemie, konstatierten die Herren Professoren und waren so klug, sich eine Hintertür offenzuhalten mit dem Satz, es könnten auch Elemente eine Rolle spielen, die zu entdecken »selbst feinsten Geistern nicht gelingen müsse«.

Das Urteil aus Paris wurde von den Ärzten in ganz Europa dankbar begrüßt. Man hatte es nun schriftlich, wie wenig gegen die Seuche auszurichten war. Das erleichterte jenen das Gewissen, die aus panischer Furcht, von ihren Patienten mit ins Grab gerissen zu werden, irgendwohin geflüchtet waren, wo sie niemand kannte. Einige wenige ihrer Kollegen bewiesen mehr Mut, ja, wenn man an die tödliche Gefahr der Ansteckung denkt, Heldenmut. Sie schlichen sich nächtens auf die Kirchhöfe, bargen eine frische Pestleiche und sezierten sie bei Fackellicht. Hier irgendwo in den Eingeweiden, in den inneren Organen, mußte doch, beim Äskulap, die Wurzel des Übels stecken. Suchte man nur sorgfältig genug, dann ... Aber sie fanden das Übel nicht, und es mutet uns an wie tragische Ironie, wenn wir von einem der Ärzte hören, wie er erst einmal die Ratten hatte verscheuchen müssen, bevor er an die Sektion gehen konnte.

Ratten – intelligent, anpassungsfähig, fruchtbar, wie sie sind – waren immer wieder allen Verfolgungen entgangen, sei es durch Gift, Fallen, Kopfpreise, so daß der Mensch sie allmählich zwar als gehaßte, doch vertraute Begleiter akzeptierte. Deshalb vermutete auch niemand, daß sie den Teufel im Leib haben könnten. Über fünfhundert Jahre dauerte es, bis der Mensch ihm auf die Spur kam. Der japanische Baron Schibasaburo Kitasato, ein Mitarbeiter Robert Kochs, entdeckte 1894 in der Blutbahn der Ratte ein gramnegatives, unbewegliches, bipolares Stäbchen, das er als Erreger der Pest identifizierte. Pasteurella pestis wurde von der Ratte nicht direkt auf den Menschen übertragen – es sei denn durch Bisse, was selten vorkam –, sondern durch ein nur wenige Millimeter großes Insekt, den orientalischen Rattenfloh.

Die Ratte war das Wirtstier und Xenopsylla cheopsis, wie der Rattenfloh in der Fachsprache heißt, der Untermieter. Er ernährte sich von ihrem Blut, sog bei jeder Mahlzeit Bazillen in sich ein und würgte sie beim nächsten Biß durch den Rüssel in das Blut des neuen Opfers wieder aus. Das war im allgemeinen eine Ratte, aber auch ein Mensch kam in Frage. Xenopsylla war nicht wirtsgebunden; er wechselte, und zwar besonders dann, wenn seine ursprünglichen Wirtsleute aus irgendwelchen Gründen krepierten. Die Übertragung von Mensch zu Mensch übernahm dann zumindest bei der Beulenpest, Pulex irritans, der Menschenfloh.

Der Herd der Seuche, soviel weiß man heute, lag in Zentralasien, von wo aus sie sich über die Karawanenwege westwärts bewegte, transportiert von der, inclusive Schwanz, bis zu fünfzig Zentimeter groß werdenden Wanderratte und der etwas kleineren Hausratte. Die Hausratte klettert ebenso gewandt, wie sie schwimmt. Die hölzernen Bordwände der an den Kais liegenden Schiffe erklomm sie spielend oder turnte geschickt die Taue der im Hafenbecken ankernden Segler empor. Einige Ratten blieben dauernd an Bord, andere verließen ihr schwimmendes Domizil im nächsten Hafen und siedelten in Speichern und Wohnhäusern. So trugen die Schiffahrtswege am stärksten dazu bei, die Pest in Europa zu verbreiten.

Auch in den Städten und Dörfern Deutschlands begannen die menschlichen Bande des Anstands und der Hilfsbereitschaft sich zu lösen. Kranke wurden nicht nur im Stich gelassen – der Hund war meist das einzige Lebewesen, das an ihrem Bett zurückblieb –, sie wurden beraubt, ihre Häuser geplündert, sterbende Frauen von marodierenden Banden vergewaltigt; Ärzte weigerten sich, Pestkranke zu behandeln, Priester, ihnen die Letzte Ölung zu geben; Notare ließen sich den letzten Willen durch die spaltbreit geöffnete Tür übermitteln. Die Erbschleicher hatten Konjunktur, wenn auch ihre Tätigkeit, den erkrankten Erblasser zu ihren Gunsten zu überreden, nicht ohne Risiko war. Reichen Verwandten, die noch gesund waren, schickte man einen Leichenträger ins Haus, damit er sie anstecke.

In den Städten sah es aus wie im Vorhof der Hölle: streunende Hunde, welche die vor den Türen liegenden Leichname anfraßen; Büttel, die an die Tore das Pestkreuz malten; das Rattern der Totenkarren, der pestilenzartige Gestank, das ohrenbetäubende Glockengeläut, das Schreien und Weinen der Hinterbliebenen. Von den noch Lebenden büßten einige in Sack und Asche; andere zogen sich in unzugängliche Wälder zurück; wieder andere frönten, wie der Chronist berichtet, dem Tanz, der Wollust, der Völlerei und überließen sich den widernatürlichsten Lüsten ohne Scham und Scheu: der Homosexualität, der Sodomie, der Blutschande, den Bacchanalen in den Kirchen mit der Ausübung des Beischlafs auf dem Altar. Niemand von ihnen scherte sich um die Warnungen der Ärzte, »wonach Geilheit die Leiber zur Pestilenz tauglicher« mache und jeder Geschlechtsverkehr die »Totenfackel entzünde«. Teufelsbruderschaften etablierten sich, wie die Luciferiner, für die Gott grundböse war. Sie beteten »Vater Unser, wenn du bist im Himmel, so nur durch Gewalt und Ungerechtigkeit.«

Die Geisselbrüder

Die Kirche war machtlos gegen das ihren Lehren hohnsprechende Treiben. Priester, die ihrem Amt nicht mehr nachkamen, weil sie offensichtlich das Jenseits fürchteten (in das zu gelangen sie doch ihrer Gemeinde als höchstes Ziel hingestellt hatten), ihnen glaubte man nicht mehr, so wenig wie Bischöfen, die ihre Diözese im Stich ließen, wie Mönchen und Nonnen, die ihre Tore den Kranken verschlossen. Es gab rühmenswerte Ausnahmen: eigens gegründete fromme Bruderschaften widmeten sich der Krankenpflege und der Totenbestattung unter Aufopferung ihres eigenen Lebens. Doch allzu viele blieben ohne die Tröstungen der Heiligen Kirche und vor allem ohne Lossprechung von ihren Sünden. Der Papst sah sich gezwungen, derart Dahingeschiedenen nachträglich die Absolution zu erteilen. Wer auf dem Weg nach Rom sterben sollte, wo 1350 mit der Öffnung der vermauerten Pforte Petri am Petersdom das Jubeljahr gefeiert wurde, der erhielt im voraus den Ablaß aller Sünden; ja Clemens VI. beeilte sich hinzuzusetzen, daß den Engeln Weisung erteilt sei, die Seelen der Verstorbenen sofort ins Paradies zu tragen, weil er sie vom Fegefeuer freigesprochen habe.

Von den Gläubigen, die aus ihren Städten und Dörfern in ganz Europa aufbrachen und sich auf die lange, beschwerliche Pilgerreise machten, kamen allzu viele in den Genuß der Verheißung. Der Pesttod konnte unter den zu Hunderttausenden in den Kirchen und Quartieren zusammengeballten Menschenmassen reiche Ernte halten. Kein Appell an den als Pestheiligen bewährten Rochus half und auch nicht der geweihte Wein, der durch des Märtyrers Sebastian Hirnschale geronnen war. Nur jeder zehnte Pilger sah seine Heimat wieder.

In Avignon, dem damaligen Sitz der Kurie, wütete die Seuche derart, daß der Papst das Wasser der Rhône weihte, damit man die Leichen ohne Gewissensbisse hineinwerfen konnte. Er selbst entging, im Gegensatz zu sieben seiner Kardinäle, dem Tod, weil er sich streng nach den Weisungen seines Leibarztes richtete, des berühmtesten Mediziners seiner Zeit. Guy de Chauliac, wie er hieß, war kein Wunderheiler, eines aber schien er erkannt zu haben: daß es sich bei der Pest um eine kontagiöse, eine ansteckende Krankheit handelte. Streng abgeschirmt von der Außenwelt blieb Clemens hinter den zyklopischen Mauern seiner Gemächer verborgen, in denen auf äußerste Sauberkeit geachtet wurde und ständig zwei gewaltige Feuer brannten.

Dem Verlust an Ansehen, den die Kirche während der Zeit des Schwarzen Tods erlitt, stand ein Gewinn an materiellen Gütern gegenüber. Die Kranken hofften, der Weg ins Himmelreich würde ihnen leichter gemacht, wenn sie der Kirche ihr Hab und Gut vermachten. Dieser Drang war so stark, daß der Rat in Augsburg Vorsorge treffen mußte, den rechtmäßigen Erben ihren Anteil zu sichern. In Lübeck schleppten die Bürger ihre Schätze in die Klöster und legten sie dem Abt zu Füßen. Die Mönche jedoch, aus Furcht, mit dem Gold auch den Tod zu erben, schlossen die Pforten, woraufhin die Bürger, wie vom Wahnsinn ergriffen, ihnen die Pretiosen über die Mauern warfen.

Die Kapitulation der Kirche, das Versagen der Ärzte, die allgemeine Hoffnungslosigkeit gebaren ein Phänomen: die Geißler. Wenn niemand mehr half, dann mußte der Mensch sich selber helfen, indem er die Leiden Christi nachvollzog. Sich mit Peitschen blutig zu schlagen, so wie Er geschlagen worden war vor seinem Kreuzestod, sich zu geißeln, würde diese Buße nicht den Zorn Gottes besänftigen, könnte es Ihn nicht dazu bestimmen, die Heimsuchung zu beenden?

Geißelbruderschaften begannen sich zu bilden und so rasch zu verbreiten, als seien sie selbst eine Epidemie. Trotz des Fanatismus, der die Geißler trieb, trotz des religiösen Wahns, der sie erfüllte, achteten sie auf eine strenge Organisation. Jeder Mann, und nur Männer waren zugelassen, mußte sich selbst kleiden und verpflegen können, sich verpflichten, dreiunddreißigeinhalb Jahre – dem Lebensalter Christi entsprechend – unterwegs zu sein, sich nicht zu waschen, auf Stroh zu schlafen, keine Frau zu berühren.

Sie zogen über das Land, von Stadt zu Stadt, anfangs in Gruppen von fünfzig bis neunzig Teilnehmern, eine Zahl, die wuchs und wuchs, denn immer mehr Menschen schlossen sich ihnen unterwegs an. Angetan mit schwarzem Büßermantel, auf dessen Rücken ein Kreuz flammte, barfuß, die Geißel in der Rechten, beteten sie und sangen in dumpfem Singsang: »Nun hebet auf eure Hände, daß Gott das große Sterben wende! Nun hebet auf eure Arme, daß Gott sich über uns erbarme! Jesus, durch deine Namen drei, mach, Herre, uns von Sünden frei! Jesus, durch deine Wunden rot, behüt uns vor dem jähen Tod!«

Die Geißelung ging auf dem Kirchplatz in Szene, kein blasphemischer Ausdruck, denn sie ähnelte einer mit grausiger Realistik inszenierten Vorstellung.

»Ein jeglicher schlug sich mit seiner Geisel, in deren Strenge scharfe Nadeln creutzweis geflochten, über die Achsel, daß ihnen das Blut über die enckel [Fußknöchel] floß und der Körper blaufarbig aufschwoll«, heißt es in der Magdeburger Schöffenchronik. »Dann legte sich ein jeder so, daß man an seiner Lage die Art seiner Sünden erkennen konnte. War es ein Totschläger, legte er sich auf den Rücken, ein Meyneidiger auf eine Seite und reckte die drei Finger; war es ein Ehebrecher, so legte er sich auf den Bauch. Dann kamen zween, die sie zu Meister haben erkoren, gaben jeglichem einen Streich und sprachen also: ›Stant uf durch der reinen Martel ere und hüt dich vor der sünden mere.‹ Der, über welchen der Meister weggeschritten, stand auf und schritt ihm nach über die vor ihm Liegenden. Nachdem diese beiden über den dritten geschritten waren, stand dieser auch auf und schritt mit ihnen über den vierten und so weiter über den fünften.«

Nachdem sie sich erneut die Rücken blutig geschlagen, verlas der Meister die *geischelerpredic.* Sie bestand aus einem Brief, den Jesus Christus durch einen Engel nach Jerusalem habe überbringen lassen. Ein geharnischter Brief war es, mit fürchterlichen Drohungen, um die Zuhörer einzuschüchtern und sie zur Buße zu bewegen. »Oh, ihr Schlangengezücht, ihr verkommenes und ungläubiges Geschlecht erzittert!« schreibt Jesus da. »Haltet Ihr nicht meine Gebote, so soll sich mein Zorn über Euch entladen, wilde Tiere und viele andere Bestien sollen Euch und Eure Kinder fressen und Ihr unter die Hufe der Sarazenenrosse fallen. Ich werde das Licht der Sonne in Finsternis verwandeln, so daß einer den anderen umbringe und werde Eure Seelen mit endlosem Feuer einräuchern.« Zum Schluß aber versprach er allen jenen, die seine Gebote in Zukunft zu achten bemüht wären, sie vor der Pest zu bewahren.

Die erschöpften Geißelbrüder wurden anschließend von den Einwohnern in die Häuser eingeladen; umhegt, verpflegt, umsorgt. Die Tücher, mit denen man ihr Blut abwischte, bewahrte man als Reliquien auf. Manche verließen ihre Familie und gingen mit ihnen. Adlige waren darunter, Ritter, Ratsherren, Kaufleute, die es nicht störte, mit armen Leuten umherzuziehen; die Geißler nämlich stammten aus den unteren Gesellschaftsschichten.

Die Reichen merkten nicht, daß die Flagellanten (flagellare heißt im Lateinischen peitschen, schlagen) nicht nur religiöse Ziele verfolgten, sondern auch sozialpolitische, wenn auch vielleicht nur dumpf unbewußt. Die Priester waren hier wacher: als sie hörten, daß deren Meister sich anmaßten, die Beichte abzunehmen, Absolution zu erteilen, Bußen aufzuerlegen, ja vorgaben, kraft ihres Glaubens Kranke heilen und Tote auferwecken zu können, wandten sie sich gegen sie. Das Volk aber war auf der Seite der Geißelbrüder. Die Gebete der Priester waren zu leeren Formeln verkommen, ihr Ablaßwesen sprach dem Glauben Hohn; das Leben besonders der höheren Geistlichkeit war in seiner Sittenlosigkeit kein christliches Leben.

Anders dagegen traten die Geißelbrüder auf, die in Armut lebten, durch Leiden das Leid zu mildern suchten. Durch sie glaubte man, direkt mit dem Herrgott in Verbindung treten und seine Bitten vorbringen zu können. So kam es, daß Priester verprügelt wurden, gesteinigt, vertrieben und ihre Gottesdienste unterbrochen. Bald wagten es selbst Kirchenfürsten nicht mehr, gegen die Flagellanten vorzugehen. Sie wanderten weiter durch die deutschen Lande, zogen von Dresden nach Lübeck, von Basel nach Bremen, von Koblenz nach Erfurt, von Aachen nach Magdeburg. Bald tauchten Geißler in den Niederlanden auf, in Nordfrankreich, Dänemark, Schweden, Polen, England. Mit ihrer wachsenden Zahl wuchs ihre Macht. Die Macht korrumpierte ihre Meister und verführte sie zu maßlosen Übergriffen. Das Ziel aber, das zu erreichen man angetreten, war nicht erreicht worden: die Pest ließ nicht nach, im Gegenteil, sie schien den Geißlern auf dem Fuß zu folgen; bald war offenkundig, daß die Brüder sie in das vorher pestfreie Straßburg eingeschleppt hatten.

Doch zur Verbreitung von noch Üblerem trugen sie bei ...

Judenbrand und Judenschlächter

Im September 1348 kam es in Savoyen zu einem Prozeß, in dessen Verlauf »bestätigt« wurde, was die Fama längst überall berichtet hatte: die planmäßige Vergiftung von Brunnen und Quellen, ausgeführt von jüdischen Agenten mit dem Ziel, die Christenheit zu schwächen und die Herrschaft über sie zu erringen. Elf angeklagte Juden gestanden, das Gift von geheimen Boten in zugenähten Ledertaschen bekommen zu haben, abgesandt vom maurischen König in Granada, wo es aus Spinnen, Kröten, Schlangen und blutigen Christenherzen hergestellt worden sei. Sie hatten ihre Verbrechen so hartnäckig zu leugnen versucht, daß man sie bis zum dritten Grad peinlich befragen mußte. Hernach boten sie den Anblick menschlicher Wracks: Daumenschrauben hatten ihre Hände zerquetscht, Streckbetten ihre Glieder zerrissen, Spanische Stiefel ihre Beine gebrochen. Die »Verbrecher« wurden zum Feuertod verurteilt und im Rahmen eines Volksfests verbrannt. Ihr Vermögen verfiel der Kirche und dem Staat. Ihre Mitverschworenen, als Verführte weniger schuldig, durften sich ihr Leben durch eine hohe Geldbuße erkaufen.

Die Geständnisse verbreiteten sich, trotz spärlicher Nachrichtenmittel, mit Windeseile durch Europa. Die von der Pest Bedrohten fühlten sich von einem Alpdruck befreit. Nicht der Zorn eines erbarmungslosen Gottes also war es, der sie mit der Seuche geschlagen hatte, sondern Juden trugen die Schuld. Jene Menschen also, die auch schuld waren am Tod Jesu Christi.

In der Tat galten die Juden in der christlichen Tradition als »Christusmörder«. Ihre Degradierung hatte begonnen, als das Christentum im Jahre 313 als gleichberechtigt neben den heidnischen Kulten anerkannt worden war. Unter Kaiser Theodosius II. († 450) und besonders unter Kaiser Justinian († 565) erreichte ihre Entrechtung den Höhepunkt. Die führenden Köpfe der neuen Staatsreligion wollten keine Bürger, die sich ebenso beharrlich auf die Gesetze von Moses beriefen, wie sie Christus als Messias ablehnten, auch das Neue Testament nicht anerkannten. Es war deshalb nur konsequent, wenn Kirchenlehrer wie Augustinus die Juden als Verfemte erklärten, ihre Zerstreuung unter alle Völker als Strafe für ihren Unglauben ansahen. Papst Innozenz III. verkündete, von Haß geleitet, für ihren Mord an Christus seien sie zu ewigem Sklaventum verdammt. Thomas von Aquin leitete aus diesem »Sklaventum« sogar das Recht für die Kirche ab, ihnen ihr Hab und Gut zu nehmen. Vom Vierten Laterankonzil (1215) wurden sie endgültig zu Ausgestoßenen der menschlichen Gemeinschaft erklärt, ihnen wurde eine besondere Kleidung vorgeschrieben, wozu ein einem Tierhorn gleichender Hut und ein aus Stoff gefertigter gelber Fleck gehörte (der in der Zeit des Nationalsozialismus seine zynische Auferstehung fand).

In Deutschland war es ihnen seit altersher besser ergangen als anderswo. Kaiser Karl der Große, noch mehr sein Sohn Ludwig der Fromme, beschützten sie gegen Übergriffe von Vasallen und Geistlichen, gewährten ihnen Freizügigkeit, verliehen ihnen Handelsprivilegien. Mainz, Speyer, Worms waren seit dem 10. Jahrhundert Mittelpunkte jüdischer Gelehrsamkeit. An der Kultur ihrer christlichen Umwelt nahmen sie lebhaften Anteil; sie stellten sogar einen Minnesänger, Süßkind von Trimberg. Kein Fürst, kein Kaiser jedoch konnte ihnen helfen, als 1096 der Zug der Kreuzfahrer sich von Frankreich aus in Bewegung setzte und die frommen Ritter sich auf den Kampf mit den Ungläubigen in Palästina vorbereiteten, indem sie erst einmal die eigenen Ungläubigen umbrachten – ihre jüdischen Mitbürger. Später und immer wieder wurden Juden von Kaisern und Königen geschützt, ein Schutz, der Geld kostete. Krönungsabgaben, Opferpfennige, Geleitzoll, Leibzoll wurden erhoben und stets aufs neue Sonderabgaben. Die Beschützer wurden zu Ausbeutern, nachdem sie erkannt hatten, welche Geldquelle hier erschlossen worden war. Mit der Ausbeutung wuchs die Entrechtung, was manche Potentaten fragen ließ, warum man die Gans würge, die goldene Eier legen sollte.

Juden durften kein Handwerk ausüben, kein Land besitzen, kein Amt bekleiden, schließlich drängte man sie aus dem Großhandel hinaus, in dem sie bis zu den Kreuzzügen durch ihre internationalen Verbindungen zum Nutzen aller tätig gewesen waren. Was ihnen blieb, war der Geldhandel. Hier durften sie das tun, was Christen verboten war: Geld verleihen, Kredite vermitteln – und dafür Zinsen nehmen. Der Zinsfuß schwankte in der Mitte des 14. Jahrhunderts zwischen 21 und 86 Prozent, stieg in einzelnen Fällen auf 127

Prozent, ja auf 166 Prozent. Offiziell erlaubt dagegen war nur eine Höchstgrenze von $41^{1}/_{3}$, Prozent, und üblich waren etwa 20 Prozent – immer noch eine horrende Summe.

Den jeweiligen Finanzministern konnten die Wucherzinsen nicht hoch genug sein. Sie kassierten davon einen Löwenanteil, stellten den Juden von sich aus hohe Summen für Zinsgeschäfte zur Verfügung und überließen es ihnen, die Zinsen einzutreiben. Wer nicht zahlen konnte, wurde erbarmungslos gepfändet. Bald staken Adlige, Bürger, Bauern in tiefen Schulden. Und wer daran schuld war, lag klar zutage: nicht der, der sich das Geld geliehen, sondern der, der es verliehen hatte, der jüdische Bankier und Pfandleiher.

Die Kunde aus Savoyen, wonach die Juden durch die Vergiftung der Brunnen die Pest ins Land gebracht hätten, ließ es viele Menschen als ihre Pflicht, ihre Christenpflicht, erscheinen, die Missetäter an Leib und Leben zu strafen. Daß man mit dem Bestraften auch seine Schulden los wurde, sprach niemand laut aus. Ein erheblicher Teil der spätmittelalterlichen Judenverfolgung hat solch materielle Wurzeln.

»O weh, du böser Wucherer, du bringst ein Lot auf ein Pfund, das senket dich in der Hölle Grund«, sangen auch die Geißler bald. Wenn schon gegen die Pest nichts auszurichten war, in den Ghettos ließ sich ein ramponierter Ruf vielleicht wiederherstellen. So blieb es nicht beim Gesang. Sie taten das Ihre, den Wucherer, sprich den Juden, zur Ehre Gottes und zum Wohl des Volkes zur Hölle zu schicken. Sie führten, kaum daß sie eine Stadt betreten hatten, den Pöbel in die Judenviertel, plünderten, brannten, mordeten.

Überall war der *Judenbrand* inzwischen aufgeflammt, hatte das *Judenschlachten* begonnen. Die ersten Scheiterhaufen lohten in Südfrankreich zum Himmel, in Carcasson und Narbonne. Wie überhaupt in Frankreich die Pogrome am schlimmsten waren. In Basel trieb man die Juden auf eine Rheininsel in ein eigens errichtetes Bretterhaus und setzte es in Brand. In

Greifswald wurden sie lebendig begraben. In Straßburg riß man ihnen die Kleider vom Leib und verbrannte Männer, Frauen und Kinder auf dem Kirchhof. In Speyer steckte man sie in leere Weinfässer, die man den Rhein hinunterschwimmen ließ. In vielen Orten entzogen sie sich der Verfolgung durch Selbstverbrennung. Man sah Mütter, die ihre Neugeborenen in die Flammen warfen, damit sie nicht zwangsgetauft wurden. Ganze Gemeinden fanden in ihren Synagogen den selbstgewählten Feuertod.

Nur selten machte man sich die Mühe einer Gerichtsverhandlung und legte als Beweise angeblich in den Zisternen gefundene »Giftsäcklein« vor. Noch seltener waren jene, die die Juden zu retten versuchten. Wozu, wie eh und je, ein hohes Maß an Mut gehörte, denn jeder vom Pöbel als »Judenfreund« Gebrandmarkte lebte gefährlich. Herzog Albrecht II. von Österreich gehört zu den Tapferen, der Pfalzgraf Ruprecht I. bei Rhein, die Räte der Stadt Schaffhausen. In Straßburg lehnten es Bürger ab, das den Juden geraubte Blutgeld anzunehmen, und spendeten es den Klöstern. Die Kölner Ratsherren und die von Erfurt versuchten dem Volk klarzumachen, daß die Juden nicht schuld sein könnten an der Pest, da sie ja selbst zu Tausenden daran stürben. Vergeblich. Für Logik war hier kein Platz; Gerüchte werden leichter geglaubt als die unbequeme Wahrheit. Und warum waren denn die Zisternen geschlossen worden, die Quellen überbaut, warum ließen die Reichen sich neue Brunnen in ihren Häusern graben? Die Masse glaubte an die Brunnenvergiftung wie auch daran, daß die Juden Hostien schändeten, Christenblut tranken, Christenkinder ans Kreuz nagelten aus pathologischem Wiederholungszwang der Kreuzigung Christi.

In zwei Erlassen versuchte Papst Clemens IV., zu seiner Ehre sei es gesagt, gegen den Massenwahn anzugehen, indem er allen an den Pogromen Beteiligten mit Exkommunikation drohte. Seine Stimme aber wurde nicht gehört: nicht von den

Massen, nicht von den Geistlichen und nicht von den Regierenden. Klerus und weltliche Obrigkeit wußten von der Nichtigkeit der Anklagen, doch sie schwiegen, aus Angst vor dem Pöbel und aus Gewinnsucht. Wer in den Chroniken der Zeit liest, ist konsterniert über die Selbstverständlichkeit, mit der die wahren Gründe der Judenverfolgung zugegeben wurden. »Wären die Juden arm und niemandem etwas schuldig gewesen«, schreibt Jacob Twinger von Königshofen, »wären sie auch nicht verbrannt worden.«

Ein Drittel der Welt starb

Der Terror gegen die Juden im Gefolge des Schwarzen Tods wurde beendet, nachdem die Geißler ihr Ende gefunden hatten. Auch ihre fanatischsten Anhänger hatten bald gemerkt, daß trotz blutrünstiger Bußübungen die Pest nicht erloschen war. Nun plötzlich gehorchte man dem Papst, als er in einer erneuten Bulle die Geißelbrüder für Ketzer erklärte, die zu unterdrücken und festzunehmen jeder gute Christ sich zu befleißigen habe. Die Tore der Städte blieben ihnen verschlossen; gelang es ihnen dennoch, in die Gassen einzudringen, warf man ihre Führer in den Turm, oder, wie in Lübeck, in das Heim der lebenden Toten, der Irren; man machte ihnen den Prozeß, hängte sie öffentlich, und der Pöbel, der ihnen noch kürzlich zugejubelt hatte, umtanzte johlend ihre Galgen.

Mit dem ausgehenden Jahr 1350 hatte die Pest ihren Höhepunkt überschritten und begann langsam zu erlöschen. Sie hinterließ verödete Städte, auf deren Plätzen die Leichenfeuer zum Himmel stanken, verlassene Dörfer, auf deren Höfen Wölfe und wilde Hunde hausten, Flüsse und Seen, in denen Pesttote mit aufgeblähten Leibern trieben; auf den Landstraßen irrten Vagabundierende umher, denen das Grauen den Verstand verwirrt hatte.

Wie viele Opfer die Pest gefordert hat, läßt sich mit Genauigkeit nicht sagen. Die mittelalterlichen Chronisten berichteten nach dem Prinzip, daß nur Übertreibung veranschaulichen könne. Das Entsetzen führte ihre Feder und ließ bei manchen Städten die Zahl der Opfer die Zahl der Einwohner übersteigen. Für die deutschen Lande wurden für 1348 exakt 1 244 434 Tote angegeben. Man weiß aber nicht einmal, wie viele Menschen damals im deutschen Reich gelebt haben. Die Schätzungen für die erste Hälfte des 14. Jahrhunderts bewegen sich zwischen elf und vierzehn Millionen, für die Zeit um 1470 zwischen sieben und zehn Millionen Einwohner.

Jean Froissart, französischer Historiker und Dichter im Spätmittelalter, sagte schlicht: »Ein Drittel der Welt starb.« Das war dichterische Freiheit, die auf der im Mittelalter vielzitierten Offenbarung des Johannes beruhte. Seine modernen Kollegen aber kommen mit ihren demographischen Methoden zu ähnlichen Ergebnissen: fünfundzwanzig bis dreißig Prozent der Bevölkerung Europas kamen um. (Im Zweiten Weltkrieg betrugen die Verluste der westeuropäischen Bevölkerung fünf Prozent.) Für das Reich hieße das ein Totenheer von zweieinhalb bis drei Millionen, eine ungeheuerliche Zahl, die im Lauf der nächsten fünfzig Jahre wuchs, denn noch sechsmal suchte die Pest die Menschen heim. Ein Phänomen war dabei immer wieder zu beobachten: sie ließ ganze Landstriche unberührt, übersprang innerhalb der Städte einzelne Straßen, kehrte nach Jahren wieder zurück und wütete um so erbarmungsloser unter denen, die sie verschont hatte. Eine Unberechenbarkeit, die ihr zusätzlichen Schrecken verlieh.

Nach ihrem vorläufigen Abzug nahte der Hunger und forderte neue Opfer. Die Kornfelder waren im Halm verdorrt, das Vieh auf den Weiden verkommen, der Boden unbestellt, die Vorräte aufgebraucht. Es gab keine Schnitter, keine Hirten, verlassene Höfe überall, Wüsteneien. In den Städten fanden sich nur noch wenige Handwerker, und die wenigen waren klug genug, sich ihre Seltenheit bezahlen zu lassen. Sie erzwangen, teilweise durch Streiks, höhere Löhne. Höhere Preise für ihre Produkte waren die Folge, wie auch die Bauern für das, was Stall und Feld noch hergaben, mehr Geld forderten. In manchen Bürgerhäusern hausten jetzt Menschen, die dort nicht gewohnt hatten. »Hausbesetzer« gab es auch in den Schmieden, in den Mühlen vor den Toren, in den Weingütern. Mancher Hungerleider wurde reich durch unverhoffte Erbschaft. Andere Männer erwarben durch die Heirat mit wohlhabenden Waisen ein Vermögen.

Angelsächsische Historiker haben die Pest als Geburtshelferin des modernen Menschen bezeichnet: selten sei es in der Geschichte zu einer derartigen Umwälzung aller Werte gekommen, habe sich das Daseinsverhalten der Menschen so verändert, sei das wirtschaftliche und soziale Leben dergestalt revolutioniert worden.

Das mag nachzuweisen sein, doch eben nur regional, und darf nicht verallgemeinert werden. Alles in allem war es so, daß die einst Mächtigen ihre Macht zurückgewannen, die Reichen wieder reich wurden, die Armen arm blieben, und wer am härtesten hatte arbeiten müssen, wie die Bauern, die Handwerksgesellen, die Taglöhner, das auch in Zukunft tun mußte. Der Mangel an Arbeitskräften war bald überwunden. Löhne und Preise regulierten sich von selbst.

Selbst die Verluste an Menschenleben machte die Natur wie so oft nach Kriegen und Katastrophen auf ihre eigene gespenstisch anmutende Weise wieder wett: es wurden nicht nur mehr Kinder geboren, auch die Zahl von Zwillings- und Drillingsgeburten stieg, und weniger Frauen starben im Kindbett. Die biologische Art namens Homo sapiens von der Familie Menschenartige demonstrierte wieder einmal ihre Überlebenskraft. Sie bewies, und manchen mag das traurig oder zynisch stimmen, daß sie nichts rascher zu ersetzen vermag als sich selbst.

Die Pest hat jedoch sich anbahnende Entwicklungen verstärkt, in Prozessen, die sich allerdings über Jahrzehnte erstreckten. Das Versagen der Kirche ließ die Kritik an ihren Amtsträgern wachsen, eine Kritik, die sich nicht mehr nur auf ihr wenig christliches Leben beschränkte. So wie man in heidnischen Zeiten Priester verjagte, die unfähig waren, die Götter gnädig zu stimmen, so lastete man es Geistlichen und Mönchen an, wie wenig mit den heiligen Sakramenten Gottes Gerechtigkeit zu erlangen war. Gewiß, Gottes Wege waren schon immer unerforschlich gewesen, doch die wahllose Art, mit der er jetzt die Gerechten verdorben hatte und die Ungerechten verschont, war allzu eklatant gewesen. Was waren das für Pfarrer, was für eine Kirche, ja – ungeheuerlicher Gedanke! – was war das für ein Gott?

Die Kirche jedenfalls schien es mit Ihm »verdorben« zu haben; es mußte andere, bessere Wege geben, um mit Ihm in Verbindung zu kommen, als die von den Geistlichen als alleinseligmachend bezeichneten. Der Zweifel ersetzte den Glauben, förderte den Aberglauben, ließ das Sektenwesen anwachsen, beflügelte die Reformer. Der Zweifel bereitete den Boden für den – noch fernen – Tag, da der Felsen Petri zu wanken beginnen und die auf ihm erbaute Kirche auseinanderbrechen würde …

Die Pest hatte unter den Armen und Rechtlosen am furchtbarsten gehaust. Sie waren weniger gut genährt, nicht so gut behaust wie die Wohlhabenderen, konnten sich auch den Luxus der Sauberkeit nicht leisten. Den Armen aber wurde auch Trost zuteil, als sie erlebten, wie der Schwarze Tod den Tagelöhner hinwegriß *und* den Bischof, den Knecht *und* den Prinzen, den Handwerksburschen *und* den Patrizier. Der Knochenmann, der ohne Rücksicht auf Rang und Stand die Sense schwang, war den bildenden Künsten bis dahin nicht unbekannt, doch nun wurde er zu einem allgemeinen Thema. Der einstige Freund und Tröster wandelte sich zum Würger. Ja sein Anblick mahnte, wie hinfällig das Leben war und wie bedeutungslos, welchem Stand man angehörte. Er gemahnte auch an das Jüngste Gericht, eine im vorchristlichen Judentum ausgebildete und vom Neuen Testament übernommene Vorstellung, wonach die Geschichte der Menschheit am Jüngsten, dem letzten Tag durch ein Gericht Gottes beendet werde. Christus werde dann die Menschen scheiden in Gerechte und Ungerechte und sie zur Rechenschaft ziehen.

Die Angst vor dem Tod, die Erwartung des Weltuntergangs, das Entsetzen angesichts dessen, was aus dem Menschen wird, wenn die Seele den Leib verlassen hat, diese düstere Atmosphäre umgibt die Zeit. Immer wieder aber, wie grelle Figuren vor schwärzlichem Hintergrund, erscheinen Menschen, die ihre Triebhaftigkeit schamlos zur Schau stellen. Totentanz und Garten der Lüste existieren wie selbstverständlich nebeneinander. Noch häufiger werden wir diesem Phänomen, einer Art Harmonie der Gegensätze, in den kommenden Jahrzehnten begegnen …

Wo lag Deutschland?

Wo lag dieses Reich, das von Gott so schrecklich heimgesucht wurde, wie weit erstreckten sich seine Grenzen, wer herrschte über seine Bewohner, war das Land der Deutschen schon Deutschland? Ein Blick zurück erweist sich als notwendig, um diese Fragen plausibel beantworten zu können.

»Es ist eine Gegend an den Gestaden des nördlichen Ozeans gelegen«, schreibt ein Mönch, Verfasser der Colmarer Annalen, am Ausgang des 13. Jahrhunderts, »die Theutonia oder Alemania oder Germania genannt wird. Theutonia deswegen, weil ein Riese namens Theuton dort gelebt und wird sein

Grab bei Wien dem Wanderer gezeigt; Alemania heißt es nach dem Alemanischen See, an dem die Stadt Konstanz liegt; und Germania leitet sich her von *generare,* denn es werden viele Menschen dort *gezeugt.*«

Die Etymologie, die Lehre von der Herkunft der Wörter, ist hier legendenhaft. Doch daß dieses »Germania« sehr volkreich war, trifft zu, und wie seine Bewohner vom Charakter her beschaffen, glauben wir dem Mönch ohnehin: »... diese Leute werden auch treu genannt und Menschen der Arbeit und liebenswerter als andere Menschen in den barbarischen Nationen sind sie.«

Auch im Geographischen, in der Beschreibung jener Länder, in denen überwiegend deutschsprachige Bewohner lebten, oder zumindest von deutschen Herrschern regiert wurden, ist unser Chronist einigermaßen zuverlässig.

»Die Länge dieses Landes erstreckt sich von Utrecht oder von der Stadt Lübeck, die am nördlichen Ozean liegt, gegen die Alpen, die Deutschland von Italien trennen. Vom Ozean bis zu den Alpen sind es 120 Meilen, was ein Mensch vielleicht in vier Wochen durchwandern kann. Die Breite dieses Landes erstreckt sich von der Stadt Freiburg gen Osten bis nach Wien, das bei Ungarn liegt. Es durchfließt dieses Land der Rhein, der in den Alpen entspringt, das heißt von dem Berg, der Septimer genannt wird, und er fließt durch den Bodensee, an dem Konstanz liegt; ebenso liegen am Rhein Basel, Straßburg, Mainz, Köln und viele andere Städte die aufzuzählen jetzt keine Zeit ist.«

Er nimmt sich aber gemächlich die Zeit, die Kirchenprovinzen aufzuzählen, die Erzbistümer und Bistümer und stillzufrieden zu verkünden, daß in deutschen Landen sechzig Erzbischöfe und Bischöfe ihrem hohen Amt nachgehen. Ja, und Kurfürsten gebe es, sieben an der Zahl, ein Kollegium, dem das Recht zustehe, den deutschen König zu küren. Der Erzbischof von Mainz zählte dazu, denn zu seinem Sprengel gehörte Frankfurt, wo seit 1152 die Wahl stattfand. Der Kölner Erzbischof besaß Aachen, die Stadt Karls des Großen, den traditionellen Ort der Krönung. Der von Trier war wichtig, weil seine Macht bis weit nach Frankreich hineinreichte. Der Herzog von Sachsen war einer der weltlichen Kurfürsten, Wahrer ruhmreicher Überlieferung aus ottonischer Zeit. Der Markgraf von Brandenburg verteidigte das Reich im Osten. Der Pfalzgraf bei Rhein, Gebieter der altfränkischen Rhein-Moselländer, war der dritte Weltliche im Bund; der vierte war der König von Böhmen, der zu mächtig schien, als daß man ihn hätte umgehen können.

Jeder der Herren besaß ein für die Wahlberechtigung wichtiges Amt, das seit der Krönung Ottos des Großen im Jahre 936 nicht nur Ehren brachte, sondern auch Einfluß: das Erzamt. Der Pfalzgraf bei Rhein fungierte als des Reichs Truchseß und soll dem König die ersten Schüsseln auftragen. Der Herzog von Sachsen war des Reiches Marschall und soll dem König sein Schwert tragen; der Markgraf von Brandenburg war des Reiches Kämmerer und soll dem König Wasser geben; der König von Böhmen war des Reiches Mundschenk und soll dem König den ersten Becher reichen. Die geistlichen Kurfürsten übernahmen die Ämter der Erzkanzler für Deutschland, für Burgund und für Italien, drei Königreiche, deren Verbindung mit dem deutschen Herrscher im Hochmittelalter entstanden war.

Im Jahre 1250 war der Staufer Kaiser Friedrich II. gestorben. Wunder und Wandler seiner Welt, dessen Reich von Palermo bis Lübeck gereicht hatte, von Besançon bis Wien. Sein Nachruhm war so groß, daß das Volk an seinen Tod nicht glauben konnte und seine Wiederkehr erwartete: um die Geknechteten zu erlösen, die Bösen zu vertilgen, die ewige Gerechtigkeit zu bringen. Friedrich stand am Ende einer Kette von Herrschern, die wir als die deutschen Cäsaren kennen, bedeutende, ja große Männer, wie es sie in dieser Kontinuierlichkeit in der Geschichte der Deutschen nicht wieder gegeben hat. Ein Imperium unter dem Zeichen des Christentums zu errichten, die Nachfolger der einst weltbeherrschenden römischen Kaiser zu sein, nichts Geringeres war ihre Mission.

Nach dem Tod Friedrichs II. und dem seines Sohnes König Konrads IV. (1254) kam die kaiserlose, die schreckliche Zeit, Interregnum genannt. Die edelste Pflicht des Herrschers, den Frieden zu erhalten und das Recht zu schützen, wurde von niemandem mehr wahrgenommen. Der Kaiser und König hatte in seiner Person die politische Ordnungsmacht gebildet. Er war leibhaftig das Reich, ein Herrscher zum Anfassen, in dessen Dunstkreis zu weilen Segen bedeutete. Wo der Kaiser weilte, waren das Heil, die Gerechtigkeit, die Weisheit. Nicht von ungefähr glaubte man im Volk, er könne durch bloßes Handauflegen Kranke wieder gesund machen. Otto der Große, Heinrich II., Friedrich Barbarossa, Friedrich II. aus den berühmten Geschlechtern der Sachsen, Salier und Staufer repräsentierten nicht das Reich, sie waren das Reich.

Zwar wurden auch während des Interregnums und danach deutsche Könige gekürt, doch schon die Art und Weise, wie das geschah, sprach weder für die Wähler noch für die neuen Herrscher. Das Kolleg der sieben Kurfürsten, das sich in jenen Jahrzehnten zusammengefunden hatte, pflegte nicht den fähigsten Mann zu wählen, sondern den abhängigsten Mann, einen, den man absetzen konnte, wenn er sich nicht nach dem Programm richtete, auf das man ihn eingeschworen hatte. Auch durfte der Sohn dem Vater auf dem Thron nicht folgen. Die Thronfolge einer Dynastie hätte das Wahlkönigtum geschwächt und das Herrscheramt als Institution gestärkt. Und daran waren die Herren im Hermelin nicht interessiert.

Interessiert dagegen waren sie an Handsalben, mit denen man jemanden im Sinne des Wortes schmieren konnte, mit denen man sich jemand geneigt machte, Praktiken, die so alt sind wie die Vergangenheit und so jung wie die Gegenwart. Sie verkauften ihr Votum nicht nur gegen klingende Münze, auch Privilegien wurden genommen: Gerichtsbarkeit, Münzrechte, Zollerhebung, Freistellung vom Heerbann. 1308, bei der Wahl Heinrichs VII., kassierte der Kölner Erzbischof ganze Städte, darunter Dortmund und Duisburg, und ließ sich nebenbei noch einen leeren Kartoffelsack mit Golddukaten füllen. Berühmtes, besser berüchtigtes Beispiel sind die achthunderttausend Goldgulden, die Karl V. sich von den Fuggern leihen mußte, um bei den Kurfürsten den lästigen Konkurrenten König Franz I. von Frankreich auszustechen.

Angesichts solcher Praktiken bekommt der Wahlspruch, dem das Kurkolleg sich verschworen hatte, etwas leicht Zynisches: »Die sieben Kurfürsten sind sieben Lichter leuchtend in der Einheit des siebenfachen Geistes für das Wohl des Heiligen Reiches und der ganzen Welt.« Mit dem Erlöschen der zentralen Gewalt begann der machtvolle Bau des Reiches langsam zu verfallen. Die Fürsten und Fürstchen übernahmen die politische Rolle, die sie bis in das 19. Jahrhundert hinein zum Unheil Deutschlands spielen sollten: Egoismus, Kirchturmdenken, Partikularismus standen im Text dieser Rollen. Sie erlaubten sich keine Abweichungen davon und niemandem wäre es eingefallen, kleinstaatliche Interessen dem nationalen Ganzen unterzuordnen. Alleinwohl ging ihnen grundsätzlich vor Gemeinwohl.

Sie bedienten sich nun aus dem Reichsgut, nahmen sich Länder, Städte, Burgen, schanzten sich Pfründen zu, teilten den als herrenlos erklärten staufischen Besitz unter sich auf und machten ihn sich anschließend in endlosen Fehden wieder streitig. Die Kleinen blieben nicht müßig und spielten, wenn sie nicht gefressen wurden vom stärkeren Nachbarn, Großmacht in Krähwinkel. Wer sich die Karte des deutschen Reichs im Spätmittelalter anschaut, erblickt einen bunten Flickenteppich.

Jeder Flicken ein Hoheitsgebiet, manches Territorium so klein, daß es dem Wanderer beim Durchmarsch an der Schuhsohle kleben bleiben konnte – wie Heinrich Heine, zu dessen Lebzeiten sich in dieser Beziehung nichts geändert hatte, mit beißendem Spott bemerkte. Es gab Herzogtümer, Erzbistümer, Bistümer, Abteien, Kurfürstentümer, Fürstentümer, Markgrafschaften, Landgrafschaften, Freigrafschaften, Burggrafschaften, Herrschaften; Falkenstein und Hohenberg, Katzenelnbogen und Lützelstein, Ratzeburg und Grubenhagen, Helfenstein und Bruchhausen, Jülich, Berg, Kleve. Deutschland versank im Sumpf der Kleinstaaterei und sollte sich für Jahrhunderte nicht wieder daraus erheben.

Eine »fürstliche Anarchie« ließ Grenzhäuser aus dem Boden wachsen, Zollschranken, Schlagbäume, Brückenposten, ein System obrigkeitlicher Wegelagerei, das das wirtschaftliche Wachstum hemmte. Streitigkeiten, Unruhen, Waffengänge herrschten immer und überall, eine allgemeine Rechtsunsicherheit griff um sich. Unsicher waren auch die Landstraßen, die die Länder durchziehenden internationalen Handelswege. Reisen war nie ein Vergnügen gewesen, und wer nicht reisen mußte, blieb daheim, was zur Folge hatte, daß die meisten Menschen in ihrem ganzen Leben nur ihren eigenen Kirchturm zu sehen bekamen. Jetzt jedoch wurde eine Reise zum lebensgefährlichen Abenteuer.

Schuld daran waren vornehmlich jene Ritter, die durch die Zeitläufte zu armen Rittern geworden waren, aber nicht gewillt waren, diese Armut mit Würde zu tragen. Gemeint sind die Raubritter; über sie wird noch zu reden sein.

Was die großen Herrscher als vornehmste Aufgabe angesehen hatten, den Landfrieden zu wahren und das Recht zu schützen, versuchten nun die Reichsstädte zu übernehmen. Ihre Bewohner waren königstreu, besser kaisertreu, geblieben und hielten am Reichsgedanken fest; schon aus Gründen der Selbsterhaltung, denn eine zentrale Ordnungsmacht garantierte ihnen freie Handelswege, ihre Existenzgrundlage. Sie schlossen sich zu Bünden zusammen, hielten sich schlagkräftige Truppen und wehrten sich gegen die Willkür der Landesherren.

Die armen Könige

Die Könige, die die Kurfürsten wählten, sind heute so vergessen, wie sie damals vielen Menschen im einfachen Volk unbekannt gewesen sein mögen. Da war, 1273 bis 1291, Rudolf I., Graf von Habsburg, der immer treu zu den Staufern gehalten hatte. Er sei sparsam gewesen und leutselig und ein erfahrener Kriegsmann, Eigenschaften, die etwas Klischeehaftes an sich haben, weil sie so vielen anderen Fürsten auch nachgesagt werden. Doch gehört er noch zu den fähigeren Herrschern. Berichtenswert bleibt, daß er gegen die Raubritter vorging, etliche ihrer Burgen zerstörte und viele von ihnen an den Galgen hängte. Allein in Thüringen brach er sechsundsechzig Raubburgen, was uns zeigt, wie groß die Zahl dieser Wegelagerer im ganzen Reich gewesen sein muß.

Seine Versuche, die chaotischen Zustände im Reich zu ändern, blieben Teilerfolge. Ähnliches gilt für seine Bestrebungen, die der Krone wider jedes Recht genommenen Reichsgüter und Reichsrechte zurückzuholen. Am energischsten war er, wenn es darum ging, die eigene Hausmacht zu stärken. Was verständlich war: nur dann, wenn er mächtiger wurde als seine Wähler, die Kurfürsten, hatte er eine Chance, sich als König durchzusetzen und ihn nicht nur zu spielen. Nach seinen Siegen – 1276 und 1278 – über den Böhmenkönig Ottokar, der ihm die Huldigung verweigert und Reichsrechte verletzt hatte, gewann er die Herzogtümer Österreich, Steiermark und Krain mit der Windischmark, eine Tat, deren Folgen er nicht ahnen konnte: sie schuf die Grundlage der habsburgischösterreichischen Erblande, die bis zum Jahre 1918 allen Stürmen standhalten sollten.

Je mehr Besitz er jedoch anhäufte, je größer seine Macht wurde – durch die Verheiratung seiner Tochter mit seines Feindes Ottokars Sohn erwarb er noch einen Anspruch auf die böhmische Königskrone – um so geringer wurden seine Aussichten, seinen Sohn Albrecht als Nachfolger durchzubringen. Die Kurfürsten gingen über dessen Ansprüche hinweg, wählten einen Mann, der jeder Zoll kein König war, Adolf von Nassau, setzten ihn wieder ab, als er sich Selbständigkeiten anmaßte, sahen sich nun aber wieder dem verpönten Albrecht gegenüber, den zu wählen sie mangels eines anderen Kandidaten nicht umhinkonnten, eine Qual der Wahl, die der Habsburger ihnen erträglich machte. Gold und Silber, Privilegien und Zugeständnisse, Handsalben jeder Art also, wurden reichlicher denn je gespendet. Zu guter Letzt war man richtig zufrieden mit dem neuen Geschöpf. Nicht sehr lange allerdings.

Denn Albrecht war kein Adolf, sondern entpuppte sich als ein tatkräftiger Politiker. Sich von denen zu lösen, die ihn gemacht hatten, war sein vorrangiges Ziel, und dieses Ziel heiligte seine Mittel. Er sicherte sich die Unterstützung Philipps IV. von Frankreich, der Schöne genannt, indem er Reichsrechte in Burgund preisgab, und verheiratete seinen Sohn mit des Franzosen Schwester. Derart gestärkt, ging er gegen die geistlichen Landesfürsten vor, eine Spezies übrigens, die in dieser Form nur in Deutschland vorkam. Sie waren es, die eine Art weltlicher Tyrannei ausbildeten, ihre Länder, besonders was die Finanzen betraf, straff organisierten und für Wehrhaftigkeit sorgten. Ihre Feinde mehr zu lieben als sich selbst, wie es die Bibel forderte, dieser Gedanke war ihnen fremd. In ihren Kleiderkästen lag die Mitra neben dem Helm, der Talar neben dem Brustpanzer, der Krummstab neben dem Schwert.

Als Albrecht zum Schlag ausholte gegen ihre Zollhoheit am Rhein, hielten sie nicht die andere Wange hin, sondern schlugen zurück. Der König erwies sich als der Stärkere. Er hatte sich mit den Städten verbündet, für die jeder Fürstbischof ein Wolf im Schafspelz war, und zwang sie zu kapitulieren. Der Rhein wurde, wenn auch nur für einige Zeit, zollfrei und alle Schiffe konnten ihn ungeschröpft passieren.

Albrecht versuchte nun mit Hilfe des Papstes, seinen Sieg zu festigen. Denn wer den Papst zum Vetter hat ... Für ihn hieß das, wer die Kurie dazu bringen konnte, den deutschen König zum Kaiser zu krönen, der war der Erbfolge für seine Dynastie – Kurfürsten hin, Kurfürsten her – ein gehöriges Stück nähergekommen. Albrecht wurde handelseinig; denn wie immer war es ein Handel, diktiert von dem kaufmännischen Grundsatz »Ich gebe dir, wenn du mir gibst«. Der Deutsche gab neben einem Treueid die Versicherung ab, der Kurie in ihrer Auseinandersetzung mit Frankreich zu helfen. Der Papst gab, indem er die Krönung zusagte. Als nun Albrechts Sohn Rudolf, Herzog von Österreich, auch zum Herrscher Böhmens gewählt wurde, reichte des Königs Herrschaft so weit, daß der Kurfürsten Macht und Willkür gebrochen schien, ja am Horizont tauchte der Silberstreif eines wieder zur Einheit werdenden Reiches auf.

Doch wie so oft in der deutschen Geschichte kam der rechte Mann zur unrechten Zeit zu Tode. Rudolf starb im Juli 1307. Und als Albrecht im Mai 1308 zusammen mit seinen Verwandten über die Reuß setzte, um am anderen Ufer die königliche Gemahlin zu erwarten, wurde er hinterrücks erstochen. Er verschied in den Armen einer am Wegrand hockenden Bettlerin. Der Mörder war der eigene Neffe Johann, der sich um ein ihm zustehendes Erbe betrogen glaubte. Sein Nachruhm war der Ruhm des Herostrat, der einst, um in die Geschichte einzugehen, den Artemis-Tempel zu Ephesos eingeäschert hatte. Johann Parricida nannte man ihn von nun an, Johann den Verwandtenmörder.

Seine Hintermänner vermutete man in den Kreisen der Kurfürsten, unter denen der Name des Erzbischofs von Mainz am häufigsten genannt wurde. Ein Beweis dafür existierte nicht, doch hatten die Herren des Kollegs das stärkste Motiv. Denn des toten Königs zweiter Sohn kam als Nachfolger nicht mehr in Frage, die Gefahr einer Erbmonarchie war gebannt, man konnte sich einen wählen, der handzahm war und nicht so wild wie der düstere einäugige Albrecht.

Wer aber kam in Betracht? Die Franzosen versuchten, ihnen aus der Ratlosigkeit zu helfen, und schlugen Karl von Valois vor. Der war nicht zufällig der Bruder des schönen Philipp; selbst den frankreichfreundlichen rheinischen Erzbischöfen konnte die Absicht, die dahinter stand, nicht verborgen bleiben, und diese Absicht verstimmte sie. Einen Valois anstelle des Habsburgers, das hieße den Teufel statt des Beelzebuben auf den deutschen Thron zu bringen, bedeutete das Ende aller kurfürstlichen Herrlichkeit, denn hinter Karl stand ein Land, das nicht so zersplittert war wie Deutschland und deshalb mächtiger.

Wie nun der Trierer Erzbischof seinen Bruder vorschlug, den Grafen Heinrich von Luxemburg, und der sogleich wegen der Rheinzölle mit sich reden ließ, auch andere Privilegien zurückzugeben sich verpflichtete, war man es zufrieden. Heinrich VII. war ein schöner Mensch, ritterlich, beliebt, doch bedeutungslos, da nur mit geringem Landbesitz versehen. Französisch erzogen, französisch parlierend, das Deutsche dagegen weniger gut beherrschend, schien er geeignet, selbst die Franzosen zu versöhnen. Heinrich ohne Land konnte dieses Manko bald beseitigen, als es ihm gelang, für seinen Sohn Johann die Krone Böhmens zu erwerben. Nach bewährtem Muster verheiratete er ihn mit einer Przemysliden-Tochter. Die Braut brachte sogar die Anwartschaft auf die polnische Krone mit in die Ehe. Mit einem Schlag verfügte er über eine beträchtliche Hausmacht und ging daran, das zu werden, was seinen Vorgängern verwehrt geblieben war: Kaiser. Dieser Weg führte nur über Rom.

Ein Kampf in Rom

Noch immer war es das Ziel jedes deutschen Königs, die Kaiserkrone zu erlangen, Beherrscher des Heiligen Römischen Reiches (Deutscher Nation) zu werden, als *Imperator augustus.* Größere Macht war damit nicht mehr verbunden und keine materiellen Rechte. Was dem Kaiser an diesen Rechten zufiel, hatte er kraft seines Königsamtes ohnehin inne. Sein Vorrang aber an Hoheit und Würde setzte ihn über alle Herrscher des Abendlandes; er war die Sonne, die anderen waren die Sterne. Gott hatte ihn ausersehen, das Römische Imperium im Zeichen des Christentums zu erneuern und der Welt den Frieden zu geben. Mochte man der Meinung sein, daß das Kaisertum tot war, die Kaiseridee lebte, und im Volk glaubte man nach wie vor, daß eines Tages ein Kaiser kommen werde, der die Kirche züchtigen, die großen Herren demütigen und die Armen belohnen werde.

Kein Geringerer als Dante Alighieri legte in seinem Werk *De monarchia* sein politisches Glaubensbekenntnis ab, in dem er das deutsche Kaisertum als eine dem Heil der Menschheit notwendige Institution herausstellte – der Kirche ebenbürtig und nicht untergeordnet. Als Heinrich nun seinen Romzug antrat, war es wieder Dante, der ihn begrüßte, hoffend, der Deutsche würde das ehemalige Reichsitalien, das zerrissener noch war und uneiniger als das Reich, zu einem Vaterland einen. Die Braut Italien, so der Dichter schwärmerisch, freue sich auf ihren Bräutigam und seine Morgengabe – den Frieden.

Auch der in Avignon residierende Papst war dem Unternehmen wohlgesonnen und bat seine Landsleute, »die Wege des Rechts und des köstlichen Friedens zu wandeln, dem König zu geben, was des Königs sei, damit der göttliche Augustus und Cäsar die Ungehorsamen zum Gehorsam führen könne«. Ganz abgesehen davon, wie er sich beeilte hinzuzufügen, daß Heinrich den verschleuderten Besitz der Kirche und ihre widerrechtlich usurpierten Rechte wiederherstellen würde.

Der derart mit Vorschußlorbeeren bedachte König, aufgebrochen mit dem edlen Vorsatz, sich aus der Parteien Gunst und Haß herauszuhalten und lediglich die Rolle des Richters und Schlichters zu spielen, sah sich, nach anfänglichen Erfolgen in Turin und Asti, bald überfordert. In der Schlangengrube der Ghibellinen, wie die Kaisertreuen sich seit den Tagen der Staufer nannten, und der dem Reiche feindlichen papsttreuen Guelfen hätte sich selbst ein Mann mit mehr Format nur schwer behaupten können. Heinrich wurde in die Kämpfe der sich im Bruderkrieg zerfleischenden Stadtstaaten hineingezogen, zur Parteinahme gezwungen, mußte Gewalt mit Gewalttaten erwidern, Grausamkeit mit Grausamkeiten und watete, unschuldig schuldig werdend, im Blut der Gefolterten und Erschlagenen. Als er nach anderthalb Jahre währendem Zug im Juni 1312 endlich in Rom eintraf, waren Kriegskasse und Kriegsheer zusammengeschmolzen, beide von Anfang an unzureichend genug, als daß Recht und Gesetz durchzusetzen gewesen wären. Die Stadt am Tiber empfing den zu Krönenden feindselig.

Rom, die Stolze, die Schöne und Mächtige, die einst die Welt beherrscht, war in beklagenswertem Zustand. Das Forum Romanum mit seinen Tempeln, Bögen und Basiliken lag unter dem Schutt der Jahrhunderte. Schafherden weideten in den Thermen und Theatern. Die Reliefs der Triumphbögen wurden abgeschlagen und von skrupellosen Händlern an Pilger verkauft, der Marmor der Paläste zu Kalk gebrannt. Aus Sarkophagen waren Schweinetröge geworden, aus Grabsteinen Ladentische, und überall das Volk von Rom, das ameisengleich aus den Trümmern herbeischleppte, was brauchbar schien als Baumaterial, Fassadenschmuck, eine immerwährende Plünderung, »denn niemand mehr hatte Sinn noch Macht, das Werk der Ahnen zu schützen«.

Aus den in Trümmern liegenden Riesenbauten ragten die schwarzen Festungstürme der Adligen, »ein Rabengeschlecht von kriegerischen, verschlagenen und gerissenen Oligarchen«. Ahnenstolz, gierig nach Macht und Besitz, erfüllt von unsäglichem Hochmut, waren sie die Herren der herrenlosen Stadt. Wenn sie sich nicht gegenseitig umbrachten, überfielen ihre Soldknechte Reisende und Pilger. Die Annibaldi saßen im Kolosseum, früherem Schauplatz grausiger Gladiatorenkämpfe, die Frangipani beherrschten den Palatin, die Colonna den Lateran, das Pantheon und das Mausoleum des Augustus, die Orsini das Kapitol, die Engelsburg, Trastevere, Monte Giordano und Campo di Fiori.

Und dennoch strahlte die Stadt auf den sieben Hügeln einen Zauber aus, etwas Unzerstörbares, Geheimnisvolles. »Nichts ist, Rom, dir gleich«, heißt es in einem zeitgenössischen lateinischen Gedicht. »Deinen Stolz zerbrach die allmächtige Zeit und der Cäsaren Burgen. Der Himmlischen Tempel, sie liegen im Staub. Niemals aber haben Chronos, das fressende Feuer, das Schwert sie ihres Glanzes ganz zu berauben vermocht. Menschenhand konnte auftürmen so gewaltig die Stadt, daß sie der Götter Fluch nicht zu zerstören imstande.«

Durch dieses Chaos verfallener Paläste, zerstörter Tempel, geborstener Triumphbögen, die durch Barrikaden miteinander verbunden und von Türmen bewehrt, unterstützt von den Ghibellinen, bekämpft von den Guelfen, suchte der Deutsche in blutigen Straßenkämpfen seinen Weg. »War es nicht ein bitterer Hohn auf alle seine hohen Träume, wenn er hier erst von Ruine zu Ruine, von Barrikade zu Barrikade, von Turm zu Turm sich durchschlagen mußte, um die Kaiserkrone auf sein Haupt zu setzen?« fragt Ferdinand Gregorovius in seiner großartigen Geschichte der Stadt Rom im Mittelalter. »War dies das von den Kaisern verwaiste Rom, welches ihm mit so heißer Sehnsucht zugerufen hatte: ›Warum, mein Cäsar, bist du nicht bei mir?‹«

Nicht im geheiligten Petersdom, wo die deutschen Könige seit alters her die Kaiserkrone empfangen hatten, fand die Krönung Heinrichs schließlich statt, sondern in den Trümmern des Lateranpalastes; nicht der Papst gab der Zeremonie die Weihe, sondern zwei von ihm bevollmächtigte Kardinäle. Eine Ersatzkrönung an einem Ersatzort, eine flüchtige Feierlichkeit ohne Glanz, ohne Beteiligung der Reichsfürsten, ohne die großen Vasallen Italiens, ohne die Sendboten der Städte, es reichte nicht einmal zu den Silbermünzen, die der Tradition gemäß unter das Volk geworfen werden sollten.

Das alles machte deutlich, wie sehr der deutschen Kaiser römische Herrlichkeit der Vergangenheit angehörte. Noch dazu, wenn sie wie Heinrich zu wenig Geld hatten, zu wenige Krieger, keine Unterstützung aus der Heimat. Die vom Kaisertum ausgehende Magie, im Reich noch wirksam, besaß in Italien keine Kraft mehr. Dantes Traum vom Kaiser als Einiger seines Vaterlands Italien verflog. Wer an das Schicksal glaubte oder an die Götter, der spürte ihr Wirken, als Heinrich VII. im August 1312 in einem kleinen Ort vor Siena starb. Durch Gift, das ihm Mönche in einer Hostie verabreicht, glaubten die ihm bis zum Tode getreuen Ghibellinen zu wissen. Es war aber wohl die Malaria, die seit den Tagen Karls des Großen so viele Opfer unter den über die Alpen gezogenen Deutschen gefordert hatte.

Ludwig, der tapfere Bayer

Sechzehn Jahre später zog wieder ein Deutscher der Kaiserkrone wegen nach Rom, ein Wittelsbacher, Ludwig, der es schon mit der Königskrone schwer genug gehabt hatte. Er hatte sich erst in einer Schlacht seines Konkurrenten entledigen müssen, eines Habsburgers. Die Kurfürsten nämlich waren sich nach Heinrichs Tod so uneins gewesen, daß sie zwei Herren auf den Thron erhoben. War Heinrichs Krönung eine Ersatzkrönung am falschen Ort gewesen, so wurde Ludwig IV. am richtigen Ort durch die falschen Leute zum Kaiser gemacht. Er stand als Gebannter vor dem Altar der Peterskirche, wurde von zwei gebannten Bischöfen gesalbt und erhielt die Krone aus der Hand eines Vertreters des römischen Volkes. Ein unerhörter, nie dagewesener Vorgang, und ein Novum in der jahrhundertelangen Auseinandersetzung zwischen Kaiser und Papsttum.

Der Kampf war erneut aufgeflammt, der darum ging, wem die Oberherrschaft über die Menschen des christlichen Abendlandes gebühre: ob Gott dem Papst das geistliche *und* das weltliche Schwert verliehen habe, der Kaiser also das weltliche lediglich in päpstlichem Auftrag führe, oder ob Gott dem Kaiser das Schwert direkt übergeben habe, oder ob dem Kaiser überhaupt die Oberherrschaft über die Christenheit zukomme. Ein titanischer Kampf, in dem anfangs der Kaiser triumphierte, der Papst allmählich die Gleichberechtigung durchsetzte, um schließlich zu siegen. »Rottet aus Namen und Leib, Samen und Sproß dieses Babyloners!« hatte der Heilige Vater nach dem Tod des großen Friedrich II. verkündet und einen Franzosen beauftragt, die Staufer endgültig zu vernichten. Die Ironie wollte es, daß des Papstes neue – französische – Freunde zu neuen Feinden wurden, so erbarmungslos, skrupellos, grausam, wie es die alten – deutschen – Feinde nie gewesen waren.

Als die Kurie, empört über die Beschlagnahme kirchlicher Güter in Frankreich, Philipp IV. mit den Worten mahnte: »Auch du bist dem Papst unterworfen, o König!«, bekam sie zur Antwort: »Eure Dummheit mögen wissen, daß wir niemandem in weltlicher Hinsicht untertan sind.« Der schöne Philipp demonstrierte, wie man Päpste und Kardinäle unterjochen und trotzdem ein guter Christ bleiben konnte. Er kassierte die der Kirche zustehenden Steuern, griff in die Rom vorbehaltene Ernennung von Bischöfen ein, ließ schließlich Bonifatius VIII. in seiner Vaterstadt Agnani durch eine Handvoll Banditen überfallen und gefangensetzen. Der nächste Papst starb rasch, aber, wie allzu deutlich betont wurde, auf natürliche Weise. Der übernächste war nicht nur Franzose, sondern residierte seit 1309 in Frankreich, in Avignon. Aus dem Oberhaupt der katholischen Christenheit, dem Stellvertreter Christi auf Erden, war der Bischof von Avignon geworden. Fast ein Dreivierteljahrhundert dauerte die »Babylonische Gefangenschaft« der Päpste, eine Zeit, in der sie politisch unter Druck gesetzt, finanziell ausgepreßt, zu Handlangern französischer Interessen degradiert wurden und sich zurückzusehnen begannen nach jenen Tagen, da ihre Vorgänger es mit Sachsen, Saliern und Staufern zu tun hatten.

Der Papst, mit dem der Wittelsbacher Ludwig IV. sich sein Leben lang auseinandersetzen mußte, hieß Johannes XXII. und war der Sohn eines Schusters aus Cahorn. Streitbar, ohne Scheu vor Konflikten, war sein Pontifikat von Prozessen durchzogen. Seinen größten Prozeß führte er gegen das Kaisertum und seinen Repräsentanten Ludwig. »Den Bayern«, wie er ihn verächtlich nannte – ein Name, der zum Ehrentitel wurde – strafte er mit dem Bann, entband seine Untertanen vom Eid, verbot den Priestern im Reich, Gottesdienste abzuhalten, erklärte ihn schließlich für abgesetzt. *Ludovicus bavarus* nämlich hatte nicht nur bestritten, daß ein deutscher König die päpstliche Bestätigung brauche, er hatte bei seinem Zug durch Italien päpstliche Rechte verletzt. Und damit, das allerdings blieb unausgesprochen, französische Rechte, denn die Politik Frankreichs war es, über Oberitalien Einfluß auf das Reich auszuüben. Am Hof zu Paris war man überdies der Meinung, daß die dem Kaiser zustehenden Rechte endlich dem französischen Königtum übertragen werden müßten, dem hinterlistigen und tolpatschigen Volk der Deutschen jedenfalls, bei dem es weder Treu noch Glauben gebe, stünden sie nicht mehr zu.

Ludwigs Aufenthalt in Rom bildete den Höhepunkt eines Kampfes, der nun mit jedem Mittel geführt wurde. Johannes XXII. rief zum Kreuzzug gegen den Ketzerkönig auf, bezeichnete die Krönung des Deutschen als null und nichtig, seine Maßnahmen in Italien für rechtlos. Ludwigs IV. Antwort ließ nicht auf sich warten. Er tat etwas ganz und gar Ungeheuerliches. Von den Stufen der Peterskirche erklärte er »den Priester Jacques Duèse [so der bürgerliche Name von Johannes], der sich Papst nenne«, für abgesetzt, verfluchte ihn als Ketzer und Majestätsverbrecher, ließ ihn in Gestalt einer Strohpuppe öffentlich verbrennen und statt seiner einen neuen Papst wählen. Das war ein frommer Franziskaner, der nicht wußte, wie ihm geschah, und es auch nicht zu wissen brauchte, denn seine Amtszeit erlosch mit dem Abzug dessen, der ihn gemacht hatte.

Ludwigs Leiden waren nach seiner Heimkehr ins Reich nicht beendet. Den Papst zum Todfeind, dessen Nachfolger nicht zum Freund, traten nun auch Gegenkönige auf. Den ersten besiegte er in der Schlacht von Mühldorf, der zweite aber, Karl mit Namen, war das Gegenteil des Bayern, der so tapfer war wie unklug, so wohlmeinend wie weltfremd, einer, der guten Willens war und nicht begriff, daß diese Tugend nicht genügte im politischen Geschäft – der Bayer war ein braver Deutscher.

Venus oder Mars?

Ein dutzendmal waren die französischen Ritter zur Attacke angetreten, vom Scheitel bis zur Sohle in Eisen, die Pferde gepanzert, die Fahnen flatternd im Wind, ein dutzendmal wurden sie zurückgeschlagen. Der Pfeilhagel der englischen Langbogenschützen traf Roß und Reiter, und wer stürzte, wurde, hilflos in der schweren Rüstung am Boden liegend, von den walisischen Messerkämpfern erledigt. Tausende von Leichen bedeckten an diesem Augusttag des Jahres 1346 die Felder von Crécy, südlich der Stadt Calais, als König Johann von Böhmen sich zum Angriff auf den auf einem Hügel postierten Feind rüstete. Er war mit den Franzosen verbündet, und wenn er auch unfähig war zu kämpfen, denn ein Augenleiden hatte ihn schon vor Jahren erblinden lassen, und wenn auch die Schlacht längst verloren war, an Rückzug dachte er nicht.

Seinen Begleitern, die ihm dazu rieten, antwortete er: »Das wird, will's Gott, nicht geschehen, daß Böhmens König aus der Schlacht flieht. Wisset und glaubet, ich will entweder heute heldenhaft und ritterlich siegen oder wie ein König fallen und sterben. Führt mich dorthin, wo der größte Kampf tobt.« Als man anderntags seine Leiche fand, verneigte sich der Feind in Ehrfurcht, und König Eduard III. barg die am Helm befestigten drei Straußenfedern mit dem luxemburgischen Wahlspruch *Ich dien.* Federn und Spruch finden sich noch heute im Wappen des britischen Thronfolgers.

Johann gehörte zu den letzten Fürsten, die die Ideale des ritterlichen Standes auf so vollendete Weise verkörperten. Mit ihm starben 1 600 Ritter; in einer Schlacht, die ein neues Kapitel der Militärgeschichte eröffnete. Taktisch eingesetzte Fußtruppen, deren Kampfmoral durch abgesessene Ritter entscheidend gefestigt war, vereint mit Bogenschützen, hatten den Sieg über ein Ritterheer errungen.

Auch der Sohn des Gefallenen, Karl, hatte an der Schlacht teilgenommen, war aber angesichts der Niederlage rechtzeitig zurückgegangen und in der Verkleidung eines Knappen entkommen. Er hatte nichts übrig für, seiner Meinung nach, sinnloses Heldentum und nicht die Absicht, etwas in eine verlorene Sache zu investieren, schon gar nicht das eigene Leben. Karl hat nie etwas gehalten von Krieg und Kriegsgeschrei und war alles andere als ein Krieger. Als er sich einmal – unerkannt unter dem Wappen eines seiner Gefolgsleute – an einem Turnier beteiligte, wurde er von seinem Gegner prompt aus dem Sattel gehoben und mußte sein Streitroß für viel Geld zurückkaufen. Karl zog es vor, sich durch Venus schenken zu lassen, was andere dem Mars blutig abrangen, und nahm damit das auf einen Habsburger gemünzte Wort vom »tu felix Austria nube« auf luxemburgisch vorweg.

Ihm ist in seinem ganzen Leben keine wirkliche Schlacht unterlaufen. Er liebte den Frieden, nicht so sehr aus Friedfertigkeit denn aus Vernunft, überzeugt davon, daß der grüne Tisch dem Schlachtfeld vorzuziehen sei und die Feder mehr erreiche als das Schwert. Seine Unternehmungen, den Landfrieden zu wahren in dem von Fehden zerrissenen Reich der Deutschen, die Schlagetots zu zähmen, ewige Feinde miteinander zu versöhnen, es seinen Untertanen *recht* zu machen, verdienen ihm den Lorbeer, mit dem sich häufig genug und unverdient genug die Haudegen der Geschichte zu schmükken pflegten.

In die »sorgsam erwogene Auswahl hervorragender Persönlichkeiten unserer Geschichte«, wie es in der Einführung zu einem repräsentativen Sammelwerk großer Deutscher heißt, ist Karl IV. nicht aufgenommen worden. Bis in unsere Zeit qualifizierte man ihn ab als unritterlich, nüchtern-berechnend, eine Krämerseele auf dem Thron, und dazu noch wirkte sein Äußeres unkaiserlich: zu klein, ein wenig gebeugt, mit gelblichem Gesicht und schwarzem, struppigem

Bart. Solches Klischee übernahmen die Literaten, als das 19. Jahrhundert die Zeit des Mittelalters für den historischen Roman wiederentdeckte. Hier wurde Karl zum Pfaffenkaiser, der betete und rechnete zugleich, der Deutschland nur mit Zahlen regierte, ein Duckmäuser, der sich die Herrschaft erschacherte, ja die Nationalisten unter ihnen machten ihn zum »welschen Schlingwurz, bereit, die deutsche Welt mit asiatischer Pracht und Tücke einzukreisen«.

Zum (Gegen-)König gewählt war Karl bereits von den Kurfürsten, als er mit dem Vater nach Crécy zog, aber noch nicht gekrönt: Er verschob die Krönung, weil er ohne den Segen des Papstes eine Krone nicht wollte. Unter Segen verstand er Anerkennung, aber nicht unbedingt Approbation, Bestätigung. Was ein feiner, aber wichtiger Unterschied war. Der fortwährenden Auseinandersetzungen eingedenk, die der Bayer Ludwig mit dem Heiligen Stuhl ausgefochten und die dessen Königtum fragwürdig gemacht hatten, war ihm diese Anerkennung viel wert. Er verpflichtete sich, den Kirchenstaat nicht anzutasten, den päpstlichen Vertreter in der Lombardei und der Toskana zu unterstützen, den Papst als Schiedsrichter bei Streitigkeiten des Reichs mit Frankreich und Polen herbeizuziehen. Auch mußte er zugestehen, daß Ludwig rechtmäßig als Ketzer verurteilt worden sei und seine Regierungshandlungen in Italien deshalb nichtig seien.

Das waren Zugeständnisse, die den jahrzehntelangen tapferen Kampf des bayrischen Ludwig für das Reich und gegen den Papst ad absurdum führten. »Söldling und Botengänger des Papstes« schimpften Karl nicht nur die Anhänger Ludwigs, auch anderen war der junge Mann nun höchst suspekt. Die Zahl derer, die den Bayern unterstützten, wuchs – so konnte die Krönung Karls nicht in Aachen stattfinden, sondern im notorisch papsttreuen Köln –, ein Krieg zwischen den beiden Königen bahnte sich an, und niemand vermag zu sagen, wer letztlich gesiegt hätte.

Das Schicksal war gnädig und zog das Los für Karl. Der Bayer Ludwig fiel im Oktober 1347 auf einer Bärenjagd, vom Schlag getroffen, sterbend vom Pferd. Die letzten Worte des an jedem Sonntag von den Kanzeln Avignons als Ketzer verdammten Königs lauteten: »Süeze kunigin, unsere frouwe, sei bei mîner scheidung.«

Als der Heilige Vater vom Tod des Bayern hörte, ließ er in Avignon die Glocken läuten und ein Freudenfest veranstalten. Bei aller Freude vergaß er keineswegs seinen Zorn, und der ging soweit, daß er dem einstigen Widersacher die letzte Ruhe nicht gönnte. Er verbot, ihn in der Münchner Frauenkirche zu bestatten. Die Bayern scherten sich nicht um das Verbot, geleiteten ihren großen Sohn feierlich zu Grabe und errichteten ihm später ein großartiges Mal, aus dessen dunkelrotem Marmor Ludwig der Bayer die Touristen versonnen betrachtet.

Wenn es von der Kurie heißt, daß sie oft vergibt, aber nie vergißt, im Falle Ludovicus bavarus schien bei ihr überhaupt kein Vergeben zu existieren. Als der Bierbrauer Matthias Pschorr in den achtziger Jahren des 19. Jahrhunderts bekanntgab, er wolle dem Kaiser Ludwig ein Denkmal setzen, stieß er sogleich auf den Widerstand klerikaler Kreise: in einer Stadt, die so gut katholisch sei, dürfe man einen Mann nicht ehren, der so schlecht katholisch gewesen sei. Der Protest war vergeblich. Ludwig reitet noch heute über den nach ihm benannten Platz. Wer zu ihm hinaufblickt, sollte eingedenk sein, daß er seinen Nachfolgern, ob sie nun königlich, adlig oder bürgerlich waren, etwas vorgelebt hatte: sich mannhaft zu wehren gegen jegliche Einmischung in die eigenen Belange – und käme sie aus Rom.

Karl IV. wußte bald jene zu widerlegen, die in ihm einen »Rex clericorum« sahen, einen König von des Klerus Gnaden. Eine Widerlegung, die ihm nicht dadurch erleichtert wurde, daß der Papst, bevor er den Stuhl Petri bestieg, einer seiner

Lehrer gewesen war. Der Sohn des Böhmenkönigs war im Alter von sieben Jahren an den französischen Hof gebracht worden, wo er eine selbst für einen Königssohn ungewöhnlich gute Bildung erwarb und den Grundstock zu fünf Sprachen legte: Deutsch, Französisch, Tschechisch, Italienisch, Latein. Eine Erziehung, die ihn nicht zuletzt später befähigte, eine Autobiographie seines Lebens von der Jugend bis zur Königskrönung zu verfassen. Kein Meisterwerk, die *Vita Karoli quarti imperatoris,* doch als kulturhistorisches Dokument eines literarisch tätigen Herrschers auf dem deutschen Thron von hohem Wert.

Der falsche Waldemar

Wie Karl IV. den Papst, der ihn als sein Geschöpf ansah, auszuspielen begann, ihm Zug für Zug, immer das Erreichbare im Sinn, nie das Unmögliche, unmerklich das wieder abnahm, was er scheinbar zugestanden hatte; wie er tunlichst vermied, um die Approbation, die Bestätigung seiner Krönung, förmlich einzukommen, sie nicht mehr erwähnte, sie langsam totschwieg, allenfalls bereit war, seine Königsrechte in Reichsitalien einzuschränken (Rechte, die er ohnehin kaum auszuüben gedachte); wie er die mit allen juristischen Wassern gewaschenen Kurienkardinäle ausmanövrierte, das alles gilt noch heute als ein Lehrstück kunstvoller Diplomatie.

Mit der gleichen Delikatesse verfuhr Karl mit den innenpolitischen Gegnern aus dem Hause Wittelsbach, die auch nach seiner Krönung keine Ruhe gegeben hatten, ja in ihrem Widerstand soweit gingen, die deutsche Krone einem englischen König anzubieten (der sie aber verschmähte und sich lieber mit Karl verbündete). Auch ihr Plan, Ludwigs Gemahlin Margarethe, eine Kaiserinwitwe immerhin, passend zu vermählen, um mit ihrer Hilfe Ansprüche durchzusetzen, mißlang. Schließlich erklärte sich ein thüringischer Graf namens Günther von Schwarzburg bereit, die Rolle des Gegenkönigs zu spielen.

War Karl das Glück hold gewesen, als Ludwig im rechten Moment starb, so half ihm diesmal ein Mann namens Waldemar. In Magdeburg erschien eines Tages ein älterer Herr und gab vor, er sei der vor siebenundzwanzig Jahren verstorbene brandenburgische Markgraf Waldemar, der letzte aus dem Geschlechte der Askanier. Man habe damals die Leiche eines anderen begraben, er selbst sei der Buße wegen ins Heilige Land gezogen und jetzt erst auf abenteuerlichen Wegen durch die halbe Welt in die Heimat zurückgekehrt. Der Mann wies tatsächlich eine verblüffende Ähnlichkeit mit dem Markgrafen auf; dem Alter nach konnte er es ebenfalls sein, auch trat er mit markgräflichem Edelsinn auf und wußte über die Zeit bis zu seinem angeblichen Tod detailliert Auskunft zu geben.

Die Verwandten aus dem Anhaltinischen und aus Wittenberg kamen herbeigeeilt, schauten den Verschollenen prüfend an und drückten ihn ans Herz. »Er ist's!« riefen sie. Natürlich war er es, schließlich hatten sie ihn monatelang üben lassen. Und das Volk jubelte ihm zu, denn er verkörperte eine Zeit, in der es allen besser ergangen war: damals, als die Mark Brandenburg noch den Askaniern gehört hatte. Jetzt aber bestimmten hier die Wittelsbacher, fremde Herren aus dem fernen Bayern, die mit der Mark nichts anderes im Sinn hatten, als sie auszubeuten.

Waldemar begann sofort mit den Regierungsgeschäften, ernannte den Fürsten von Anhalt zu seinem Erben, versprach den Herzögen von Mecklenburg und Pommern größere Ländereien, wenn sie ihn nur unterstützten, schüttete wie aus einem Füllhorn Privilegien über die Städte aus und wiegelte das Volk erfolgreich auf gegen die wittelsbachische Fremdherrschaft. Sein Kampf um die »Wiedergewinnung seines angestammten Besitztums« wurde bald von allerhöchster Stelle abgesegnet. Karl IV. erschien mit Heeresmacht, belehnte den »Markgrafen« mit der Mark Brandenburg und ließ sich zum Lohn die Lausitz überschreiben.

Karl wußte nicht, daß Waldemar einst der Schildknappe des verstorbenen Askaniers gewesen war, wie man später annahm, oder der Müllerbursche Jacob Rehbock, es hätte ihn auch nicht interessiert. Für ihn war der Mann aller Ehren wert und dazu geeignet, die Wittelsbacher mit ihrem – inzwischen sogar gekrönten – Gegenkönig zu schwächen.

Dazu diente Karl auch eine Heirat: seit kurzem Witwer, freite er die Tochter des Pfalzgrafen Rudolf bei Rhein, der daraufhin seine Parteigänger im Stich ließ und zu dem Luxemburger überwechselte. Das Ende des Schwarzburgers zeichnete sich damit ab; ohnehin krank, gab er auf, nicht ohne sich die Bitternis des Rücktritts mit Gold versüßen zu lassen.

Karl zahlte und erwies sich auch den Wittelsbachern gegenüber großmütig, als er ihnen ihren Besitz bestätigte, ihnen sogar Tirol überließ. Die schwere Kunst, sich im Sieg zu mäßigen und den Triumph allenfalls im eigenen Kämmerlein zu feiern, beherrschte der geborene Staatsmann. Einen ehemaligen Feind zu demütigen hieß, den Keim der Rache zu legen. Waldemar hatte nun seine Schuldigkeit getan und konnte gehen. Der Luxemburger überließ ihn den Wittelsbachern, die schnell mit ihm fertig wurden. Ein rasch einberufenes Fürstengericht erklärte Waldemar zum »Trugwaldemar«, zum skrupellosen Betrüger. Die Anhaltiner aber gaben ihm, weniger aus Pietät denn aus dem Zwang, das Gesicht zu wahren, ein Gnadenbrot, und als er gestorben war, bestatteten sie ihn feierlich in der Fürstengruft zu Dessau. Das einfache Volk hatte den Glauben an ihn ohnehin nie verloren, pflegt es doch die schwarzen Schafe mehr zu schätzen als die weißen. Was in diesem Fall hieß, daß ihnen ein falscher Waldemar lieber war als ein echter Karl. Die Dichter – wie Achim von Arnim, Friedrich de la Motte-Fouqué, Willibald Alexis, Levin Schücking – ließen den angeblichen Askanier Jahrhunderte später wiederauferstehen als legendären brandenburgischen Volkshelden, als tragische Gestalt, ja als Patrioten.

Von allen Fürsten anerkannt, von niemandem mehr bestritten, was seit einem Menschenalter nicht geschehen war, ließ Karl IV. die Krönung wiederholen, diesmal am rechten Ort, in Aachen, wo im Münster Karls des Großen steinerner Thron steht, den zu besteigen jedem deutschen Herrscher erst die Weihe gab. Vor den Toren der Stadt mußte er so lange warten, bis ein Geißlerzug sie verlassen hatte.

25. Juli 1349 stand auf der Krönungsurkunde, es war das Jahr, in dem die Pest in Deutschland ihren Höhepunkt erreichte. Karl trat die Herrschaft über ein Reich an, das, von den apokalyptischen Reitern heimgesucht, seinem Ende entgegenzugehen schien. Ein hoffnungsloses Unterfangen für jeden Herrscher, so schien es, ein derartiges Chaos zu ordnen. Der Luxemburger aber spürte, daß die Menschen seinen Regierungsantritt als verheißungsvolles Zeichen für eine Wende ansahen, und mit dem ihm angeborenen Sendungsbewußtsein ging er daran, die auf ihm ruhenden Hoffnungen zu erfüllen.

Er kam, sah, kassierte

König Karls IV. Residenz war Prag, die er in eine Goldene Stadt verwandelte, und beinah auch in etwas, was es bisher im Reich der Deutschen nicht gegeben hatte: in eine Hauptstadt. Aber eben nur beinahe, denn die Ansiedlung einiger zentraler Behörden macht noch keine Metropole. So war er gleich seinen Vorgängern gezwungen, Deutschland vom Sattel aus zu regieren, oder wie ein Historiker es ausdrückte: »Der deutsche König betrieb sein hohes Gewerbe im Umherziehen.« Ein Herrscher ohne Hauptstadt, ohne deren das Land erfassende Strahlkraft, muß seine Existenz und seine Macht dadurch beweisen, daß es ihn gibt, durch seine persönliche Anwesenheit also. Die Ottonen, die Salier, die Staufer waren jahrein, jahraus durch die Lande gezogen, von Pfalz zu Pfalz, von Kloster zu Kloster, die Kanzlei mit Akten, Archiv und Registratur beim Troß.

Herrscher sein hieß deshalb auch, gut zu Pferde zu sitzen, eine eiserne Gesundheit zu haben, Strapazen ertragen zu können. Karls Itinerar, sein Reisebuch, verrät uns, wie viele Orte er besucht hat, welche Strecken er zurückgelegt hat. Von Rom bis Lübeck, von Montpellier bis Wilna reicht der Umkreis seiner Reisen. Ein halbes Leben lang war er unterwegs, eine staunenswerte, aber notwendige Leistung, denn »ohne die persönliche Anwesenheit dieses großen Regisseurs des europäischen Geschehens an den Brennpunkten und gerade entscheidenden Augenblicken wäre es kaum gelungen, dem Machtsystem im Reich neue Stabilität und eine der Zeit angemessene realistische Grundlage zu geben«.

Bis zu zwölf Stunden am Tag saß er mit seinen Begleitern im Sattel; oft sechs bis sieben Meilen, das sind fünfundvierzig bis fünfzig Kilometer, zurücklegend, zog er die Römerstraßen entlang, deren steinerner Untergrund nicht mehr erkennbar war, über Knüppeldämme, grundlose Feldwege, Saumpfade; dem Wetter schutzlos ausgesetzt, den Wolkenbrüchen, den Stürmen, der sengenden Sonne, durchnäßt, kotbespritzt, staubbedeckt erreichten die Reiter am späten Abend ihr Ziel, viele so erschöpft, daß sie vom Pferd gehoben werden mußten. Sechs Tage brauchte er für den Ritt von Prag nach Paris, zehn Tage von Nürnberg nach Rom. Um Städte und Dörfer, in denen, nach Meldung der ausgesandten Boten, die Pest wütete, machte die königliche Kavalkade einen weiten Bogen. Den Geißlern trat er energisch entgegen und bekämpfte sie mit allen Mitteln.

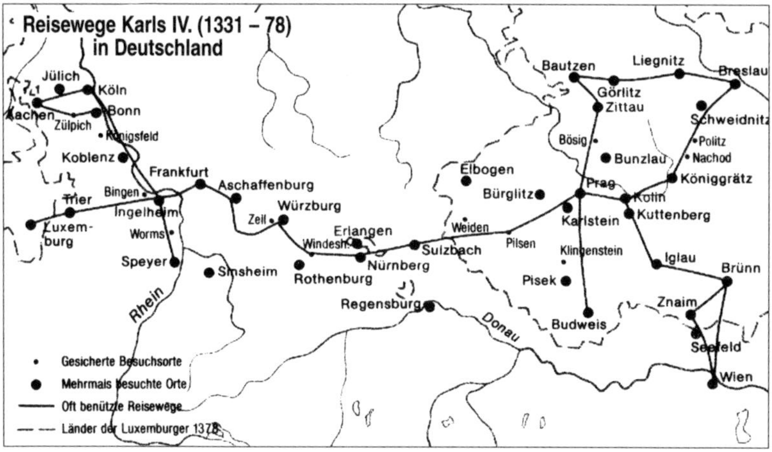

Pogromen gebot er in seinen böhmischen Ländern, wo er die Macht dazu besaß, Einhalt und nahm die Juden unter seinen – gewinnbringenden – Schutz. Wohin sein Arm nicht reichte, dort mußte er die Judenschlächter gewähren lassen und die Zerstörung der jüdischen Gemeinden nachträglich anerkennen. Da die Täter Verzeihung erheischten, in der Ungewißheit, ob ihre Taten wirklich gottgefällig waren, verzieh er ihnen – gegen Zahlung von Bußgeldern. Wie der König mit Bischöfen, Patriziern, Rittern, Äbten und Ratsherrn um die Hinterlassenschaft der Erschlagenen und Verbrannten feilschte, wie die Beute bisweilen bereits im voraus verteilt wurde, in Erwartung des Pogroms (drei Nürnberger Judenhäuser wurden einem Markgrafen zuerkannt, »wann die Juden daselbst nu nächst werden geslagen«), das gehört zu den düsteren Kapiteln seiner Lebensgeschichte. Wer unvoreingenommen ist, dem wird die Erklärung nicht genügen, daß er sich den Juden gegenüber nicht feindlicher verhalten habe als die meisten Fürsten seiner Zeit.

»In derartigem Verhalten«, schreibt der Historiker Karl Hampe, der seinem Helden eher mit Sympathie begegnet,

»tritt eine über sittliche Bedenken kühl hinwegschreitende, schäbige Rechenhaftigkeit hervor, die für die Fürsten dieser Zeit des beginnenden Kapitalismus auch sonst kennzeichnend ist, kaum aber je so kraß wie bei Karl zum Ausdruck kommt«.

Die Kaiserkrone holte sich der Böhme mit der bei ihm gewohnten rechnerischen Kälte. An der Spitze von dreihundert Rittern, dem geringsten Aufgebot, das je einen deutschen König über die Alpen begleitet hatte, machte er sich 1354 auf den Weg. So wenige Ritter kosteten wenig, ein Vorteil, der in sein Gegenteil hätte umschlagen können, denn nicht einmal zum Schutz der Majestät hätten sie ausgereicht, geschweige denn, um mit Waffengewalt etwas zu erreichen. Karl aber hatte nicht die Absicht, sich in die Händel der Italiener einzumischen, wohl wissend, damit in ein Wespennest zu stechen. Soviel hatte er während seines dreißigmonatigen Aufenthalts dort als Stellvertreter seines Vaters gelernt.

Er vertraute auf die Kunst der Diplomatie und sein bewährtes Verhandlungsgeschick. Mit gutem Recht. Mailand öffnete ihm ohne Schwertstreich die Tore, die schrecklichen Visconti huldigten dem Deutschen und schmückten ihn mit der eisernen Krone der Lombardei. Er bekräftigte die Bündnisse mit Venedig, Mantua, Verona, Padua, Ferrara, Florenz, ließ sich von Siena und anderen Städten die Signorie, die Oberherrschaft, antragen.

Die alten Geschlechter schickten ihre Repräsentanten und baten um die Beauftragung mit dem Reichsvikariat, um das Recht also, den Kaiser zu vertreten (was in der Praxis darauf hinauslief, daß man Gewalttaten in Zukunft einen Hauch von Legalität verleihen konnte). Andere kamen um die Vollmachten ein, Notare zu ernennen, uneheliche Kinder für ehelich zu erklären, Erbstreitigkeiten zu regeln. Wieder andere wollten neu erworbenen Besitz bestätigen lassen, geadelt werden, Straferlaß haben. Trotz der Minderung der kaiserlichen Autorität, eine Urkunde mit seinem Siegel war immer noch hoch begehrt.

Karl zeigte sich großzügig bei der Gewährung der Privilegien, setzte aber seinen Namen nicht eher unter eine Urkunde, bevor er Bargeld gesehen hatte. Sechzigtausend Goldgulden zahlten die Pisaner für die Bestätigung alter Rechte, hundertfünfzigtausend war den Visconti das Reichsvikariat wert, hunderttausend berappte die alte Kaisergegnerin Florenz, zähneknirschend und nach langen Verhandlungen. Womit der Weg nach Rom frei war. »Veni, vidi, vici!« hatte Cäsar einst nach einem rasch errungenen Sieg gerufen, für Karl galt eher das Wort »Ich kam, ich sah, ich kassierte!« Der Chronist Matteo Villani bemerkte sarkastisch: »Er zog seines Weges nicht wie ein Imperator, sondern wie ein Kaufmann, der zur nächsten Messe eilt.«

Sein Landsmann Petrarca, der ebenso wie seinerzeit Dante vom Kaiser die Schöpfung eines einheitlichen Italiens erwartete, ging in seinem Zorn noch weiter, als er nach der Blitzkrönung Karls anklagend ausrief: »... undankbar gegenüber dem Dir günstigen Geschick, sehnst Du Dich in Deine barbarischen Länder zurück, nachdem Dir der Zugang Italiens gewährt, die Tore Roms geöffnet, das Zepter in die Hand gedrückt wurde, ohne daß Du einen Blutstropfen hättest vergießen müssen.«

Der nunmehrige Kaiser antwortete ihm nüchtern: »Die alten Zeiten, welche du erwähnst, kannten noch nicht die schwierigen Bedingungen der Gegenwart. Freund, es tut not, mit den Lebenden über das Entschwundene nachzudenken. Vor dem Griff zum Stahl ist jeder andere Weg zu versuchen. So wollen es die Ärzte und so haben es die Kaiser gelernt ...«

Keinen Blutstropfen vergossen zu haben, wie ihm Petrarca vorwarf, darauf war der als Friedenskaiser in die Geschichte eingegangene Karl eher stolz. Er verschwendete keinen Gedanken daran, daß sein Rückweg zum Teil einer Flucht geähnelt hatte, also höchst unheldisch, einem frisch gekrönten Kaiser nicht gemäß, verlaufen war. Daß er sich die Krone geholt, die Kassen aufgefüllt, den *Querelles italiennes* aus dem Wege gegangen war und kein Jota vom Reichsrecht preisgegeben hatte, nur das zählte für ihn.

Die Goldene Bulle

Wer sich zur Mittagsstunde auf den Hauptmarkt in Nürnberg begibt und zum Turm der Frauenkirche hinaufschaut, der wird die Männlein laufen sehen. Sieben sind es an der Zahl, kunstvoll geschaffen vom Schlossermeister Heuß und vom Kupferschmied Lindenast. Gekleidet in den Gewändern der Kurfürsten, geziert mit ihren Hoheitszeichen, umkreisen sie dreimal den thronenden Kaiser Karl in höfischer Verbeugung. Das »Männleinlaufen« erinnert an den Reichstag zu Nürnberg, im November 1355, den der frisch gekrönte Kaiser nach seiner Rückkehr aus Italien einberief. Das Ergebnis war eine Urkunde, deren Siegel mit einer goldenen Kapsel umschlossen war, einer Bulle.

Die Goldene Bulle, wie das Dokument von nun an hieß, legte in einunddreißig Kapiteln gesetzlich fest, wie und auf welche Weise in Zukunft der deutsche König zu wählen sei. Das hieß im Klartext, ungefähr so, wie er seit dem Interregnum immer gewählt worden war: durch die sieben Kurfürsten, in deren Kollegium die Mehrheit der Stimmen entschied.

Das klingt nicht nach einem epochemachenden Gesetzeswerk, wie die Bulle bezeichnet wird, schuf sie doch damit nicht neues Recht, sondern schärfte lediglich altes Recht ein – und alte Vorrechte. Die Kurfürsten bekamen das verbrieft, was sie mehr oder minder schon besaßen: das Recht, Zölle zu erheben, Münzen zu prägen, den Judenschutz (und seine

Schutzgelder), die Bergwerks- und Salzhoheit, ja selbst das Majestätsrecht nach römischen Rechtsformeln. Den weltlichen Kurfürsten wurde darüber hinaus zugesichert, was das Kollegium den Königen und Kaisern nach wie vor nicht gewährte – die Erbfolge nach dem Erstgeburtsrecht.

Das Gesetzeswerk trägt den ureigenen Stempel dessen, der es initiierte und mitschuf: Karls. Er verfuhr dabei nach seiner Maxime, nur das zu probieren, was sich in der Welt ausrichten läßt. Und möglich war die Durchsetzung *einer* Dynastie als Beherrscherin *eines* Reichs nicht mehr, sondern nur die Anerkennung der Territorialmächte und die Verhinderung ihrer weiteren Zersplitterung. Das Gesetz bedeutete deshalb, bei allen Mängeln, keine Kapitulation vor den Ansprüchen der Kurfürsten. Es schrieb fest, stabilisierte durch eine geregelte Wahl das Königtum und ließ tatkräftigen Herrschern trotzdem die Möglichkeit, den eigenen Sohn zum Nachfolger zu machen. In der Tat hat die Goldene Bulle dem alten Reich Gestalt verliehen und die Zeiten bis zu seiner Auflösung im Jahre 1806 überdauert.

Wie aber stand es mit dem Anspruch des Papstes, die deutschen Könige nach ihrer Wahl zu approbieren? Karl ließ hier nach seiner Gewohnheit beredtes Schweigen walten. Kein Wort findet sich in der Goldenen Bulle, das gegen diesen Anspruch sich wendet, aber auch keines dafür. Der Heilige Vater war matt gesetzt, ohne daß man ihn offen bekämpfen mußte: wieder ein meisterlicher Schachzug des gewieften Carolus.

Wer allerdings dem Schwur beiwohnte, den die Kurfürsten im Frankfurter Dom vor der feierlichen Wahl leisteten – Frankfurt war zum ewigen Wahlort bestimmt worden und Aachen zum ewigen Krönungsort –, den mußte ein leichtes Frösteln überkommen. »... und daß ich meine Stimme und die Kür abgeben werde«, hieß es da, »ohne alle Verabredung, Belohnung oder wie immer so etwas genannt werden mag – so wahr mir Gott helfe und alle Heiligen.« Nicht nur die Auguren wußten, daß »alles« vorher verabredet worden war und »jeder« reichlich belohnt (oder wie man so etwas nennen will).

Ein Herrscherhaus wie ein Gestüt betreiben

»Nie habe ich eine so reiche und mit allen schönen Dingen versehene Stadt gesehen«, schrieb ein Mitglied einer mailändischen Gesandtschaft nach einem Besuch Böhmens. »Sie bietet beinahe den Anblick Roms. So wie Rom ist sie mit Hügeln gekrönt und mit Tälern geschmückt und statt dem Tiber durchfließt sie die Moldau.«

Gemeint war Prag, das Karl behütete wie seinen Augapfel und verwöhnte wie ein Lieblingskind: mit der steinernen Brücke über die Moldau, die seinen Namen trägt, mit der aus dem Boden gestampften Neustadt und ihren drei Märkten (von denen der eine der größte Europas war), mit Dom und Burg auf dem Hradschin, mit dem Bau von hundert Kirchen und Klöstern schuf er sich ein Denkmal; wie auch mit der Gründung der Universität, der ersten auf deutschem Boden; der mit hundertachtunddreißig Beamten besetzten königlichen Kanzlei mit Johann von Neumarkt an der Spitze, dem Schöpfer der neuhochdeutschen Schriftsprache (ohne die Luthers Bibelübersetzung nicht denkbar wäre), mit der Förderung von Kunst und Wissenschaft.

Von Prag aus, das auf vierzigtausend Einwohner anwuchs und damit zu den größten Städten Europas gehörte, gebettet im sicheren Sockel des Böhmerlands, betrieb er seine Geschäfte. Die Hausmacht zu stärken war lebenswichtig – ein Kaiser konnte sich nur halten, wie wir gesehen, wenn er mächtiger war als die Territorialfürsten –, und damit war sie auch reichswichtig. Während er im Westen in geduldiger Kleinarbeit verstreuten Besitz zusammenfaßte und als

Stützpunkte geeignete Territorien erwarb (»Böhmenflecken« nannte man sie später), griff er im Norden und Osten stärker zu.

Schon 1346 hatte er Schlesien der böhmischen Krone einverleibt. Die Fürstentümer Schweidnitz und Jauer brachte ihm seine dritte Frau mit in die Ehe, womit eine Lücke zwischen Böhmen und Schlesien geschlossen war. Den lästigen Zwickel, den die Markgrafschaft Lausitz bildete, ließ er sich Stück für Stück übertragen. Er schuf sich eine Landbrücke nach dem Wahlort Frankfurt, um auf der Reise dorthin nicht auf fremdem Boden übernachten zu müssen, baute sich Ähnliches auf zum reibungslosen Besuch Nürnbergs, der »fürnemsten und baß gelegisten Stat des Reichs«.

Er tauschte, kaufte, verkaufte, löste Pfänder ein, setzte Renten aus, ließ sich belehnen und gab zu Lehen. Meist verführte er seine Vertragsgegner durch den Anblick bar auf den Tisch gezählter Goldmünzen, ein klingendes Argument, dem Fürsten nicht widerstehen konnten, weil sie, durch Verschwendung und Mißwirtschaft, ständig in Geldnöten waren. Der vierte Karl dagegen war liquide. Er konnte rechnen, und er verfügte, was erwähnt werden muß, über die reichen Erträgnisse der böhmischen Silbergruben. Als der wittelsbachische Markgraf Otto, der Faule genannt, ein Beiname, um den er sich redlich verdient gemacht, mit der Mark Brandenburg pleite gegangen war, erschien Karl, wie immer im rechten Augenblick, und kaufte ihm die ganze Mark ab. Kaufpreis: eine halbe Million Goldgulden.

Seine geschäftlichen Praktiken waren es, die der Nachwelt jenes bereits geschilderte Bild einer Krämerseele auf dem Königsthron vermittelten; ein Klischee, doch, und das wird oft vergessen, kommt kein Klischee von ungefähr. Er *hatte* all die Talente, die den erfolgreichen Händler ausmachen, und wenn er dem Bürgerstand angehört hätte, wäre aus ihm ein millionenschwerer Kaufmann geworden. In einem zeitgenössischen

Gedicht sagt der Pfennig stolz: »Der Kaiser hat mich lieb und wert.« Karl konnte, selbst bei Verhandlungen um das kleinste Burgengebiet, listig sein wie die Schlange und schlau wie der Fuchs, seine Gegner durch scheinbare Geistesabwesenheit täuschend: er pflegte an Weidenästen herumzuschnitzen, das Auge ziellos in die Ferne gerichtet, bewies aber im entscheidenden Moment, daß er hellwach war und das kleinste Detail gespeichert hatte.

Wählerisch war er in seinen Mitteln nicht. Er nutzte wirtschaftliche Notlagen aus, erspürte instinktiv finanzielle Engpässe, setzte seine Gegner unter Druck und verfuhr nach der Devise »Optimum est aliena insania frui« – »Das beste ist's, fremde Torheit zu nützen«. Gesandte aus Florenz, wie die meisten Italiener dem deutschen Michel an Geschäftsgeist weit überlegen, konstatierten nach einer langen Sitzung in einer Mischung aus Ärger und Respekt: »Dieser Deutsche spinnt aber feine Fäden ...«

Was sich nicht erwerben ließ, versuchte der Kaiser zu erheiraten, indem er seine Söhne und Töchter, Nichten und Neffen, Cousins und Cousinen auf den Heirats-Markt brachte. Heiratspolitik war selbstverständlich für Dynastien, Adelsgeschlechter und Bürgertum gleichermaßen. (»Ein Herrscherhaus wie ein Gestüt betreiben«, hat Friedrich der Große das später einmal genannt.) Nach dem Glück der Kinder wurde dabei nicht gefragt – ein Wort, das ohnehin nicht die erst in unserer Zeit geprägte Bedeutung gehabt hat.

Die Kunst, Verwandte gewinnversprechend unter die Haube zu bringen, beherrschte der Luxemburger perfekt, auch seine eigene Person dabei dem Staatswohl unterordnend. So ehelichte er in vierter Ehe die pommersche Elisabeth, ein Mannweib, hünenhaft und so stark, daß sie vor dem Zubettgehen regelmäßig einige Hufeisen geradebog, eine Tugend, auf die nicht jeder Bräutigam bei seiner Braut Wert legen wird, Karl aber dachte bei Elisabeth nur an das schöne Pommernland. Seine ersten drei Frauen waren, noch jung an Jahren, verstorben, menschlich ein Trauerfall, politisch ein Glücksfall, brachte doch jede neue Ehe neue Ansprüche auf Throne und Länder. Seine Heiratspolitik ließ Karl jeden Skrupel vergessen. Den faulen Otto von Brandenburg beglückte er mit seiner Tochter Katharina, was verwundern mag, denn Kathies Unfruchtbarkeit war nach ihrer ersten Ehe weithin bekannt. Gerade die Unfähigkeit, Kinder zu gebären, aber war es, die sie Karl als Ehekandidatin für Otto so wertvoll machte. Der Markgraf sollte gar keine Nachkommen zeugen, weil anderenfalls des kaiserlichen Schwiegervaters Erbansprüche hinfällig geworden wären.

Karls Geschäftssinn trug reiche Früchte, wie ein Blick auf die Landkarte lehrt. Ein Viertel des Reichsgebiets war am Ende seines Lebens luxemburgisch, womit er den bei seinem Regierungsantritt übernommenen Besitz um zwei Drittel vermehrt hatte. Das Hie-Luxemburg-allewege klang vielen Deutschen schrill in den Ohren. Dieser Kaiser namens Karl alias Wenzeslaus (so sein Taufname) sei in seinem Herzen ein Tscheche geblieben, nicht umsonst verweise er auf seine Herkunft aus dem slawischen Herrscherhaus der Przemysliden; mit seinen Pfunden habe er nicht für das Reich der Deutschen gewuchert, sondern für sein »liebliches Böhmerland«, verpfändetes Reichslehen zwar vielerorts eingelöst, aber der Krone Böhmens eingefügt. Die Vermehrung des Reichsguts sei ihm niemals am Herzen gelegen. Die Vorwürfe seiner Zeitgenossen nahmen vorweg, was Karls späterer Nachfolger auf dem Kaiserthron, der Habsburger Maximilian I., von ihm sagen sollte, auf die Rede anläßlich seiner Grablegung anspielend: mag er Böhmens Vater gewesen sein, des Reiches Stiefvater war er bestimmt.

Nun, selbstverständlich hat Karl IV. Böhmen bevorzugt, wo immer er konnte, aber er hat stets weiter gedacht, als der Blick zum Turm des Prager Veitsdoms reichte. Die Zoll- und

Handelsfreiheiten, die er deutschen Kaufleuten gewährte, die Begünstigung der Nürnberger, Lübecker, Hamburger, in Prag Handelsplätze zu errichten; die Gewährung einer Handelsmesse für die Bierbrauer- und Schifferstadt Hamburg; sein Besuch in der führenden Hansestadt Lübeck, mit deren bürgerlichen Ratsleuten, den *Herren* (so seine sie hoch ehrende Anrede), er über eine Wasserverbindung von Elbe und Ostsee sprach; die Befreiung der das Preußenland regierenden Deutschordensritter von Reichslasten und Steuern; alles das gehörte zum Programm gesamtdeutscher Förderungsmaßnahmen.

Auch kulturell war Böhmen mit dem Reich so eng verflochten, daß das, was seinen Böhmen zugedacht war, sich fruchtbar für das Reich auswirkte, auswirken mußte.

An seiner Universität in Prag waren anfangs vornehmlich deutsche Scholaren und Magister anzutreffen, für die er väterlich sorgte: unter anderem durch die Bereitstellung von Zimmern; durch die Ausstellung von Briefen, die sie auf ihren Reisen schützten und alle Zollschranken passieren ließen, denn: »Gelehrte Leute hatte er lieb und galt selbst als aller Künste, selbst der schwarzen, für kundig.« Prags Strahlkraft war es auch, die Wien, Heidelberg, Köln und Erfurt eigene Universitäten gründen ließ.

Peter Parler aus Schwäbisch Gmünd erbaute die berühmte Karlsbrücke und den Chor der Allerheiligenkirche auf dem Hradschin. Erzgießer aus Siebenbürgen schufen das Reiterbild des heiligen Georg, deutsche Maler, Goldschmiede, Bildhauer schmückten Kirchen und Paläste. Die Prager Malerzeche, eine Art Künstlerkolonie mit Baumeistern, Steinmetzen, Erzschneidern, Tafelmalern als Mitglieder, gab sich deutsche Satzungen. Fast überflüssig zu erwähnen, wie befruchtend sich die Arbeit der an der Moldau tätigen Künstler auswirkte auf die Städte am Rhein, an der Donau, der Elbe, ja an der Oder und der Weichsel. Daß das Kulturgefälle zwischen dem Westen und dem Osten geringer wurde, ist nicht zuletzt ein Verdienst des Luxemburgers. Das Reich, jahrhundertelang nach dem Süden und Westen gewandt, griff mit Riesenschritten nach Osten aus.

Die Gralsburg des vierten Karl

Ein Kaiser in Europa heißt der Untertitel eines Buches über Karl IV. nicht von ungefähr. Böhmisch geboren, französisch erzogen, in Italien zum Mann gereift, in Deutschland zum Herrscher geworden, verkörpert er den Europäer, den weder eine Rasse noch eine Nation für sich in Anspruch nehmen kann. Wie wenig ihm Nationalität bedeutete, geht aus dem Toleranz gebietenden Passus hervor, den er eigens in die Goldene Bulle hatte aufnehmen lassen: »Das Heilige Römische Reich besteht aus verschiedenen Nationen mit ihren Sitten, Lebensformen, verschiedenen Sprachen und Gesetzen.«

Karls letzter großer Coup war die Krönung seines fünfzehnjährigen Sohnes Wenzel zum König, nicht zum böhmischen, das war er schon seit seinem zweiten Lebensjahr, sondern zum König des Heiligen Römischen Reichs (das übrigens erst im 15. Jahrhundert den Zusatz Deutscher Nation bekam). Ein Coup, ein Kunstgriff also, war es deshalb, weil seit über hundert Jahren kein Kaiser zu seinen Lebzeiten den Sohn zum König hatte machen können. Karls Planung hätte man in späteren Zeiten als generalstabsmäßig bezeichnet. Da war das Kurfürstenkollegium zu gewinnen. Zwei Stimmen besaß er als König von Böhmen und Beherrscher Brandenburgs; der des Sachsenherzogs, dessen Land luxemburgisch umklammert war, durfte er sicher sein; den Mainzer Erzbischofsstuhl hatte er zur rechten Zeit mit Hilfe der Kurie in seinem Sinne besetzen lassen; die sich sträubenden Trierer und Kölner Erzbischöfe und den Pfalzgrafen bei Rhein hatte er nach zwar nicht guter, doch bewährter alter Sitte bestechen lassen. Der Papst wurde, der Goldenen Bulle gemäß, nicht gefragt. Um ihn aber nicht für die Zukunft zu verprellen, holte Karl seine Erlaubnis nach der Krönung ein und setzte das Datum auf den Tag vor der Krönung.

In seinen letzten Jahren weilte er häufiger auf dem Karlstein, einer Burg, die einen Tagesritt von Prag entfernt in einem stillen Waldtal lag. Zum Schutz oder zur Verteidigung war sie kaum geeignet, auch nicht dazu gedacht, sie sollte Refugium sein und Stätte der Andacht. Eine Gralsburg hat man den wundersamen Bau genannt, dessen vornehmste Räume ganz ohne Beispiel sind in der Geschichte der Kunst: die Wände sind bis zu den Deckengewölben goldverfugt und mit großen Edelsteinen inkrustiert, die im Licht der Kerzen hundertfach aufblitzen und die Illusion des sternenbedeckten Nachthimmels vermitteln. In der der heiligen Katharina gewidmeten Kapelle saß er ganze Tage und hielt in tiefer Selbstversenkung Zwiesprache mit Gott. Karl IV. war tiefgläubig. Herrschen hieß für ihn Gott dienen; Gottes Fingerzeig sah er häufig genug, auch dann, wenn einer seiner Feinde rechtzeitig starb. Von der Religiosität her ist er deshalb zu begreifen. Wer ihm vorwirft, wie es immer wieder geschehen ist, daß soviel Gläubigkeit schlecht paßt zu Vorteilssucht und Geschäftstüchtigkeit, weiß wenig vom Menschen, weniger noch von dem des Mittelalters.

Auf dem Karlstein bewahrte der Kaiser die Reichskleinodien auf, von deren symbolischer Kraft er so durchdrungen war, daß er sich erst dann als König empfand, als sie ihm von den geschlagenen Wittelsbachern überreicht worden waren: die juwelenbesetzte Krone, die Otto der Große einst hatte anfertigen lassen; das Zepter, den Reichsapfel aus schwerem Gold; das Schwert, das Karl dem Großen durch einen Engel gesandt worden; die heilige Lanze, mit der man Christus nach seinem Kreuztod die Seite geöffnet hatte.

Was uns heute bestenfalls als ehrwürdige Legende erscheint, uns, die wir das Gefühl für das Magische verloren haben, war damals Realität. Das Weltbild des Mittelalters war weitgehend magisch bestimmt. Seine Menschen glaubten an die Existenz des Übernatürlichen, waren davon überzeugt, daß derjenige, der einer Reliquie ansichtig wurde oder sie berühren durfte, ihrer Heilskraft teilhaftig werde. Und weil sie es glaubten, erfuhren sie eine Steigerung ihrer physischen und psychischen Kräfte: es geschahen Wunder, die Wunder eben, die des Glaubens liebstes Kind sind. Sich der Überbleibsel eines Heiligen zu versichern hieß, einen Fürsprecher an höchster Stelle zu haben, einen Helfer in der Not, und gleichzeitig das eigene Sündenkonto zu verringern.

Deshalb waren Reliquien die Voraussetzung für die Gründung einer neuen Kirche, für das Gedeihen eines Klosters; und da im Mittelalter das Übernatürliche mit dem Natürlichen immer Hand in Hand ging: Reliquien ließen sich, vorausgesetzt, es handelte sich um die Reste großer Heiliger, politisch nutzbar machen; auch förderte ihre Weisung, ihr Vorzeigen, an den Festtagen der Heiligen den Zustrom der Fremden, was erhöhte Einnähmen und Umsätze zur Folge hatte.

Reliquien zu sammeln war eine teure Leidenschaft. Man bezahlte sie mit Gold, Nutzungsrechten, Pfründen, Titeln, Weinbergen, Äckern, politischen und wirtschaftlichen Zugeständnissen. Karl versuchte deshalb gelegentlich, wie die meisten fürstlichen Sammler, mit frommer Nötigung oder mit frommem Diebstahl zum Ziel zu kommen. Aus Aquileja entführte er zwei Lagen einer von Markus persönlich überreichten Handschrift seines Evangeliums. In Pisa ließ er die Hälfte eines Altartisches mitgehen, auf dem Petrus nach seiner Landung in Italien die erste Messe gefeiert hatte. Im Dom zu Trier glückte es ihm in einem unbewachten Moment, einen Span des dort bewahrten Holzes vom Kreuz Christi herunterzuschnitzen. Im Prager Clarissenkloster schnitt er heimlich ein Stück des Fingers von St. Nikolaus ab; wurde aber später von Reue gepackt und schickte es wieder zurück.

Auf der Karlsburg befanden sich Tausende von Reliquien, darunter der Arm St. Annas, ein Span von der Krippe Christi, ein Nagel vom Kreuz des Herrn und Dornen von der Schmerzenskrone, Kettenglieder von den Fesseln, mit denen die Apostel Paulus und Johannes gebunden waren, ein Brett von der Bahre des heiligen Wenzel, das Haupt des Zacharias, Schädelteile des Burgunderkönigs Sigismund, die Streitaxt des Mauritius, eines der Tücher, mit denen Veronika dem Herrn den Schweiß getrocknet hatte, die Kinnbacke von Thomas Becket, Aschenteile vom Körper des Laurentius (der auf einem glühenden Rost zu Tode gefoltert worden war), ein Fetzen vom blutigen Gewand, das Christus am Kreuze trug, ein Stück der Tunika des Evangelisten Johannes, der mit Essig getränkte Schwamm, den man dem Gekreuzigten gereicht hatte. Als Karl im Sterben lag – sein Todestag war der 29. November 1378 –, sprach er von der großen Freude, die es ihm bereitete, daß der geliebte Sohn Wenzel, den er mit seiner dritten Gemahlin, Anna von Schweidnitz, gezeugt, nun sein Nachfolger würde. Er konnte nicht ahnen, daß er mit all seinen Künsten einen Menschen auf den Thron gehoben hatte, der dem Namen seiner Dynastie alle Unehre machen würde; eines der trostlosesten Kapitel deutscher Geschichte sollte mit ihm anbrechen.

II Die Stadt – das neue Wunder

Die Belagerung

Im Sommer 1376 waren die Zugbrücken der Stadt Ulm hochgezogen, die Tore verrammelt, die Wehrgänge auf den Mauern besetzt. Waffen wurden ausgegeben, Rationen verteilt, die Brunnen zugedeckt. Abteilungen des Stadtheers sammelten sich in den Bereitschaftsstellungen auf dem Markt und an den Toren. Von den Wachtürmen ertönten in regelmäßigen Abständen die Signale der Trompeter, und von den Kirchtürmen läuteten die Glocken. Am Ausgang des geheimen Ganges wurde ein Bote eingelassen, der in seinem ausgehöhlten Wanderstab eine Nachricht durch das vom Feind besetzte umliegende Land geschmuggelt hatte.

Nach Sonnenaufgang beobachteten die auf den Mauern postierten Männer, wie die Belagerer planmäßig das umliegende Land zu verwüsten begannen. Sie fällten die Bäume der Obstgärten, rissen die Weinstöcke heraus, steckten die Gehölze in Brand, trieben die Bauern aus den in Schutt und Asche gelegten Dörfern, schlachteten das Vieh auf den Weiden; überall stiegen Rauchsäulen in den Himmel, von Zerstörung und Mordbrand kündend.

Karl IV. hieß der Oberbefehlshaber der Truppen, die vor der Stadt Ulm lagen und jenes Vernichtungswerk begannen, das sich Belagerung nannte. Auf alten Stichen sehen wir die Belagerungsmaschinen der unterschiedlichsten Art, dazu bestimmt, eine Stadt sturmreif zu machen. Da sind die Tummler, Stoßmaschinen, die riesige Balken mit Schwungkraft gegen die Mauern trieben, die Mannschaft von bohlenbewehrten Schirmdächern gegen die Geschosse der Belagerten geschützt; da gibt es Rammböcke zum Zertrümmern der Tore, Katapulte zum Schleudern schwerer Steine, durch Hebelkraft zu spannende große Armbruste.

Im ersten Drittel des 14. Jahrhunderts kamen dicke, lange Rohre auf, den *Donner zu schießen,* eine kürzlich gemachte Erfindung, die aus Byzanz über die Mittelmeerländer nach Deutschland gekommen war. Die Rohre bestanden aus Bronze und wurden mit Schwarzpulver geladen, einer Mischung aus Kohle, Salpeter und Schwefel, die man unter Lebensgefahr in Mörsern zerstampfte. Durch ihr Gewicht waren diese ersten Kanonen schwer zu transportieren und noch schwerer zu richten. Um sie in Stellung zu bringen, brauchten zwölf Mann Bedienung Haspel, Stock, Seile, Hebezeug. Sie schossen mit bleiummantelten Steinkugeln. Zwölf bis fünfzehn Schuß pro Tag waren, bei ständiger Gefahr durch Rohrkrepierer, möglich.

Die Belagerungsmaschinen entsprachen im Grunde denen, die man bereits in der Antike benutzt hatte. Die Wirkung der bronzenen, später eisernen »Schlangen« stand im umgekehrten Verhältnis zu Feuerknall und Pulverqualm. Die Belagerungsheere waren deshalb noch nicht imstande, eine befestigte Stadt wirksam zu belagern. In die bis zu sechs Meter dicken Mauern Breschen zu schießen, die zyklopenhaften Torbauten zu berennen, die tiefen Gräben zu überwinden gelang in den seltensten Fällen.

Die Bürgerwehr, in der die Handwerker das Hauptkontingent bildeten, war, wie man heute sagen würde, hervorragend motiviert. Die Männer wußten, welch schreckliches Schicksal ihnen und ihren Familien blühte, wenn ihre Mauern brachen: Plünderung, Brandstiftung, Folterung, Schändung, Mord. Sie wehrten sich mit Klauen und Zähnen, mit dem Mut, den die Verzweiflung verleiht. Selbst die Frauen standen ihren Mann in den Wehrgängen. Die Belagerten zerschmetterten die Belagerer mit schweren Steinen, töteten sie mit Pfeilen und Bolzen, zogen sie mit an langen Stangen befestigten Haken über die Mauer, brannten sie mit siedendem Pech, zerstörten ihre Augen mit ungelöschtem Kalk und verbrühten sie, wie die Bernauer, mit heißem Brei. Nicht selten auch reichten ihre in den Magazinen gestapelten Lebensmittel länger als das Geld der Angreifer; ohne regelmäßige Löhnung waren besonders die Söldnertruppen nicht zusammenzuhalten.

Was aber bewog einen Kaiser wie Karl plötzlich dazu, sich mit einem Riesenheer vor Ulm zu legen, mit dem erklärten Ziel, es zu vernichten? Obwohl er wußte, wie schwer eine Stadt mit zwanzigtausend Einwohnern – Ulm gehörte zu den größten Städten Deutschlands – zu erobern war; obwohl er stets friedliche Verhandlungen kriegerischen Handlungen vorgezogen hatte in seinem Leben. Die Antwort lautet: weil Ulm zu den Reichsstädten gehörte, zu *des Heiligen Reiches freien Städten,* und sich »unbotmäßig« benommen hatte.

Sich freizumachen von ihrem Landesherren, auf dessen Territorium sie lag, war das Bestreben jeder Stadt in Deutschland. Seine Hand, ob sie nun einem Bischof gehörte oder einem Fürsten, ruhte schwer auf den Gemeinden: durch die Erhebung hoher Steuern und schikanöser Zölle, durch Bevormundung der Verwaltung und den Zwang, Truppen zu stellen für die Fehden gegen andere Fürsten, durch die Pflicht, Schulden zu bezahlen, die der Landesherr gemacht hatte.

Einige Städte erreichten ihr Ziel, reichsunmittelbar zu werden – das hieß, nur Kaiser und Reich untertan zu sein –, indem sie sich freikauften; andere, indem sie sich freikämpften; wieder andere, indem sie mit dem Kaiser persönlich verhandelten. Der nämlich war daran interessiert, möglichst viele Städte in die Reichsstandschaft zu erheben. Je mehr Reichsstädte, um so größer waren seine Möglichkeiten, den ländergierigen Fürsten Paroli zu bieten – und sich selbst neue Geldquellen zu erschließen.

Denn so frei, niemandem Steuern zu zahlen, wurden die Städte nicht, auch der Kaiser kassierte. Die Privilegien einer Reichsstadt aber wogen das auf. Sie besaß Wehrhoheit, konnte ihre Mannschaft dort einsetzen, wo sie es für notwendig hielt; bei der Bekämpfung der Raubritter zum Beispiel und der Sicherung der Handelsstraßen – wovon ihr Wohlstand abhing. Sie verfügte über das Fehderecht; über das Recht, Stapelplätze für Waren anzulegen; sie konnte Gerichtsbarkeit erlangen (was allerdings nur wenigen glückte) und durfte zu den Reichstagen Delegierte, Städteboten, entsenden.

Norddeutsche Städte, die ihre Freiheit errungen hatten, pflegten auf ihrem Marktplatz eine Rolandssäule zu errichten als Wahrzeichen der Unabhängigkeit. Die berühmteste ist der Roland von Bremen mit dem Wahrspruch auf seinem Schild: »Freiheit ist euch offenbar, die Karl und mancher Fürst fürwahr dieser Stadt gegeben hat, der danket Gott, ist mein Rat.« Häufig nahmen die Reichsstädter das Bild des Kaisers in ihr Siegel auf, schmückten die Prunksäle ihrer Rathäuser mit Kaiserbildern, brachten an Türmen und Toren Reichsadler an. Sie bezeichneten ihre Stadt und das dazugehörende Umland stolz als *das Reich,* eine Bezeichnung, die man noch bei Goethe findet, wenn er seine Heimatstadt Frankfurt ein *Reich* nennt.

Gegen Ende des Mittelalters gab es in Deutschland etwa hundert Reichsstädte; darunter so große wie Köln, Frankfurt, Straßburg, Nürnberg, Augsburg, Basel, Mainz, aber auch ganz kleine wie die im Südwesten gelegenen Gengenbach, Oberehnheim, Biberach, Bopfingen, Isny. Hohe Einwohnerzahlen allein genügten nicht, um Reichsstadt zu werden. Die Landesherrn, auf deren Territorien die Reichsstädte lagen, konnten nicht vergessen, daß sie ihnen einmal gehört hatten. Sie betrachteten sie als Pfahl in ihrem Fleisch, als privilegienumgürteten Fremdkörper, der ihren eigenen Rechten Abbruch tat. Sie versuchten immer wieder, sei es durch List, sei es durch Gewalt, ihr vermeintliches Eigentum zurückzubekommen. Eine günstige Gelegenheit bot sich, wenn die Stadt Bankrott anmelden mußte und die Landesherren als Konkursverwalter auftreten konnten.

Derartige finanzielle Desaster wurden in der Regel verursacht durch hohe Rüstungsausgaben. Tore und Mauern zu verstärken, einen zweiten Ring zu ziehen, den im Vorfeld angelegten Wall zu erhöhen und mit Dornensträuchern zu bepflanzen; Harnische, Helme, Streitäxte, Spieße, Hakenbüchsen herzustellen oder zu kaufen; Söldner zu mieten: das alles kostete Unsummen. Bei manchen Städten machten sie siebzig bis achtzig Prozent des Gesamthaushalts aus.

Wer an der Rüstung sparte, bezahlte das teuer in einer Welt, in der von heute auf morgen einer des anderen Feind werden konnte und Fehden, wie man die kleinen Kriege im Gegensatz zu den großen nannte, zum Alltag gehörten. Die Ungewißheit darüber, was wem wie lange schon gehört hatte und wieviel wem wo zustand, war groß, die Liste der zu rächenden Beleidigungen und des angetanen Schimpfes lang, Kollisionen von Ansprüchen, Forderungen, Anwartschaften, Berichtigungen häufig.

Ständiger Zankapfel zwischen Stadt und Land war die Landflucht. Wer einem Grundherrn gehörte, ihm *hörig* war als geringer Lehnsmann, als Bauer, Landarbeiter, Tagelöhner – ein Leben, das für viele nicht lebenswert war –, versuchte in die Stadt zu fliehen. Gelang ihm das und blieb er dort ein Jahr und einen Tag unbehelligt von den Nachforschungen seines Herrn, durfte er bleiben, ja er konnte unter gewissen Bedingungen das Bürgerrecht erwerben.

Er war frei. Stadtluft macht frei, lautete die Devise; sie galt auch für die sogenannten Pfahlbürger, die die Freiheiten des Städters genossen, ohne in der Stadt zu wohnen. Pfahlbürger waren Menschen, die hinter ihren mit Pfählen gesicherten Anwesen wohnten. Das konnten auf dem Lande lebende Ritter sein, die nun nicht mehr ihrem Lehnsherrn dienten, sondern dem Hohen Rat, oder Gewerbetreibende, die der Stadt Steuern zahlten und dafür Handelsprivilegien erhielten, oder vor den Toren lebende Handwerker. Von den Grundherren wie von den Stadtvätern waren sie gleichermaßen begehrt, ihrer Arbeitskraft und ihrer Abgaben wegen, von der Wehrkraft gar nicht zu reden.

An Gründen für eine zünftige Fehde herrschte deshalb nie Mangel. Und wer von den hohen Herren keinen Grund hatte, der verschaffte sich einen. Bisweilen erschienen im Verlaufe eines Tages Dutzende von Reitern vor den Toren der Stadt, um mit dem Fehdebrief an der Lanzenspitze *Absage* zu erteilen. Bei einer großen Fehde, wie die der Nürnberger im Jahre 1449, wurden in kurzer Zeit so viele Absagen erteilt, daß am Rathaus Tafeln mit den Namen der Kriegserklärer aufgehängt werden mußten, wußte doch niemand mehr, wer noch Freund war und wer schon Feind.

Schwabenland ward so verheeret

Das Recht, sich mit der Faust zu holen, was das – mangelhafte – Gesetz einem nicht zubilligte, war Einschränkungen unterworfen, die die Willkür und die Roheit mäßigen sollten. Gewissen Personen wurde Schonung gewährt: Kindbetterinnen, Schwerkranken, Pilgern, Geistlichen, Weingärtnern während ihrer Arbeit, Fuhrleuten mit ihrer Habe. Kirchen, Klöster, Friedhöfe durften nicht angetastet werden. Der Kleinkrieg aller gegen alle sprengte bald diese Schranken. Fuhrleute mit dem unter den Planen liegenden Kaufmannsgut zu schonen erschien den Rittern als ein schlechter Scherz, darauf hatten sie es ja abgesehen. War die Fehde für die friedliebenden Städter Notwehr, denn nur im Frieden gediehen Handel und Handwerk, den Rittern war das Fehdewesen zu einer Erwerbsquelle geworden, dergestalt, daß sie das Vieh der Stadtbauern wegtrieben, die Kaufleute überfielen, Lösegelder für gefangengenommene »Pfeffersäcke« erpreßten, ja Raubzüge in schwächer befestigte Gemeinden unternahmen und sie gründlich plünderten. Der Graf von Tecklenburg erbeutete bei einem solchen Zug 95 Pferde, 227 Kühe, 1 005 Schafe und 250 Mark Silber.

Reichsstädte in ihren Besitz zu bringen, diese Möglichkeit bot sich den Territorialherren noch bei einer anderen Gelegenheit: wenn die Kaiser in solchen finanziellen Nöten steckten, daß sie gezwungen waren, sie zu verpfänden. Selbst ein Karl, von dem man sich erzählte, daß ihm seine sechshundert deutschen Bergleute tagtäglich in großen Körben das abgebaute Silber in die Schatzkammer trugen, selbst er war nicht immer zahlungsfähig. Der Kauf der Mark Brandenburg und die Bestechungsgelder für die Wahl Wenzels hatten ein Loch in den Beutel gerissen, den aufzufüllen ihm nichts anderes übrigblieb, als die Steuern der Reichsstädte zu erhöhen. Sie waren reich geworden durch Handel und Handwerk, in den steinernen Gewölben ihrer Rathäuser ruhten die eisenumgürteten Schatztruhen – sie sollten zahlen. Wenn sie nicht zahlen konnten oder nicht wollten, würde man sie zu hohem Preis als Pfand geben. So ging Feuchtwangen für 5 000 Gulden an den Burggrafen Friedrich von Nürnberg, Donauwörth für 60 000 an die bayrischen Herzöge, Weil für 40 000 an Eberhard von Württemberg.

An einen Landesfürsten verpfändet zu werden, davor fürchteten sich die Städter am meisten. Sie wollten freie Bürger bleiben, »dem Heiligen Reiche zu Ehre und zu Lobe«. Daß das Pfand eines Tages wieder ausgelöst wurde, darauf durften sie kaum hoffen. Meist blieb nur der Weg, die dafür nötige Summe selbst aufzubringen. Da aber nicht alle soviel Geld besaßen, erlangten einige Städte ihre Freiheit nie wieder und sanken zu bedeutungslosen Landstädten herab; wie die von

Heinrich VII. an den Trierer Erzbischof verpfändeten Gemeinden Boppard, Oberwesel, Duisburg; wie die an den Pfalzgrafen versetzten Städte am Rhein; auch Feuchtwangen wurde nie wieder ausgelöst.

Um diesem Schicksal zu entgehen, beschlossen einige der am meisten bedrohten Städte, sich zum gegenseitigen Schutz zu verbünden. Ulm, am Kreuzungspunkt einiger Fernstraßen gelegen, Umschlagplatz für Salz aus dem Süden und Eisen aus der Oberpfalz, reich geworden durch die Herstellung eines in aller Welt begehrten Tuches, des berühmten Barchents, erlebte ein Goldenes Zeitalter und fühlte sich mächtig genug, einen Bund ins Leben zu rufen. Der Schwäbische Städtebund, wie er hieß, zählte zu seinen Mitgliedern, neben Ulm, die Städte Konstanz, Überlingen, Ravensburg, Lindau, St. Gallen, Wangen, Buchhorn, Reutlingen, Rottweil, Memmingen, Biberach, Isny und Leutkirch. »Wir wollen«, erklärten die Verbündeten, »unbeschatzt, unversetzt, unverkauft, bei unserer gewöhnlichen Steuer und dem Reich bleiben.« Würde ein Mitglied dieser Sachen wegen angegriffen, hätten ihm die anderen Beistand zu leisten; ergehe eine Mahnung vom Kaiser an einen der Ihren, dürfe keine Stadt einzeln antworten oder ihren Vorteil suchen, sondern nur nach dem Beschlusse der Mehrheit die Antwort erteilt werden.

Die Bewährungsprobe kam, als Karl für seinen zum König gekrönten Sohn Wenzel Eid und Huldigung forderte. Schwören und huldigen würden sie gern, ließen die Bundesgenossen durch ihre Boten mitteilen, doch nur, wenn man ihnen Brief und Siegel gebe, daß man sie nie verpfände und an ihren Rechten verkümmere. Der Kaiser, obwohl nun alt, müde und von der Gicht geplagt, raffte sich auf, ein Exempel zu statuieren. Der Hochmut der Reichsstädte, besser: ihre Weigerung, seinen Geldforderungen nachzukommen, war ihm ärgerlich geworden. So kam es zu jenem Heereszug, der ihn vor die Mauern

Ulms führte – und wo es ihm so erging wie allen, die eine gut befestigte Stadt einzunehmen versuchten: statt Lorbeeren erntete er Spott und Hohn.

»Mache du nun weiter«, soll er zum Grafen Eberhard von Württemberg gesagt haben, bevor er abzog. Der Greiner, wie er genannt wurde, ein Zänker also, Querulant und Streithammel, der überdies die Städte haßte wie der Teufel die Erzengel, machte weiter, aber besser machte er es nicht. Die braven Reutlinger stellten seinen Sohn Ulrich und die mit ihm verbündeten Edlen und trieben sie an der Burg Achalm zu Paaren.

Karl resignierte und beauftragte seinen Sohn, mit den vermaledeiten Städtern einen Frieden zu schließen, in dem ihnen zugebilligt wurde, was sie gefordert hatten: Sicherheit vor Verpfändung. Die Reichsstädte blieben trotzdem mißtrauisch, spürten sie doch, daß er nur gute Miene zum bösen Spiel gemacht hatte. Der Bund der Städte in Schwaben wuchs deshalb und wuchs und zählte bald vierzig Mitglieder. Ein Bund der Städte am Rhein bildete sich, dem sich elsässische, fränkische, bayrische Städte anschlossen, woraus nach dem Zusammenschluß mit den Schwaben ein neunundachtzig Städte umfassendes süddeutsches Bündnis hervorging. Als Regensburg zu ihnen stieß und Nürnberg, eine der mächtigsten Städte Europas, bildeten sie eine Macht, die die Fürsten erzittern ließ. Sie fanden sich nun ihrerseits zum Nürnberger Herrenbund zusammen.

Die Ritter wiederum gründeten zu Schutz und Trutz Gesellschaften, wie die vom Horne, die von St. Georg, die vom Löwen, mit dem Ziel, sich gegen die Städter zu wehren, die immer reicher und stärker wurden, während sie immer ärmer und bedeutungsloser geworden waren. Aber auch gegen die großen Fürsten, deren Expansion sie mit ihren überkommenen Freiheiten im Wege standen, richteten sich ihre Bünde.

Ein Bürgerkrieg drohte, der barbarischste aller Kriege, in dem Terror, Greuel und Grausamkeit besonders blutige Ernte zu halten pflegen. Der Kampf der Schwabenstädte gegen den Greiner hatte davon einen Vorgeschmack gegeben. Wie immer hatte die Landbevölkerung in ihren ungeschützten Dörfern am härtesten zu leiden. Ein Schicksal, das um so schwerer zu tragen war, weil es den Bauern meist gleichgültig war, wer gerade wo herrschte und wer gegen wen stritt.

»Schwabenland ward so verheeret«, schreibt der Straßburger Chronist Königshofen, »daß kaum ein Dorf war, welches nicht gebrannt oder geschatzt worden wäre. Besonders die Württemberger taten den Reichsstädten großen Schimpf und Schaden. Sie hieben das Getreide mit den Schwertern nieder, pflügten die Wiesen und Äcker um und säten Senf hinein; denn Senf hat die Eigenschaft, daß er, einmal gesät, immer wieder wächst und nicht beseitigt werden kann. Sie schnitten auch die Reben ab und schlugen die Fruchtbäume um. So wurden in dem Krieg fünfzehnhundert Dörfer verheert und gegen vierzehnhundert Menschen gefangen und erschlagen.«

Noch gelang es, den Bürgerkrieg zu verhindern, dadurch daß die streitenden Parteien, oft im letzten Moment, dem von König Wenzel vermittelten Landfrieden zustimmten, so in Rothenburg ob der Tauber, so in Ehingen, so in Heidelberg. Friedensschlüsse, bei denen die Städte einige ihrer Positionen zwar aufgeben mußten, die letztlich aber ihr Ansehen stärkten und sie zu einem wichtigen Faktor in der Reichspolitik werden ließen. Ihr Recht, sich untereinander zu verbünden, wurde nicht nur nicht mehr bestritten, sie waren auch bündnisfähig geworden für Fürsten, Ritter und Herren, die je nach der politischen Situation davon Gebrauch machten. Selbst eingefleischte Städtefeinde wie die Herzöge von Bayern, die Grafen von Württemberg und die Habsburger scheuten sich nicht, mit den Städten von Zeit zu Zeit gemeinsame Sache zu machen.

Es kam aber der Tag, da der große Krieg der Deutschen gegen Deutsche ausbrach, und das in einem Moment, da die Friedenspartei die Oberhand zu gewinnen schien. Zwei bayrische Herzöge entführten einen Erzbischof, eine Tat, die keinen Bürger sonderlich interessiert hätte, wenn der geistliche Herr nicht ein Verbündeter der schwäbischen Städte gewesen wäre. Pilgrim von Salzburg, wie er hieß, haßte das Geschlecht, dem die Herzöge angehörten, gründlich, denn die Wittelsbacher waren bewährte Feinde der Salzburger.

Zu viel Zündstoff hatte sich inzwischen allerorten angesammelt, als daß der glimmende Brand noch einmal hätte erstickt werden können. Die Städte kamen ihrer Bündnispflicht nach und zogen um so zuversichtlicher in den Krieg, als sie doch König Wenzel auf ihrer Seite wußten. Auch war ihr Selbstbewußtsein gestärkt worden durch eine Tat, die ihre schweizerischen Bundesgenossen zum Schrecken und zum Staunen ganz Europas vollbracht hatten. Im Juli 1386, bei Sempach, einem schweizerischen Landstädtchen im Kanton Luzern, waren sie über das weit überlegene Ritterheer des Herzogs Leopold von Österreich siegreich geblieben; dergestalt, daß ihre mit langen Spießen bewaffnete, zu einem Keil geordnete Mannschaft die Phalanx der wegen des ungünstigen Geländes abgestiegenen Ritter durchbrach und, nach rechts und links auseinanderschwenkend, die schwergepanzerten und dadurch schwerfälligen Gegner in mörderischen Einzelkämpfen erledigte.

Arnold Winkelried war der Mann, der nach der schweizerischen Überlieferung die Schlacht entschied, indem er mit dem Ruf »Eidgenossen, ich will euch eine Gasse machen!« mehrere der ihm entgegenstarrenden Lanzen mit seinen Armen umfaßte, sie sich in die Brust stieß und im Fallen eine Lücke in die feindliche Schlachtreihe riß, in die seine Kameraden eindrangen.

DER REICHSLANDFRIEDEN ZU EGER

Deutschland zwischen Rhein und Böhmerwald glich bald einem Heerlager. Das Land wurde, im wahren Sinne des Wortes, mit Krieg überzogen, mit Feldzügen ohne Schlachten, aber mit Schlächtereien, ohne Schlachtfelder, aber mit zahllosen Kriegsschauplätzen, meist vor Städten, die belagert wurden oder sich durch Ausfälle wehrten. Ohne strategisches Konzept, ohne Führung wurde der Gegner dort überfallen, wo er sich zeigte. Die Sieger verfolgten die Besiegten nicht, ließen ihnen Zeit, sich zu erholen, schlugen von neuem los. Scharmützel, Gefechte, Überfälle, Raubzüge, Beutefahrten – ein Schrecken ohne Ende, der manchen auf ein Ende mit Schrecken hoffen ließ. Doch niemand besaß die Kraft und die Fähigkeit, den anderen endgültig zu besiegen.

Einmal kam es zu einem größeren Treffen, das die Chronisten flugs zu einer großen Schlacht aufbliesen. Bei Döffingen, einem württembergischen Dorf, trafen die Fürstlichen auf die Städter des Schwabenbunds, doch was den Schweizern bei Sempach gelungen war, glückte hier nicht. Die Ritter blieben, trotz erheblicher eigener Verluste, Sieger. Als sie aber nach dem Brauch der Zeit Waffen und Rüstungen der erschlagenen Feinde bargen, stellten sie fest, daß kaum ein Bürger darunter war. Die Reichsstädte führten ihre Feldzüge meist mit Söldnern, Truppen, die naturgemäß nicht mit jener Leidenschaft kämpften wie die Männer aus Luzern, Schwyz, Unterwalden, Bern. Die Schweizer waren wehrpflichtig und das Heer, das sie in den Kampf schickten, ein Volksaufgebot, von dem jeder Mann für seine ureigene Sache focht. Wenige Wochen nach dem Gefecht bei Döffingen kam es bei Worms zu einer weiteren Niederlage der Reichsstädte. Diesmal waren es die vom Rhein, die sich den militärisch überlegenen Fürsten beugen mußten.

Die Sieger konnten sich der beiden Siege nicht erfreuen. Ihre Finanzen waren erschöpft, ihre Burgen gebrochen, ihre Schlösser geplündert, ihre Bauern auf furchtbare Weise heimgesucht. »Es verdarben mehr Leute und wurden arm gemacht, als sonst in viel hundert Jahren geschah.« Nicht anders erging es den Städten. Sie waren durch den Handel reich geworden, und niemand brauchte den Frieden mehr als der Kaufmann. Schon begannen die Handelsstraßen sich mit Gras und Disteln zu überziehen. Auch war die Bereitschaft der Bundesgenossen, sich gegenseitig zu helfen, immer geringer geworden. Wer nicht bedroht war, überhörte die Hilferufe der Bedrohten und war empört, wenn der eigene Ruf bei Not und Gefahr auf ebenso taube Ohren stieß. Als die ringsum eingeschlossenen Regensburger »fünfzig Spieße« erbaten, klagten die Nürnberger, daß sie selber der Hilfe bedürften. So erging es den Ulmern mit den Rothenburgern, den Mainzern mit den Wormsern, den Straßburgern mit den Heilbronnern, den schwäbischen Städten insgesamt mit denen am Rhein.

Die Parteien waren des Krieges längst müde geworden. Doch schleppte er sich weiter dahin, weil niemand den ersten Schritt zum Frieden machen wollte. Es wurde immer wieder von neuem geraubt, belagert, verwüstet, bis die Erschöpfung aller endlich so groß wurde, daß Fürsten und Städten nichts anderes übrigblieb, als sich in Eger an einen Tisch zu setzen. Den Vorsitz führte König Wenzel IV., Karls Sohn, »damit der so schlimme Krieg und Unfug in den deutschen Landen beendet und allgemeiner Nutzen, Frieden und Gnade bestellt werde«. Schöne Worte, doch der, der sie sprach, hatte sich in den letzten Jahren um das Reich kaum gekümmert. Er war in den böhmischen Wäldern seiner Leidenschaft nachgegangen, der Jagd. Wenzel liebte die Gesellschaft seiner trinkfesten Jagdgesellen und schätzte einen Schweißhund mehr als einen Minister. Er brachte es fertig, einer aragonesischen Prinzessin deshalb die Ehe anzubieten, weil ihr Vater als großer Nimrod bekannt war. Bei der Werbung um seine zweite Frau, die Tochter des Herzogs Johann von Bayern, spielten Jagdhunde und Jagdfalken als Ehestifter keine geringere Rolle.

Wenzel war in allem das Gegenbild von seinem Vater: schwankend in seinem Urteil, ohne politisches Konzept, vor Schwierigkeiten sofort zurückweichend, nicht handelnd, sondern lavierend. Unsicher und von seinen korrupten Beratern abhängig, hatte er im großen Städtekrieg mal die Partei der Reichsstädte ergriffen und mal die der Fürsten, um schließlich, die Bürger vor den Kopf stoßend und den Fürsten sich entfremdend, niemandes Freund mehr zu sein. Die Situation allerdings war so verworren, daß sie wohl auch einen Herrscher vom Format eines Karl IV. überfordert hätte.

Die Fürsten, Herzöge, Markgrafen, Landgrafen, Burggrafen, Grafen, die Erzbischöfe, Bischöfe und die Gesandten jener, denen die weite Reise ins Böhmische zu beschwerlich gewesen war, standen den nach Hunderten zählenden Boten der Reichsstädte aus Schwaben und dem Rheinland gegenüber, ja aus Sachsen und Westfalen waren sie gekommen. Eine Versammlung zweier Lager, die nicht nur gegenseitig miteinander verfeindet waren, sondern untereinander zerstritten, von Intrigen zersetzt.

Wenzel ging den Weg der bequemsten Lösung, indem er sich auf die Seite der Stärkeren schlug, und das waren die Fürsten, wobei er nach Politikerart vergaß, daß er vor zwei Jahren noch mit den Schwabenstädten ein Bündnis geschlossen und ihnen Schutz vor Beschwernis, Kränkung und Beirrung zugesagt hatte. Die Bürger selbst erleichterten ihm den Frontwechsel. Während die Fürstlichen nämlich trotz aller Interessengegensätze im entscheidenden Moment sich zusammenfanden, blieben die Städte von Parteienkämpfen zersplittert und hatten schon zu Beginn den Abfall des mächtigen Regensburg und des noch mächtigeren Nürnberg zu beklagen.

Wenzel forderte sie auf, »ihre Bündnisse gänzlich abzutun, denn sie sind wider Gott, wider Uns und wider das Reich. Wenn ihr das nicht thut, so nehmen wir euch alle euere Rechte, Freiheiten und Gnaden, in Unsere und des Heiligen Reiches Unfrieden und Ungnade als meineidige, ungetreue und ungerechte Leute.«

Am 5. Mai 1389 wurde in Eger der Reichslandfrieden auf sechs Jahre verkündet. Die Fürsten traten ihm bei, und in ihrer großen Mehrzahl auch die Städte, denn ihr Ziel, nicht mehr verpfändet zu werden, hatten sie in etwa erreicht. Die Zeit der Städtebünde war damit vorbei; auch wenn sich in Schwaben bald wieder neue Zusammenschlüsse bildeten, die sieben Städte am Bodensee ohnehin eisern ihren Bund aufrechterhielten und sogar die Genehmigung des Königs dazu ertrotzten. Die Städte blieben allerdings ein ernstzunehmender politischer Faktor. Hätten sie aber nicht mehr erreichen können, wenn sie nur einig gewesen wären, nämlich: das Königtum zu stärken, den fürstlichen Partikularismus zu überwinden, das Reich zu einen und die Voraussetzung zu schaffen für eine Reform der Kirche, für eine Reichsverfassung, die alle Kräfte an der Regierung beteiligte? Womit die politische Zersplitterung der Nation verhindert worden wäre, ja der Dreißigjährige Krieg nicht stattgefunden hätte?

So hat man noch zu Beginn des 19. Jahrhunderts argumentiert, die jämmerliche deutsche Kleinstaaterei vor Augen mit ihren Krähwinkeln und den senilen Serenissimi. Das allerdings sind Argumente, die der Wirklichkeit des ausgehenden 14. Jahrhunderts nicht standhalten. Die Städte wären einer solchen Aufgabe nicht gewachsen gewesen. Keiner von ihnen wäre es eingefallen, um des Reichs willen auf die eigenen Interessen zu verzichten, Privilegien zurückzustellen zum Wohle des Ganzen, Opfer zu bringen für die Einheit der Nation. Partikularismus stand auch auf ihren Fahnen. Der Blick der meisten Bürger reichte nicht weiter als zum eigenen Kirchturm oder bestenfalls zu dem des Nachbarstädtchens. Ein politisches Konzept besaßen ihre Ratsherrn nicht.

Der Adel hatte sich nicht nur militärisch als überlegen erwiesen, sondern auch in seinem stärker ausgeprägten Standesbewußtsein, das gegründet war auf Geblüt, Herrschaft, Besitz und kriegerischer Leistung. So gehörte die Zukunft nicht den Städtebünden, sondern dem Fürstenstaat. Doch was die Bürger an politischer Macht einbüßten, gewannen sie auf anderen Gebieten vielfach zurück. Die große Zeit der deutschen Städte im späten Mittelalter, in der sie sich zu wirtschaftlichen und kulturellen Kraftzentren entwickelten, sie begann eigentlich erst jetzt.

Der Mauern gewaltiger Anblick

Wer einmal bei aufgehender Sonne auf Rothenburg oder Dinkelsbühl zugewandert ist, auf eine Stadt, erhalten so, wie das späte Mittelalter sie schuf, wird einen Hauch von dem Gefühl verspüren, das einen Zeitgenossen überfiel, wenn er sich, vom flachen Land her kommend, einer Stadt näherte. Ein Wunder erschien dort am Horizont: hohe Kirchen, glänzende Kuppeln, gewaltige Mauern, drohende Türme, mächtige Tore, wuchtige Zugbrücken.

»So wird die alte Stadt gewaltig dem Anblick, und der Buschreiter, welcher von seinem Klepper auf den ungeheuren Steinkasten schaut, denkt begehrlich bei blinkenden Kreuzen und Knöpfen an die tausend herrlichen Dinge, welche die Stadtmauer seinem Wunsch vorenthält«, schreibt Altmeister Gustav Freytag in seinen *Bildern aus der deutschen Vergangenheit.* »Aber zwischen ihm und der Stadt steht auf einer Anhöhe der Rabenstein, und schwarze Vögel fliegen dort um formlose Bündel an dem hohen Stadtgalgen. Beim Hochgericht vorbei führt der Weg durch Äcker, Weiden und Gemüsegärten. Auf luftigen Stellen drehen nahe der Mauern Windmühlen ihre Flügel; wo ein Bach durch Wiesen läuft, klappern die Räder der Wassermühlen. Liegt die Stadt an größerem Fluß, dann sind Schiffsmühlen mit gewaltigen Radschaufeln gebaut, im Schutz der Mauern und Türme, damit die Stadt in einer Notzeit nicht des Brotes entbehre. Und führt außerhalb der Mauern eine Brücke über den Fluß, so hat sie unten Eisböcke zum Schutz und bildet oben einen gedeckten Gang, mit Türmen an beiden Ufern; in der Mitte steht wohl das Bild der Schutzheiligen, mit Kruzifix und einem Opferstock, in welchen der Bürger, stolz auf seine stattliche Brücke, freiwillig einlegt, damit der Stadt die Erhaltung leichter werde.«

Das »Wunder Stadt« zeigte sich allerdings nur bei größeren Gemeinden. Davon gab es nicht allzu viele in Deutschland. Von den 3 000 Städten glichen die meisten ummauerten Dörfern. 150 überschritten mit ihren Einwohnern die Zahl 1 000. 25 Mittelstädte hatten zwischen 2 000 und 10 000, nur etwa 15 galten als Großstädte mit mehr als 10 000 Einwohnern, darunter München mit etwa 13 000, Frankfurt mit 15 000, Augsburg mit 18 000, Nürnberg und Ulm mit 20 000, Lübeck mit 24 000 und, die größte von allen, Köln mit 35 000 Einwohnern. Das alles sind ungefähre Zahlen. Der Hohe Rat pflegte schamlos zu übertreiben, wenn es um die Zahl der Bürger ging, die innerhalb der Mauern wohnten, denn wer volkreich war oder zumindest schien, war stark, den Freunden zur Ehr', den Feinden zur Wehr. Volkszählungen wurden geheimgehalten und umfaßten ohnehin nur die mit dem Bürgerrecht versehenen Einwohner, und das waren beileibe nicht alle.

Folgen wir, zusammen mit Gustav Freytag, dem Fremden, der gerade die sogenannte Landwehr passiert hat, einen weit vor den Mauern angelegten dornenbewachsenen Wall mit Graben, und nun mit seinem Pferd vor einem der Stadttore verhält, beäugt von den Torwächtern, für die die Weisung gilt, daß Vertrauen gut ist, Kontrolle aber besser. An Markttagen wird unser Mann etwas warten müssen. Dutzende von Bauernkarren müssen abgefertigt werden, denn für einen bestimmten Teil ihrer Waren erhebt man eine Abgabe. Schwere, von je acht Pferden gezogene Frachtwagen folgen, unter deren Planen wertvolles Kaufmannsgut liegt, herbeigeschafft über Hunderte von Meilen auf katastrophalen Straßen, bedroht von Raubrittern, verteidigt gegen Wegelagerer. Sie passieren das Tor unbeanstandet, begleitet von bewaffneten Knechten, die die Karawane durch die engen Straßen bis zur Ratswaage führen, wo, der Steuer wegen, die Waren gewogen werden. Der Eigentümer, ein reicher Kaufmann, wird von allen Seiten beglückwünscht, auch von jenen, die neidisch sind, und der Neid ist, wie heute, die weitestverbreitete Untugend in der Bürgerschaft. Doch läßt die Einbringung so kostbarer Fracht, die nicht zuletzt dem städtischen Fiskus zugute kommt, diesmal auch ärgste Neider verstummen.

Der Fremde hat das Tor inzwischen ebenfalls passieren dürfen, begleitet sogar von einem tiefen Bückling des Torwächters, was er seinem von hoher Stelle ausgestellten Schutzbrief zu verdanken hat. Es ist noch früher Morgen, und der Hirte ist dabei, das Vieh zusammenzutreiben und auf die außerhalb der Wälle gelegenen Weiden zu führen. Die Stadtbürger sind fast alle noch Ackerbürger, treiben, neben ihrem Gewerbe, Landwirtschaft und halten sich auf engem Hofraum ihr Vieh.

Unser Mann weicht einem Aussätzigen aus, wie man die Leprakranken nennt, der eigentlich seine Klapper zur Warnung hätte betätigen müssen.

Auf den Stufen des Kirchenportals hocken bereits die Bettler; armlos, beinlos, blind, taubstumm, strecken sie ihre Holzschalen den Vorübergehenden entgegen. Es sind einheimische Bettler, versehen mit einer Lizenz. Wer ihnen spendet, weiß, daß sie nicht zu jenen Betrügern gehören, die ihre Gebrechen mit tausend Tricks vortäuschen oder ihre Hand, ihren Fuß, ihr Augenlicht nur deshalb einbüßten, weil man sie schwerer Verbrechen wegen verstümmelt oder geblendet hat. Die meisten gehören zu jenem grauen Heer, das tagein, tagaus über die Landstraßen zieht; Bauernfänger, Gauner, Säckelschneider, die sich von Diebstahl und Almosen gut ernähren, aber auch viele Unschuldige sind darunter, Verarmte, Verkrüppelte, Vertriebene, denen das Schicksal grausam mitgespielt hat, auch Mönche, Scholaren, Söldner ohne Krieg, Pilger mit dem Palmzweig, zum Zeichen, daß sie aus dem Gelobten Land kommen, Spielleute, Handwerksburschen.

An einen Schandpfahl hat man eine Frau gebunden, die wegen ihrer Zanksucht stadtbekannt ist und die Spottreden der Vorübergehenden mit ausgestreckter Zunge beantwortet. Am Pranger daneben steht ein älterer Mann in einem mit Stacheln versehenen Halseisen, weil er des Felddiebstahls überführt wurde. Noch am Abend wird man ihn aus den Mauern jagen.

Der Blick des Fremden geht die Fassade des neuen Doms entlang, an dem seit über hundert Jahren gebaut wird. Der Baumeister rechnet mit einem weiteren halben Jahrhundert, bis die himmelragenden Türme vollendet sind. Er wird in einem Stil erbaut, den die Italiener später *stilo gotico* nennen werden, womit sie eine barbarische Baukunst meinen. Das Kirchenschiff wird mehr Menschen fassen, als die Stadt Einwohner hat, und mehr Kosten verursachen, als dem Kämmerer Gelder zur Verfügung stehen. Doch wer wird armselig rechnen, wenn es um den Ruhm und die Ehre des Allerhöchsten geht – und um den Stolz der Bürger! Sie sind es, die als Bauherren des großen Gotteshauses auftreten, nicht mehr nur der Adel und die Bischöfe. Die Ulmer hatten es ihnen gezeigt, als sie 1377 den Grundstein zu einem Münster legten, das höher werden sollte als alles, was die Welt bis dahin gesehen hatte.

Der Platz vor dem aus Stein errichteten Rathaus ist gepflastert, die Hauptstraßen sind mit Trittsteinen versehen, was den Vorteil hat, daß man auch bei Regenwetter trockenen Fußes hinüberkommt. In den Gassen dagegen sieht es bei nassem Wetter böse aus. Fußhoch liegt der Schmutz, die Schuhe bleiben im Morast stecken. Wer von den Herren zu spät kommt zur Sitzung des Stadtrates (oder des Domkapitels), schiebt die Schuld mit jener Selbstverständlichkeit auf den Straßenkot wie wir bei gleicher Gelegenheit auf den Autoverkehr. Kaiser Friedrich III. blieb bei seinem Besuch in Reutlingen bis zu den Knien im Schlamm stecken. Wer sich nicht vorsieht, kann in aller Herrgottsfrühe auch einem vollen Nachtgeschirr »begegnen«, das eine Magd aus dem Fenster kippt. Die Nase darf ohnehin nicht zu empfindlich sein. Mistgruben vor den Häusern, Kuhfladen, Kadaver, offene Gossen, die wie Schwalbennester an die Häuser geklebten Abtritte verbreiten wenig liebliche Düfte.

Immer wieder weist der Hohe Rat darauf hin, daß »niemand soll kein unflat uf die gassen schitten noch kain unrat bei kainem prun auswaschen«, doch die Bürger vertrauen darauf, daß die überall herumschnüffelnden Schweine das Gröbste schon beseitigen werden, und wenn nicht, wird es irgendwann ein großes Fest geben oder einen hohen Besuch, aus deren Anlaß man nicht nur die Gehängten vom Galgen nimmt, sondern den Marktplatz mit Laub, die Gassen mit Stroh ausgelegt und den festgefahrenen Mist wegkarrt. Von der Nachbarstadt, über deren Einwohner man gern herzieht, weiß man, daß bei solcher Gelegenheit Pflasterung freigelegt wurde, von deren Existenz selbst ältere Einwohner nichts geahnt hatten.

Im übrigen unterschieden sich die Menschen des ausgehenden 14. und des 15. Jahrhunderts in dieser Beziehung wenig von ihren Nachfahren aus dem 21. Gegen den Gestank von Kadavern und Kloaken waren ihre Nasen ebenso gefeit wie die unsrigen gegen Auspuffgift und Schornsteingase. Was sie auf die Gassen warfen, hinterlassen wir – in dauerhafterem Zustand – an Seeufern, Berghängen und Waldesrand.

VON SCHWERTFEGERN, FEILENHAUERN UND FINGERHUTMACHERN

Die rote Fahne ist am Rathaus ausgesteckt; solange sie hängt, haben auch die von auswärts kommenden Verkäufer das Marktrecht. Auf Tischen und Ständen, in Buden und unter Zeltdächern, auf den Stadtbänken und den Schrannen – Schaufenster gibt es nicht – sind die Waren ausgelegt, die Handwerkerfleiß geschaffen hat. Da sind die Beutler mit ihren nach Ambra duftenden Täschchen; die Paternoster mit ihren farbigen Gebetsschnüren, den Vorläufern der Rosenkränze; die Schneider mit ihren von den Pfarrern verteufelten, von den Frauen heftig begehrten Schlitzkleidern; die Schuster mit den bunten Schnabelschuhen, deren nach oben gebogene Spitzen wie der Kamm eines Truthahns herabhängen – Traum aller Jünglinge, Alptraum des den Kleiderluxus bekämpfenden Stadtrats; die Sarwürker mit ihren hieb- und stichfesten Kettenhemden; die Glaser mit ihren kunstvoll in Blei gefaßten bunten Scheiben; die Flaschenschmiede mit ihren Trinkflaschen aus Blech für Reisende, Erntearbeiter und Soldaten; die Stegreifer mit ihren silberbeschlagenen Steigbügeln.

Und die Eisenmenger, die Lakenkrämer, die Ledermänner, die Vogler, die Tuchgewänder, die Weinhändler, die Waidhändler, die Pfeifenkrämer, die Häutekäufer, die Färber, die Weber, die Walker, die Böttcher, die Tucher, die Weißgerber, die Klingenschmiede, die Bernsteiner, die Reepschläger (Seiler, die auf der Reeperbahn das Reep fertigen, schlagen), die Drahtmüller, die Fingerhutmacher, die Messerer, die Schwertfeger, die Bisser und die Sporer (Hersteller von Kandaren und Sporen), die Plattner (die die Eisenplatten für die Rüstungen schmieden), die Keßler, die Nagler, die Zinngießer, die Reußenschlosser (Flickschlosser), die Zigenschmiede (Werkzeugmacher), die Feilenhauer, die Scherer, die Schleifer – Bezeichnungen der einzelnen Handwerksberufe, aus denen sich später viele unserer Familiennamen entwickelten.

Ihre Spezialisierung war so weit vorangetrieben worden, daß es allein fünfundzwanzig verschiedene Schmiedeberufe gab. Hundert Geräte und Erfindungen, die wir zum großen Teil heute noch gebrauchen, wurden auf den Märkten angeboten, und hundert andere Formen des Schmucks, der Kleidung und des Hausrats, die uns fremd geworden sind und die wir erst deuten müssen.

In einer Ecke drängeln und stoßen sich die Menschen im wirren Knäuel. Ein Gaukler zeigt einen Korb mit Schlangen, die auf seinen Befehl tanzen. Ein fahrender Kleriker führt einen klugen Vogel vor. Wenn er sagt: »Komm, Heinrich, und lache!«, dann neigt er den Kopf, erhebt ihn wieder und lacht herzlich. Sagt sein Meister: »Nun lache doch weiter!«, so spricht der Vogel laut und deutlich: »Nein, ich tu's nicht.« Einige laufen in den Garten der Predigermönche, wo ein Schwein mit Stacheln gezeigt wird, damit man an ihm Gottes wunderbare Schöpfung schauen kann. Ungeheure Tiere aus fernen, fremden Ländern kennen die meisten nur vom Hörensagen. Die Großeltern des Bürgermeisters aber erinnern sich noch, daß sie in ihren Kindertagen den Kaiser Friedrich II., den Staufer, gesehen haben, wie er mit Kamelen in die Stadt einzog, und in Italien soll er Elefanten gehabt haben. Den Enkeln war er bereits zu einer Märchenfigur geworden, zu einem abenteuerlichen König aus dem Morgenland.

Da, wo die Brunnengasse auf den Platz mündet, hocken die Quacksalber mit ihren Wundermitteln gegen Reißen, Rotz und Rheuma. Daneben ein Bettelmönch, er steht auf einer Kiste und droht allen die Strafen der Hölle an, die der Putzsucht verfallen sind. »So mit zerhouwenem gewande«, schimpft er, »daz da so waehe [zierlich] gesniten is, hie der lewe, dort der are [Adler], hi der tore, dort der affe un der giege [der Äffische], und ir frouwen, ir get mit tüechelinen umbe: daz zwicket [zupft] ir hin, daz zwicket ir her.«

Die fahrenden Scholaren, unter denen sich manch dunkler Ehrenmann befindet, unterbrechen den eifernden Mönch mit spöttischen Zwischenrufen. Ein Bader schreit mit hoher Stimme: »Zen ausprechen! Her an, her an, welcher do hat einen pösen Zan!« Ein anderer überschreit ihn mit den gellenden Rufen: »Heiß Fladen! Ir Herre, so trage ich Fladen feil!«

Unser Mann ist nun schon auf dem Teil des Marktes gelandet, der den Lebensmitteln vorbehalten ist. Zwischen den Ständen und den Wagen der Bauern gehen die Marktaufseher mit strenger Miene einher und achten darauf, daß die Landmetzger richtig wiegen und der Kunde das Fleisch nicht mit den Händen berührt. Verstößt er gegen das Berührungsverbot, zahlt er auf der Stelle vier Schillinge. Hirsch, Reh und Hase sollen nicht älter sein als zwei Tage, Rebhühner und andere Wildvögel nicht älter als einen Tag. Sind Fische übertägig, müssen sie gekennzeichnet werden. Gegen Mittag wird die Marktfahne abgenommen, die Stände werden abgeräumt, die Karren der Bauern setzen sich rumpelnd und rasselnd in Bewegung und streben den Toren zu. Die Handwerker zählen ihr Geld auf den kupfernen Zahlbrettern. Der Büttel führt zwei rückfällige Marktdiebe in den Turm ab, wo man ihnen nach kurzer Verhandlung die rechte Hand mit dem Beil abhacken wird. Die beiden bei einer der häufigen Messerstechereien verletzten Knechte liegen mit blutenden Wunden, von Gaffern bestaunt, auf der Rathaustreppe. Der Stadtphysikus ist benachrichtigt, läßt sich aber Zeit, und als er endlich eintrifft, genügt ihm ein Blick, um festzustellen, daß seine Künste hier vergeblich sein werden.

Vom Rathaus her schlägt die Uhr zwölfe, es ist eine der neuen Turmuhren, und alle sind stolz darauf, denn die meisten Städte richten sich noch nach der Sonnenuhr oder nach einer großen Sanduhr. Das Mittagsläuten setzt ein. Eine Kirche antwortet der anderen, die Stadt hat viele Gotteshäuser. Neben dem im Bau befindlichen Dom gibt es die Stadtkirchen, die Spitalkirchen, die Klosterkirchen, die Burgkapelle, die Friedhofskapellen, die Taufkapellen und viele kleine Kapellen, die von Gesellschaften, Stiftern, Privatleuten unterhalten werden. Immer tönt irgendwo Geläut in der Luft: es schwebt über den Dächern, schwingt über die Felder, flutet durch die Fenster.

Sie waren allgegenwärtig, die Glocken des Mittelalters. Sie beklagten die Toten, feierten die Glücklichen, weckten den Schläfer, begleiteten den armen Sünder auf seinem letzten Gang, meldeten das Feuer und den Feind. Für die Menschen waren sie keine bloßen Gebilde aus tönendem Erz. Sie glichen lebenden Wesen, die man taufte, denen man Namen gab wie »Die Große«, »Die Donnerstimmige«, »Die dicke Susanna«.

Das Geläut ist auch dort zu hören, wo die Stadt ihr weniger schönes Gesicht zeigt: in den engen, durch die vorkragenden oberen Stockwerke sonnenarmen Gassen, deren Häuser ärmlich sind, mit Fenstern ohne Glas, mit Dächern aus Stroh statt aus Ziegeln, die keine Gehsteige und schon gar keine Pflasterung haben. Lärmerfüllt vom Klang der Hämmer, der Hobel, der Meißel sind die Gassen, in denen die Handwerker ihre Quartiere haben: in der Schmiedgasse, der Sattlergasse, der Schustergasse. Weniger das Ohr, dafür um so mehr wurde die Nase beleidigt in der Färbergasse und der Gerbergasse mit ihren stinkenden Abfällen, Werkstätten, die nicht umsonst an fließenden Gewässern wie dem Stadtbach lagen.

An den Sommerabenden füllen sich die Straßen, Gassen und Plätze noch einmal. Es herrscht ein geradezu südländisch heiteres Treiben und Leben. Die jungen Männer gassieren, wie man das nennt, scherzen mit den Mädchen an den Fenstern und Türen, werfen ihnen Blumen zu, jemand bringt ein Ständchen. Die Fahrenden und die wandernden Handwerksgesellen erzählen, was sie auf ihrer Wanderung erlebt haben. In Bern habe ein Mann mit einem Weib im Gottesgericht kämpfen müssen, der Mann nach altem Recht mit dem halben Leib in einer Grube, das Weib mit einem Schlüsselbund bewaffnet, der Mann sei erschlagen. In Lübeck hat man dreißig Räuber gefangen und alle an einem Tag an die Galgen gehängt. In Straßburg ist ein Weib, das das Vieh verhext habe, auf dem Marktplatz verbrannt worden.

Der Schreiber erzählt, daß der Christian und der Gottschalk, die beiden Stadtboten, ausgeritten seien, um etwas über den Weg der Geißelbrüder zu erfahren. Ja, und am Tor sei schon wieder ein Fehdebrief abgegeben worden. Wer einen Verwandten hat auf der Landstraße, wird rasch zum Mittelpunkt eines Kreises von Teilnehmenden und Neugierigen, ob der Reisende durch den Rat gewarnt sei, ob er gutes Geleit zu erhalten hoffe. Die Alten stecken die Köpfe zusammen und erzählen sich den neuesten Klatsch. Der Ratsherr Muffel will doch tatsächlich zum vierten Mal heiraten, seine ersten drei Frauen sind ihm alle im Kindbett geblieben; die Rose vom Goldschmied Wanner ist es, gerad' sechzehn, und der Muffel über vierzig, wie soll es gutgehen. Und, Nachbarin, hat sie gehört, daß der Stromer und der Nützel sich auf der Gesellenstube in den Haaren lagen, wegen eines Weibstücks aus dem Frauenhaus ausgerechnet. Pfui über die, und man speit aus. Vor dem Haus der gelüstigen Fräulein in der Rosengasse hat der Fremde vorhin lange gestanden und überlegt, ob er hineingehen solle oder nicht. Eine Schande ist es nicht, auch wenn man verheiratet ist wie er. Wer lange von seiner Familie getrennt leben muß wie der reisende Kaufmann zum Beispiel, geht mit Selbstverständlichkeit in diese Häuser, könnte er doch anderenfalls an seinen gestauten Säften siech werden. Auch schickt der hochwohllöbliche Stadtrat hohen Gästen die Fräulein ins Quartier, wenn er sie nicht gar gleich frei Haus sich dort bedienen läßt. Eine besonders große Sünde kann es nicht sein, mit einer Dirne zu schlafen, kassiert doch der Bischof – auf seinem Grund liegt das Bordell – die von den Dirnen zu entrichtenden Abgaben. Die Dirnen gehen einem Beruf nach, einem minderwertigen und unehrlichen zwar, aber einem Beruf. Und hat nicht der große Augustinus selbst gesagt: »Wenn ihr die Dirnen abschafft, wird die Welt von der Wollust in ihren Grundfesten erschüttert werden«? Doch der Fremde ist ein vorsichtiger Mann. Er hat von merkwürdigen Krankheiten gehört, und er sucht »anstatt« lieber die Trinkstube auf, die einen grünen Buschen ausgesteckt hat, zum Zeichen, daß ein frisches Faß angezapft wurde. Gehen wir, wieder mit Gustav Freytag, hinein in die Wirtsstube.

Mittelalterliches Nachtleben

Da sitzt die Köchin des Dorfgeistlichen neben einem Lateinschüler der Klosterschule, am andern Tisch rittermäßige Leute und ihre Knechte, wildes Volk, wenn man sich neben sie setzen wollte, muß man sein Messer an der Seite haben. Und wieder gesondert Bürger und Bauern mit ihren Frauen. Dazwischen zweideutiges Volk, von denen der Verständige wegrückt, Strolche und wüste Gesichter. Es herrscht arger Lärm in dem gefüllten Raum um die dicken Holztische, ein unablässiges Kommen und Gehen. Der eine singt, der andere tanzt, ein dritter ißt, wieder ein anderer erzählt Lügengeschichten. Während die Umsitzenden lauschen, entsteht am nächsten Tisch heftiger Streit, weil einer dem Zutrinkenden Bescheid versagt. Sie werfen die Krüge einander ins Gesicht, stoßen Tische und Bänke um, die Weiber kreischen und fallen den Gegnern in die Haare. Da springt der starke Wirt dazwischen und stiftet Frieden. Die Gäste gehorchen und verlangen einen Becher Johannisminne zur Versöhnung. Der Wirt kommt dabei nicht zu Schaden, denn es ist Gesetz der Schenke, daß kein Fremder, und sei er noch so gut gekleidet, einen Trunk bekommt, wenn er nicht das Geld hinlegt.

Der Wirt hatte gewiß nicht nur Johannisminne anzubieten, einen am 27. Dezember jeden Jahres vom Priester geweihten Wein, zu Ehren des Evangelisten Johannes (der einen Becher vergifteten Weins geleert hatte, ohne Schaden zu nehmen). Am meisten ausgeschenkt werden Würzweine, minderwertige Sorten aus Gegenden, in denen der Boden so ungeeignet war wie die Sonne schwach, aus Pommern zum Beispiel, aus Mecklenburg, selbst aus dem Ordensland Preußen. Diese Weine waren so sauer, daß sie die Magenwände malträtierten, ja die Schnauzen der Zinnkannen zerfraßen. Von Karl IV. erzählte man sich, daß er nach einem Begrüßungstrunk in einer norddeutschen Stadt den Humpen mit den Worten zurückreichte: »Das war ärger als die Schlacht von Crécy.« Mindere Weine pflegte man deshalb zu würzen, mit Honig, Nelken, Maulbeeren – was schwere Räusche ergab – oder mit Pfeffer, wodurch neuer Durst entstand.

Natürlich gab es auch ungewürzte Weine. Sie kamen aus den besseren Lagen von Rhein, Main und Mosel und waren entsprechend teuer. Mehr noch kostete der Rote aus Südtirol, der Elsässer Muskateller, der Osterwein aus Ungarn. Unbezahlbar für den gewöhnlichen Sterblichen waren die Kreszenzen aus Griechenland, Sizilien, Südspanien und, Höhepunkt des Genusses, der Wein aus Zypern. In Ulm befand sich der große Weinmarkt, wo Großhändler und Kleinverkäufer sich mit den einzelnen Sorten versorgten.

Auch beim Bier konnte von Reinheit nicht die Rede sein. Lange Zeit war es üblich, ihm Honig zuzusetzen, neben Wacholder, Pilzen, Baumrinde. Der Gerstensaft bestand keineswegs immer nur aus Gerste. Die Brauer nahmen Hafer, Roggen, Weizen, ja Hirse als Grundstoff. Wenn die Klöster nicht gewesen wären mit ihren bierfrohen und bierkundigen Mönchen – am Ausgang des Mittelalters gab es in Deutschland über fünfhundert Klosterbrauereien –, wer weiß, was aus dem edlen Trank des Gambrinus, Schutzherrn der Bierbrauerzunft, geworden wäre. Den Benediktinern im bayrischen Weihenstephan wurde bereits 1040 das Braurecht bestätigt. Die besten Biere kamen jedoch erst mal aus dem Norden Deutschlands. An dem schweren, wie Öl in den Becher rinnenden Erfurter Bier delektierte sich König Rudolf. Das Städtchen Bernau ging seines guten Bieres wegen in die Literaturgeschichte ein. Und Einbeck, im Braunschweigischen gelegen, braute einen so starken Trank, daß die herzogliche Brauerei in München ihn nachahmte und als »ainpöckisch Bier« vertrieb, woraus dann das Pöck-, das Pock-, das Bockbier wurde.

Beliebter noch bei den einfachen Leuten, weil billiger, war das Getränk, das schon den Germanen Kraft verlieh, Begeisterung und den Zugang zur übersinnlichen Welt (wie man einen kräftigen Rausch auch nennen kann). Es hieß Met und bestand aus nichts anderem als aus Wasser und Honig, die unsere Altvorderen miteinander vermischten, zum Kochen brachten und gären ließen; manchmal unter Zusatz gewisser Kräuter. Jetzt wurde das Honig-Wasser-Gemisch aus Gründen der Haltbarkeit mit Salbei und Hopfen versetzt und in gepichte Fässer gefüllt. Viele Geistliche zogen Met allen anderen Getränken vor, trotzdem (oder weil?) man ihm eine höchst ungeistliche Wirkung zuschrieb. Man trank aus Holzbechern, die, wie ein Faß, von einem Reifen zusammengehalten wurden, aus Tongefäßen, Zinnkannen mit Deckeln (damit die an der Decke entlangkrabbelnden Insekten nicht in das Getränk fallen konnten), aus bauchigen Gläsern mit engem Hals, sogenannten Kutrolfen. Pokale, Silberbecher, Bergkristallgläser (von Kreuzfahrern mitgebracht) blieben den Wohlhabenden vorbehalten.

Doch ob reich oder arm, die Deutschen blieben, was das Trinken betraf, traditionsbewußt. »Tag und Nacht durchzuzechen ist für niemanden eine Schande«, hatte schon der römische Geschichtsschreiber Tacitus in seiner berühmten *Germania* geschrieben. »Auch wissen sie im Trinken wenig Maß zu halten. Würde man ihrer Trunksucht Vorschub leisten und ihnen die Möglichkeit bieten, soviel zu trinken, wie ihr Herz begehrt, könnte man sie durch diese Charakterschwäche leichter zugrunde richten als durch die Gewalt der Waffen.«

In einer in Wien aufbewahrten Tafel, genannt »Kurtze Beschraibung der in Europe befintlichen Völckern und ihren Aigenschaften« steht unter der Rubrik *die zait vertraiben*: »Spanier – mit spillen. Frantzoß – mit betrügen. Ungar – mit mießiggehen. Ruß – mit schlaffen. Polack – mit zancken. Grieche – mit kränckeln. *Teutscher – mit sauffen.*« Unter der Rubrik *ihr leben Ende* heißt es, in der gleichen Reihenfolge: »im beten – in krieg – beym säwel – in schnee – im Stall – in betrug.« Und der *Teutsche* endet – *im Wein.*

Nach Sonnenuntergang erstirbt das Leben in der Stadt beinahe schlagartig. Die Trinkstuben schließen, und die Bürger verrammeln ihre Türen. In den Gassen, auf den Straßen wird es so finster, daß unser Mann sich heimleuchten läßt. Überall in den Werkstätten ruht jetzt die Arbeit. Öl für die Lampen, der Rindertalg oder gar das Bienenwachs für die Kerzen sind teuer. Das Licht, das sie spenden, ist ein Augenfraß. Die alten Frauen, die keinen Schlaf mehr finden, setzen sich jetzt wohl an das Herdfeuer und drehen das Spinnrad. Nur wenn der Feind oder ein hoher Gast mit ihrem Kommen drohen (letzteres galt, der hohen Kosten wegen, durchaus als Drohung), werden Pechpfannen entzündet und Fackeln in die Ringhalter an den Häusern gesteckt.

Nach dem letzten Läuten der Ratsglocke soll niemand mehr auf der Straße sein, andernfalls wird er von der Stadtwache zum Torturm geführt. Die Bürger aber bleiben ohnehin lieber in ihren Häusern. Allerlei unsichere Leut' treiben sich herum, die kein Nachtquartier bezahlen können und in dunklen Ecken Unterschlupf suchen. Die Nacht hat nichts Romantisches an sich, und wenn der Mond noch so malerisch hinter den Türmen aufsteigt, die Nacht gehört den Gespenstern und Dämonen, oder allenfalls dem Gelehrten, der bei kargem Licht die Rätsel der Welt zu lösen sucht, oder dem Mönch in stiller Klause bei inbrünstigem Gebet.

Bald hört man nur noch den Schritt des Nachtwächters, dessen Amt zu den ältesten Berufen gehört, und seinen Hornruf. Der reiche Patrizier breitet die seidene Decke von Arras über sein Lager, wie Gustav Freytag anschaulich schildert, der Handwerker liegt mit seiner Frau in der Kammer unter dem deutschen Federbett, sein Knecht auf dem Hausboden auf Stroh. Die vielen Hofhunde bellen einander zu, vom Fluß her dringt die kühle Nachtluft in die leeren Gassen, auf den Türmen halten die Wächter ihren Umgang und spähen in die Finsternis, ob sich irgendwo ein Feuerschein zeigt. Oft genug muß der Nachtwächter in sein Horn stoßen und die Glocke läuten. Weil die Einwohner das nicht tun, was die Nachtwächter immer wieder rufen: zu bewahren das *Feuer* und das *Licht,* damit kein Unheil nicht *geschicht.*

Stroh und Holzschindeln waren das bevorzugte Material, mit dem die Dächer gedeckt wurden. Die immer wieder erneuerten Vorschriften der Magistrate, die Dächer mit gebrannten Ziegeln zu belegen, nützten wenig, weil Ziegel teuer waren. Stroh, Schindeln, dazu die ausgetrockneten Balken der Fachwerke boten den Flammen willkommene Nahrung.

Niemand hat eine solche Feuersbrunst eindringlicher beschrieben als Friedrich von Schiller in seinem *Lied von der Glocke* (und im Geiste sprechen unsere Großeltern die Verse mit, denn sie mußten – besser durften – das so schöne wie lange Gedicht noch auswendig lernen): »Hört Ihr's wimmern hoch vom Turm! / das ist Sturm! / Rot wie Blut ist der Himmel, / Das ist nicht des Tages Glut! / Welch Getümmel / Straßen auf! / Dampf wallt auf! / Flackernd steigt die Feuersäule, / Durch der Straßen lange Zeile / Wächst es fort mit Windeseile, / Kochend wie aus Ofens Rachen / Glühn die Lüfte, Balken krachen, / Pfosten stürzen, Fenster klirren, / Kinder jammern, Mütter irren, / Tiere wimmern / Unter Trümmern, / Alles rennet, rettet, flüchtet, / Taghell ist die Nacht gelichtet.«

Der Dichter schildert auch, mit welchen Mitteln die Brandkatastrophe bekämpft wurde: »Durch der Hände lange Kette / Um die Wette / Fliegt der Eimer, hoch im Bogen / Spritzen Quellen, Wasserwogen.«

Eimerweise ließ sich ein Großbrand natürlich nicht löschen – *eine brauchbare sprütze für feuersnöten* kam erst zu Beginn des 16. Jahrhunderts in Nürnberg auf –, doch sorgte die Obrigkeit dafür, daß der Mensch nicht, wie der Dichter sagt, hoffnungslos der Götterstärke wich und seine Werke müßig, ja bewundernd untergehen sah. Konnte man den Brand nicht löschen, so konnte man ihn vielleicht eindämmen.

»Item [ferner], daß jedermann mit Äxten und seiner Wehr zulaufen soll bei Leib und Gut«, heißt es im Dresdner Stadtbuch von 1437. »Item, daß niemand wehren soll, die Dächer vom Feuer abschlagen zu lassen, so man erkennet, daß dies not tut, bei 10 schock [Strafe]. Item, daß kein Mann, Frau noch Magd bei dem Feuer stehen soll ohne Wehr und Gefäße, und wen man bei dem Feuer darüber begriffe, daß er nicht zugreifen noch arbeiten wollte, den soll man aus der Stadt weisen. Item, wer da Feuerhaken oder Wasser zuträgt, den soll man von der Stadt wegen lohnen.«

Gott Vater in Schnabelschuhen

Wenn das Frühgeläut der kleinen Glocken erklang, und das war kurz nach Sonnenaufgang, begann der neue Tag. Der Reisende aus der Fremde, der im Gasthaus »Zum Schwanen« am Marktplatz Unterkunft gefunden hat, holt aus den Satteltaschen sein bestes Gewand. Er zieht ein Hemd an aus feinem Leinen mit abnehmbaren Ärmeln; zwei strumpfähnliche Hosenbeine (daher unser Ausdruck ein Paar Hosen) befestigt er mit Hilfe von Riemchen an einer Art kurzer Unterhose, dem *bruoch.* Sie bestehen aus feinem Wollstoff, liegen so eng an, daß Männer mit O-förmigen Beinen sie nicht gut tragen können, und modellieren die Schamkapsel deutlich genug, um den Frauen durch diesen Anblick – das jedenfalls glauben ihre Träger – Freude zu bereiten. Der wattierte, mit zottelig herabhängenden gezahnten Lappen, Zaddeln genannt, verzierte Rock ist knapp gehalten, hindert seinen Träger nicht nur beim Gehen, sondern gewährt beim Bücken hinterwärts Einblicke, die den für die Kleiderordnung zuständigen Ratsherrn in die Worte ausbrechen ließen: »O welche Schandt!«

Die Schnäbel an den Schuhen stehen so hoch, daß sie mit Schnüren an die Knie gebunden werden müssen, doch sind auch hier die Maße vorgeschrieben. Reiche Leute, und unser Mann ist es, dürfen Schuhspitzen von einem Fuß Länge tragen, das sind 12 Zoll oder 31,3 Zentimeter, während Fürsten und Prinzen bis zu zweieinhalb Fuß gehen dürfen (womit sie unsere Redensart »auf großem Fuß leben« sprachnotorisch machten). Der Gürtel trägt die Geldtasche und den Dolch – das Leben ist gefährlich – und ist mit kleinen Glöckchen besetzt, denn »wo würkliche Herren sein, da sein auch Schellen«. Bevor er das Haus verläßt, legt er den glockenförmigen Mantel mit den bis zum Boden reichenden Tütenärmeln um, setzt das federngeschmückte Barett auf und schließt einen

Knopf, eine Erfindung, die seit der Bronzezeit aus der Kleidung verschwunden war, nun ergänzt durch die rein europäische Erfindung des Knopflochs.

Im Hause des Goldschmiedes Sebastian Graff ist die Gesellschaft versammelt, die das Hochzeitsfest der Maria Graff und des Kaspar Melcher, Sohn des Tuchkaufmanns, zu feiern gewillt ist. Auch ihre Kleidung hier beweist, daß die Welt, da das Sterben der Pest, die Geißelfahrt, Römerfahrt und Judenschlachten ein Ende hatten, wieder anhub zu leben und »machten die Liut niuwe kleidunge«. Besonders die Damen scheinen das in dem Sinn verstanden zu haben, mehr Körper zu zeigen. Was man am besten durch Verengung und Entblößung erreicht. Die Taille der Brautmutter ist so eng geschnürt, daß sie schwer atmet, das Dekolleté so großzügig, »daß man ire brüstlin wolgestalt binach halbe siecht«. Die Mutter des Bräutigams fegt mit ihrer fünf Meter langen Schleppe den Boden der Diele und scheucht die Flöhe in die Ecken. Die Muhme trägt eine Hörnerhaube von solcher Breite, daß sie nur seitlich durch die Türen kommt. Die Ausschnitte ihrer Ärmel werden ihrer Weite wegen vom Pfarrer als Teufelsfenster bezeichnet. Die Großmutter begrüßt die Gäste lispelnd, was aber nicht an ihren Zähnen liegt, sondern an ihrem Gebende, einer steifleinenen Kopfbedeckung, deren straff angezogenes Kinnband das Sprechen erschwert. Die jungen Mädchen tragen nur einen Blumenkranz auf dem Haar oder einen Stirnreif, den Schapel.

Bunt sind die Farben der Stoffe aus Baumwolle und Leinen, Sammet und Purpur, zwei begehrten orientalischen Seidenarten, aus Scharlach, einem geschätzten Wollzeug, aus Schafwolle, in deren Verarbeitung die Engländer Meister sind. Die symbolische Bedeutung der Farben, die uns noch heute geläufig ist, wird ernst genommen. Wer Weiß trägt, drückt Hoffnung aus, erhört zu werden; wer Blau bevorzugt, meint Treue; Grün spricht vom Zauber der ersten Liebe, Rot von verzehrender Leidenschaft, Gelb von Erfüllung der Liebessehnsucht.

Zum erstenmal konnte man von Mode sprechen, obwohl das Wort erst im Frankreich des 15. Jahrhunderts aufgekommen ist. Während die Kleidung der einzelnen Stände in den vorhergehenden Jahrhunderten im großen und ganzen unverändert blieb, änderte die Kleidung sich nun nach Schnitt, Form, Farbe und Material in immer kürzeren Abständen. »Wer heuer war ein guter Schneider«, seufzt der Chronist, »der taugt morgen keine Fliege mehr, also hat sich das Gewand gewandelt.« Der Bauer wollte tragen, was der Bürger trug, der Bürger das, was dem Ritter geziemte, der Ritter das, was dem Fürsten vorbehalten war. Die Modekämpfe spiegelten die Standeskämpfe, und wie der Städter dem Adligen in allem die Führung streitig zu machen begann, so versuchte er es ihm auch in der Kleidung gleichzutun.

Das aber war wider Gottes Gebot, der die Kleidung gemacht hatte, damit die Menschen sich nach Rang und Stand voneinander unterschieden – das behaupteten zumindest die jeweilig höher Stehenden gegenüber den tiefer Stehenden. So sollte die Kleidung der Handwerker ziemlich sein, das hieß, auf Luxus in Schnitt und Material verzichten. Die vielen Kleiderordnungen der städtischen Obrigkeiten richteten sich gegen die Verletzung von Sitte und Moral, gegen Verschwendungssucht, im wesentlichen aber gegen die Versuche der Unterprivilegierten, Standesunterschiede zu verwischen.

Der Rat von Frankfurt verbot den Dienstboten, gefärbte Stiefel zu tragen. Der von Speyer war gegen die zerschnitzelten Kugelhüte der Handwerkerfrauen; auch sollten sie die Haare nicht lassen hangen und vorne Locken machen. Einer, der nicht Ritter war, durfte keine silbernen oder goldenen Borten tragen und keine Bänder am Hut. Die Straßburger schrieben den Bürgerinnen vor, ihren Schopf unter einer Haube zu verbergen. Die Züricher untersagten die langen *Swäntze,* wie die Schleppen hießen; ferner sollten die Frauen Haupt und Brust nicht mehr mit Edelsteinen und Gold schmücken und Hermelin und Marder den Adligen überlassen. In Regensburg wurde den Männern verboten, Perlen an ihre Gewänder sticken zu lassen. Die Kölner Obrigkeit wandte sich gegen das berüchtigte Miparti, eine der wunderlichsten Erscheinungen in der gesamten Kostümkunde. Miparti war eine gestückelte Kleidung, bei der die Gewänder für die beiden Körperhälften nicht nur verschiedenfarbig, sondern auch verschieden geschnitten waren.

Die Mode jedoch war wie eh und je stärker; es gab nichts Erfolgloseres als eine Kleiderordnung. Besonders die Frauen waren couragiert genug, sich von den angedrohten Strafen nicht schrecken zu lassen, und gewitzt genug, auch das detaillierteste Verbot zu umgehen. Sie konnten mit Fug auf die Gemälde der Zeit verweisen, auf denen Mutter Maria, die Heiligen, ja selbst Gott Vater so gekleidet waren, wie es laut Obrigkeit streng verboten. Was war schon zu sagen, wenn Gott Vater persönlich mit Schnabelschuhen daherkam und bei den Madonnen die Brüste zu sehen waren?

Kaspar und Rose bilden ein schönes Paar, wie sie dort am Tisch sitzen. Seine rechte Hand hat sich auf ihr linkes Knie gestohlen, und sie versucht ihm, sanft errötend, zu bedeuten, daß er noch ein bißchen warten müsse. Sie raunt ihm ein von der Ururahne überkommenes Liebeslied zu: »Dû bist mîn, ich bin dîn: des solt dû gewis sîn. dû bist beslozzen in mînem herzen: verlorn ist daz slüzzelîn: dû muost immer drinne sîn ...«

Ein Ratsherr redet und redet, und als er geendet hat und seinen Krug auf das Wohlsein der Jungvermählten erhebt, werden die Türen aufgestoßen. Mägde decken die auf Böcken liegenden Tischplatten mit heißen Kasserollen, drehbaren Spießen, zinnernen Schüsseln und ausgehöhlten Brotlaiben,

Menü

Erster Gang

Pastetchen mit Dorschleber oder Rindermark
Fleischstücke in dünner Zimtsauce
Rindsmark-Beignets
Aal in pikanter dicker Suppe
Schmerle in kalter grüner Sauce mit Salbei
Gebratenes und gekochtes Fleisch von Schwein und Rind
Seefische

Zweiter Gang

Süßwasserfische
Brühe mit Speck
Frikassee von Hammelfleisch
Kapaunenpasteten und geröstetes Brot
Brassen- und Aalpasteten
Mandelsüßspeise

Dritter Gang

Weizengelee
Wildbret
Neunaugen in scharfer Sauce
Beignets
Gebratene Brassen und Sahnetörtchen
Stör
Gelees

Menü aus dem Rezeptbuch des *Menagier de Paris,* 1391

die als Teller dienen. Die Gäste sitzen paarweise, immer ein Mann neben einer Frau, jedes Paar ißt aus einer gemeinsamen Schüssel und trinkt aus demselben Becher. Die Männer lösen ihre Messer vom Gürtel, die Frauen greifen nach den kurzstieligen Löffeln, und da der Erfinder der Tischgabel noch nicht ganz soweit ist, benutzen alle die Finger.

Sie schlürfen eine Eiersuppe mit Safran und vertilgen gezwiebeltes Schaffleisch mit Hirsegemüse; sie nehmen ganze Brathühner auf die Faust und reißen armdicke Stücke aus dem Ferkel, das sich in der Mitte des Tisches am Spieß dreht; sie verschlingen Stockfische in Öl und Rosinen, gebackene Bleie, gesottene Aale mit Pfeffer und geröstete Heringe; sie lassen sich die Schüsseln mit Schweinskeule und Gurken füllen, delektieren sich an einer Walfischzunge und rufen nach Eierkuchen mit Weinbeeren; sie stopfen sich voll mit Kuchen und Wecken, deren Teig ein frivoler Bäckermeister zu Penis und Vagina gerollt hat; sie stoßen ihre Messer in die Därme feister Blutwürste, benagen die Knochen geschmalzter Drosseln, schlemmen Rosenölkonfekt, Nürnberger Pfefferkuchen, Baseler Leckerli, Cremonenser Mandorlati, Nüsse, Birnen. Sie verhalten sich wie Menschen, denen eine große Hungersnot bevorsteht.

Wer soviel von Ernährungsbewußtsein redet wie wir, hätte gewiß den Kopf geschüttelt angesichts solcher Eßgewohnheiten. Zu Unrecht. Voluminöse Gastereien dieses Ausmaßes kamen selten vor. Das lange Jahr über war Schmalhans Küchenmeister im mittelalterlichen Haushalt. Was aber kochte Schmalhans für die Deutschen? Um das für ihre Mehrheit beantworten zu können, müssen wir die Stadt verlassen und hinausgehen auf das Land, dorthin, wo über achtzig Prozent von ihnen wohnten. Nun, die Bauern aßen hauptsächlich immer noch das, was ihre Altvorderen, die Germanen, gegessen hatten: Getreidespeisen.

Für Pfeffer und Salz starben Tausende

Fein zerrieben oder grob geschrotet wurden die Körner der Gerste oder des Roggens, des Hafers oder der Hirse und mit Wasser und Salz, manchmal auch Milch, in irdenen Töpfen zu Brei zerkocht. Der tägliche Brei war gewiß kein Hochgenuß, muß aber enorm gesund gewesen sein. Er enthielt Eiweiß, Kohlehydrate und Spurenelemente, Aufbaustoffe, die den Erfordernissen des menschlichen Körpers hervorragend entsprechen. Genauso wertvoll war das Gemüse, das auf den Tisch kam. Erbsen, Wicken, Bohnen sind reich an Proteinen; Kraut, Rüben, Kohl enthalten die für den Darm wichtigen Ballaststoffe. Nehmen wir noch den Quark hinzu, die Molke, den Schafskäse und das Obst wie Äpfel, Birnen, Zwetschgen, Brombeeren, so müssen wir den Experten zustimmen, die nach dem Studium der Lebensmittelversorgung von Fuhrleuten, Maurern und Klosterschülern aus der zweiten Hälfte des 14. Jahrhunderts zu dem Ergebnis kamen: »Eine solche Kost erfüllte nahezu alle Forderungen der modernen Ernährungswissenschaft.«

Mehr als bloß »erfüllte«, darf man hinzufügen, denn alles, was die Menschen zu sich nahmen, war naturbelassen: das Korn nicht geschält, der Reis nicht poliert, das Obst nicht gespritzt, das Gemüse nicht chemisch gedüngt und so fort. Die Fische, in der vierzigtägigen Fastenzeit zwischen Aschermittwoch und Ostern besonders begehrt, kamen aus Flüssen mit kristallklarem Wasser. Das Fleisch stammte von Haustieren, die mit dem Futter keine Chemikalien aufgenommen hatten, die Eier von Hühnern ohne Legebatterien. Sie würzten mit den frischen Küchenkräutern, die in ihren Gewürzgärtchen wuchsen, und kannten sich aus in deren Wirkungen: Rosmarin war harntreibend; Kümmel förderte die Verdauung; Quendel stärkte den Magen. Sie verzehrten das, was die Jahreszeit ihnen bescherte, wohl wissend, daß es dann am bekömmlichsten ist. Der Winter war deshalb, was das Essen betraf, eine harte Zeit.

Zu Beginn der kalten Jahreszeit schlachteten die Bauern und die Ackerbürger den Großteil ihres Viehs, weil die Futtervorräte nicht ausgereicht hätten. Zum letztenmal delektierte man sich an frischem Fleisch, der überwiegende Teil wurde eingepökelt. Pökelfleisch aßen besonders die Städter den ganzen langen Winter über. Auf etwa hundert Kilogramm pro Jahr hat man den jährlichen Fleischverbrauch eines Gesellen oder Arbeiters berechnet (zum Vergleich: im Jahr 1800 = 25 bis 28 kg, 1973 = 80 kg). Zum Pökeln gehörte Salz, und Salz war kostbar. Nicht umsonst sind die lateinischen Wörter *salus – Heil* und *salubritas – Gesundheit* von *sal – Salz* abgeleitet. Um Salzlager wurden blutige Kriege geführt. Für Salzquellen sind Tausende von Menschen gestorben. Salz gab ganzen Städten den Namen wie Salzburg, Salzgitter, Salzelmen, Salzwedel. Die in Mitteldeutschland gelegene Stadt Staßfurt beherrschte zeitweise den Salzhandel Europas. Das Steinsalz aus den Rückständen urzeitlicher Meere wurde bergwerkmäßig abgebaut, wobei ein grobes, klumpiges Salz zutage kam, das die Hausfrau mühsam im Mörser zerkleinern mußte. Besser war das in Salzgärten durch Verdunstung gewonnene Seesalz mit seinem eigenartigen Geschmack nach Magnesium und Kalzium. Solesalz, das man siedete (das heißt, man verdampfte die Sole in großen Pfannen), eignete sich am besten für das Pökeln, war aber am teuersten. Für neun Kilogramm Fleisch brauchte die Hausfrau zwei Kilogramm Salz, und das war nicht viel weniger als die Hälfte des Preises, den sie für das Fleisch zahlte. Der Salzhunger war groß, seitdem die Menschheit die Pflanze in ihren Speiseplan aufgenommen hatte (der Urmensch stillte seinen Salzbedarf durch den Genuß erlegten Wildes), und Hieronymus Bock, einer der ersten modernen Botaniker, lamentierte: »Was sollen alle speysen, dabey nicht Saltz ist? Es mag doch niemands speiß ohne Saltz genießen oder loben.«

Hauptnahrungsmittel der ärmeren Bevölkerung blieb ein Fisch, der sich in unserer Zeit immer mehr zur raren Delikatesse entwickelt hat: der Hering. Salzheringe haben, wie viel später auch die Kartoffel, bei Mißernten Hunderttausende vor dem Hungertod bewahrt. Die Hansestädte beherrschten einen nicht geringen Teil des Handels, was ihnen Jahr für Jahr Riesensummen einbrachte. Wer sich selbst den Hering nicht leisten konnte, griff zum Stock- oder Klippfisch, so benannt, weil er von den Fischern auf Stockgerüsten oder einfach auf den Klippen getrocknet wurde, wozu sich Kabeljau und Schellfisch am besten eigneten. Das Trocknen ersparte das Salz und machte Stockfisch billig. Wer ihn kaufte, ließ sich selbst durch die Kochanweisung nicht abschrecken, die da lautete: »Man nehme einen hölzernen Hammer, klopfe den Fisch eine Stunde, wässere ihn zwei Stunden und koche ihn weitere zwei und genieße ihn mit viel Senf.«

Die Adligen brauchten ihre Kost nicht mit dem Hammer zuzubereiten. Auf ihren Tisch kam neben dem Fleisch von Schwein und Rind – Hammel wurde verschmäht – viel Wildbret. Die Jagd heißt nicht umsonst das edle Weidwerk, denn die Edlen betrachteten sie als ihr Privileg. Hirschkeulen, Rehrücken, Wildschweinschinken schmeckten damals wie heute vorzüglich wie auch junge Fasane, Rebhühner, Schnepfen, Wildenten. Bei großen Festen taten es Huhn, Ente und Gans nicht, die Gäste verlangten nach selteneren Vögeln wie dem Reiher, dem Storch, ja nach Schwan und Pfau, was wundernimmt, sind doch beide Vögel als zäh bekannt. Doch verzehrte man sie mehr aus rituellen Gründen (der Pfau galt als Vogel des Paradieses und symbolisierte Unsterblichkeit).

Auch genügten ihnen Gewürze aus dem heimischen Kräutergärtlein nicht, wo auch die Zwiebel wuchs, das Gewürz der armen Leute, es mußte etwas Exotisches sein. Die aromatisch oder scharf schmeckenden Samen, Blätter, Blüten, Rinden, Wurzeln des Orients, darunter Ingwer, Safran, Zimt,

Gewürznelken, Muskat, Pfeffer, waren hoch begehrt und wurden hoch bezahlt. Ihre Wirkung, den Appetit anzuregen und die Verdauung zu fördern – »gute gewürtze vor die grozze fürtze« –, schien stärker als die der einheimischen Kräuter. Nachlässige Köche mißbrauchten sie, um den fauligen Geschmack zu lange gelagerten Fleisches, den *haut gout,* zu überdecken.

Was die Exoten noch wertvoller machte, war, neben den hohen Preisen, ihre Herkunft aus fernen, von Geheimnissen umwitterten Ländern. Ingwer und Zimt, so die Sage, werde von ägyptischen Fischern mit Netzen aus den Wassern des Nils gefischt. Pfeffer wachse in einer Ebene unweit des Paradieses, wie überhaupt kein Dichter sich das Paradies vorstellen konnte ohne den berauschenden Duft erlesener Gewürze. Wer seinen Gästen Pfeffer, Zimt, Muskat, Ingwer bei Tisch anbot, demonstrierte damit seine Zugehörigkeit zur herrschenden Gesellschaftsschicht auf ähnliche Weise wie heute mit Kaviar, Hummer, Champagner. Gewürze wurden zu Statussymbolen. »Je schärfer der Pfeffer die Schleimhäute der Teilnehmer an einem Gastmahl ätzt, um so größer der Respekt vor dem Gastgeber ... Soziale Beziehungen, Machtverhältnisse, Reichtum, Prestige werden ›geschmeckt‹.«

Besonders kostbar war die Beere des *Piper nigrum,* des schwarzen Pfeffers. Sein Preis war im wahren Sinn des Wortes gepfeffert, verdreißigfachte sich auf seiner langen Reise von Indien nach Europa, und ein halbes Kilogramm kostete schließlich soviel, wie ein Landarbeiter in zwei Wochen verdiente. Wer mit ihm im großen handelte, wurde reich wie ein – nun, wie ein Pfeffersack eben. Die Handelsspanne machte hundert Prozent aus statt der sonst üblichen fünfzehn bis zwanzig. Mit Pfeffer konnte man seine Steuern bezahlen, sich ein Landgut zulegen, eine schöne Frau aushalten. Die Körner glichen Goldkörnern und bildeten eine besondere Währung. An der Tafel der Könige reichte man ihn in diamantbesetzten

Goldgefäßen. Venedig und Genua opferten Schiffe und Seeleute im Kampf um das Monopol. Wer Pfeffer kaufte, pflegte ihn sorgfältig Korn für Korn zu prüfen, war es doch üblich, ihn mit Wacholderbeeren zu mischen. So wie mancher Krämer eine Muskatnuß aus Holz unter die echten Nüsse schmuggelte. Wie kostbar diese Gewürze waren, zeigt ein Preisvergleich. Danach kostete ein fetter Ochse elf Schillinge, ein Pfund Muskat dagegen achtzig Schillinge.

Begeben wir uns noch einmal an die Tische der Hochzeitsgesellschaft beim Goldschmied, an denen es inzwischen sehr laut geworden ist. Das gegenseitige Zutrinken und der durch die vielen Gewürze erzeugte Konsum hat berauschend gewirkt. Der mit Binsen ausgelegte und mit duftendem Basilienkraut bestreute Fußboden ist übersät mit abgenagten Knochen, die Gäste lachen, singen, öffnen sich Schnallen und Gürtel, bewerfen sich mit Bratenresten, und obwohl viele von ihnen sonst höfisches Gebaren nachäffen, vergessen sie die Tischsitten, die der Minnesänger Tannhäuser einst als verbindlich erklärt hat.

Danach galt es als unfein, während des Essens in Ohren, Nasen, Zähnen zu bohren und das Tischtuch als Taschentuch zu benutzen. Es empfehle sich, vor dem Essen die Fingernägel zu säubern, um empfindsamere Zeitgenossen beim Zulangen in die gemeinsame Eßschüssel nicht zu verschrecken. Die bloße Hand gehöre nicht ins Salzfaß, die fettige nicht in den Busenlatz der Tischdame. Ein wirklicher Herr vermeide es, den Löffel des Tischnachbarn zu benutzen und auf den Teller zu spucken. Flöhe knacke er mit diskreter Unauffälligkeit und unterlasse es, sich am Gemächt zu kratzen, auch lege er angenagte Knochen nicht wieder in die Schüssel. Trotz der vielen Bohnen, des Kohls und der Zwiebeln gedenke er der Benimmregel eines anderen Autors: »Wird dein Bauch zu zeitig munter, deinen Hinteren bezwing besunder. Daß er nicht krähe vor der Zeit, mach dich von den Leuten weit.«

Die als Teller dienenden, mit Fett durchtränkten Brotlaibe sind inzwischen an die vor der Tür wartenden Armen verteilt worden, die Tafel wird aufgehoben, indem man die Tischplatten von den Böcken aufhebt und hinausträgt. Die Bänke (die unserem »Bankett« den Namen geben werden), die Truhen und die beiden mit Schnitzereien verzierten Stühle schiebt man an die Wand, die Spielleute stimmen Flöte und Fiedel, der Tanz beginnt. »Umwerfen« der Mädchen ist dabei am beliebtesten, hatte doch die Wäschemode das Höschen noch nicht kreiert. Sie tanzen den Gofenanz, den Wanaldei, den Ridewanz. Der Pfarrer Nicolaus von »Unser Lieben Frauen« schaut zu und überlegt, ob er mittanzen soll, dann schlägt er dreimal das Zeichen des Kreuzes und gedenkt der Worte seines Bischofs, wonach der Reigen ein Kreis ist, in dessen Mitte der Teufel tanzt. »Wenn ein Fuß den anderen anstößt, wenn die Hand des Weibes durch die des Mannes berührt wird, dann entzündet sich das Feuer der Hölle – und Junker Satan spielt die Fiedel.«

Die grossen Familien

»Wes Standes, des Kleider« hieß es, und »Wes Standes, des Tafel« hieß es auch. Sich an-*ständig* anzuziehen, *standes*-gemäß zu essen, gehörte zum Unabdingbaren des Mittelalters. Die Einteilung der Menschheit in verschiedene Stände klingt im Kinderreim nach, der noch heute als Abzählvers dient: Kaiser, König, Edelmann – Bürger, Bauer, Bettelmann. In Wirklichkeit war die Einteilung ein wenig komplizierter. Adel und Geistlichkeit bildeten jahrhundertelang eigene Stände, freie und unfrei geborene Bauern ebenfalls. Im späten Mittelalter errang mit dem Aufstieg der Städte eine neue Gesellschaftsschicht ihren Platz in der Hierarchie: das Bürgertum. Innerhalb dieser Stände gab es zahlreiche Abstufungen; der Stand ist ja eine Rechtsform und nicht wie die Klasse eine Sozialform. Bei den Bauern gab es Tagelöhner, arme Bauern, Herrenbauern. Bei den Bürgern: Arbeiter, Handwerker, Krämer, Fernkaufleute. Der Adelsstand bestand aus dem hohen Adel und dem niederen Adel mit wiederum zahlreichen Nuancen.

Es gab Möglichkeiten, die Schranken der Stände zu übersteigen. So konnte der einem Herren hörige Bauer durch die Flucht in die Stadt, wie wir schon erfahren haben, nach Jahr und Tag zum Bürger werden und damit in den Genuß der vom Stadtherrn gewährten Rechte kommen. Diese Neu-Bürger durften nun ohne Erlaubnis heiraten, ihren Wohnort wechseln, Eigentum bilden und darüber verfügen, waren frei von stadtfremder Gerichtsbarkeit und vom Zwang, sich Gottesurteilen zu unterwerfen. Ministerialen – das waren ursprünglich unfreie Dienstmannen – konnten in den niederen Adel aufsteigen, Handwerker über den Kaufmannsstand in das städtische Patriziat aufgenommen werden. Ein Bauernsohn hatte die Chance, zum Lohn für kriegerische Tüchtigkeit zum Ritter geschlagen zu werden.

Doch gehörten solche Fälle zu den Ausnahmen und bestätigten lediglich die Regel. An jeder Standesschranke hing ein unsichtbares Schild, auf dem geschrieben stand: Eintritt streng verboten – Austritt gleichermaßen. Wer es wagte, seinen Stand zu verlassen, verstieß gegen die *ordenunge,* gegen eine von Gott gesetzte heilige Ordnung. Dabei lief er Gefahr, in Acht und Bann getan zu werden von jenen, die er verließ, und von jenen, denen er sich zuzugesellen angemaßt hatte. In der Verserzählung *Meier Helmbrecht* rät ein Bauer seinem Sohn, der sich wie ein Ritter gebärdet: »Nu volge mîner lêre, des hastu frum und êre. wan vil selten im gelinget, der wider sînen orden ringet.« (»Folgst du nun meinem Rat, dann hast du Nutzen und gewinnst Ehre: selten hat Erfolg, wer gegen die Ordnung seines Standes verstößt.«) Die Erzählung ist zwar zur geschilderten Zeit schon ein Jahrhundert alt, ihre Aussagen aber sind noch gültig.

Ähnliches gilt für Hildegard von Bingen, Nonne und Poetin dazu. Sie glaubte, daß Unzufriedenheit mit dem eigenen Stand und das Begehren, über ihn hinauszukommen, nichts anderes bedeute, als die Sünden des gefallenen Engels Luzifer und des ersten Menschen Adam, also Hochmut und Ungehorsam, gleichzeitig zu begehen. »Wer steckt all sein Viechzeug zusammen in seinen Stall: Rinder, Esel, Schafe, Böcke?« fragt sie in heiligem Zorn und gibt selbst die Antwort darauf: »Da käme alles gar übel durcheinander ... es würde eine böse Sittenverwilderung einreißen und man sich in Haß zerfleischen, wenn der höhere Stand zum niederen herabgewürdigt und dieser zum höheren aufsteigen würde.«

Das Bewußtsein, einem bestimmten Stand anzugehören, seinen Idealen und seiner Ethik verpflichtet zu sein, die moralische Pflicht, aus ihm nicht hinauszuheiraten, hat unsere Gesellschaft für viele Jahrhunderte geprägt. In der deutschen Kaiserzeit, der Zeit des Wilhelminismus, trieb das Standesbewußtsein, inzwischen zum Standesdünkel verkommen, seine üppigsten Blüten, unter anderem in der Einteilung der Menschheit in Hoffähige und Nichthoffähige, wobei die »Fähigen« in 62 verschiedene Ränge zerfielen. Auch heute noch, in unserer vielgerühmten offenen Gesellschaft, gibt es Rangordnungen, bei denen der Verdienst, die Bildung, der Adel eine Rolle spielen und auch, ob jemand »in« ist oder »out«. Heiraten zwischen dem Sohn aus einer Akademikerfamilie und der Tochter eines Arbeiters jedenfalls sind heute so selten wie im Mittelalter die Verbindung eines Bauern mit einer Adligen.

Die Stadtbevölkerung hatte ihre eigene Hierarchie, bei deren Rangfolge es entscheidend war, ob man Geld hatte oder keins. An ihrer Spitze standen Männer, die sich nach römischem Vorbild Patrizier nannten. Meist waren es Großkaufleute, die durch ihren Beruf reich und durch ihre Reisen in aller Herren Länder welterfahren geworden waren. Zu den Patriziern zählten auch Grundbesitzer, die vor den Toren über größere Ländereien verfügten, und die Ministerialen, die den Kern des niederen Adels bildeten. Handwerker wurden selten und erst spät in das Patriziat aufgenommen, in der Regel waren es Meister, die in der Tuchindustrie zu Geld gekommen waren.

Die *meliores,* wie die Patrizier ursprünglich hießen, Leute also, die was Besseres sind, bildeten die führenden Familien, die Geschlechter. In Magdeburg hießen sie die *wisesten,* in Münster die *erbmänner,* in Ulm die *viri honorati,* in Augsburg die *witzigesten.* Weise, ehrenhaft und klug mußten sie bestimmt sein, wenn sie im Rat saßen und über die Geschicke der Stadt zu bestimmen hatten. Stolz waren sie auch, denn sie erkannten – wie die Berner das ausdrückten – niemanden über sich an *ussert Gott.* Und Erbmänner waren sie schon deshalb, weil sie ihre Ämter, wie Zollaufsicht und Marktaufsicht, sowie ihre Pfründen – Münzrecht, Braurecht, niedere Gerichtsbarkeit – sozusagen in Erbpacht besaßen.

Viele von ihnen hatten Reichtümer erworben, wie sie für einen Bürger bisher ganz unvorstellbar gewesen waren. Wagemut hatte sich mit Rücksichtslosigkeit verbunden, Energie mit Egoismus, Eigenschaften, ohne die keines der großen Vermögen denkbar wäre. Hans Pirckheimer aus Nürnberg besaß im Jahr 1356 allein an Grundbesitz 60 große Lehnsgüter, 19 Eigengüter, 5 Stadthäuser, besser -paläste, 24 Hypotheken; von Bargeld, Schmuck, Pelzen, Wagen und Pferden nicht zu reden. Der Freiburger Snevelin konnte Dutzende von Dörfern, Burgen, Hofgütern, Weinbergen sein eigen nennen. Außer in Grund und Boden investierten die Patrizier ihr Kapital in Back-, Brau- und Schlachthäuser, in Schmieden, Mühlen, Werkstätten und Manufakturen.

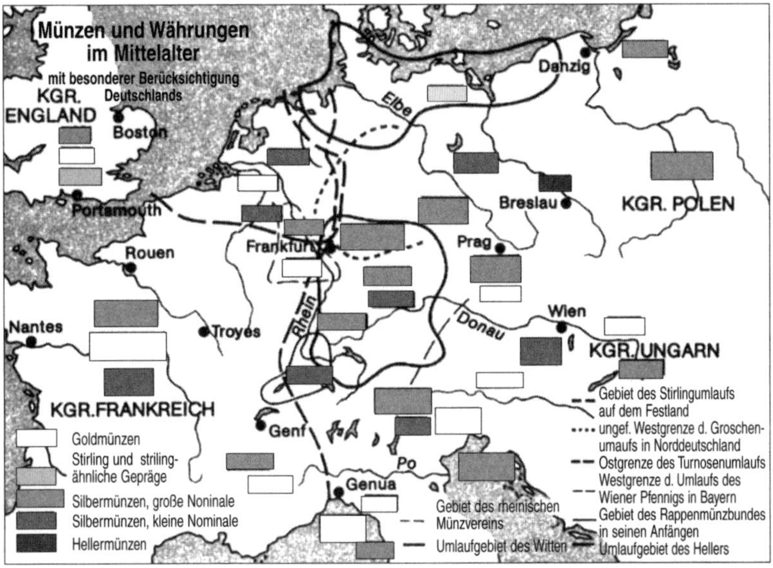

In den Schoß gefallen war ihnen soviel Besitz nicht. Es waren Kerle, die Tod und Teufel nicht fürchteten, diese frühen Kaufleute, die um eines guten Geschäftes willen bereit waren, Kopf und Kragen zu riskieren. Dazu kam es öfters, als ihnen trotz allen Mutes lieb gewesen wäre. Sie konnten nicht, wie später dann, in ihren Kontoren sitzen und delegieren, sie mußten selber reisen über grundlose und unsichere Wege, selber verhandeln, in zwei, drei fremden Sprachen, selber die Ware sicher nach Hause bringen und selber das Schwert ziehen gegen das Raubgesindel. Auf ihren Reisen zu den Märkten und Messen in Frankfurt, Brügge, Antwerpen, Lyon, Genf, Krakau, Mailand, Florenz, Venedig lauerten ihnen nicht nur Straßenräuber auf, sondern noch weit schlimmere Gesellen: die staatlich geprüften Wegelagerer vom Zoll und den Finanzämtern.

Heutige Finanzbeamte könnten noch etwas lernen – und das will einiges heißen – von den Tricks, mit denen die jeweiligen Territorialherren sich an den Geschäften der Kaufleute beteiligten, deren Hab und Gut nach ihrer Meinung ohnehin auf unredliche Weise erworben worden sei. Sie sperrten die Flüsse durch schwere Taue, die Straßen durch Schlagbäume, die Hohlwege durch Barrikaden. Wenn sich mangels einer Brücke kein Brückenzoll erheben ließ, legten sie Brücken an, die nichts zu überbrücken hatten als eine Wiese, Grenz-, Schutz- und Paßzölle wurden erhoben, Ufer-, Zug-, Tor-, Wagen- und Lastengelder kassiert, Mautstellen errichtet, die alles, was auf zwei oder vier Rädern daherkam, gründlich schröpften.

Ohne bewaffneten Geleitschutz waren die Wagenzüge den Straßenräubern, adligen und nichtadligen, hilflos ausgeliefert, die Herren der zu passierenden Länder stellten ihr Geleit jedoch auch dann, wenn gerade Ruhe und Friede herrschten. Sie erpreßten, wie moderne Gangster, Schutzgelder, verpachteten das Geleitrecht an kleinere Herren, zwangen die Kaufleute, die einzelnen Zollstationen anzulaufen, und ahndeten Umwege durch Beschlagnahme. Wer eine Stadt passierte, die das Privileg des Stapelrechts besaß, mußte ausladen und seine Waren unter Zahlung der üblichen Abgaben eine Zeitlang zum Verkauf ausstellen. Angesichts solcher Praktiken unternahm mancher Handelsmann lieber Fahrten in den wilden Norden oder in die als heidnisch-barbarisch geltenden slawischen Gebiete des Ostens, auch wenn sie manchmal Expeditionen glichen. Dort konnten sie zumindest sagen: »Ich bin wol zolles vrî …«

Kaufleute müßten jedoch ihren Beruf verfehlt haben, wenn sie nicht trotz aller Widrigkeiten ihre Ernte in die Scheuer gefahren hätten. Die Gebühren und Abgaben pflegten sie, damals wie heute, auf die Preise aufzuschlagen. Wurde die Ware dann zu teuer, mußten sie allerdings mit Verlust verkaufen. Die Gewinnspannen waren so angelegt, daß hier nicht allzuviel passieren konnte. Sie betrugen je nach Warenart

– am meisten wurde an Gewürzen und Tuch verdient – zwischen zwanzig und vierzig Prozent, nicht selten erreichten sie sogar hundert Prozent.

Riskant wurde es, wenn ganze Ladungen verlorengingen; sei es durch Beschlagnahme, Raub, Plünderung oder durch Umschlagen des Wagens. In letzterem Fall machte der Eigentümer, auf dessen Grund und Boden die Ladung »gestrandet« war, seinen Anspruch geltend. Ein Brauch, den man von den Küstenbewohnern übernommen hatte, die für jedes gescheiterte Schiff das Strandrecht beanspruchten, was in der Praxis totale Plünderung und Ausschlachtung bedeutete. Hohe Lösegeldforderungen für einen von Raubrittern entführten Kaufmann konnten ebenfalls zum Bankrott führen.

Die Versicherung gegen solche Risiken waren Handelsgesellschaften, an denen sich mehrere Kaufleute, zum Teil bis zu achtzig, mit unterschiedlichen Einlagen beteiligten. Gewinne mußten zwar nun geteilt werden, Verluste aber waren leichter zu verkraften. Selbst die Schreiber und Diener eines Kaufmanns durften sich, vorausgesetzt, ihr Sparstrumpf war einigermaßen gefüllt, an solchen Gesellschaften beteiligen. Bedeutendstes Beispiel dafür ist die 1380 gegründete Große Ravensburger Handelsgesellschaft, die schwäbisches Qualitätsleinen im ganzen westlichen Mittelmeerraum bekannt machte. Ihre drei wichtigsten Teilhaber waren die Familien der Humpis aus Ravensburg, der Muntprats aus Konstanz und der Möttelis aus Buchhorn.

Hier zeichnete sich schon die Form der Familiengesellschaften ab, wie sie seit dem 15. Jahrhundert aufkamen mit so bekannten Namen wie den Tuchern in Nürnberg, den Guldenschafs in Frankfurt, den Imhofs, den Blums und, am berühmtesten von allen, den Fuggern, deren Name ein Synonym für Reichtum wurde. Jakob II., dem Reichen, gelang etwas, was einmalig geblieben ist in der Weltgeschichte: er kaufte sich einen Kaiser. Das heißt, er beteiligte sich an der üblichen Bestechung der Kurfürsten mit beiläufig einer halben Million Gulden und brachte damit seinen Favoriten auf den Thron, den fünften Karl aus dem Hause Habsburg. Doch das gehört schon in die Geschichte des 16. Jahrhunderts. Die größte Handelsgesellschaft war übrigens die deutsche Hanse, über die im Zusammenhang mit der deutschen Ostsiedlung zu reden sein wird.

Und noch etwas zeichnete sich ab: der Kapitalismus in seiner frühen Form. Hatte der Handwerker meist nur so viel produziert, um ein gutes Auskommen zu haben, der Kaufmann nur so viel umgesetzt, um einen genügenden Gewinn zu erreichen, so ging der Zug der Zeit jetzt dahin, den größtmöglichen Profit zu erzielen. Dazu war Kapital nötig, und Kapital war in erster Linie in der Hand der Fernkaufleute. Und zwar seit jenem Tag, da die Herren es nicht mehr nötig hatten, persönlich in die weite Welt hinauszufahren, sondern von ihrem Kontor aus alle Unternehmungen leiteten.

Ihrem Gewinnstreben dienten die erwähnten Handelsgesellschaften, in denen das investierte Geld einen Profit abwarf, und zwar einen weit höheren, als der Einzahler mit seiner eigenen Arbeit verdiente. Auch das Verlagswesen war für die Erwirtschaftung von Profit geeignet. Hier wurde Geld »vorgelegt«, das heißt vorgestreckt. Mit diesem Kapital beschaffte der Unternehmer Material und Werkzeuge und vergab die Arbeit an Handwerksbetriebe, die ein ganz bestimmtes Produkt in Massen herstellen mußten, das er dann auf eigenes Risiko vertrieb.

Das Verlagssystem besaß kapitalistische Kennzeichen: die Organisation der Produktion unter dem Gesichtspunkt von Kosten und Profit; die Verwendung von Werkzeugen bzw. Maschinen, die nicht dem Handwerker gehören; das Vorherrschen der Marktproduktion, das heißt, die Ware wird erst erzeugt und dann angeboten (wobei Angebot und Nachfrage Preis und damit Gewinn bestimmen).

Beim Bergbau zeigten sich sogar noch früher kapitalistische Züge. Hier mußte besonders viel Geld vorgestreckt werden und auf längere Zeit, ehe die Produktion beginnen konnte, ehe also Lagerstätten gefunden, Schächte abgeteuft, aufgelassene Bergwerke wieder in Betrieb genommen waren.

Die Zünfte konnten mit den Verlegern nicht mithalten. Ihre Handwerker arbeiteten meist nur für den Bedarf, dafür, was die Stadt oder das umliegende Land wirklich brauchte. Sie waren auch zu unbeweglich, um den Wünschen der Auftraggeber nachzukommen, was Stückzahl und Standardisierung betraf. Wo es Kapitalisten gab, und seien es frühe, gab es bald auch lohnabhängige Arbeiter, die allein davon lebten, daß sie ihre Arbeitskraft – oft genug unter Wert – verkauften. Deswegen schon im Spätmittelalter von einem »Proletariat« zu sprechen, das für seine Rechte auf die Barrikaden ging, sollte man strenggläubigen Marxisten überlassen. Unruhen gab es vielerorts, aber revolutionäre Auseinandersetzungen mit dem Ziel, die Gesellschaft zu ändern, noch nicht.

»Es ist fraglich«, schreibt der Wirtschaftshistoriker Friedrich-Wilhelm Henning, »ob ohne, solche Abhängigkeiten schaffenden, Produktionsformen eine solche Blüte der nichtlandwirtschaftlichen Bereiche mit zusätzlichen Einkommensmöglichkeiten hätten entstehen können. Der persönliche Wagemut und das Finden neuer Wege der zu Kapitalisten werdenden Unternehmer sind hier entscheidend gewesen …«

»Gott hat uns gegeben 28 Prozent«

Die Leistung der deutschen Kaufleute ist um so höher zu werten, weil sie ganz auf sich allein gestellt waren. Kaiser und Reich taten, außer der Erteilung gewisser Privilegien, nichts für sie – konnten nichts tun. Zu gering war die Macht zentraler Gewalt geworden, zu zersplittert die deutschen Lande, als daß der Kaufmann im In- und Ausland auf ihren Schutz hätte bauen können. Daß er trotzdem erfolgreich handelte, hat sein Selbstbewußtsein gestärkt. »Es ist wahrhaft zum Verwundern«, schrieb der Franzose Pierre de Froissard nach einer Reise durch Deutschland, »wie kühn und unternehmend die deutschen Kaufleute sind und wie sie ihre Reichtümer zu mehren wissen. Die Blüte der Städte, die Pracht der öffentlichen Gebäude und der Privathäuser und die kostbaren Schätze im Innern der Wohnungen legen von diesem Reichtum Zeugnis ab. Es ist eine Lust, in Deutschlands Städten zu verkehren …«

So hart das Leben des reisenden Kaufmanns war, so beschwerlich war der Weg, einer zu werden. Mancher diente sich, wie es in der Landsknechtsprache später hieß, von der Pike auf nach oben: als Hausierer erst mit dem Bauchladen; dann als Höker auf dem Markt; als Krämer mit einem kleinen Laden; als Händler, der seine Geschäfte nur in der Stadt oder in deren näherem Umkreis betrieb; schließlich als Fernkaufmann – ein Ziel, das allerdings nur wenige erreichten. Die Söhne der Fernkaufleute, versehen mit den Verbindungen der Väter und deren Schutz, hatten es dabei keineswegs leichter. Nach dem Büffeln auf der Lateinschule, dem Unterricht bei einem Schreib- und Rechenmeister und einer Lehrzeit im väterlichen Haus wurden sie mit fünfzehn oder sechzehn Jahren in die Fremde geschickt; meist zu Kaufleuten, die mit der Familie in Geschäftsverbindung standen.

Die norddeutschen Geschäftsleute schickten ihre Söhne in die hansischen Höfe, nach Bergen, Riga, Brügge, in den Stahlhof zu London; die süddeutschen bevorzugten das klassische Land Merkurs, des altrömischen Gottes der Kaufleute. In Genua, Mailand, Florenz und vor allem in Venedig mit seinem Geschäfts- und Bankenviertel Rione di Ponte, der Wallstreet des späten Mittelalters, lernten die Eleven, wie man Journal und Schuldbuch führt, Geschäftsberichte verfaßt, den Gold-

oder Silbergehalt der Münzen prüft, billiges Geld leiht und teures Geld verleiht, wie man mit dem Schreibtäfelchen sich befleißigt, die Läufe und Veränderungen der Waren zu erfahren, und schließlich, wie man im Fondaco dei Tedeschi, dem an der Rialtobrücke gelegenen Kauf- und Lagerhaus der Deutschen, die konkurrierenden Landsleute aushorcht.

Auch lernten sie von den Italienern – schließlich wurde Merkur im alten Rom von den Kaufleuten *und* von den Dieben angerufen – alle Tricks, Täuschungsmanöver, Manipulationen, um selbst Levantinern gewachsen zu sein, von denen die Rede ging, daß sie drei Juden gleichzeitig zu betrügen vermochten. Und scheinbar nebenbei lernten sie, ihre Verhandlungen in mehreren Sprachen zu führen, in Italienisch, Englisch, Französisch, Spanisch. Latein mußten sie sowieso beherrschen, denn bis weit in das 14. Jahrhundert hinein wurden die Handelsbriefe in dieser Sprache verfaßt. Im Laufe der Zeit schlichen sich immer mehr deutsche Wörter ein, so daß es zu einem wunderlichen Sprachgemisch kam.

Venedig, auch Genua waren die Umschlagplätze für Gewürze, Olivenöl, Südfrüchte, Metalle, Glaswaren, Baumwolle und für die begehrten feurigen Weine. Wien und Breslau stapelten das aus dem Osten kommende Salz, die kostbaren Pelze, die Häute. Während die süddeutschen Kaufleute in erster Linie Fertigwaren importierten oder weiterversandten, machten die norddeutschen den Hauptumsatz, vom Heringexport einmal abgesehen, mit Importen von Rohstoffen, die, vom heimischen Handwerk verarbeitet (Wachs, Erze, Tierfelle, Hölzer usw.), anschließend als Fertigware wieder ausgeführt wurden.

Die kaufmännische Lehre dauerte lange, sechs Jahre waren üblich, zehn Jahre nicht selten, und teuer war sie auch. Christoph Fürer zahlte jährlich vierundzwanzig Dukaten, was nach heutigem Geld, den gegenwärtigen Goldpreis als Umrechnungsfaktor genommen, etwa dreitausendvierhundert

Mark wären. Rudolf Mötteli kam in Avignon etwas billiger weg. Der Prinzipal stellte »kost und klaydung, wie dan einem solchen jungen seines standts und wesens zusteht und die notturfft erfordern wirdt«. Und weiter heißt es in einem überlieferten Lehrvertrag, daß der Sohn »zu nichts anders, dan was den handel belangt und in der schreybstuben gebraucht werde«.

Gegen dieses Gebot wurde damals wie heute verstoßen, und Friedrich Behaim klagte bewegt: »Ich hab bei 11 jar bis in das 12. jar unter fremden gediendt, auch allhie stets müssen einhaytzen, keren, wein und biehr holen. Auch zulezt da meine versprochene zeyt ist aus gewest, dazu stets müssen mein geldt darneben geben, nichts können erobern ... und von manchen tropff mehr müssen leyden dan von redtliche leut. Pin gleychwol ein Behaim von Nürmbergk gewest: mein geschlecht und wappen aber hat mich nix wollen helffen.«

Der Lehrherr hatte das Züchtigungsrecht, wurde sogar darum gebeten, mit der Haselrute nicht zu geizen, wenn der Herr Sohn zum Handel kleine, zu Weibern *groß Lieb und Lust* zu zeigen sich erfrechte. Wehe ihm, wenn er nicht pünktlich um fünf Uhr morgens an seinem Arbeitsplatz war oder ihn vor neun Uhr abends verließ. Wer von unseren Vätern die Briefe unserer Ururväter liest, dem wird einiges bekannt vorkommen. »Ich hab dich darumb hingeschickt, daß du etwas lernest und karg seist, daß du lernst Geld gewinnen und nit, Geld verzehrn und verthun ... was du siehst von Andern, das mußt du auch haben. Ist nit meine meinung, es schadt nit, wenn du schlicht gehst. Aber mit atlassen Wamßen ist es zu viel, denn feigensäck sollen nit atlassen Wammas tragen, man will sonst wähnen, du seiest eines graffen sohn.«

Der Sohn wandte sich in seiner Antwort an die Mutter, weil er, wie alle Söhne, genau wußte, wie schwach Mütter in solchen Fällen zu werden pflegen. Besagtes Wams sei lediglich für die Feiertage gedacht, außerdem: »Mein ich, ist's besser, ich geh' ein wenig sauber daher, als daß ich bubet und spielet.« Der Sprößling eines Hanseaten vermeldet mit inhaltsschwerer Kürze: »... und, leve Vadder, ik bin des minen all quitt [pleite] und ik begerte hulpe und trost van ju.«

Der liebe Gott wurde häufig angerufen in den Geschäftsbriefen. Worte wie *laus deo* (gelobt sei Gott) oder *Jesus Maria Amen* am Kopf jeder Seite waren mehr als leere Formeln. Der Kaufmann wußte, wie sehr Gedeihen und Verderben, sein ganzes Tun und Lassen abhängig waren von Kräften, über die er keine Macht besaß, denen er meist ohnmächtig ausgeliefert war. Und so reiste er »im Namen des Allmächtigen nach Nürnberg«, schrieb auf den Frachtbrief »In Gottes Namen geladen«, signierte mit »Im Namen der heiligen Dreyfaltigkeit, Maria, seiner werthen Mutter und aller Gottes-Heiligen«, schrieb unter die Schlußabrechnung »Gott hat uns zu Gewinn geben 28 Prozent« und hoffte, daß mit Hilfe Gottes, des Vaters, des Sohnes und des Heiligen Geistes, »Eysen mit wieder aufschlägt« und die »400 Tuch von Brügge auf die herbstmeß nächstkünftig vom schuldigen gezahlt werden«.

Treu und Glauben waren keine leeren Worte im Handelsverkehr, und oft genügte ein Handschlag, um das Geschäft abzuschließen – oft, aber keineswegs immer, denn wie eh und je gab es Menschen, die nicht einsahen, warum sie etwas bezahlen sollten, was schon lange zurücklag. Die Handlungsdiener hatten die Aufgabe, diese vergeßlichen Zeitgenossen aufzusuchen und ihr Gedächtnis zu stärken. Dazu waren lange Reisen nötig. »Ja, er will auf Johanni zahlen«, berichteten sie dann ihrem Herren oder: »Er sagt, er ist nichts schuldig irgendwem.« Mancher Geschäftsmann von heute wird jetzt still seufzen, wenn er an seine eigenen Außenstände denkt.

Die mittelalterlichen Kaufleute hatten die besten Vorsätze, solide und ehrlich zu sein. Doch die Verhältnisse, sie waren nicht so. Der Konkurrenzkampf tobte erbarmungslos, besonders im Ausland; um ihm gewachsen zu sein, konnten nicht immer alle zehn Gebote eingehalten werden. Besonders schwer taten sie sich mit der Weisung, wonach ihre Rede ja ja oder nein nein zu lauten habe, bevorzugten sie doch nicht selten ein Ja-aber oder ein schlichtes Jein. Man mag ihnen sogar glauben, wenn sie ihrem Beichtvater gestanden: »Bei der Jungfrau Maria und allen Heiligen, die Heilige Anna und der Heilige Michael als unsere Schutzpatrone insbesondere, wir können gar wenig kaufen oder verkaufen, ohne lügen, schwören oder falsch schwören zu müssen ...« Johann Rink aus Köln vertraute der Nachwelt an, daß die Geschäfte seiner Seel' und seinem Gewissen gar oft Beschwerde gemacht.

Für Bruder Berthold aus Regensburg, der in der zweiten Hälfte des 13. Jahrhunderts durch die Lande gezogen war und den Armen wie den Reichen gleichermaßen eingeheizt hatte, dessen Predigten sich zum Leidwesen vieler in schriftlicher Form erhalten hatten, für ihn waren Kaufleute Menschen, die logen, betrogen und im Namen Gottes faule Geschäfte machten. Ein hartes Urteil, wenn es gewiß auch schwarze Schafe gegeben hat, die ihren Wein wässerten, an den Gewichten feilten, grobes Straßburger Tuch als feines flandrisches verkauften, in die Heringstonnen gute Fische und schlechte Fische packten (die schlechten schön tief unten) und ihre Bücher frisierten.

In einem sündigten sie alle, aber das galt ihnen allenfalls, wenn überhaupt, als läßliche Sünde: sie beschummelten die Obrigkeit in Steuersachen. Hier war die Verführung groß genug, denn jeder durfte sich nach eigenem Gutdünken einschätzen. Wenn in den Gewinnspalten der Handelsbücher arabische Ziffern statt der üblichen römischen auftauchten, pflegten die Auguren zu lächeln. Diese noch weithin unbekannten Ziffern vermochte kaum jemand zu entziffern, der Stadtschreiber und der Steuereinnehmer gewiß nicht.

Während Krämer und Kaufleute Mitglieder einer Gilde waren, die ihnen Rechtsschutz bot, Hilfe in der Not, Geselligkeit und ihnen die lästige Konkurrenz Stadtfremder vom Halse hielt, hatten sich die meisten Fernkaufleute allmählich aus solchen Bindungen gelöst. Sie waren zu vornehm geworden und zu mächtig, um sich den Zwängen irgendeiner Genossenschaft zu beugen; so die Warendorps aus Lübeck, die Runtingers aus Regensburg, die Tölners aus Rostock, die Imhofs aus Nürnberg, von den Fuggern und Welsern aus Augsburg nicht zu reden. Die Lebensführung der Millionäre – und die Großen unter den Fernkaufleuten waren sogar Multimillionäre – war luxuriös. Die prachtvollen gotischen Stadthäuser auf den uns erhalten gebliebenen mittelalterlichen Marktplätzen mit ihren Fialen, Säulen, Türmchen, Figuren, Zierkaminen zeugen davon, wie sie wohnten. Wie sie sich einrichteten, kann man in unseren Museen nacherleben, wo die buntfarbenen Kachelöfen stehen, die geschnitzten Truhen, die in Blei gefaßten Butzenscheiben mit den bunten Glasrauten, das Geschirr aus Zinn und aus bemaltem und glasiertem Ton, die silbernen und kristallenen Trinkbecher, die mit Ornamenten verzierten Deckenbalken, die mit Edelhölzern getäfelten Prunkzimmer, die Bettladen mit den seidenen Vorhängen und dem Betthimmel, das vergoldete Waschbecken, die wappenverzierten Bodenfliesen aus rotem Ton, die Wandleuchter aus Hirschgeweihen.

Alles bei ihnen war so wohlgestaltet, daß der italienische Humanist Enea Silvio Piccolomini, aus dem später ein Papst wurde, von einer Reise durch Süddeutschland nach Hause berichtete, daß die deutschen Bürger besser lebten als anderswo die Fürsten. Und in Straßburg gebe es Häuser, die zu bewohnen selbst Könige nicht gereuen würde.

Wie sehr sich diese Wohnkultur von der des Volkes unterschied, wird anschaulich, wenn man eine unserer mittelalterlichen Städte besucht, die vom Feuersturm des letzten Krieges verschont worden sind. Im Alten Stadtgraben zu Rothenburg steht ein Haus, an dem die Jahrhunderte spurlos vorübergegangen zu sein scheinen. Handwerker haben hier gewohnt und gearbeitet mit ihren Familien, mal waren es Büttner, mal Schwarzfärber, Weber, Schuhmacher, Kesselflicker, Töpfer, Korbmacher, Seifensieder, Zinngießer – einfache Leute, aber keineswegs arme Leute.

Die elf Kammern in den beiden Geschossen und dem Dachboden sind winzig klein, die Decken drückend, die Türen so niedrig, daß selbst kleinere Menschen den Kopf einziehen müssen. Für die durchschnittlich eineinhalb Meter messenden Bewohner von damals waren sie hoch genug. Der Hausflur besteht aus gestampftem, mit Steinplatten verstärktem Lehm. Die Wände zwischen den Balken sind aus etwa armdicken Holzprügeln gefertigt, die man mit Weiden umflochten und mit einem Gemengsel aus Lehm, Häcksel und Straßendreck verdichtet hat. Eine Art primitiven Fachwerks also. Die Treppen, schmal und halsbrecherisch steil, führen bis in die unter dem Dach liegende Kammer, wo der Geselle, oft zusammen mit dem Lehrling, hauste. Sein Bett läßt sich durch zwei Laden verschließen, was auf die Temperatur schließen läßt, die hier in den Winternächten geherrscht haben muß. In den Schlafkammern mußten sich jeweils drei Kinder ein Bett teilen, die größeren unter dem immens zahlreichen Nachwuchs mußten mit dem Fußboden vorliebnehmen. In dem winzigen Hof wachsen Kräuter, die die Hausfrau zum Kochen brauchte: Salbei, Majoran, Basilikum, Petersilie, Lauch. Ein Blumenbeet fehlt nicht.

Alles atmet Bescheidenheit, Anspruchslosigkeit, ja Dürftigkeit, aber nie Ärmlichkeit. Und Humor müssen die Bewohner des Handwerkerhauses auch gehabt haben. An die Tür des Abtritts haben sie mit glühendem Eisenstab eine Inschrift eingebrannt, die da lautet: »Diser orth und der todt haben eteswaz gleich. Der todt nimmt *alles* fort und hir stinckt *arm* wie *reich*.«

Wie die Patrizier sich kleideten, wissen wir von den vielen Verordnungen, in denen steht, wie einfache Bürger, und wären sie noch so reich, sich nicht kleiden sollten. Nämlich in Samt und Scharlach, Seide, Hermelin und Zobel. Solche Stoffe und solcher Pelz seien dem Adel vorbehalten. Zwei Nürnberger, der Baumgärtner und der Ketzel, kamen deshalb bei Kaiser Maximilian ein, »Sammet« tragen zu dürfen, obgleich sie nur Kaufleute seien. Die Händler, wetterte der stets zornige Geiler von Kaysersberg, die trügen viel Schuld am Luxus, brächten wilde Fetzen ins Land. »Sint insonderheit Kauffmannssöhn, die meinen, sie wären Alles weil ihre Väter geld hant, die auff den Straßen stolziren in Kleidunge noch närrischer als die Weiber. Siebest du nit, wie sie sich das Haar büffen und ferben und das gesichte einschmieren?!«

Ein Frauenrock aus Samt und Seide kostete neun bis zehn Gulden, ein Häubchen aus geklöppelter flandrischer Spitze zwölf Gulden, ein Vermögen in einer Zeit, in der für einen Morgen Land zwei bis drei Gulden gezahlt wurden. Wir wissen von einer Dame, die ein ganzes Dorf verkaufte, um sich für ein Turnier einen himmelblauen Atlasmantel machen zu lassen. Die sich von der Masse abheben wollten, ihnen genügte die Demonstration eines luxuriösen Lebensstandards bald nicht mehr, sie begannen sich wie Ritter aufzuführen: saßen, angetan mit Helm, Schild und Kettenhemd, das Schwert an der Seite, hoch zu Roß, führten Wappen und Siegel, und wenn gerade keine Fehde angesagt war, veranstalteten sie rittermäßige Kampfspiele oder beteiligten sich an den Turnieren der Ritter. In Regensburg und Basel errichteten sie nach dem Vorbild des italienischen Stadtadels hochragende Geschlechtertürme. In den Ritterstand erhoben zu werden gelang nur wenigen von ihnen. Die Ritter sahen auf die großen Kaufleute herab und betrachteten sie als Parvenus. Wenn es galt, eine reiche Kaufmannstochter heimzuführen, vergaßen sie allerdings flugs ihren Adelsstolz.

Der Kampf der Zünfte

Die Geschlechter, wie die herrschenden Patrizierfamilien genannt wurden, waren untereinander verschwistert und verschwägert, was sie nicht daran hinderte, sich gelegentlich gegenseitig zu bekriegen. Doch hielten sie immer dann zusammen, wenn es galt, ihre herrschende Position in der Stadt gegen das Volk zu verteidigen; Volk hieß hier in erster Linie Handwerker. Während die Oberschicht zusammen mit den wohlhabenden Krämern etwa acht Prozent der Stadtbevölkerung ausmachte, stellten die handwerklichen Berufe (zusammen mit einem Teil der kleineren Händler, Ackerbürger und Fuhrleute) gut vierzig Prozent. An dritter Stelle kamen die beiden Gruppen, die man heute als Proletariat bezeichnen würde, bestehend aus Tagelöhnern, Gesindekräften, Gehilfen, aber auch manchen Gesellen. Die Kraft und die Fähigkeit, sich gegen die Patrizier aufzulehnen und einen Anteil an der Macht zu fordern, besaßen jedoch nur die Handwerker, und das nicht zuletzt wegen ihrer durch die Zünfte gegebenen Organisation.

Sie trugen einen großen Teil der städtischen Lasten als Steuerzahler, Krieger und Mehrer des Volksvermögens. Die Stadt wurde vornehmlich repräsentiert durch die handwerkliche Kunst und den Gewerbefleiß ihrer Meister und Gesellen. Im Stadtrat aber waren sie nicht zugelassen und in der Vermögensverteilung stark benachteiligt. Wie überhaupt das, was wir heute Sozialstruktur nennen, in den mittelalterlichen Städten ungesund war. Die Armen waren sehr arm und die Reichen sehr reich. Doch gab es deutliche Unterschiede nicht nur beim Vergleich der einen Stadt mit der anderen, sondern auch zwischen dem Norden und dem Süden.

In Augsburg, der großen Textil- und Fernhandelsstadt, versteuerten im Jahre 1475 8,5 Prozent der Einwohner ein Vermögen von mehr als 60 000 DM (nach der Umrechnung von Erich Maschke), 5 Prozent ein mittleres Einkommen von 15 000 bis 60 000 DM, 86,5 Prozent dagegen besaßen ein Steuervermögen von 0 bis 15 000 DM. Zwei Drittel dieser größten Gruppe besaßen ein so geringes Einkommen, daß sie zu den *habnits* zählten.

In Lübeck dagegen sahen diese Zahlen um etwa die gleiche Zeit ganz anders aus. Zwar gab es hier 22 Prozent Reiche, aber nur 39 Prozent Habenichtse, was natürlich immer noch zuviel war, der Mittelstand aber hielt mit 38 Prozent eine gute Position. Ähnlich sah es in den anderen Hansestädten aus, in Rostock, Wismar, Stralsund, in denen das Vermögen, das die Kaufleute, die Handwerker, die Schiffseigner, die Brauer verdienten, breiter gestreut war. Doch gehörten diese Städte zu den Ausnahmen, in der Regel gab es in den Mittel- und Großstädten starke Vermögensunterschiede, die sich im Laufe des 16. Jahrhunderts noch vergrößerten.

Die Wohlhabenden zeigten ihren Reichtum, wie wir gesehen haben, oft allzu aufdringlich, aber sie taten andrerseits viel, um der Armen Not zu lindern. Sie gaben Geld für Waisenhäuser, Altersheime, Leprosenstationen, stifteten Heiligenbilder, Chorschranken, finanzierten Wöchnerinnenhilfen, die Aussteuer für verarmte Mädchen, traten als Bauherren der großen Kirchen auf. Die Mendelsche Zwölfbrüderstiftung in Nürnberg, die Fuggerei in Augsburg mit dreiundfünfzig mietfreien Häuschen bilden Beispiele für die Armenfürsorge, und das Testament des Kaufmanns Grundherr ist keine Ausnahme, in dem er dreihundertfünfzig Pfund Silberthaler hinterließ und jedem seiner Arbeiter fünf Pfund, fürchtend, er habe sie vielleicht ausgebeutet.

Jeder Reiche führte eine Almosentasche mit sich, auf daß kein um eine milde Gabe Bittender leer ausgehe (wobei es niemand störte, daß die Tasche aus kostbarer Seide gefertigt und mit Gold bestickt war). Es wurde mit wohltuender Sorgfalt unterschieden zwischen unverschuldet in Not geratenen Armen und solchen, die lediglich arm an Arbeitslust waren. Die Städte waren noch übersichtlich genug, als daß es dabei zu allzu großen Irrtümern gekommen wäre.

Mancher Reicher Wohltätigkeit mag nach schlechtem Gewissen klingen, nach dem Drang, jenen etwas von dem wiederzugeben, was man ihnen durch rücksichtsloses Geschäftsgebaren genommen hatte. Nicht umsonst predigte der Pfarrer, daß kein großes Vermögen ohne große Sünden errungen worden sein könne. Und die Bergpredigt sagte es deutlich genug, wie nützlich die Armenfürsorge sei: »Selig sind die Barmherzigen, denn sie werden Barmherzigkeit erlangen.« Doch zeugt ein schlechtes Gewissen immerhin davon, daß ein Gewissen vorhanden ist. Soziale Verantwortung war den großen Herren schon deshalb nicht fremd, weil sie im Sinne christlicher Nächstenliebe war. Die Handwerker nahmen den Patriziern weniger ihren Reichtum übel – den verzieh man ihnen, weil er ja »gottgegeben« schien – als ihre Art und Weise, das Stadtregiment zu führen. Vetternwirtschaft, Ämterpatronage, Erlaß von Steuergesetzen, die nicht steuergerecht waren (acht Prozent zahlten der reiche Fernkaufmann und der kleine Handwerksmeister gleichermaßen), der nach ihrer Meinung unsachgemäße Umgang mit dem Stadtsäckel, all das häufte, besonders in den größeren Städten, genug sozialen Zündstoff. Wenn Pest und Hungersnot grassierten, war das der Funken, der vielerorts zur Entladung führte. Es kam zu Protesten, Unruhen, Umzügen, Arbeitsverweigerungen, zu den ersten Streiks.

Geführt wurden die aufrührerischen Zünfte nicht von ihren eigenen Leuten, sondern von Patriziern, deren Familien ausgebootet worden waren, oder von nichtpatrizischen Kaufleuten. Die Kämpfe als Zunftrevolutionen zu bezeichnen, wie geschehen, mit dem Ziel, das politische und gesellschaftliche System zu beseitigen, wäre falsch. Niemand von den Handwerkern wäre Parolen gefolgt, die der Zeit ganz fern lagen. Sie wollten keinen Umsturz aller Dinge, sie wollten lediglich an der Herrschaft über ihre eigene Stadt beteiligt werden. Und zwar gemäß ihrer Leistung, die sie erbrachten, ihrer Last, die sie trugen und ihrer Zahl. Die Hälfte aller Ratssitze zu erringen war ihr Ziel, mit einer bloßen Beteiligung war ihnen nicht gedient.

In Freiburg, Straßburg, Zürich, Konstanz, Wien, Stralsund, Mainz, Naumburg, Dinkelsbühl gelang ihnen das. In einigen Städten errangen sie sogar die vollständige Herrschaft, so in Magdeburg, Stendal, Speyer, Ravensburg, Biberach. In Hansestädten wie Lübeck, Hamburg und Bremen dagegen scheiterten sie: gegen das Prestige der königlichen Kaufleute, die schon Karl IV. mit »Ihr Herren« angeredet hatte, kamen sie nicht auf. In den Reichsstädten Süddeutschlands war der Sieg der Zünfte oft nicht von Dauer, weil die unterlegenen Geschlechter an den Kaiser appellierten, nicht zuzulassen, daß der Pöbel in Zukunft regiere. Appelle, denen die Kaiser selten ihr Ohr verschlossen.

Bei den Auseinandersetzungen ging es nicht oft so friedlich zu wie in Speyer, wo die Vertreter der Zünfte darum baten, in den Rat aufgenommen zu werden, »damit sie wüßten, ob mit der Stadt gut umgegangen werde«; oder in Augsburg, »allwo sechs ehrenwerte Meister und ein Herr Weiß bescheidentlich Teilnahme am Stadtregiment« forderten. Meist kam es zu Hauen und Stechen, zu Grausamkeiten, tobten Straßenkämpfe.

Als die Patrizier in Magdeburg vorübergehend den Sieg errungen hatten, ließen sie die zehn Aldermänner, was soviel hieß wie Obermeister, auf den Markt führen und durch das Feuer vom Leben zum Tode bringen. In Nürnberg wurde die nur zwei Jahre währende Herrschaft der Handwerker durch ein blutiges Schauspiel beendet: auf dem Weinmarkt wurden die Rädelsführer enthauptet. Andere Meister, darunter die

Schmiede mit ihren Gesellen, verjagte man mitsamt ihren Familien aus der Stadt, beschlagnahmte ihr Hab und Gut, drohte allen jenen, die es wagen sollten, die Ausgewiesenen zu hausen, zu atzen, zu tränken, das gleiche Schicksal an. In Köln starben dreiunddreißig Weber unter dem Beil, nachdem sie, von den anderen Zunftgenossen schmachvoll im Stich gelassen, in der blutigen Weberschlacht zusammengehauen worden waren. Ihr Zunfthaus wurde abgerissen, ihre Frauen und Kinder ins Elend verstoßen.

Gewannen die Zünfte die Oberhand, erzwangen sie nicht selten den Auszug der halsstarrigsten unter den Geschlechtern, schleiften wohl auch mal ihre Häuser und Türme, im allgemeinen aber zeigten sie sich als die großmütigeren Sieger. Der Respekt vor den Herren stak ihnen zu tief in Fleisch und Blut, als daß sie es gewagt hätten, Hand an sie zu legen. Auf einem anderen Blatt steht, daß in den Städten, wo sie nun allein herrschten, sie sich bald als ungerechter, egoistischer und bestechlicher zeigten denn jene, die sie dieser Fehler wegen gestürzt hatten.

Von ehrlichen und von unehrlichen Leuten

»Glück herein! Gott ehr' ein ehrbar Handwerk. Mit Gunst! Meister und Gesellen, stillet euch ein wenig. Junggesell, ich will dir Handwerksgewohnheit sagen, wann gut wandern ist; zwischen Ostern und Pfingsten ist gut wandern, wenn es fein warm ist und die Bäume Schatten geben, da ist wandern gut. So nimm einen ehrlichen Abschied von deinem Meister; Sonntag zu Mittage nach dem Essen, denn es ist nicht Handwerksgebrauch, daß einer in der Woch' aufsteht. Und sprich, wenn er dein Lehrmeister ist: ›Meister, ich sag euch, daß ihr mir zu einem ehrlichen Handwerk verholfen habt …‹ Und zur Meisterin sprich: ›Lehrmeisterin, ich sag euch Dank für die

Verköstigung, für die Bettstatt und daß ihr mich in der Wäsche freigehalten ...‹ Danach gehe zu deinen Freunden und zur Brüderschaft, bedanke dich bei ihnen und sprich: ›Gott behüte euch, saget mir nichts Böses nach.‹ Wenn du Geld hast, trinke Valet mit ihnen und frisch an wandere zum Tor hinaus.« Die Ansprache, die ein Altgesell dem losgesprochenen Lehrling hier hält und ihn damit in die Brüderschaft der Gesellen aufnimmt, stammt aus einer etwas späteren Zeit, gibt aber, von der Sprache abgesehen, ein getreues Bild spätmittelalterlicher Zustände. Der Losgesprochene hatte eine vier- bis sechsjährige Lehrzeit hinter sich, und wenn je das Wort von den Lehrjahren galt, die keine Herrenjahre sind, dann bei unserem Lehrling. Ewig hungrig, ständig übermüdet, vor Heimweh krank und den Körper mit blauen Flecken übersät, so sah es mit ihm aus, wenn er zu einem harten Meister gekommen war; und das waren die meisten, denn als unumstößlicher Grundsatz galt, daß ohne Prügel aus einem Kind kein rechtschaffener Mensch werden könne. Eine Erziehungsmaxime, die sich in Deutschland bis weit in das 20. Jahrhundert gehalten hat.

Verständlich, daß der nunmehrige Junggesell, der zum Stadttor hinauszog im Frühtau des Morgens, gerüstet mit Wanderstab und Felleisen, seine neue Freiheit in vollen Zügen genoß. Die Walz führte ihn, oft über Jahre, weit in die Welt hinaus, in die Schweiz, die Niederlande, nach Dänemark und Schweden, zu den Ungarn, Polen und Russen; Italien, vom nördlichen Teil abgesehen, Frankreich und Spanien wurden seltener durchwandert. Wenn der Winter kam, suchten sie bei einem Meister ihres Handwerks unterzukommen, um mit dem Erblühen der ersten Veilchen wieder aufzubrechen. Manch ein Handwerksbursche gewöhnte sich an das ungebundene Leben auf der Landstraße, machte das Fechten, wie man das Wanderbetteln in vornehmer Umschreibung nannte, zum Beruf. Der Fechtbruder wurde zum Saufaus, Buhlknecht, Spieler, um schließlich bei den Söldnern zu landen. Kam er dort wieder frei, war ihm sein Handwerk verschlossen: er galt als »unehrlich«.

»Ehrlich« sein hieß, von einem freien Mann im Ehebett gezeugt worden zu sein. Bankerte – die auf der (Ofen-)Bank von einer Magd empfangenen Kinder – waren unehrlich. Unehrlich, und damit rechtlos, waren auch der Henker, den man brauchte, aber verachtete, der Schinder, der die Tierkadaver beseitigte (damit eigentlich eine für die Hygiene wichtige Aufgabe erfüllend), und der Totengräber. Uralte Tabus kamen hier unbewußt zum Vorschein, die Furcht, durch den Umgang mit Menschen, die makabre Berufe ausüben, sich zu beflekken, oder einfach das schlechte Gewissen, einen Mitmenschen zu solcherart Tätigkeit zu mißbrauchen.

Zu den unehrlichen Leuten gehörte absurderweise auch der Müller, wohl weil die vor den Toren gelegene Mühle von den abergläubischen Bürgern mit Hexen, Zauberern, Räubern und Mördern in Verbindung gebracht wurde. Vielleicht auch deshalb, weil man nie wußte, ob man für das abgelieferte Korn den vollen Gegenwert an Mehl bekam. (Kein Müller »lat das Mehl rein, im muoß sin teil davon werden«, sagte der Volksmund.) Auch den Badern traute man nicht über den Weg: zwar linderten sie Schmerzen, zogen Zähne, setzten Schröpfköpfe, leisteten aber der Unzucht oft genug Vorschub, indem sie ihre Badestuben zu Stätten des *geseuffes* und *gehures* machten. Die Turmwächter waren einfach deshalb verfemt, weil sie als Gefährten von Geistern und Dämonen galten, die Schäfer und Hirten, weil sie zauberkundig waren; erfahren in allerlei Heilkünsten, wurden sie von den der Hexerei angeklagten Frauen oft als ihre Lehrmeister bezeichnet. Warum man mit den armen Leinewebern nichts zu tun haben wollte, sie als nicht zunftfähig erklärte, sie zwang, die Leiter zum Galgen zu tragen, gehört in das Gebiet des Kollektivwahns oder des Sündenbocksyndroms. (Noch bis in unsere

Zeit hinein sang man Spottverse vom Typ »Die Leineweber kriegen alle Jahr ein Kind, das eine ist lahm, das andere ist blind«.)

Mit unehrlichen Leuten zu verkehren, ja sie zu berühren, machte selbst unehrlich. Wer ihnen begegnete, wich auf die andere Straßenseite aus. Auf dem Markt sollten sie keine Lebensmittel berühren. Lieh ihnen ein Handwerker ein Werkzeug, so war es befleckt, und der Meister mußte es dem Unehrlichen – gegen Bezahlung – überlassen. Osenbrüggen berichtet von einem Basler Handwerksmann, der, trunken vom Wein, sich zum Scharfrichter an den Tisch gesetzt hatte. Die Zunft schloß ihn auf Lebenszeit aus; und der Mann entleibte sich kurz darauf in großer Trübsal.

Einen Zimmermann, der sich unterfangen würde, den Galgen zu zimmern und ihn aufzurichten, hätte man sofort verstoßen. Da aber Galgen und Blutgerüst notwendig waren für die Strafjustiz, machten die Zimmerleute sich regelmäßig gemeinsam an die Arbeit. Nur das Kollektiv bewahrte vor Ansteckung. So rein sollten sie sein, die Mitglieder der Zünfte, »als hätten Tauben sie verlesen«. Dieses Reinheitsgebot erstreckte sich auf alle Lebensbereiche und war in der Zunftordnung, die man in kostbarer Lade aufbewahrte, feierlich festgelegt.

IN GEMEINSCHAFT GEBORGEN

Sich zu einer Zunft zusammenzuschließen hatte sich für die einem Handwerk nachgehenden Stadtbürger sehr bald als eine Notwendigkeit erwiesen. Nur in einer Gemeinschaft, die den Einzelnen schützte und bewahrte, die seine Freuden teilte und seine Not, ihm eine Heimat bot in einer bedrohten Welt, die ihm aber auch exakt vorschrieb, was er zum Wohle dieser Gemeinschaft zu tun und zu lassen hatte, nur so glaubte der mittelalterliche Mensch überleben zu können. Er gehörte deshalb einer Gilde an, einer Dorfgemeinschaft, einer bäuerlichen Nachbarschaft, einem Orden, einem Ritterbund, einer Bruderschaft. Die Notare, die Ärzte, die Fahrenden waren organisiert; selbst die Bettler, die Diebe und die Dirnen besaßen eine Standesvertretung.

Doch so *zünftig* (ein Wort, das aus dem Zunftwesen in unsere Umgangssprache eingegangen ist) wie die Handwerker war keine andere Gemeinschaft organisiert. Sie übertrafen alle anderen an Klarheit ihres Aufbaus, an Einheitlichkeit ihres Wachstums und an Reichtum ihrer Überlieferung. Wären die Zünfte nicht mehr gewesen als ein wirtschaftlicher Interessenverband, der durch kartellartige Absprachen die Preise regelte, die Märkte verteilte, seine Mitglieder vor Konkurrenz schützte, sie hätten nicht derart zur Blüte des deutschen Städtewesens beitragen können, die kulturgeschichtlich zu den glänzendsten Erscheinungen der deutschen Geschichte gehört.

Sie waren, wie der große Ranke einmal formuliert hat, »künstliche Familien«, deren Oberhäupter die erwählten Meister waren. Die Mitglieder nannten sich untereinander Bruder und Schwester, Vetter und Base. Die Frauen waren, wenn auch nicht gleichberechtigt bei der Regelung der Verbandsangelegenheiten, so doch hochgeachtet und bei allen Zusammenkünften gern gesehen; was in dieser von Männern geschaffenen, von Männern bestimmten Welt des späten Mittelalters eine Seltenheit war.

Von der Wiege bis zur Bahre wurde der einzelne umsorgt: im Zunfthaus feierte man seine Taufe, erfolgte die Lossprechung nach seiner Lehrzeit, in der Zunftgemeinschaft lernte er seine Frau kennen, feierte er seine Hochzeit, ließ er wiederum seine Kinder taufen, wurde ihm bei Krankheit geholfen, und wenn es zum Sterben kam, gab man ihm das Grabgeleit. Der Schmerz der Witwen wurde gelindert durch die aus der Zunftkasse gezahlte Unterstützung, und war sie noch jung genug, sorgte man für einen neuen Ehemann. Unsere Zeit, die die Menschen allein läßt in seelischer Vereinsamung und Kontaktlosigkeit, kann nur mit Neid auf das Geborgensein im Schoß einer Gemeinschaft blicken, wie sie das »finstere« Mittelalter den Bürgern bot.

Einen Begriff von der alten Zünfte Herrlichkeit bekommen wir angesichts jener Zunfthäuser, die uns erhalten geblieben sind. Dazu gehören das der Metzger in Konstanz, der Schreiner in Trier, das Haus Zum Schlüssel in Basel, der Artushof in Danzig, das Schwarzhäupterhaus in Reval und die aus späterer Zeit stammenden Häuser in Bremen (Schütting), Braunschweig (Gewandhaus), Basel (Gelten-Weinleuten), Zürich (Zur Schuhmachern) und die Tuchhallen in Flanderns Städten.

Die Sicherheit ohne Risiko, die die Zünfte ihren Mitgliedern boten, war nicht umsonst zu haben. Der Name Zunft kommt vom mittelhochdeutschen Wort *zumft* – was sich ziemt. Und es ziemte sich so manches nicht für die Mitglieder. »Es soll auch kein Meister keinen Gesellen fördern«, heißt es in der Ordnung der Steinmetze zu Rochlitz, »der den anderen beleugt oder unrecht thut und sich mit offenbarlichen Frauen umbführt. Die, die in den Herbergen oder Häusern, da sie arbeiten, mit Frawen oder mit Meyden unzüchtiglich sprechen oder Unzucht darine treyben, der auch nicht beichtet, den soll man verweisen und vor einen Übeltheter halten.«

Nicht nur *vri un nemandes eigen* hatte der Zunftanwärter zu sein, nicht nur moralisch *untadelhaftig* und in seinem Ruf unbesprochen, sondern auch *dudescher* [deutscher] *art und herkunft.* Die Betonung des »Dudeschen« zeigt, daß die Handwerker sich als Deutsche fühlten, und in der Tat haben sie den Gedanken an ein einheitliches Deutschland am treuesten bewahrt.

Anstand, Herkunft, Leumund aber nützten nichts, wenn der Mann sein Handwerk nicht verstand. Oder den hohen Qualitätsansprüchen der Zunft nicht nachkommen wollte; wenn er »pfuschte«. Ein Wort, das aus der Zunftsprache stammt, wie auch »über die Schnur hauen«, »blau machen«, »ein gemachter Mann sein« und die Wörter »ungehobelt«, »ungeschliffen« und »auftreiben«; Pfuschern wurde »das Handwerk gelegt«, so hieß es in der Zunft. Damit war der Handwerker »verzalt und abgetan« und konnte, in welche Stadt er auch ging, keine Werkstatt mehr aufmachen. Kein Zünftiger durfte gegen die von den Obermeistern festgesetzten Preise verstoßen, keiner sein Material selber einkaufen, keiner mehr Gesellen und Lehrlinge beschäftigen und mehr Lohn zahlen als seine Zunftbrüder. Der »blaue Montag«, an dem die Maurer bis in unsere Tage festhielten, hatte arbeitsfrei zu bleiben. Die Arbeitszeit war genau festgelegt: von 5 Uhr bis 19 Uhr im Sommer, von 7 Uhr bis 18 Uhr im Winter. Es durfte auch nur Selbstgefertigtes verkauft werden, damit sich, nach heutigem Begriff, kein kapitalistischer Großbetrieb entwickeln konnte.

Gegen der Gesellen Unmut war allerdings auch mit den strengsten Bestimmungen nicht anzukommen. Und sie hatten Grund dazu. Sie, die oft genug die meiste Arbeit leisteten, verdienten nicht gut genug, sich einen eigenen Hausstand zu gründen. Meister werden konnten fast nur Meistersöhne, die auch sonst manches Privileg besaßen. Meisterwitwen, die ein Geselle hätte heiraten können, gehörten zu den raren Partien. So schlossen die Gesellen sich im Laufe der Zeit zu Bruderschaften zusammen, um jene Meister zu bändigen, die den sprichwörtlich goldenen Boden des Handwerks allein für sich beanspruchten.

Sosehr die Zünfte später entarteten, ihre Bräuche zu leerem Formelkram erstarrten, ihre Ordnung nur noch dem nackten Egoismus der Zunftmeister diente, in ihrer Glanzzeit im

14. und 15. Jahrhundert verdienten sie die Worte, die ihnen Gustav Freytag nachrief: »Millionen deutscher Handwerker gaben ihre beste Kraft. Sie wußten, daß ihre Kunst, redlich geübt nach Handwerksbrauch, ihnen ein mannhaftes Leben sicherte, Achtung, gute Leute und eine ehrliche Stellung in ihrer Stadt ... und sie schufen, gehorsam den Gesetzen, ein Werk, in dem wir noch heute die Sorgfalt und Liebe und jene sichere Zweckmäßigkeit bewundern, welche zuweilen zur Schönheit wird. Der Türbeschlag eines bedächtigen Schlossers, der Löffel eines Nürnberger Goldschmieds, der Tonkrug, den ein Töpfer bunt glasiert hat, zeigen die Poesie des alten Handwerks.«

III Die Hanse und der Deutsche Orden

Kaufmannswort geht vor Königswort

Was der Handwerker schuf, diente den Städten, ihrem Reichtum und ihrer Kultur, und es diente gleichermaßen dem Kaufmann. Er handelte mit den handwerklichen Erzeugnissen nicht nur im Inland; er exportierte sie. Und wenn es damals schon ein Made-in-Germany gegeben hätte, dieses Gütesiegel wäre ihnen sicher gewesen.

Führend auf dem Gebiet des Exports waren die Kaufleute von der deutschen Hanse. Zu einer *hansa,* was gotisch-althochdeutsch »Schar« heißt, hatten sich die deutschen Kaufleute im Ausland verbunden. Nur gemeinsam konnten sie sich in der Fremde Rechtsschutz und Handelsfreiheit sichern. So geschah es in London, in Bergen, in Wisby auf Gotland, in Nowgorod, in Brügge und an anderen Orten. In dem Maße, in dem die Kaufleute einen Rückhalt in ihren Heimatstädten brauchten und die Heimatstädte von der Tätigkeit ihrer Kaufleute profitierten, kam es zu Interessenverflechtungen, wurden aus den Einzelhansen Hansebünde, entstand schließlich um die Mitte des 14. Jahrhunderts der große, hundertsechzig bis hundertsiebzig Städte umfassende hanseatische Städtebund.

»Die ghemeenen coplude [Kaufleute] uten romeschen rike van Almamien« mit ihrem stolzen Motto »Wenn wi tohop hept stan, hett uns noch nüms was dan!« wurden bald zum Segen der an den Küsten des Nordens lebenden Völker und zum Schrecken ihrer Fürsten und Könige. Ihre »Königin« war die Freie Reichsstadt Lübeck, über die Enea Silvio Piccolomini schrieb: »Alle aber überragt Lübeck, geziert mit hochgegiebelten Häusern und reich geschmückten Kirchen, eine Stadt, deren Macht und Ansehen so groß ist, daß auf ihren Wink drei gewaltige Reiche, Dänemark, Schweden und Norwegen, ihre Könige anzunehmen oder abzusetzen gewohnt sind.«

Den Kaufleuten ging es in erster Linie ums Geschäft, ging es darum, Handel zu treiben zwischen Reval und Brügge, zwischen Dinant an der Maas und Krakau an der Weichsel, zwischen der Insel Gotland und Nowgorod am Wolchow. Sie kauften in Lüneburg Salz, um die Heringsfänge einzusalzen, Fische, die vor der Küste Schonens in solchen Massen schwärmten, daß die Schiffsruder nicht mehr bewegt werden konnten; sie lieferten den Londonern Wein vom Rhein und den Norwegern Bier aus Hamburg, sie handelten in Rußland die Felle des Hermelins ein, des Zobels, des Bären, des Fuchses, dazu Wachs, Honig, Erz und verschifften in Danzig Holz für die norddeutschen Bootsbauer; sie brachten als Gegenfracht für schwedischen Klippfisch Tuche aus Brügge, transportierten in das kornarme Skandinavien Getreide aus dem Ordensland Preußen, nahmen den Engländern ihre Schafwolle ab, den Finnen die gesalzene Butter, den Ordensrittern ihren Bernstein und versorgten den gesamten Norden mit Waren aus dem Orient.

Die deutschen Kaufleute exportierten jedoch nicht nur ihre Waren, sondern auch ihre Kultur. Wo sie ihre Kontore errichteten an den Küsten Schwedens, Norwegens, Dänemarks, Flanderns und Rußlands, bauten sie auch ihre Kirchen, ihre Rathäuser, Wohnhäuser, Speicher, galt ihr Recht, wurde mit ihrem Geld gezahlt, sang man deutsche Lieder, sprach man Deutsch, schrieb deutsche Handelsbriefe; und das Lübecker Platt wurde zur Diplomatensprache der nordischen Kanzleien. Die Hanse vermittelte zwischen dem rohstoffreichen Osten und dem industrialisierten Westen; einen einheitlichen Wirtschaftsraum schaffend, regte sie überall die Produktion an, ließ darniederliegende Städte aufblühen und gründete selbst neue Städte.

Das Wahrzeichen der Hanse wurde die mit vollen Segeln die See durchpflügende Kogge, ein Schiff, ohne das der Aufstieg zur Länder und Meere beherrschenden Wirtschaftsmacht nicht denkbar gewesen wäre. Die ein- bis dreimastigen, hochbordigen, mit einem Heckruder versehenen Koggen waren neunundzwanzig Meter lang, sieben Meter breit und hatten eine Besatzung von vierzig Mann. Mit ihrer Seetüchtigkeit und vor allem Ladefähigkeit von hundertvierzig bis dreihundert Tonnen (oder 400 Personen) waren sie den skandinavischen Frachtern derart überlegen, daß sie sie rasch von den internationalen Schiffahrtswegen verdrängten. Zweihundert Tonnen bedeuteten hundert Fuhrwerke, und wenn die Kogge neben einem jener nordischen »Schlickrutscher« lag, sprachen die Leute von einem Unterschied wie von einer Kirche zu einer Kapelle.

Je reicher und mächtiger die Hanse wurde, um so weniger gelang es ihr, einem ihrer Prinzipien treu zu bleiben: der strikten Distanz von jeglicher Politik. Ihre wirtschaftliche Macht war zu groß geworden, als daß sie ohne Auswirkung auf Männer und Mächte hätte bleiben können. Auch konnte ihr hochfahrendes Motto »Kaufmannswort geht vor Königswort« zumindest keinem König gefallen. Hakon VI. von Norwegen bemerkte bald, daß die *dudesche brück*, das Hansekontor in Bergen, und die Hauptfaktorei in Oslo seinem Land zwar von wirtschaftlichem Nutzen waren, dieser Nutzen aber mit politischer Ohnmacht erkauft wurde. So hatte Lübeck die norwegische Königsmünze verdrängt und den Herrscher damit um eine wichtige Einnahme gebracht. Sein Widerstand dagegen blieb vergeblich; gegen diese Deutschen war einfach nicht anzukommen. Auch Schwedens Handel wurde weitgehend von den ansässigen Deutschen und den Hansefahrern beherrscht. Nicht jedoch Dänemark.

Die Dänen kontrollierten den Seeweg zwischen der Ostsee und der Nordsee, träumten immer noch von ihrem einst »welt«-beherrschenden großen König Knut und schauten sehnsüchtig zur Halbinsel Schonen hinüber, die ihnen einst gehört hatte. Als Waldemar IV. Atterdag 1340 auf Dänemarks Thron kam, bestätigte er zwar die hansischen Handelsprivilegien, bald aber wurde spürbar, daß diese Bestätigung nichts anderes war als Täuschung. Planmäßig drängte er den hansischen Einfluß überall zurück. 1360 ging er zum Angriff über, besetzte Schonen, eroberte Gotland, wobei er die alte Stadt Wisby plünderte. Konnte die Hanse den Verlust Gotlands verschmerzen, denn Wisbys goldene Zeiten gehörten der Vergangenheit an, auf Schonens Heringe, die pro Jahr mit einer (nach heutigem Geld) dreiviertel Milliarde zu Buche schlugen, durfte sie nicht verzichten. Eine Wirtschaftsblokkade mit dem Verbot jeglichen Handels mit den Dänen und jeglicher Ausfuhr dorthin (die erste große Handelssperre der abendländischen Geschichte übrigens) blieb wirkungslos, denn Dänemark besaß mit seinen Häfen an der Westküste Zugang zum Welthandel. Auch waren, wie so oft, nicht alle Städte zu gemeinsamen Aktionen zu bewegen gewesen.

Die Hansen begannen zu verhandeln, zäh, ausdauernd, geduldig. Es nützten jedoch weder Zähigkeit noch Ausdauer, noch Geduld. Waldemar, genannt *Atterdag* (weil er aus Zauderei alles auf den *andern* Tag verschob), zauderte. Er zauderte so lange, bis die Hanse etwas tat, was sie bisher stets klug vermieden hatte, weil sie der Meinung war, daß Tinte allemal billiger als Blut und es außerdem leichter sei, das »Fähnlein an die Stangen zu heften«, als es in Ehren wieder abzunehmen: sie rüstete zum Krieg.

Im Frühjahr 1363 stechen zweiundfünfzig Schiffe, darunter siebenundzwanzig Koggen, in See, mit Kanonen bestückt und achttausend Söldnern an Bord, geführt vom Lübecker Bürgermeister Johann Wittenborg, verbündet mit Schweden, Norwegen, den Holsteinern, den Schleswigern, versehen mit Gold vom Deutschen Ritterorden. Die Sundfestungen sollen genommen, Kopenhagen erobert werden. Wittenborg wartet vergebens auf seine Verbündeten, die es anscheinend so ernst nicht gemeint hatten, und während des Wartens vor dem belagerten Hälsingborg erscheinen urplötzlich die Dänen und schicken mit ihren Geschützen und ihren Rammspornen den größten Teil der Hanseschiffe auf den Meeresgrund. Fünfzehn Liter Bier zum Trinken und zum Kochen, lesen wir in den Intendanturakten, hätten jedem Hansekrieger pro Tag zugestanden. Das Bier jedoch trage keine Schuld an der Niederlage, schuldig sei der Wittenborg, der habe während der Seeschlacht den Kopf verloren, und seine Richter befinden nicht ohne Zynismus, daß dem auch nach der Schlacht so sein solle: auf dem Marktplatz zu Lübeck stirbt er auf dem Richtblock.

Schlagartig ist die Stellung der Hanse im gesamten Norden bedroht, der Getreideexport des Ordenslands gefährdet, der Schiffsverkehr durch den vom Siegeslorbeer verblendeten Waldemar beeinträchtigt. Jetzt geht es um die Existenz, und es gilt, Flagge zu zeigen. Mit geringerer Kriegsmacht, aber besserer Vorbereitung und zuverlässigeren Bundesgenossen – 77 Städte haben sich dem Bündnis angeschlossen – fährt man noch einmal gegen Dänemark. Kopenhagen wird gestürmt und niedergebrannt, der Hafen durch versenkte Schiffe unbrauchbar gemacht, Schonen besetzt, die Feste Hälsingborg mit Waffen bezwungen – und mit Geld, das man den beiden Kommandanten zukommen läßt. Ganz nach dem Vorbild Venedigs, das immer reich genug gewesen war, um den Tod, die Söldner und den Verrat bezahlen zu können.

Der 24. Mai 1370 wurde zum großen Tag in der Geschichte der Hanseaten. In Stralsund kamen die Ratsherren ihrer Städte zusammen und unterzeichneten einen Friedensvertrag, der einen König zwang, die alten Vorrechte in Schonen und Dänemark neu zu bestätigen, ihnen seine Schlösser und

Festungen am Sund auf fünfzehn Jahre zu verpfänden, und seinen Reichtsrat verpflichtete – das war etwas ganz Ungeheuerliches –, bei der Wahl eines Nachfolgers die Zustimmung der Hanse einzuholen. Atterdag wartete den andern Tag diesmal nicht ab und ging außer Landes.

Die Ostsee war zum *dudeschen,* zum deutschen Meer geworden. In ihren Häfen und in vielen Häfen der Nordsee wehte der rote Adler auf weißem Feld von den Masten der Koggen, die den Seeweg zwischen den beiden Meeren kontrollierten und überall, wohin sie kamen, auf Bewunderung und Furcht stießen. Der deutsche Kaufmann hatte allein auf sich gestellt, ohne die Hilfe von Kaiser und Reich, eine Großmacht geschaffen, die ihm die Handelsherrschaft in Nordeuropa für die nächsten anderthalb Jahrhunderte sicherte. Eine Herrschaft, die jedoch immer wieder behauptet werden mußte, so auch gegen die Vitalienbrüder, einen Bund von Freibeutern.

»Gottes Freunde, aller Welt Feinde« hieß ihre Losung, doch zum Weltfeind wurden die ursprünglich braven Seeleute erst, als man sie von allerhöchster Stelle dazu ermutigt hatte. Sie sollten das im Laufe der skandinavischen Thronwirren von den Dänen belagerte Stockholm mit Viktualien (mit Lebensmitteln) – daher ihr Name – versorgen und ganz nebenbei dieses oder jenes den Feinden des Schwedenkönigs Albrecht gehörende Schiff aufbringen. Das taten sie, brachten die Beute zu Albrechts Vater, dem Herzog von Mecklenburg, der sie von Rostock und Wismar – zwei Hansestädten und Stützpunkten der Vitalienbrüder – gewinnbringend verhökern ließ. Die Vitalienbrüder gewöhnten sich an das einträgliche Gewerbe. Sie brachten die Insel Gotland in ihre Gewalt, bekamen Zulauf von entlaufenen Leibeigenen, geflohenen Mönchen, armen Rittern, abenteuerlustigen Kaufmannssöhnen, von allerlei Strauchdieben und Galgenvögeln und wuchsen sich aus zu einer Piratenbande, vor der bald kein Schiff mehr sicher war. Jede Beute teilten sie gerecht untereinander auf. Daher kommt ihr zweiter Name Likendeeler (*to liken deelen* – zu gleichen Teilen), womit sie nach dem Vorbild jener, die sie beraubten, den Charakter einer Genossenschaft bekamen.

Grausam, tollkühn, bald aber auch übermütig und leichtsinnig, ereilt sie geradezu zwangsläufig ihr Schicksal. Eine Flotte des Deutschen Ordens überfällt die Piraten in ihren Schlupfwinkeln auf Gotland, vernichtet einen Teil ihrer Schiffe und vertreibt die anderen aus der Ostsee. Die Geflüchteten aber finden bei den friesischen Häuptlingen Unterschlupf und kapern nun, meist von Helgoland aus, Schiffe auf der Nordsee, gleich welcher Nation sie sind. Godeke Michels und der legendäre Klaus Störtebeker sind ihre Anführer. Doch nichts kann hanseatische Kaufleute wütender machen, als wenn jemand es wagt, ihnen die Geschäfte zu verderben. Die Hamburger rüsten eine Flotte aus, stellen die Likendeeler unweit Helgolands und entern ihre Schiffe, wobei es zu einem furchtbaren Gemetzel kommt. Störtebeker wird mit über hundert seiner Genossen auf dem Grasbrook in Hamburg hingerichtet, ihre Köpfe der Abschreckung wegen auf Pfähle gespießt und ausgestellt. Der Chronist berichtet schaudernd von dem Blut, das bei der Hinrichtung die Gassen hinunterschoß wie ein Springquell.

»Dem ersten Tod, dem zweiten Not ...«

Der Mann, der jenes Unternehmen auf Gotland geführt hatte, hieß Ulrich von Jungingen und war Hochmeister des Deutschen Ritterordens. Der Orden bildete eine Gemeinschaft ritterbürtiger Männer, die sich dem Glaubenskampf gegen die Heiden verschworen hatten. Sie lebten wie die Mönche, hatten gelobt, keusch, gehorsam und arm zu bleiben und viermal am Tage, viermal in der Nacht gemeinsam zu beten. Im Unterschied zu den Mönchen jedoch führten sie, dem Ritterideal genauso verpflichtet wie dem Gelübde, das Schwert.

Ursprünglich – zu Zeiten der Kreuzzüge – im Heiligen Land zu Hause, waren sie nach der Aufgabe Palästinas in Siebenbürgen tätig gewesen und schließlich einem Ruf Konrads von Masowien gefolgt. Dieser polnische Herzog suchte Hilfe gegen die heidnischen Pruzzen, die den Westen seines Herzogtums, das Kulmer Land, ständig bedrohten. Wenn es ihnen gelingen würde, die Heiden zu Christen zu machen, würde er ihnen eben jenes Land, und weitere Grenzgebiete dazu, gern als Eigentum überlassen.

Der Herzog folgte damit dem Beispiel anderer slawischer Fürsten, und auch ihm ging es nicht allein um die Bekehrung von Heiden, sondern um handfeste politische Vorteile. Bekehrung hieß Unterwerfung, Unterwerfung bedeutete Eroberung und Vergrößerung des eigenen Reiches. Überdies würden die Deutschen ihre überlegene Zivilisation mitbringen: würden Häuser aus Backsteinen errichten statt hölzerner Hütten und ihren von Pferden, nicht von Ochsen gezogenen eisernen Pflug einsetzen, der den Boden umbrach und nicht, wie die einheimischen Holzpflüge, nur ritzte; würden mit ihrer Entwässerungstechnik Sümpfe trockenlegen und neues fruchtbares Land schaffen; würden ummauerte Städte errichten, wehrhafte Burgen und neue Dörfer gründen; würden eine Rechtsordnung, ein Münzsystem, eine Maßordnung einführen; ihre Metalle mitbringen, ihr Salz.

Und sie würden dem Landesherren helfen gegen die Pans, eine Herrenschicht, aufsässig, korrupt, menschenverachtend, ihre Bauern schamlos ausbeutend. Aus den in Elend verkommenden polnischen Leibeigenen, die in Lumpen daherkamen, barfuß (Herren erkannte man an ihren Schuhen), den Körper gezeichnet von den Striemen der Hundepeitschen, von ihren Besitzern kurz »die Stinkenden« genannt, aus solchen Elendsgestalten konnten keine Steuerzahler werden.

Schon im 12. Jahrhundert waren die Deutschen aufgebrochen, denen die alte Heimat zwischen Rhein und Elbe zu eng geworden war, um in den weiten Gebieten des Ostens und Südostens von Europa eine neue Heimat zu finden: jüngere Söhne der Bauern, die keine Aussicht hatten, den Hof zu erben, Handwerksgesellen ohne Hoffnung auf Meisterwürden, der Hörigkeit entflohene Bauern, Kaufleute auf der Suche nach neuen Märkten, unternehmungslustige Baumeister und Bergleute; qualifizierte Fachleute waren sie alle und die Glückssucher, Desperados, Abenteurer weit in der Minderzahl. So hatte das Heer der Auswanderer ausgesehen. Teils gerufen von fremden Fürsten, teils geführt von sogenannten Locatoren – das waren finanzkräftige, das Neuland vermessende und verteilende Unternehmer –, hatten sie in Gruppen und in unregelmäßigen Abständen das fremde, oft unbesiedelte Land in Besitz zu nehmen begonnen.

Ostholstein, die Elbmarken, Mecklenburg, die Mark Brandenburg, Pommern wurden besiedelt. Bis 1300 entstanden beiderseits der Odermündung achtunddreißig Städte, deren Einwohner nach deutschem Recht lebten. In Schlesien siedelten deutsche Bauern unter eigener Gerichtsbarkeit und ohne andere Lasten als ihren Erbzins. Dort entstanden deutsche Kaufmannssiedlungen, begannen Zisterzienser aus Kloster Pforta ihr Kolonisationswerk. In knapp anderthalb Jahrhunderten wurden hier hundertzwanzig Städte und zwölfhundert Dörfer gegründet. Deutsche von der Mosel ließen sich in Siebenbürgen nieder und wurden zusammen mit den Deutschen der Slowakei, den Zipser Sachsen, zu einer Stütze des ungarischen Königtums. Über die Rolle, die die Deutschen für Prag spielten, ist schon gesprochen worden. Bergleute aus Freiburg in Sachsen und Meißen machten Böhmen reich, indem sie den Silberbergbau in die Höhe brachten. Prämonstratensermönche gingen nach Böhmen und Mähren, nach Strahov, Tepl, Leitomischl, Seelau. Von Schlesien wieder zogen neue

Auswanderer in das Warthe- und Weichselland, brachten deutsches Recht nach Plozk, Posen, Krakau, Lemberg; auch Warschau kann spätestens 1334 als eine deutschrechtliche Stadt gezählt werden.

In hartem, zähem Kampf, für den das Kolonistenwort galt »Dem ersten Tod, dem zweiten Not, dem dritten erst Brot«, rodeten sie Urwälder, legten Sümpfe trocken, nahmen Wüstungen unter den Pflug, verwandelten trostlose Öden in blühende Fluren, schufen überall ein kleines Wirtschaftswunder, das die Einkünfte des Landesherren hob und den Lebensstandard ihrer Untertanen. Die riesigen Gebiete der Slawen, Ungarn und Balten erfuhren jetzt, wie das alte Deutschland zwischen Rhein und Elbe bis zur Karolingerzeit, einen kulturellen und wirtschaftlichen Import vom Westen her. Entwicklungsländern glichen sie, weit zurückgeblieben hinter den Errungenschaften des Westens, lernwillig aber und begierig, diesen Rückstand aufzuholen mit Hilfe ausländischer Fachleute aus dem Bergbau, der Landwirtschaft, dem Handwerk, dem Handel, den Wissenschaften und der Baukunst.

»Anfangs den dort Herrschenden zumeist willkommen und von ihnen gefördert«, schreibt Herbert Grundmann, »erregten sie später Mißtrauen wegen Überfremdung und Ausnutzung, während die Ostländer selbst – Polen, Böhmen, Ungarn, auch Litauen – mit rasch wachsendem Selbstbewußtsein zu eigener Macht und Geltung aufstrebten, zu selbständiger Leistung im eigenen Staat unter einheimischen Herrschern. Es hat noch Jahrhunderte gedauert, ehe daraus ... ›Nationalstaaten‹ werden konnten, und einen völligen Einklang ihrer Staatsgrenzen mit Volks- und Sprachgrenzen erreichten sie nie. Je mehr aber dann nationalstaatliche Politik an den Ergebnissen der andersartigen historischen Entwicklung ändern wollte, je bewußter von Deutschland aus ›Ostpolitik‹ betrieben wurde, um so gefährlicher wurde aller Gewinn führerer Zeiten aufs Spiel gesetzt, bis er verlorenging.

Wenn die Nachkommen der im Mittelalter in die Ostländer gezogenen Deutschen schließlich dem dort erwachten und herausgeforderten Staats- und Machtwillen weichen mußten, bleibt doch deren Anteil am Ausbau dieser Länder ein wesentliches Stück ihrer sowohl wie der deutschen Geschichte.«

Auch weiß die moderne Forschung, daß die Deutschen weder als arme Bittsteller in ihre neue Heimat kamen noch als Ausbeuter. Sowenig ihre Landnahme immer friedlich verlief, so wenig war sie von Ausbeutung bestimmt. Sie handelten nicht wie die Europäer nach der Entdeckung der Länder in Übersee, als sie die neuen Kolonien rücksichtslos ausbeuteten, Raubbau betrieben, ihnen die Rohstoffe nahmen, um ihnen anschließend ihre daraus hergestellten Fabrikate aufzuzwingen. Die Siedlung der deutschen Ostwanderer schuf keine Kolonien, sie schuf ein größeres Deutschland (Heimpel).

Die Ritter mit dem schwarzen Kreuz

Die Deutschherren, wie die Ordensritter auch genannt wurden, hatten das Angebot des masowischen Herzogs gern angenommen, witterten sie doch die Chance, das zu verwirklichen, was in Siebenbürgen der ungarische König verhindert hatte: sich ein eigenes, ein autonomes Territorium zu schaffen. Die Ermächtigung eines Kaisers, Friedrichs II., und den Segen eines Papstes hatten sie dazu; zwei entscheidende Voraussetzungen. Die Unterwerfung und Bekehrung der Pruzzen stellte sich als unerwartet schwierig und langwierig heraus. Die zwischen der unteren Weichsel und der Memelmündung lebenden Pruzzen waren keine Slawen. Sie gehörten zum baltischen Zweig der indogermanischen Stämme, waren hochgewachsen, blond-brünett und blauäugig.

Diese »Heiden«, wie die Christen alle Völker nannten, die andere Götter anbeteten, wohnten inmitten riesiger Wälder. Auf den gerodeten Flächen trieben sie eine Dreifelderwirtschaft, zeichneten sich auch als Jäger, Fischer und Bienenzüchter aus. Sie verehrten die Geister des Waldes und des Wassers und versammelten sich unter heiligen Bäumen. Da sie mit ihren Toten lebten, war ihr Ahnenkult hochentwickelt. Ihre klangvolle, vokalreiche Sprache ist heute noch erkennbar in Ortsbezeichnungen und Familiennamen.

Zäh, tapfer und todesmutig, bereiteten sie den Rittern auf Erden die Hölle.

In einem dreiundfünfzig Jahre währenden, von beiden Seiten erbarmungslos geführten Krieg unterlagen sie schließlich der Übermacht. Glande aus Samland, Herkus Monte aus Natangen, Glappo aus Warmien, Auktumo aus Pogesanien, Diwan aus Barten hießen einige ihrer Führer. Man sollte sich ihrer genauso erinnern wie der Hochmeister, nicht nur, weil sie, die Besiegten, den Preußen ihren Namen gegeben haben.

Wer sich von den Pruzzen unterwarf, bekehren ließ, wurde geschont. »Der Edle blieb edel«, so die Ordensritter, »man ließ ihm den für standesgemäßen Unterhalt ausreichenden Teil seines Besitzes. Der Unedle erhielt nach Landessitte erbliches Dienstgut. Ein Bauer, der uns zuverlässig dient, kann geadelt werden, ein ungetreuer Edler wird Knecht.«

Das nun wieder mag zu schön klingen, um wirklich wahr zu sein, das heißt für alle Fälle zutreffend. Zumindest die einfachen Pruzzen blieben in ihren Rechten beschränkt, wurden mancherorts umgesiedelt, zum Straßen- und Burgenbau eingesetzt, und in den Städten duldete man sie nicht, wie man sie auch erst spät an den Dorfsiedlungen nach Kulmer Recht beteiligte. Wer jedoch bereit war, Kriegsdienst zu leisten, wurde mit einem Freigut ausgestattet. Auf ähnliche Art belohnte man Späherdienste in der Wildnis der litauischen und russischen Grenzgebiete. Im Laufe der Zeit verbanden sich die Pruzzen wie auch die Kuren, Pomesanier, Litauer und andere Stämme durch Heirat mit den von den Rittern ins Land gerufenen Siedlern und gingen im deutschen Volkstum auf.

Von einer Ausrottungspolitik, wie sie die europäischen Einwanderer gegenüber den Indianern in Nordamerika praktizierten und die Spanier in Mittel- und Südamerika gegenüber den Indios (was den Ordensrittern besonders von polnischen und russischen Historikern vorgeworfen wird), kann kaum die Rede sein. »Bekehrungen« sind, unter welchen Zeichen sie auch vorgenommen wurden, noch niemals in der Geschichte unblutig verlaufen. Ob es gerechtfertigt war (und ist), anderen Menschen mit Gewalt den eigenen Glauben aufzuzwingen, steht auf einem anderen Blatt. Was den Osten betrifft, so waren die Errungenschaften des fortschrittlicheren Westens, und das mag man bedauern, nur über das Bekenntnis zum Christentum zu erlangen.

Die Ordensritter waren nicht töricht genug, Menschen auszurotten, die sie in den menschenleeren Gebieten brauchten, die einmal zusammen mit den Einwanderern das Staatsvolk des von ihnen angestrebten Staates bilden sollten. Was trotzdem einen Schatten auf ihr Wirken wirft – und hieraus erklären sich nicht zuletzt die Vorwürfe der slawischen und baltischen Völker –, sind die Taten, besser Untaten, der aus allen europäischen Ländern stammenden adligen Ostlandfahrer. Sie legten ein Kreuzzugsgelübde ab, um im Osten das zu tun, was ihnen im Heiligen Land nicht mehr möglich war: gegen die Heiden zu kämpfen. Die Reise dorthin war überdies nicht so strapaziös und gefährlich wie nach Palästina und der vom Papst dafür in Aussicht gestellte Sündenablaß nicht geringer. Die staatsbildende Arbeit der Ordensritter interessierte sie nicht, ihnen kam es nur auf die Heidenjagd an und die dabei zu erzielende »Strecke«. Daß solche Termini aus der Jägersprache nicht übertrieben sind, mag die Schilderung eines

Augenzeugen beweisen, des fahrenden Sängers Suchenwirt, der seinen Herzog auf seiner »Reise« gen Osten begleitete.

»... begann das Heer in dem Lande auf und ab zu verheeren. Den Christen gab Gott das Glück, daß die Heiden ungewarnt waren ... ritterlich jagte man ihnen nach, man fing, man stach, man schlug; was ihnen weh tat, das tat uns wohl ... aber die Heiden kehrten wieder und schrien mit lauter Stimme, wilden Tieren gleich, stachen nach den Leuten, schossen auf die Rosse, und flohen dann wieder auf das Moos ... aber es ging ihnen übel; denn man schlug viele von ihnen zu Tode, Weiber und Kinder wurden gefangen, es war ein spaßhaftes Hofgesinde, da sah man viele Weiber, die zwei Kinder an ihren Leib gebunden hatten, eins vorn und eins hinten. Den gefangenen Heiden band man die Hände zusammen, so führte man sie am Strick gleich Jagdhunden.« Diese schaurigen Treibjagden, die die Ordensritter zuließen, ja förderten, können das Bild ihrer zivilisatorischen und kulturellen Leistung trüben, aber nicht verdunkeln. In der Zeit seiner Blüte um die Wende vom 14. zum 15. Jahrhundert, als ihr Reich außer Preußen noch Kurland, Semgallen, Livland, Estland, Pommerellen mit Danzig, die Insel Gotland, die brandenburgische Neumark umfaßte, hätte ein Reisender dreiundzwanzig Städte und tausendvierhundert Dörfer besuchen können, die von den Deutschherren gegründet worden waren.

In den Bischofsstädten wären ihm die neu gegründeten Domschulen aufgefallen und in den Dörfern die Schulen bei den Kirchen, in denen die Kinder der Einwanderer und der Einheimischen Lesen und Schreiben lernten. Eine für dieses Land und für diese Zeit phänomenale Errungenschaft, wissen wir doch aus der mittelhochdeutschen Dichtung von dem Ritter, der so *gelêret was, daz er in den buochen las.* Setzten wir bei unserem Besucher aus dem Westen diese schwierige Kunst einmal voraus, hätte er das von Deutschherren herausgegebene Wörterbuch der pruzzischen Stammessprache und den Pruzzischen Katechismus studieren können. Ein gut ausgebautes Straßennetz erleichterte den Verkehr zwischen den Ordensburgen, kleinen Meisterwerken militärischer Baukunst, von denen die Komture ihr Gebiet verwalteten und sicherten.

Die an der Nogat gelegene Marienburg, die größte Burg Europas, von deren Kapellenchor das acht Meter hohe Relief der Gottesmutter mit goldenen, blauen und roten Mosaiken weit in die Ebene hinausleuchtete, war Regierungssitz, geistlicher Mittelpunkt, Waffenplatz und Magazin des Ordensstaates in einem. Wer von den Ostpreußen später aus Deutschland, das sie »Reich« nannten, in die kalte Heimat zurückkehrte, der fühlte sich beim Anblick der Feste Gottes beglückt wieder zu Hause. Der zyklopenhafte Bau, bei dem das Strenge mit dem Zarten, die Schlichtheit mit dem Prunk sich wundersam verbunden hat, ist von ihren neuen Besitzern, den Polen, nach den schweren Zerstörungen des Zweiten Weltkriegs zum großen Teil wieder aufgebaut worden.

Auf der Manenburg residierten die Hochmeister im Stil souveräner Könige. Ihr Land war an Ausdehnung so groß wie das böhmische Reich Karls IV. und ebenso reich. Die Ausfuhr von Holz, Getreide – allein sechshunderttausend Morgen fruchtbaren Landes hatte man den Sümpfen des Weichseldeltas abgetrotzt – sowie der Handel mit einem Mineral, das den Strahlenglanz der Sonne in sich zu bergen schien, dem Bernstein, hatte zu seiner Blüte beigetragen. Dem Hochmeister zur Seite stand eine Art Kabinett: mit dem Großkomtur als Stellvertreter und Hüter des Ordensschatzes und der Vorräte, dem Marschall als Chef des Kriegswesens, dem Trappier für die Wirtschaft, dem für die Finanzen zuständigen Treßler und dem Spittler, der für die Kranken- und Wohlfahrtspflege verantwortlich war.

Die Zusammenarbeit zwischen dem Orden und der Hanse zeigte sich nicht nur beim Kampf gegen die Vitalienbrüder.

Das Deutschordensland bot den hanseatischen Städten den wirtschaftlichen, sozialen und organisatorischen Unterbau, ohne den sie schwerlich im Ostseeraum hätten reüssieren können. Die Hanse wiederum sicherte die Staatsgründung des Ordens von der See her, eine Art Flankendeckung bildend, verhalf ihrerseits vom Orden gegründeten Städten wie Elbing, Braunsberg, Königsberg, Danzig zum Aufstieg, sorgte für den Import und den noch wichtigeren Export des Ordenslands. Fruchtbare Wechselwirkungen also auf allen Gebieten, in Gang gesetzt durch den Kaufmann und den Ritter. Hermann von Salza, Siegfried von Feuchtwangen, Winrich von Kniprode, Konrad von Jungingen, Heinrich von Plauen heißen die bedeutendsten Hochmeister des deutschen Ritterordens.

IV Die Reform an Haupt und Gliedern

Der Weltjahrmarkt zu Konstanz

Konstanz, der liebliche Ort an den Gestaden des Bodensees, zu des Reiches freien Städten gehörend, reich geworden durch die Fertigung feiner Leinwand und durch die Lage in der Nähe vielbefahrener Alpenpässe, wurde mit dem Jahr 1414 zum Schauplatz großer Ereignisse. Er war vom deutschen König und späteren Kaiser Sigismund zum Tagungsort eines Konzils ausersehen worden, dessen Verlauf und dessen Ergebnisse Weltgeschichte machten.

Alles begann am 28. Oktober mit dem Einzug des Papstes. Unter goldenem Baldachin, die Tiara auf dem Haupt, den mannshohen Kreuzstab in der Rechten, gefolgt von Kardinälen, Bischöfen, Prälaten, grüßte er die den Weg säumende Menge und segnete sie. Er hieß Johannes XXIII., und was man sich über ihn erzählte, war, auch wenn man die Fama abzog, schlimm genug, doch nicht schlimmer als der allgemeine Zustand der Institution, der er als Stellvertreter Christi auf Erden vorstand, der Heiligen Katholischen Kirche.

Neapolitaner von Geburt, aus dem adligen Haus Cossa stammend, in der Jugend mit seinen Brüdern an den Raubzügen einer Piratenbande beteiligt, dann Landsknecht, liederlicher Student, tyrannischer Stadtherr von Bologna, Geistlicher schließlich, Kämmerer am Vatikan in Rom, ein Amt, das er zu Wucher, Korruption, Ämterhandel mißbrauchte, als Kardinal gewalttätig, gelangte er durch Drohung und Bestechung 1410 in Pisa auf den Stuhl Petri. Und der Verdacht schien mit den Händen greifbar, daß er der Mörder seiner beiden Vorgänger gewesen war. Mochten die Menschen vom Vorleben dieses unheiligen Vaters einiges wissen, die leibhaftige Gegenwart des obersten Hirten der katholischen Christenheit ließ alle Skrupel verstummen. Man jubelte. Auch konnte der einfache Gläubige nicht ahnen, daß Johannes XXIII., dessen Namen die Kirche aus ihren Annalen gestrichen hat (so daß es in unserer Zeit einen neuen dreiundzwanzigsten Johannes geben konnte), für abgesetzt erklärt werden würde.

Die große Spaltung der Kirche, das Schisma, währte nun bereits sechsunddreißig Jahre und war, wie erwähnt, der Zwietracht zwischen dem Papsttum und den Kardinälen entsprossen, auch dem Interessengegensatz zwischen den Italienern und den Franzosen. Für die Kirche und die Päpste hatte mit der »Babylonischen Gefangenschaft« in Avignon eine Zeit des Machtverfalls eingesetzt. In der Praxis hieß das, daß sie unter die Kuratel der französischen Könige gerieten, die jede ihrer Entscheidungen auf eine Art beschnitten, wie es die von der Kurie jahrhundertelang bekämpften deutschen Kaiser nie getan hatten. Nach einem vergeblichen Versuch des fünften Urban, im Jahr 1367 in Rom wieder Fuß zu fassen, entschloß sich Gregor XI. zur endgültigen Rückkehr, starb aber kaum fünfzehn Monate darauf. Als sein Nachfolger wurde im April 1378 Urban VI. gewählt, und an ihm schieden sich nun die Geister. Die französischen Kardinäle, vom schroffen Wesen des Neuen abgestoßen und die Sehnsucht nach Avignon im Herzen, verließen Rom, wählten sich ihren eigenen Mann und kehrten mit ihm nach Frankreich zurück.

Als nach über dreißig Jahren noch immer zwei Päpste herrschten, was mehr und mehr zur Erschütterung der Kirche und zur tiefen Unruhe unter den Christen führte, trafen sich die Kardinäle beider Oberhirten zu einem Konzil in Pisa, um die Einheit wiederherzustellen. Das Ergebnis: ein dritter Papst. Diese vielleicht etwas kompliziert klingende Vorgeschichte mußte erzählt werden, um zu begreifen, was nun in Konstanz versucht werden sollte: die Absetzung aller drei Päpste und die Wahl eines vierten, eines einzigen, und damit die Wiederherstellung der kirchlichen Einheit.

Allzuviel tat sich vorerst nicht am Bodensee. Der Hohe Rat hatte alle Vorkehrungen getroffen, aus sechstausend Einwohnern ebenso viele Gastgeber zu machen, die ihre Häuser, Küchen, Keller, Kammern, Speicher, Ställe den Gästen einladend öffneten. Die Preise für Fisch, Fleisch, Gemüse, Brot, Wein, für Pferdefutter und Feuerholz wurden vorgeschrieben, mit dem Resultat, daß sich niemand danach richtete. Auf die Preise der gelüstigen Fräulein, herbeigeströmt aus allen Teilen des Reiches in ihrer grellgelben Arbeitskleidung und jederzeit bereit, auch den ärmsten Geistlichen durch ihre Art von Nächstenliebe zu trösten, hatte der Magistrat keinen Einfluß. Hier herrschten die Gesetze des freien Marktes. Mit dem Eintreffen des deutschen Königs Sigismund und seines Gefolges wurde die Nachfrage größer als das Angebot. Und das, obwohl nicht wenige Konstanzer Bürgertöchter eventuelle Marktlücken bereitwillig ausfüllten. Der am häufigsten gehörte Satz war: »Wollt Ihr mir einen Gulden geben, will ich mich mit Euch zu Bette legen.« Das am häufigsten besuchte Haus war das Bordell »Zum süßen Winkel«. Die Zahl der registrierten Hübschlerinnen betrug siebenhundert, und Moralisten befürchteten, die Stadt werde ihre Sünden niemals wieder abwaschen können.

Mit Sigismund zogen die mächtigsten deutschen Fürsten ein, die Gesandten sämtlicher europäischen Könige, die Boten aller Reichsstädte, neunundzwanzig Kardinäle, dreihundert Bischöfe und hohe Prälaten, über dreihundert Doctores, die Magister der Universitäten, darunter die Leuchten der Pariser theologischen Fakultät Pierre d'Ailly und Jean de Gerson, und Krämer, Kaufleute, Bankiers, Diener, Knappen, Pagen, Knechte, Bettler, Vagabunden, Fahrende – insgesamt sollen es sechzigtausend, ja hunderttausend Menschen gewesen sein, die sich am Bodensee zusammenfanden. Eine der üblichen Übertreibungen, denn eine Stadt von sechstausend Einwohnern konnte allenfalls die doppelte Anzahl von Gästen unterbringen, und auch das nur, wenn ein Teil von ihnen in Ställen, Speichern, Hauseingängen schlief, auf Kirchentreppen, unter Portalen, in leeren Tonnen, oder bestenfalls in Zeltlagern vor den Mauern.

Ein Weltjahrmarkt fand in Konstanz statt mit täglich neuen Sensationen: glanzvollen Turnieren, düsteren Prozessionen, blutigen Hinrichtungen, prächtigen Einzügen, mit Märkten, Schaustellungen, Gerichtstagen. Sensationen, die das hohe Ziel zu verdunkeln schienen, das zu erreichen keiner die Strapazen und die Kosten weiter Reisen gescheut hatte. Zwei der wichtigsten und am dringlichsten geladenen Gäste allerdings fehlten – die beiden anderen Päpste. Der römische Gregor XII. und der avignonesische Benedikt XIII. hatten lediglich Vertreter geschickt.

Sigismund, dessen Ehrgeiz die Einberufung des Konzils zu danken war, erlebte einen Einzug – im Fackelschein am Weihnachtsabend –, bei dem das Volk sich vor Enthusiasmus nicht zu lassen wußte. Da war er, der Mann, dessen Tatkraft man es verdankte, daß Europas vornehmste und berühmteste Männer nach Deutschland gekommen waren. Der alten deutschen Kaiser Herrlichkeit, längst legendär geworden, schien wieder aufzuerstehen; ihre einstige Rolle als *arbiter mundi* – Schiedsrichter der Welt, Sigismund hatte sie wieder übernommen.

Eine interessante Figur, dieser König, ausgestattet mit Eigenschaften, die die Historiker gern in dem Prädikat »schillernd« zusammenfassen. Was meist nichts anderes bedeutet, als daß große Persönlichkeiten widersprüchlich angelegt sind. Karl Marx nannte ihn einen kläglichen Parasiten, einen Bettler, Prasser, Säufer, Narren, Feigling und Gauner. Der Historiker Theodor Lindner erwähnt seine rhetorische Kraft, seine

Diplomatie, seine umfassende Bildung, sein Sprachtalent, das ihn befähigte, fließend Deutsch, Tschechisch, Polnisch, Ungarisch, Französisch, Italienisch, und Latein zu sprechen (man denke dabei an die Sprach(en)losigkeit unserer Politiker); und er lobt des Königs Mißtrauen gegenüber dem Wunderglauben, seine Toleranz gegenüber den Juden, seine Begabung zur Freundschaft.

Einig waren sich Freund und Feind, daß der Sechsundvierzigjährige ein schönes Mannsbild war, ein Weiberheld und fröhlicher Zecher, imstande, in der Lust einer Liebesnacht ganze Länder zu verschenken, dabei ständig in Geldnot und seine Schulden so groß wie seine Unverfrorenheit, neue zu machen. Seinen Hang zur Grausamkeit teilte er mit der Epoche, in der er lebte.

Als er 1410 zum König gewählt worden war, hatten die Kurfürsten in bewährter Uneinigkeit noch einen zweiten König gekürt, Jobst von Mähren, und Wenzel war der dritte im Bunde, denn seine Absetzung durch die Kurfürsten wegen Vernachlässigung des Reichs und allgemeiner Unfähigkeit hatte er nie anerkannt. Den drei Päpsten hatten drei Könige gegenübergestanden, ein Tatbestand, der die Welt nun vollends aus den Fugen gehen ließ.

Einen Kaiser, zu dem man hätte aufblicken können, von dem das Heil kam, gab es schon lange nicht mehr. Den Karl aus Böhmen, den hatte man, wenn nicht geliebt, so doch geachtet. Nun waren da drei Könige. Wem sollte man gehorchen und vertrauen, wer würde die Dinge lenken nach seiner Weisheit? Schlimmer aber noch waren drei Päpste. Sie hatten sich gegenseitig als Antichrist bezeichnet, sich gegenseitig verflucht, gebannt und über das Gebiet des anderen das Interdikt verhängt. Damit war im Grunde die ganze Christenheit Europas gebannt. Die einzelnen Gemeinden waren verstört, voller Angst und tief erschüttert in ihrem Glauben. Waren die Sterbesakramente, die dem zu Grabe getragenen Vater von einem »schismatischen« Priester gespendet worden waren, überhaupt gültig? Brachte der Segen, der über den Sohn vor dem Traualtar gesprochen worden war, vielleicht Unsegen? Was war mit dem Kind, das man in der Kirche hatte taufen lassen? Wer war imstande, den »echten« von dem »falschen« Priester zu unterscheiden; wer konnte wissen, welcher Papst zu Recht und welcher zu Unrecht gebannt worden war? Mußten die Gläubigen, die an einen »falschen« Geistlichen geraten waren, den Weg in die Hölle antreten zur ewigen Verdammnis?

Was die Könige betraf, so kam es immerhin bald zu einer Klärung der verfahrenen Situation. Jobst starb, und Wenzel verzichtete auf seinen Titel – gegen Überlassung der Hälfte aller Einkünfte des Reichs. Sigismund, vom Vater mit der Mark Brandenburg als Erbteil ausgestattet, seit 1387 König von Ungarn, seit 1402 Regent in Böhmen, wurde von allen anerkannt als des Reiches oberster Souverän. Sigismund und Wenzel, die beiden Halbbrüder – Karl IV. war ihr Vater –, hatten sich ihr Erbe geneidet, Krieg gegeneinander geführt; verwandtschaftliche Liebe hatte es zwischen den beiden – Wenzel neigte den Slawen zu, Sigismund den Deutschen – nie gegeben.

Des neuen Königs politische Ziele waren hochgegriffen und muteten manchen phantastisch an. Nichts Geringeres schwebte ihm vor als die Vereinigung Ungarns und Böhmens mit Österreich und, gestützt auf diese gewaltige Hausmacht, eine Koalition der europäischen Mächte zusammenzubringen. Die Türken waren in Europa eingedrungen, hatten das serbische und das bulgarische Reich vernichtet und ein aus hunderttausend deutschen, französischen, burgundischen Rittern gebildetes Kreuzfahrerheer bei Nikopolis in Stücke gehauen. Der damals 23jährige Ungarnkönig Sigismund, ein tapferer Ritter, aber kein Feldherr, war der Katastrophe mit Not entkommen. Für ihn bestand kein Zweifel, daß die Türken eines Tages zum Generalangriff antreten würden, und um dieser Bedrohung der gesamten Christenheit gewachsen zu sein, galt es, die Spaltung der Kirche zu überwinden. Wenn er nachts wach lag, träumte er einen Traum, Phantast und Realist zugleich, der ihn sein ganzes Leben nicht losgelassen hatte: als römischer Kaiser die Völker der wiedervereinigten Christenheit – Rom *und* Byzanz – zur Befreiung des Heiligen Grabes zu führen.

Sigismund, dem die Schirmherrschaft über das Konzil zuteil geworden war, begnügte sich nicht mit der bei Schirmherren sonst üblichen Repräsentation. Er war bei allen wichtigen Konferenzen anwesend und griff in die Verhandlungen ein mit dem ihm eigenen diplomatischen Geschick und seiner Gabe, Menschen zu beeinflussen. Bald galt er bei allen Teilnehmern als Autorität. Für die Italiener war er, obwohl noch nicht zum Kaiser gewählt, längst der *rex Romanorum,* dem alle kaiserlichen Rechte mit Selbstverständlichkeit zukamen.

Doch gerade die italienischen Geistlichen bekamen sein taktisches Geschick zu spüren, als ihm ein glänzender Kunstgriff gelang. Er brachte ein nach Nationen vorzunehmendes Abstimmungsverfahren durch. Die Italiener, die Engländer, die Franzosen und die Deutschen (unter deren Obhut sich Schotten, Dänen, Polen, Ungarn, Skandinavier, Böhmen begaben), später auch die Spanier, besaßen nun, unabhängig von ihrer Zahl, je eine Stimme. Auch dem Kardinalskollegium wurde eine Stimme zuerkannt. Das Übergewicht der in großer Zahl erschienenen italienischen Bischöfe war damit gebrochen. Eine Art Völkerbund war entstanden, in dem die Geistlichen aller Ränge nicht mehr die führende Rolle spielten, sondern zusammen mit den anderen Konzilteilnehmern lediglich den Beschlüssen der Nationen zuzustimmen hatten. Eine Neuerung, die sie mit verschrecktem Staunen zur Kenntnis nahmen.

Papst, Gegenpapst und Gegengegenpapst

Die Nationen brachten mit scharfem Druck den Papst soweit, daß er seine Abdankung verkündete – unter der Bedingung allerdings, daß die beiden anderen Heiligen Väter seinem Beispiel folgen würden. »Das also ist die Falle, in der man den Fuchs fangen will«, hatte der Neapolitaner nach seiner Ankunft in Konstanz unheilschwanger geäußert. Und genauso war es gekommen.

Der Fuchs aber machte seinem Namen Ehre: eines Morgens war er, trotz scharfer Bewachung, verschwunden. Zwar hatte man am Schnetztor einen biederen Reitknecht bemerkt, der eilends die Stadt verließ, ihm aber keine Beachtung geschenkt. Wie feingesponnen alles war, erfuhr man erst zu spät. Johannes hatte auf der Anreise für sechstausend Dukaten den Herzog Friedrich von Österreich gekauft, mit der Verpflichtung, daß ihm geholfen werde, falls er in Schwierigkeiten geraten sollte. Der Herzog hatte geholfen: das glanzvolle Turnier vor den Toren, das er hatte veranstalten lassen, war dazu bestimmt gewesen, die Wächter abzulenken und die Flucht in der Tracht des Reitknechts zu tarnen.

»Der Papst ist geflohen!« Die Nachricht verbreitet sich wie ein Lauffeuer in der Stadt und löst eine Panik aus. Die Gesandtschaften packen; die Bankiers aus Florenz, darunter die Medici, schließen ihre Wechselstuben; die Krämer brechen ihre Stände ab, die Wirte bangen um die Begleichung ihrer Rechnungen. Der Pöbel nützt die Gelegenheit, das verlassene Quartier des Geflüchteten zu plündern. Die Gefahr, daß die Konzilteilnehmer auseinanderlaufen wie eine Schar Hühner, bannt Sigismund: mit seinen Herolden reitet er durch die Straßen und bürgt kraft seiner Majestät für jedermanns Schutz und Sicherheit. »Ich werde Cossa [so der bürgerliche Name des Papstes] am Rockkragen zurückholen!« verspricht er. Auch sonst zeigt er sich der Situation gewachsen: über Herzog

Friedrich wird die Reichsacht verhängt, und das bedeutet, daß jeder sich an seinem Besitz vergreifen, ja ihn bußlos töten darf wie den Wolf.

Schwerwiegenderes noch hatte die Flucht des Johannes zur Folge. Das Konzil trat zu einer Sondersitzung zusammen und erließ ein Dekret, das in die Kirchengeschichte eingehen sollte: »Die Synode, gesetzmäßig im Heiligen Geist versammelt, ein allgemeines Konzil ausmachend und die streitende katholische Kirche darstellend, hat ihre Gewalt unmittelbar von Christus, und ihr ist jeder jeden Standes und jeder Würde, *auch der päpstlichen,* zu gehorchen gehalten in den Sachen, welche sich beziehen auf den Glauben, die Tilgung des Schisma und die allgemeine Reform der Kirche Gottes an Haupt und Gliedern.«

Das war ein Dekret, das vor einem Jahrhundert noch eine Anklage wegen Ketzerei zur Folge gehabt hätte. Doch die Zeiten hatten sich geändert. Der gewaltige Bau des Papsttums hatte Risse bekommen, hervorgerufen durch vielfältigen Mißbrauch seiner Macht, durch seine Verweltlichung, die es von einem Fürstentum in nichts mehr unterschied, durch die sittliche Verderbnis des hohen Klerus in Rom, durch die in Avignon erfolgte Auslieferung an französische Interessen. In allen Ländern waren kritische Stimmen laut geworden, die sich zu Protesten steigerten, schließlich zu scharfen Reformvorschlägen verdichteten.

In Konstanz kamen vor allem die französischen Reformer zum Zuge, die Gelehrten Gerson und d'Ailly, die jenen Grundsatz verfochten, der in dem erwähnten Dekret zum Ausdruck kam: daß ein Konzil *über* dem Papst stehe. In der deutschen Delegation war es Dietrich von Niem, ein Westfale, der fast sein ganzes Leben an der Kurie verbracht hatte und nicht zuletzt deshalb in seinen Forderungen nach einer Reform noch radikaler war. Am deutschen Wesen, nämlich am deutschen Kaisertum, sollte die Kirche genesen, schlug er in leidenschaftlicher Übertreibung vor; ein Papst, der Böses tue, könne Christum auf Erden nicht vertreten; er gleiche einer unvernünftigen Bestie.

Dietrich von Niem war es, der aus seiner intimen Kenntnis heraus den Konzilsherren einen großen Teil des Materials lieferte, das die Grundlage für Johannes' Verurteilung bot. Sie umfaßte vierundfünfzig Punkte und las sich wie eine Enzyklopädie menschlicher Verbrechen. Um sie alle zu begehen, hätte ein Leben kaum ausgereicht. Man hat den von Niem deshalb der Verleumdung geziehen. Doch tat er im Grunde nichts anderes, als mit dem Bilde des Johannes ein Gesamtbild des Papsttums zu zeichnen. Seine dick aufgetragenen Farben kündeten von Korruption, Bestechung, Verschleuderung kirchlichen Eigentums, Erpressung, dem Freispruch von Schuld und Sünde gegen die Zahlung einer bestimmten Summe, Ablaß genannt, dem Kauf und Verkauf von Ämtern (der Bischofsstuhl von Münster zum Beispiel kostete dreitausend rheinische Gulden), von Nepotismus, sprich Wer-den-Papst-zum-Vetter-hat (der erste Avignonpapst verteilte den gesamten von den Gläubigen aller Länder zusammengetragenen Kirchenschatz an seine Familie).

Die pornographischen Züge waren auf diesem Bild unübersehbar, wie Homosexualität, Ehebruch, Inzest, Vergewaltigung (allein während seiner Tätigkeit in Bologna habe der Papst 300 Nonnen zum Beischlaf gezwungen), und die kriminellen Züge desgleichen, wie Folterung, Inhaftierung Unschuldiger, Giftmord an seinen beiden Vorgängern (Urban VI., mit dem das Schisma begann, war allerdings noch grausamer, als er sechs seiner Kardinäle einen qualvollen Tod bereitete, indem er sie in Gruben mit ungelöschtem Kalk werfen ließ).

Ungeheuerliche, kaum glaubhafte Anklagen, aber glaubwürdig gemacht durch das Zeugnis der in Konstanz anwesenden Kardinäle, die vor das Forum traten und kühl bemerkten:

»Ja, so war es.« Oder präziser der Erzbischof von Mailand: »Ja, ich habe selbst gesehen, wie er Papst Innozenz den Giftbecher reichte.« Ein anderer hoher Würdenträger sagte, zu den päpstlichen Finanzen befragt: »Er hätte auch Gott selber verkauft, wenn er nur einen Abnehmer gefunden.« Wieder ein anderer gab an, daß Johannes ein Ketzer gewesen sei, der die Himmelfahrt Christi für ein Ammenmärchen gehalten habe und das Jüngste Gericht für einen Kinderschreck.

Welcher Vergehen im einzelnen Papst Johannes sich nun wirklich schuldig gemacht hatte, war in diesem Zusammenhang nicht wichtig. Schwerer wog die Tatsache, daß man einen solchen Mann zum Papst hatte wählen können, daß Kardinäle und Prälaten in Kenntnis dessen, was sie jetzt bezeugten, ihn hatten gewähren lassen, daß die Konzilherren mit Selbstverständlichkeit annahmen, daß ein Statthalter Christi solchen Denkens und Tuns überhaupt fähig gewesen sein sollte. Hierin lag der eigentliche Skandal des Papstprozesses.

»Und warum knieten sie vor ihm zum Fußkuß und nannten ihn Heiligen Vater, wenn sie wußten, daß er ein Ketzer, Mörder und der stummen Sünde ergeben war, wie sie selbst jetzt öffentlich machten?« Diese Worte (des Jan Hus) aber gaben niemandem Grund zum Nachdenken.

Der Verurteilung folgte das Urteil: aus Seiner Heiligkeit Johannes XXIII. wurde wieder Signor Baldassare Cossa. Herzog Friedrich, der ihn gern für seine eigenen Ziele eingespannt hätte, ließ ihn augenblicklich fallen und kroch in Konstanz buchstäblich zu Kreuze. Sigismund erlebte einen stolzen Triumph, als er vor dem versammelten Konzil auf den vor ihm Knienden mit den Worten wies: »Seht, meine Herren, was ein deutscher König vermag!«

Und er vermochte noch mehr. Cossa wurde ergriffen und in den Turm des bei Konstanz gelegenen Schlosses Gottlieben gesperrt. Drei Jahre lang blieb er an verschiedenen Orten ein

Gefangener, dann wurde er begnadigt. Der Vatikan ernannte den als Betrüger, Frauenschänder, Giftmörder entlarvten Mann zum Kardinal und ließ ihn nach Florenz ziehen, wo er, ein friedlicher alter Herr und von Gewissensbissen nicht geplagt, in zierlichen Epigrammen den Undank der Welt beklagte.

Der zweite Papst, der in Rimini mehr vegetierende als residierende Gregor XII., zeigte mehr Verständnis für die Nöte der Kirche: er trat, beflügelt von einer in Aussicht gestellten großzügigen Abfindung, freiwillig zurück. Blieb noch der Dritte im Bunde; und der erwies sich als der halsstarrigste Gegner. Benedikt, wie er hieß, saß in Spanien auf der weltenfernen Felsenburg Peñiscola. Auf den Stuhl Petri erhoben, weil bereits steinalt und deshalb ein idealer Übergangspapst, hatte er seine Wähler enttäuscht, weil er einfach nicht ans Sterben dachte. Nach dem Rücktritt seiner beiden Brüder in Christo, so argumentierte er nicht ohne Logik, sei er nun der einzige und damit rechtmäßige Papst. Einen Grund für seinen Rücktritt sehe er nicht.

König Sigismund war nicht gewillt, sich kurz vor dem Ziel den Weg durch einen starrköpfigen Greis verlegen zu lassen. In einem Gewaltritt drang er durch das vom Bürgerkrieg zerrissene Frankreich, ständig in Gefahr, überfallen und als eine hohes Lösegeld versprechende Geisel gefangengesetzt zu werden, bis nach Perpignan vor, wohin der Neunzigjährige sich begeben hatte, umgeben von einem »Hofstaat« aus Kardinälen, Bischöfen, französischen Adligen und spanischen Granden. Die wichtigsten Verhandlungspartner für Sigismund waren die Spanier; stand doch dieser Gegenpapst unter ihrem Schutz. Um diesen Schutzwall zu durchbrechen, bot der Deutsche ihnen die Beteiligung am Konzil an als stimmberechtigte fünfte Nation – und hatte Erfolg damit. Benedikt durfte auf seiner Felsenburg weiterhin Vatikan spielen, was er mit Ausdauer tat. Offiziell aber galt er als abgesetzt.

Damit waren die »verruchten Drei«, wie Johannes, Gregor und Benedikt im Volk genannt wurden, beseitigt, und nichts stand mehr der Wahl eines neuen Papstes im Wege. Hatte das Konzil dieses Problem auf zwar langwierige, doch gewaltlose Weise gelöst, so endete die Lösung eines anderen Problems mit Schrecken, Schrecklicheres noch gebärend. Jener Turm des Schlosses Gottlieben, in dem der dreiundzwanzigste Johannes einige Tage eingekerkert war, umschloß noch einen anderen Häftling. »Vergangenheit und Zukunft der Kirche begegneten einander in Fesseln; der eine dieser Gefangenen war der verbrecherische Steuerer der schiffbrüchigen Kirche des Mittelalters, der andere ein erster Columbus der Reformation, und doch wie ein Pirat zum Tode verurteilt.«

Vom Magister Johann Hus

Es begann in Prag, der Stadt, die unter Karl IV. zur Goldenen Stadt geworden war. An der Bethlehemskirche wirkte der Mann, von dessen Gesicht und Gestalt wir wenig wissen (alle Bilder entstammen der Phantasie der Maler) und von seiner Herkunft nur, daß er als Sohn einfacher Leute in dem böhmischen Flecken Husinetz – daher sein Name – geboren wurde. Priester war er geworden, Magister an der Karlsuniversität, zeitweilig sogar ihr Rektor; über die Grenzen Böhmens hinaus bekannt wurde er zuerst durch die Wortgewalt seiner Predigten.

Er wetterte gegen Pomp, Macht und Luxus des hohen Klerus genauso wie gegen die schmierige Bettelei der kleinen Geistlichen, die für jeden ihrer Dienste kassierten, selbst für das Glockenläuten; gegen die Priester, die häufiger im Bordell zu finden seien als in der Sakristei; gegen die Mönche, die ihre Beichtkinder verführten; gegen die Schamlosigkeit, mit der die Kirche sich der »Frau Welt« in die Arme warf, das Gebot der Armut und der Keuschheit verratend; gegen den heidnisch anmutenden Glauben an die Wunderkraft heiliger Knochen, heiligen Blutes, heiliger Holzsplitter, heiliger Textilien, der zu bloßem Reliquienschwindel verkommen war. »Wer Wunder braucht, ist schwach im Glauben.«

In der Bethlehemskirche wurde in tschechischer Sprache gepredigt. Die Gemeinde setzte sich vornehmlich aus kleinen Leuten zusammen, und die konnten nicht Deutsch, nicht Latein, sondern nur ihre Muttersprache. Ausgepowert von den Besitzenden, verelendet, ungeschult, ohne Wissen, war ihnen jedes Wort gegen »die da oben« Manna und hieß sie hoffen. Daß den Armen einst das Himmelreich gehören würde, damit waren sie nicht mehr zu trösten, ein Stück davon hätten sie schon gern zu ihren Lebzeiten gehabt. Sie begleiteten die Worte des Predigers Hus mit Schreien, Stöhnen, Seufzen, mit Gelächter und lärmendem Beifall.

Beifall bekam Johann Hus auch von jenen Geistlichen, die an den dicken Pfründen nicht teilhaben konnten, von den Magistern der Universität, vom Hof König Wenzels. Es war populär, gegen den Verfall der Kirche zu predigen, so populär wie in Frankreich, Deutschland, Italien und, besonders, in England. John Wiclif, Professor der Theologie in Oxford, hatte sich in aufsehenerregenden Schriften nicht nur gegen den Klerus gewandt. Er war weiter gegangen, hatte die Ohrenbeichte abgelehnt, die Ehelosigkeit der Priester, hatte dafür plädiert, das beim Abendmahl gereichte »Brot« nicht als »Leib« des Herrn anzusehen, sondern lediglich als eine Repräsentation dieses Leibes. Auch wäre der Kirche die urchristliche Armut angemessen, und um das zu erreichen, sei der Staat berechtigt, sie zu enteignen.

Hus wurde zum getreuen Schüler Wiclifs, schrieb seine Werke gründlich aus und verbreitete sie unter seinem eigenen Namen (was damals nicht ehrenrührig war). Er mäßigte allerdings des Lehrers Reformforderungen, die ja, würden sie verwirklicht, eine tödliche Gefahr für den Kirchenbegriff überhaupt bedeuteten. Er stellte die Kirche nicht in Frage, verlangte aber die Läuterung ihrer Diener, ihre sittliche Hebung. Denn wie konnte ein Priester, der selbst in Sünde lebte, einem Sünder das Sakrament spenden? Jedes Gnadenmittel müsse in solcher Hand ohne Kraft bleiben und die Bibel solle jedem Gläubigen zugänglich sein. Wie überhaupt die Heilige Schrift die höchste Instanz sei für alle Christen, Klerus und Papsttum eingeschlossen.

Hier nun war der Punkt gekommen, wo der eifernde Prediger den hohen Kirchenherren unbequem zu werden begann. Und zwar in zweierlei Gestalt. Die böhmische Kirche war in ihren höheren geistlichen Rängen eine Kirche der – wohlhabenden – deutschen Bürger. Die Predigt gegen der Prälaten Übermut richtete sich damit automatisch gegen das Deutschtum. Religiöser Protest drohte zu sozialem Aufstand zu werden gegen die immer stärker als landfremd empfundene Oberschicht, die dank ihres Fleißes und ihres Unternehmungsgeistes den Handel beherrschte, die Verwaltung, das Handwerk, die Universität, gegen Eindringlinge, die »zu natürlichen Feinden« aller guten Böhmen geworden waren. Wen interessierte es noch, daß die Deutschen einst auch mit ihrer Kultur, ihrer handwerklichen Kunst, ihren landwirtschaftlichen Erfahrungen, ihrem Wissen und ihren Wissenschaften »eingedrungen« waren? Eine Tatsache, die Dietrich von Niem zu der hochfahrenden Bemerkung hinriß: »Was wollen diese knechtischen Ketzer gegen uns, wir, die Spender ihrer Gesittung und darum ihre natürlichen Herren?!«

Es kam zu dem historisch gewordenen Auszug der Deutschen aus dem Carolinum, das sie aufgebaut, dem sie entscheidende Impulse gegeben hatten, das ihnen nicht zuletzt seinen hohen Rang unter den Universitäten Europas verdankte. Der Anlaß war ein im Januar 1409 von Wenzel verfügtes neues Stimmenverhältnis: die Böhmen, das heißt die einhei-

mischen Tschechen, erhielten die Stimmenmehrheit in allen Universitätsangelegenheiten; dadurch wurden die Magister und Scholaren aus Deutschland und anderen Ländern praktisch rechtlos gemacht, Bedingungen, unter denen zu leben sie nicht willens waren. Die Ursache jedoch lag in der nun erfolgenden Verbindung von religiösem Fanatismus mit tschechischem Nationalismus, im Erwachen eines Volkes, das im eigenen Land nicht mehr die zweite Geige spielen wollte.

Es mögen über zweitausend Professoren und Studenten gewesen sein, die ihren Weg in Richtung der Grenze einschlugen, begleitet von Tränen und Segenswünschen ihrer Landsleute, aber auch vom Hohn und vom Haßgesang der Menge. Die meisten von ihnen fanden an der eigens aus diesem Anlaß noch im selben Jahr gegründeten Leipziger Universität eine neue Lehr- und Lernstätte. Andere gingen nach Erfurt, Krakau, Heidelberg.

Jan Hus hatte das Volk gewonnen, die Bauern, die Kleinbürger, die niedere Geistlichkeit; auch der Herrenstand schloß sich ihm nach anfänglichem vorsichtigem Abwarten an, denn die These, daß man der Kirche die Last erleichtern müsse, die sie an ihren Gütern trug, verhieß reiche Beute. Hus begann sein Charisma zu spüren, jene geheimnisvolle Gabe, die einem Menschen Macht verleiht über andere Menschen. Er wurde radikaler, wütete gegen die Gebrechen der Zeit, griff reich und arm an, verlor alte Freunde und gewann neue Feinde. Vielen, die einst mit ihm gegangen waren, wurde er unbequem.

Da rief Papst Johannes zum Kreuzzug gegen den König von Neapel auf, einem Parteigänger des Gegenpapstes Gregor, und versprach allen Ablaß von ihren Sünden, die für den Kreuzzug zu spenden bereit waren. Bald standen die großen, mit Eisenbändern beschlagenen Truhen in den Kirchen Prags, jene Kästen, die ein Jahrhundert später zu Luthers Zeiten so traurige Berühmtheit erlangen sollten, und harrten der Ablaßgelder. Für Hus Grund genug, leidenschaftlich gegen solche Praktiken Stellung zu beziehen. »Nicht der Papst kann Sünden vergeben, sondern Gott allein. Nicht der Papst ist das Oberhaupt der Kirche, sondern Christus«, predigte er, Luther vorwegnehmend. Und wofür seien die Ablaßgelder bestimmt? Für einen Krieg. »Kann der Heilige Vater es mit seinem Gewissen vereinbaren, den Tod Unschuldiger herbeizuführen? Christenmenschen die Vergebung von Sünden zu versprechen, weil sie den Totschlag finanzierten?« Des Papstes Reich sei nicht von dieser Welt. Wenn er kämpfe, dann, bitte, mit dem Schwert des Geistes und der Kraft des Gebetes.

Straßenkrawalle, öffentliche Proteste, Aufruhr waren die Folge, ganz gegen Hussens bei aller Leidenschaft überlegtes Handeln. Die päpstliche Bulle, den Ablaß betreffend, hängte das Volk einer stadtbekannten Hure um den Hals, karrte sie durch Prag, stellte eine den Ablaßtruhen nachgebildete Kiste vor den Pranger, in die die Vorübergehenden Kot und Unrat hineinwarfen.

Da traf den Magister Hus der große, schwere Bann, die furchtbare Waffe der katholischen Kirche. Er wurde öffentlich verkündet, unter Glockengeläut aller Kirchen, dem Zu-Boden-Schleudern der Bannkerzen als Zeichen des Auslöschens des Gebannten, den Steinwürfen in Richtung seines Heims. Niemand durfte von nun an mit ihm verkehren, mit ihm reden, ihn beherbergen, speisen, tränken. Schlimmeres noch folgte: das Interdikt, das die Umgebung des zu Strafenden traf. In einer Stadt, über die das Interdikt verhängt wurde, durfte kein Kind mehr getauft werden, kein Paar mehr getraut, kein Verstorbener mit kirchlichem Geleit zur letzten Ruhe geführt, kein Gottesdienst abgehalten, niemand sollte mit den Bewohnern mehr Handel treiben, Geschäfte mit ihnen abschließen, ihre Märkte besuchen.

Die Wirkung war für Hus so unerwartet wie erschreckend. Seine prominenten Anhänger ließen ihn im Stich, selbst die fanatischsten unter ihnen verleugneten ihn bereits vor dem ersten Hahnenschrei. König Wenzel, der ihn bisher behütet hatte, nahm seine Hand von ihm; und Jan Hus zog aus der Stadt hinaus in die Verbannung der Provinz. Es mag ihm kein geringer Trost gewesen sein, daß ihm auch hier die einfachen Menschen zuströmten und Predigten lauschten, die zu halten dem Prediger verboten war. Mehr und mehr geriet das ganze Land in Verruf. »Böhmerland – Ketzerland«, hieß es überall im Reich. Niemand konnte an solchem Ruf weniger interessiert sein als König Sigismund. Einst würde ihm das Königreich Böhmen als Erbe zufallen. Er wollte über kein Land herrschen, dessen Bewohner, in ihrer Seele zutiefst verwirrt, keine braven Untertanen abgeben würden. Also sollte Magister Hus nach Konstanz kommen und seine vom Kirchendogma abweichende Lehre vor dem Konzil verantworten.

Der Tod eines Ketzers

Der schwere Gang, den der Feldhauptmann Frundsberg einst dem Mönchlein Luther voraussagen würde, er stand dem Jan Hus jetzt bevor, und es fehlte bei ihm, genauso wie bei dem wittenbergischen Reformator, nicht an warnenden Stimmen. »Gehe nicht! Sie werden dich verbrennen.« Hus jedoch war begierig, seine Sache vor der Öffentlichkeit der damaligen Welt zu vertreten und, als ein Patriot, darzutun, daß seine Landsleute keine Ketzer seien. Wollten die Warner noch immer nicht verstummen, wies er auf seinen in Namen Sigismunds ausgestellten Geleitbrief hin, der bereits abgeschickt sei und in dem es hieß, daß der Bakkalaureus der heiligen Theologie und Magister Jan Hus und seine Begleiter frei seien, zu gehen, zu verweilen, sich aufzuhalten und zurückzukehren ... Wer auch wollte es wagen, an eines Königs Wort zu rechten und zu deuteln?

Am 3. November 1414 traf Hus in Konstanz ein, am 28. November wurde er, unter dem Vorwand, die Kirchenväter wollten sich mit ihm einmal unterhalten, aus seinem Haus gelockt und in den Kerker des Dominikanerklosters eingeliefert. Als König Sigismund vier Wochen später erschien, begann sein Zorn, der ihn bei der Nachricht der Verhaftung gepackt hatte, hochpolitischen Einsichten zu weichen. Würde er das tun, was er in seinem Geleitbrief versprochen hatte, so wurde ihm von den Kardinälen bedeutet, könne niemand den Fortgang des Konzils garantieren. Das wiederum hätte bedeutet, alles zu gefährden, was über Jahre hinweg angebahnt worden war, um die Spaltung der Kirche endlich zu beendigen. Dieser Notwendigkeit wurde der »gewisse böhmische Häretiker namens Husinetz« geopfert. Was sonst vorgebracht wurde, damals wie heute, daß man einem Ketzer kein Geleit versprechen dürfe, daß der Geleitbrief zu spät ausgestellt worden, daß er nur eine Art Reisepaß gewesen sei, das alles sind lediglich Produkte schlechten Gewissens.

Sigismund hat gewußt, daß er sein Wort brach, brechen mußte, wie er es sah, und behaglich war ihm dabei nicht zumute. Daß er rot vor Scham geworden sei, als Hus ihm bei seinem letzten Wort (»Ich kam freiwillig und unter Geleit des Königs hier zum Konzil«) starr ins Gesicht blickte, ist eine schöne Legende. Wie es auch Legende ist, daß Kaiser Karl V., als man ihm in Worms nahelegte, doch das Geleit für Luther einfach zu brechen, gesagt habe: »Ich will nicht erröten, wie mein Vorgänger Sigismund errötet ist.« Etwas hat der König für seinen Schützling getan, und das klingt schon beinahe zynisch. Hus durfte aus seiner direkt über der offenen Klosterlatrine gelegenen Zelle in eine andere Zelle umziehen.

Hus stand mit seiner Mission, vor der Weltöffentlichkeit in Konstanz darzutun, daß nicht er sich wandeln müsse, sondern die Kirche, daß sie an ihrem Haupt und ihren Gliedern der Reform bedürfe, auf verlorenem Posten. Die Kardinäle wollten an ihm ein Exempel statuieren, auf daß die Pest des Ketzertums, die bereits ein ganzes Land befallen, sich nicht weiter ausbreite. Dabei schien ihnen das, was er gelehrt, weniger verwerflich als die Art, wie er seine Lehre verbreitet hatte: durch an das Volk gerichtete, einen gewaltigen Widerhall auslösende Predigten. In der Tat hatte Hus, wie es, wieder eine Parallele, später von Luther hieß, dem Papst an die Krone und den Mönchen an den Bauch gegriffen.

Der Prozeß gegen ihn wurde zum Schauprozeß mit all seinen typischen Merkmalen: ein speziell ausgewähltes Auditorium, frisierte Akten, abhängige Richter, falsche Zeugen, erpreßte Geständnisse. Gezeichnet von den Entbehrungen einer unmenschlichen Haft, kämpfte Johann Hus einen einsamen Kampf. Tapfer, aufrecht, starrköpfig, durch nichts zu beirren oder zu belehren, trat er seinen Richtern, soweit sie ihn zu Wort kommen ließen, entgegen.

»Beweist mir, daß ich geirrt habe, und ich werde meine Irrtümer eingestehen.« Sie können es ihm nicht beweisen. »Widerlegt mich aus der Heiligen Schrift, und ich werde mich bessern.« Sie heißen ihn, stille zu sein. Und sie locken ihn mit Versprechungen: »Wenn Ihr Euren Lehren abschwört, werden wir milde mit Euch verfahren.« (Wobei »Milde« lebenslange Kerkerhaft bedeutet.) Ein reuiger Ketzer ist ihnen lieber als einer, der für seine Überzeugung zu sterben bereit wäre und leicht zum Märtyrer werden könnte.

Er weigert sich abzuschwören, bedeutet es doch in seinen Augen, zuzugeben, daß er ein Ketzer gewesen sei, und alle jene im »heiligen Böhmerland« zu verraten, die ihm gläubig und vertrauensvoll gefolgt waren. »Ich schäme mich nicht, mich verdammen und verbrennen zu lassen, das ist vor den Menschen keine größere Schande als Widerruf«, sagt er.

Er schreibt Abschiedsbriefe. An seine Freunde. Und an seine Feinde. Luther hat einige davon 1520 in deutschen und lateinischen Ausgaben herausgegeben, wie auch Hus' Hauptwerk *De Ecclesia* (aus dem die Ankläger einen Teil ihres Belastungsmaterials entnommen hatten).

Einen der Briefe unterschreibt er mit den Worten: »Magister Johann Hus. In Ketten und im Kerker. Schon am Ufer des jenseitigen Lebens stehend. In Erwartung, morgen einen schrecklichen Tod zu sterben, der, so hofft er, ihn von seinen Sünden reinigen, aber bei der Gnade Gottes keine Ketzerei in ihm finden wird.«

Am 6. Juli 1415 wird im Dom zu Konstanz das Urteil über Jan Hus gesprochen. Anschließend folgt die – nach überliefertem Ritus vorgenommene – Degradation. Das Priestergewand wird ihm angelegt und Stück für Stück, begleitet von einem Fluch, wieder ausgezogen; die Tonsur mit einer Schere zerschnitten, eine papierene Schandmütze aufgesetzt, die mit roten Teufeln bemalt ist und die Aufschrift trägt: »Ich bin ein Erzketzer.« Seine Seele wird dem Teufel überantwortet. Zum

Ritus gehört auch die vom Sprecher der Bischöfe an den Inhaber der irdischen Gerichtsbarkeit, den König, gerichtete Bitte, er möge den Schuldhaften nicht vom Leben zum Tode führen. Sigismund weiß, was man in Wahrheit von ihm erwartet. In seinem Auftrag nimmt der Pfalzgraf bei Rhein den Delinquenten in Empfang und reicht ihn dem Vogt von Konstanz weiter: »Übernehmt den Ketzer. Er ist nach des Königs und meinem Befehl zu verbrennen.«

Auch die Hinrichtung durch das Feuer findet streng nach der Regel statt. Die Henkersknechte haben auf einer Wiese vor den Toren, auf dem sogenannten kleinen Brühl, zehn Klafter trockenes Holz, ein Dutzend Reisigbündel, sechzig Bund Stroh, einen Klumpen hartes Pech, ein Pfund Schwefel herangekarrt und um einen in den Boden gerammten Eichenpfahl aufgeschichtet. Tausende von Menschen haben sich schon im Morgengrauen versammelt, um nach dem Brauch der Zeit die Hinrichtung zu feiern wie ein Volksfest: fliegende Händler, die Wein, Wurst, Süßigkeiten, Obst anpreisen; Mütter mit ihren Kindern auf dem Arm; Greise, die man auf Bahren heranträgt, damit sie an ihrem Lebensende noch einmal etwas zu schauen bekommen; lärmende Halbwüchsige, Taschendiebe, die die Gelegenheit nützen, Schwangere, die gekreuzten Arme über dem Leib, um das Ungeborene vor einem Feuermal zu schützen.

Während die Stadtsoldaten die Menschen zurückdrängen, die Henkersknechte sich für die ihnen zustehenden Kleider des Delinquenten mit Geld entschädigen lassen, denn es soll alles verbrannt werden bis zu den Schuhen, verrichtet Hus ein letztes Gebet. Er wird auf einen Schemel gestellt, mit sieben nassen Stricken an den Pfahl gebunden; die rostige Kette, die man ihm um den Hals hängt, wurde vom Henker bisweilen dazu benutzt, um die Qual durch Strangulation abzukürzen, eine Gnade, die er Hus mangels einer Bestechungssumme nicht zuteil werden läßt.

Als der Scharfrichter die Fackel an den Scheiterhaufen legen will, jagt der Reichsmarschall von Pappenheim mit verhängten Zügeln heran und fragt im Namen des Königs, ob Hus nicht doch widerrufen wolle. Hus schüttelt den Kopf und wendet sich an die Menschen im weiten Rund. Sie unterbrechen ihn und schreien: »Sein Gesicht ist gegen Sonnenaufgang gerichtet. Das kommt keinem Ketzer zu, dreht ihn herum!«

Der Henker gehorcht, der Scheiterhaufen flammt auf, aus der Hölle von Feuer und Rauch tönt die Stimme von Hus. »Christus, Sohn des lebenden Gottes, erbarme dich meiner.« – »Der du geboren bist von der Jungfrau Maria und …« Die Stimme erstickt, verstummt.

Nach dem Niederbrennen des Holzstoßes zerschlugen die Knechte die Knochen, zerstampften die Überreste, warfen sie auf einen Schubkarren und kippten sie in den Rhein. Damit nichts übrigbliebe, was sich als Reliquie eignen könnte. Vergeblich. »Den Böhmen blieb der Ort, wo ihr geliebter Magister gelitten, verehrungswürdig«, schrieb Enea Silvio Piccolomini, der spätere Papst Pius II., »und sie gruben aus dem Boden, wo das Feuer gebrannt, Erde aus und nahmen sie als etwas Heiliges mit in ihre Heimat.« Ein Brauch, der sich jahrhundertelang erhalten hat.

An dem Scheiterhaufen, auf dem Johann Hus starb, entzündete sich der Brand furchtbarer Kriege, der Kriege der Hussiten.

Ein König geht betteln

Im November 1417 – noch immer tagte das Konzil – zogen um das am Ufer des Bodensees gelegene Kaufhaus, heute noch im Äußeren nahezu unverändert, feierliche Prozessionen. Sie flehten mit dem Gesang »Veni creator spiritus« zu Gott, er möge den in dem Haus eingeschlossenen hohen Herren gute

Gedanken geben. 23 Kardinäle und 30 Repräsentanten der einzelnen Nationen hatten sich zum Konklave versammelt, um endlich den neuen Papst zu wählen. Ihre Zellen wurden nach jeder Sitzung sorgfältig verschlossen, das Gebäude ringsum abgeriegelt, damit niemand von draußen ihre Wahl beeinflussen konnte. Die Parteien, Interessengruppen, Cliquen waren gerissen genug, auch die schärfste Abschirmung zu überwinden. Wie auch bei anderen Papstwahlen diente wieder der gemeinsame Abort als Treffpunkt, wo Absprachen vorgenommen, Nachrichten ausgetauscht, geheime Botschaften überreicht wurden.

Ein zähes Ringen war dem Konklave vorausgegangen, bei dem die Deutschen schließlich, wie später bei so manchen internationalen Konferenzen, sich von allen anderen verlassen sahen. Dabei vertraten sie die bessere Sache: erst das Reformprogramm verabschieden – was ja neben der Beendigung des Schismas das Hauptanliegen des Konzils war – und dann den neuen Papst wählen. Waren die Reformen beschlossen und mit der Bestimmung versehen, daß der gewählte Heilige Vater an sie gebunden sei, nur dann würde die Kirche wirklich ihre vielfältigen Gebresten loswerden.

Die Kardinalspartei, wohl wissend, daß eine wirkliche, tiefgreifende Reinigung für sie nicht günstig sein konnte, führte an, man dürfe einem Papst nicht vorher diktieren, was er nachher zu tun gedenke: Reform ja, aber gemeinsam mit dem neu Gewählten. Sigismund protestierte. Er kannte seine Kardinäle und wußte, daß sie wie alle Politiker nach der Wahl anders sprechen würden als vor der Wahl. Ein Standpunkt, der ihm die Feindschaft der Kardinäle eintrug. Sie ging so weit, daß man den Deutschen, wenn sie mit ihrem König in der Versammlung erschienen, haßerfüllt zurief: »Da kommen die Ketzer!«

Kardinal Oddo, aus dem berühmten römischen Geschlecht der Colonna, wurde Martin V., und er tat sogleich alles, um des Königs Befürchtungen zu bestätigen. Die Regeln und Taxen für die Kanzlei, die er am Tag nach der Wahl festzusetzen hatte, ließen die unter seinen Vorgängern gebräuchlichen üblen Praktiken unberührt. Die einzelnen Reformvorschläge wurden an Kardinalsausschüsse überwiesen, wo sie jenes Schicksal erlitten, das ihnen heute noch in solchen Ausschüssen bereitet wird. Statt zu einer Reform an Haupt und Gliedern kam es zu unverbindlichen Dekreten und schließlich – darauf war man besonders stolz – zu Konkordaten mit den einzelnen Staaten, deren Inhalt sich fast ausschließlich auf Verwaltungsfragen bezog. Von »sittlicher Hebung«, von »moralischer Erneuerung« war nicht mehr die Rede. Für solche Dinge hatte auch keiner mehr Zeit. Nach drei so entbehrungsreichen wie teuren Jahren in Konstanz, in der Fremde also, strebte jedermann eiligst nach Hause – krank am Herzen vor Heimweh, arm am Beutel vor Schulden. Bleibt noch das Dekret *Frequenz* zu erwähnen, das den regelmäßigen Zusammentritt von Generalkonzilien in bestimmten Zeitabschnitten zum Gesetz machte, womit die Hoffnung blieb, eine allgemeine Kirchenversammlung würde stets über dem Papst stehen.

Die katholischen Christen in Europa interessierten weder Konkordate noch Dekrete, wichtig war für sie nur der weit in die Länder hinein schallende Ruf *Habemus Papam.* Man hatte wieder einen Papst, einen einzigen, einen rechtmäßigen Heiligen Vater, der Jesus Christus auf Erden vertrat, versehen mit der Gabe, unfehlbar zu sein und den Menschen die Last ihrer Sünden zu erleichtern. Ein ungeheures Aufatmen ging durch die Christenheit, denn das Schisma, die unheilvolle Spaltung, hatte die Geister in einer von uns nicht mehr nachzuempfindenden Weise verstört und die Seelen gepeinigt. Viele Menschen waren schwärzester Verzweiflung anheimgefallen und hatten das Ende aller Zeiten erwartet mit dem Triumph des Bösen in der Gestalt des Antichrist.

Das Krönungsfest am 21. November 1417 im Dom zu Konstanz wurde zu einer Feier, »wie sie großartiger nie zuvor ein Papst erlebt hatte. Sie erhob das Papsttum aus seinem tiefen Fall zu einer neuen Höhe und zeigte der Welt, daß es noch immer aus dem mystischen Glauben der Völker so viel Abglanz empfing, um seinen erloschenen Nimbus, wenn auch mit schwächerem Schein, wiederherzustellen.«

König Sigismund, dem die Einberufung des Konzils und damit die Einigung der Kirche zu verdanken war, erfuhr in drastischer Weise, daß Undank der Welt Lohn ist. Seine Bitte, wenigstens zwei Deutsche zu Kardinälen zu ernennen, lehnte Martin ab. Seine Hoffnung, die Kaiserkrone bereits in Konstanz vom neuen Papst zu empfangen, zerschlug sich. Die – berechtigte – Forderung nach einem Zuschuß für die Kosten, die der über drei Jahre währende Aufenthalt in Konstanz verursacht hatte, wurde einer Kommission überwiesen, die, wären ihre Mitglieder nicht sterblich, noch heute darüber beraten würde. Schlechten Gewissens schuf der Papst schließlich eine neue Auszeichnung, die Goldene Rose, einen Trostpreis, der Sigismund derart verbitterte, daß er am Tag der Verleihung im Bett liegen blieb.

Es sollte noch schlimmer kommen. Als Sigismund die Stadt verlassen wollte, klopften die Stadtväter an seine Tür und präsentierten ihre Rechnungen. Für Quartier, Verpflegung, Heizung, Stellung von Dienern, Pferden, Wagen, Wachen, Ausrichtung von Galadiners, für Pferdefutter, Brennholz, Strohschütten und ähnliches mehr. Eine erkleckliche Summe war aufgelaufen. Und die Gläubiger wollten nichts davon wissen, daß der König ihre Stadt schließlich in der ganzen Welt bekannt gemacht habe, sie nun für immer im Buch der Geschichte stehen würden, sie wollten ihr Geld. So geschah es, daß ein deutscher König und späterer Kaiser namens Sigismund – seine großen Ahnen, die Ottonen, Salier, Staufer hätten sich im Grabe umgedreht – mit Krämern und Wirten feilschen mußte, die sein Tafelsilber pfänden wollten, sich schließlich mit dem Tafellinnen begnügten, einem Pfand, mit dem sie nach dem Verfallstag wenig anfangen konnten, da die eingewebten Wappen nicht zu entfernen waren.

Als er aus der Stadt hinausritt, passierte er das Haus zum Hohen Hafen, vor dem er vor rund einem Jahr, am 18. April 1417, den Burggrafen von Nürnberg aus dem Haus der schwäbischen Grafen von Hohenzollern mit dem Kurfürstentum Brandenburg belehnt hatte. Ein tüchtiger Mann, besser Geschäftsmann, war dieser Graf Friedrich. Erfahren in finanziellen Transaktionen und in der Kunst, dem armen Sigismund immer wieder neue Geldquellen zu erschließen, hatte er ihm damit auch die Königskrone verschafft. Gewiß gute Dienste, der Lohn dafür aber noch besser: ein ganzes Kurfürstentum mit der Kurwürde obendrein. Der König gab das Land leichten Herzens; ausgeraubt, ausgebeutet von landfremden Herrschern, von der Natur ohnehin stiefmütterlich bedacht, kränkelte die Mark seit langem dahin.

Die fünfhundertjährige, achtzehn Generationen umfassende Epoche einer Dynastie begann, die dem Reich der Deutschen zum Schicksal werden sollte.

Der Hussitenschreck

Sie nannten sich Hussiten, nach ihrem in Konstanz dem Feuertod ausgelieferten Märtyrer Hus. Sie trugen selbstgeschmiedete Spieße und Hellebarden, langstielige Äxte, Dreschflegel und Morgensterne (mit eisernen Stacheln besetzte Holzkeulen). Bekleidet mit groben Kitteln, aufgesessen auf von mageren Mähren gezogenen Bauernkarren, wirkten sie wie ein verlorener Haufen. Alkohol war ihnen verboten, das Würfelspiel, die Karten dazu, ein Novum in der Geschichte der Soldaten. Ungewöhnlich auch, daß ihnen kein Troß folgte aus Huren und Marketenderinnen. Dafür saßen ihre Frauen auf den Karren, denen hussitisches Gesetz, und das war unerhört, die Gleichberechtigung mit den Männern zusicherte. Diese Krieger beteten häufiger als die frömmsten Betschwestern und sangen ihre Choräle; darunter ihren Kampfchoral, der mit den Worten begann »Wir, die wir Gottes Streiter sind« und in dem Refrain endete »Schlagt zu, schlagt zu, schlagt zu, laßt keinen mehr am Leben«. Womit sie in erster Linie die Ritter meinten, die von einem deutschen König nach Böhmen geführt wurden, einem König, der für sie ein Mörder war, der Mörder von Hus, und Sigismund hieß.

Die Ritter des Kreuzzuges, zu dem der Papst die Christenheit im März 1420 aufgerufen hatte, um den böhmischen Ketzern endlich den Garaus zu machen, schauten mit Verachtung auf die Hussiten herab. Bewaffnet mit Schwert, Lanze und Dolch, gerüstet mit Helm, Harnisch und Schild, beritten mit gepanzerten Pferden, begleitet von Priestern, Knappen und Knechten, zogen sie über die böhmischen Grenzen: Deutsche, Österreicher, Franzosen, Schweizer, halbwilde Kroaten, Dalmatiner, Bulgaren, ja heidnische Kumanen, unter flatternden Fahnen, mit Trompetenklang. Hunderttausend Mann sollen es gewesen sein, eine Zahl, der man wie üblich mit Vorsicht begegnen muß, und wenn sie diesmal tatsächlich stimmen sollte, dann bestand der überwiegende Teil der Truppe aus Troß und Train.

Einen Kriegsplan? So etwas brauchte man nicht. Zeigte sich der Feind, würde man ihn attackieren und vernichten. Gewiß, die Hussiten waren Fanatiker, von einer geradezu selbstmörderischen Tapferkeit, wie man sich erzählte, was aber sollte ein solcher Volkshaufe gegen ein prächtiges Ritterheer ausrichten? Wie die Kreuzfahrer nun auf die Hussiten stießen, sahen sie keinen Feind, sondern eine Verschanzung, die aus im Viereck aufgestellten Wagen bestand, eine sogenannte Wagenburg. Die »Burg« stand auf einem Hügel, und um sie zu erstürmen, mußten sie absitzen, die Pferde den Knappen übergeben und den Hang hinaufmarschieren, was ihnen in den Rüstungen beschwerlich war. Bis auf etwa hundertfünfzig Schritt herangekommen, brach plötzlich das Inferno über sie herein. Die Wagen spien Feuer aus festmontierten Geschützen und Hakenbüchsen, Steine flogen, Pfeile und Bolzen, Unordnung kam auf in den Reihen der Angreifer, Panik schließlich, das große Rette-sich-wer-kann. In diesem Moment nun öffneten sich an der Wagenburg die Ausfalltore, aus dem hinteren Tor stürmten Berittene, aus dem vorderen Fußkämpfer, die mit ihren eisenbeschlagenen Dreschflegeln den Rittern die Rüstungen zerschlugen, während die Reiter erbarmungslos unter den nicht mehr Gewappneten aufräumten.

So ähnlich verliefen fast alle Treffen zwischen den Rittern und den Hussiten. Wagenburgen waren nichts Neues, die Antike kannte sie, den Germanen dienten sie während der Schlacht zum Schutz ihrer Frauen und Kinder, neu war lediglich die Kombination aus Defensive, ermöglicht durch die mit Planken und schießschartenbewehrten Schildbrettern ausgerüsteten sowie mit Ketten aneinandergebundenen Ackerwagen, und aus Offensive, geführt von den aus den Ausfalltoren stürmenden Stoßreserven. Rollende Festungen, wie unsere heutigen Panzer, waren diese Wagen nicht, dazu haben sie nur die vom Hussitenschreck verstörten Kreuzfahrer gemacht, denn nichts wäre leichter gewesen, als die Zugpferde durch Pfeil- und Bogenschüsse außer Gefecht zu setzen und die rollenden Festungen damit zum Stehen zu bringen.

Der anfängliche Hochmut der Ritter kam nicht von ungefähr. In der Tat waren Berufssoldaten allen Volksaufgeboten immer überlegen gewesen. (Die Schlachten bei Moorgarten 1315, Sempach 1386 und die Schweizer bildeten die Ausnahme von der Regel.) Die Militärgeschichtler haben das auch für die Neuzeit nachgewiesen: Volksaufgebote und Revolutionsheere können in offener Feldschlacht gegen reguläre Truppen selbst bei größter Begeisterung und hohem Opfermut nichts ausrichten. Das gilt für die französischen Levée-en-masse-Heere während der Französischen Revolution (die erst dann Erfolg hatten, als man ihnen die Korsettstangen ehemaliger Profis aus der königlichen Armee einzog) wie für die bolschewistischen Roten Garden (die meist nur dort siegten, wo sie von ehemaligen zaristischen Offizieren geführt wurden). Auch die deutsche Landwehr hat in den Befreiungskriegen gegen Napoleon nicht das geleistet, was ihr eine patriotische Geschichtsschreibung zumaß.

Ebenso hätten die Hussiten kaum bestehen können, wenn sie nicht kriegserfahrene Ritter zu Hauptleuten gemacht hätten, sich nicht allmählich einen Stamm von Berufssoldaten herausgebildet, die das Gerippe der beiden stehenden Heere waren, sie nicht eine Führerpersönlichkeit besessen wie den Ritter Johann Ziska von Trocnov, der als Ausbilder so fähig war wie als Feldherr begabt. Und wenn sie nicht in dem Kreuzfahrerheer einen Gegner gehabt hätten, bei dem jeder wußte, was er nicht wollte, nämlich für die gemeinsame Sache kämpfen. Papst Martin wollte seine Kirchenprovinz von der Pest des Ketzertums heilen; König Sigismund als König von Böhmen in Prag einziehen; den Fürsten der deutschen Einzelstaaten ging es, wie gewohnt, lediglich um die Vergrößerung ihrer Hausmacht; der gemeine Kreuzfahrer dachte an nichts anderes als an Beute und an den in Aussicht gestellten Sündenablaß (auf den er mit Sengen, Brennen und Morden gleich einen Vorschuß nahm).

Auf der einen Seite also eine disziplinierte, gut geführte Truppe von hoher Moral, auf der anderen ein zusammengewürfeltes Heer, dessen Führer sich vor der Schlacht darüber stritten, wer von ihnen der vornehmste sei. So kam es, wie es kommen mußte. Die Orte Habern, Deutschbrod, Aussig und Mies wurden Stätten totaler Niederlagen und schmählicher

Fluchten der Kreuzfahrerheere. Bei Taus, der letzten großen Schlacht der Hussitenkriege, nahmen die Herren Ritter bereits Reißaus, als das dumpfe Rollen der Kampfwagen und der Schlachtgesang aus der Ferne zu ihnen herüberwehte.

Daß die Hussiten zu besiegen waren, wenn man keine Furcht vor ihnen hatte und ihnen entschlossen entgegentrat, bewies 1433 eine aus Bayern und Oberpfälzern gebildete Streitmacht. Zweihundert Ritter und zwölfhundert Mann Fußvolk, darunter viele Handwerker und Bauersleute, die nur mit Äxten, Dreschflegeln und Sensen bewaffnet waren, zogen den Hussiten, die die Oberpfalz ausgeplündert hatten, nach und stellten sie bei Hiltersried. Am Hussitenbühel, so heißt der Trosendorfer Berg seitdem, hatten die Böhmen nach bewährtem Muster ihre Wagenburg errichtet und erwarteten gelassen den feindlichen Haufen.

Diesmal aber waren sie an den Falschen geraten, dergestalt, daß ein Stoßtrupp von Schmieden die Ketten der aneinandergebundenen Wagen mit ihren Vorschlaghämmern sprengte, eine Bresche schuf, in die die Bayern eindrangen und die auf engem Raum zusammengedrängten Feinde, die diese Art, sich zu schlagen, nicht gewohnt waren, angriffen und niedermetzelten. Der Feldhauptmann des Herzogs Johann von Neumarkt (Oberpfalz), der die Truppe geführt hatte, zählte zwölfhundert gefallene Hussiten und dreihundert Gefangene. Doch solche Siege blieben eine große Ausnahme.

Was den Gegnern nicht gelungen war, schafften die Hussiten selber: die Spaltung in zwei Parteiungen wurde immer tiefer und führte schließlich zu ihrem Untergang. Die Gemäßigten, gebildet vom Adel, dem Bürgertum und dem höheren Klerus, erkannten im großen und ganzen bei der katholischen Kirche an, was der Bibel nicht unmittelbar widersprach. Doch sollte jeder, nicht nur der Priester, beim Abendmahl aus dem Kelch trinken dürfen; woraus sich ihr Name Kalixtiner ableitete (vom lateinischen *calix* – der Kelch). Die Radikalen dagegen, die sich vornehmlich aus Bauern, Kleinbürgern, Handwerkern und gänzlich Besitzlosen zusammensetzten, ließen keinen Stein mehr auf dem anderen vom hierarchischen Bau der Kirche.

In ihrer südlich von Prag eigens gegründeten Stadt und Festung Tabor hielten sie Gottesdienst in tschechischer Sprache, machten allen Gläubigen die Heilige Schrift zugänglich, schafften das Zölibat ab, die Ohrenbeichte, die Feiertage, die Messe; sie verboten die Anbetung von Reliquien, das Gebet für Verstorbene, die heiligen Sakramente. Ihre Gemeinden setzten die Priester ein und verpflichteten sie zur Armut, erlaubten auch Laien, eine Predigt zu halten, und den Frauen, sich im Gotteshaus zu den Männern zu setzen. Dieses Gotteshaus bestand aus einer Scheune, der Altar war ein roher Tisch, der Abendmahlkelch ein unansehnlicher Holzbecher, der Ornat des Priesters ein grauer Kittel. Gestürmt und zerstört wurden auch die Bordelle, die Hübschlerinnen vergewaltigt, was nicht ganz im Sinne der proklamierten Sittenstrenge war, und vertrieben.

Die Verfolgung der Deutschen

1419, vier Jahre nach dem Tode von Hus, hatten die Hussiten das blutige Fanal zu ihrer Revolution gesetzt. Als die Katholiken in Prag eine hussitische Prozession störten, kam es zum Ausbruch lange gestauter Volkswut. Das Rathaus der Prager Neustadt wurde gestürmt und die dort tagenden Ratsherren aus dem Turmfenster gestürzt. Der erste Prager Fenstersturz begründete eine tschechische Tradition, sich politischer Gegner auf diese rasche Art zu entledigen. In den Kirchen zerstörten sie Bilder, Altäre, Statuen, jeglichen Schmuck. Die Klöster mit ihren nichtsnutzigen Mönchen und Nonnen hatten in ihrer Welt nichts mehr zu suchen. Zu Dutzenden sanken die alten Abteien mit ihren Kostbarkeiten in Schutt und Asche.

Blutig rechnete man besonders mit allem ab, was deutsch war. »Christus weiß, daß ich einen guten Deutschen mehr liebe als einen schlechten Tschechen, selbst wenn er mein leiblicher Bruder wäre«, hatte Hus gesagt. Diese Worte galten jetzt nichts, man entsann sich lieber seiner Predigt, mit der er einst den Auszug der deutschen Magister und Scholaren, dieser selbsternannten Vormünder, gefeiert hatte. Die Deutschen wurden enteignet, verfolgt, gequält, vertrieben. Ein Haß griff um sich, wie er in der Geschichte zweier Völker fast ohne Beispiel ist, eine unersättliche, immer wieder im Laufe der Jahrhunderte aufflammende Feindschaft, die, fortzeugend Böses gebärend, bis in das 20. Jahrhundert währte.

Kalixtiner und Taboriten waren in ihren Zielen so extrem voneinander geschieden, daß sie sich sogar gegenseitig verfolgten. Gemeinsam aber war ihnen jener vom Nationalismus genährte Haß gegen alles Deutsche. Drohte Not und Gefahr, trafen die ersten Meldungen ein vom Anmarsch eines neuen Kreuzfahrerheeres, verschwanden alle Gegensätze wie ein Spuk, und gemeinsam machte man sich auf, den Feind zu schlagen, wo man ihn traf. Außer dem kirchlichen Reformwillen bildete deshalb das zum Chauvinismus gesteigerte Nationalgefühl neben gewissen noch verworrenen sozialrevolutionären Ideen die eigentliche Sprengkraft des Hussitentums.

Der Mann, der die Hussiten gewähren ließ, der ihr Selbstbewußtsein stärkte, dann unter dem Druck Roms und der Katholiken in seinem Land wankend wurde, der den ersten Unruhen hilflos gegenüberstand und erst eingriff, als es zu spät war, König Wenzel, hatte nach dem Fenstersturz einen seiner gefürchteten Anfälle von Jähzorn bekommen und war anschließend – am 16. August 1419 – einem Schlaganfall erlegen. Dieser König hatte in der Zeit seiner Regierung, in der er nicht regierte, sich als ein neuer Nero gebärdet, wie einer im Westentaschenformat allerdings. Um unter die wirklich großen Bösewichte der Herrschergalerie eingereiht zu werden, reichte es nicht, denn selbst Schlechtigkeit braucht Format. Lediglich ein Abglanz von Herostratenruhm hat die Zeiten überdauert: bei einem Streit um einen Bischofssitz ließ er den Generalvikar Johannes von Nepomuk verhaften, peinlich befragen, wobei er selbst mit Hand an die Folterwerkzeuge legte, und den Halbtoten, den Mund durch einen Holzpflock auseinandergespreizt, von der Karlsbrücke in die Moldau stürzen. Die Legende machte den Vikar zu einem Märtyrer des Beichtgeheimnisses, habe er sich doch trotz entsetzlicher Qualen geweigert, Wenzel die Beichte seiner königlichen Gemahlin Sophie zu offenbaren. Heiliggesprochen, wurde er zum Schutzpatron in Wassernot und bei schuldlosen Verdächtigungen. Auf vielen unserer Brücken steht die Statue von St. Nepomuk, das Haupt umgeben von fünf Sternen, die die Buchstaben tragen t a c u i – ich habe geschwiegen.

Abgesetzt als deutschen König hatten die Kurfürsten, wie erwähnt, den Wenzel schon 1410, weil er unnütz, träge und für das Reich durchaus untauglich sei. Seinen Beinamen der Faule trägt er deshalb zu Recht. Da er jedoch, bar jeden Ehrgeizes, selbst zum Kriegführen zu faul war, hatte die Faulheit, wie manche Untugend, auch ihre guten Seiten. Vielleicht war das einer der Gründe, warum dieser Herrscher beim Volke nicht unbeliebt war.

Seinen Leibkoch habe er an einen Bratspieß stecken und über offenem Feuer grillen lassen anstelle einer Hirschkeule, die dem Ärmsten mißlungen war; nach einer Jagd habe er einen eigenhändig erlegten Mönch zur Jagdbeute hinzugelegt; wenn er nächtens durch die Gassen Prags zog, sei der Henker sein treuster Begleiter gewesen. Dies alles erzählte man sich; jedoch dürfen wir als Urheber solcher Geschichten seine – recht zahlreichen – Feinde vermuten. Unfähig war der starke Trinker gewiß, doch wer wäre schon fähig gewesen, des Chaos in Böhmen und des Durcheinanders im Reich Herr zu werden?

Die Hussiten begnügten sich bald nicht mehr damit, das Kreuzfahrerheer auf böhmischem Boden zu schlagen, sie suchten den Feind in seinem eigenen Land heim. Nicht aus Ruhmsucht oder irgendwelchen militärischen Erwägungen, sondern aus Not und Hunger. Ihr Land war durch Krieg und Bürgerkrieg heruntergekommen, verelendet, arm, die Vorräte überall aufgebraucht. Aus den Bauern waren Krieger geworden. Wer sollte die Felder bebauen für eine neue Ernte, wenn die Bauern ihre Dreschflegel nicht mehr zum Korndreschen benutzten, sondern zum Totschlagen?

Ziska, einäugig seit seinen Jünglingsjahren, nun ganz erblindet durch einen Pfeilschuß, hatte den Terror zum Instrument seiner Kriegführung gemacht, dabei ganze Städte verheert. Das Los von Deutschbrod und Prachalitz, in denen kein Toter mehr das Antlitz eines Menschen zeigte, sprach sich in Windeseile herum und das Wort »grausam wie ein Hussite« wurde zum Sprichwort.

»Das bleiche Entsetzen zog vor ihnen einher und lähmte auch dem Streitbarsten den Arm. Zerlumpt und ohne Schuhwerk, sonnenverbrannt und ungekämmt, mit Adlernasen und wilden Augen im hageren Antlitz, schienen sie nicht Menschen, sondern Dämonen zu sein. Auch der Aberglaube stellte sich in ihren Dienst; wer sollte Leuten widerstehen, denen weder der hundertfache Fluch der Kirche noch weltliche Macht etwas anhaben konnten? Man erzählte sich, ihre vom Wetter abgehärtete Haut könne kein Schwert durchdringen. Und dennoch standen sie in dem Rufe, Frauen und Kinder zu verschonen, was die katholischen Christen nicht von sich rühmen durften. Schreckliche Zeiten begannen nun für Ungarn und Österreich, für Bayern, Franken, Sachsen und Brandenburg, für Schlesien … Allenthalben ergoß sich ein Jammer, den noch die folgenden Jahrhunderte in schauderndem Gedächtnis bewahrten.«

Der Hussiten Ende

Zu Beginn des Jahres 1432 konnte man die unheimlichen Wesen leibhaftig bestaunen. Eine hussitische Delegation zog in Basel ein, wo die Kirche sich den Konstanzer Beschlüssen gemäß zu einem neuen Konzil versammelt hatte. Auf seinem Programm standen, wieder einmal oder immer noch, die Reform an Haupt und Gliedern – und die Lösung des zum Alptraum gewordenen böhmischen Problems. Hunderttausende waren in den Hussittenkriegen erschlagen, erstochen, ertränkt, verbrannt worden, Hunderttausende ins Elend gestürzt, verarmt, vertrieben; und wie immer, wenn Hekatomben von Menschen dem Moloch des Krieges geopfert worden waren, begann man des Blutvergießens müde zu werden. Ein Gefühl, das stark genug war, Ketzer und Rechtgläubige, Todfeinde auch jetzt noch, an einen Tisch zu bringen.

Die Hussiten zogen durch die Gassen der alten Stadt, angeführt von dem kahlköpfigen Prokop, der Große genannt, der den Deutschen noch fürchterlicher geworden war als der blinde Ziska (von dem die Leute raunten, er habe auf dem Sterbebett verfügt, seine Haut auf eine der Trommeln zu spannen, die zum Angriff geschlagen wurden).

»Weiber, Kinder, Mägde schauten aus dem Fenster und von den Dächern. Sie wiesen mit den Fingern auf den und jenen, schaudernd angesichts der fremden Männer in nie gesehener Tracht. Am meisten waren alle Blicke auf Prokop gerichtet: das also war er, der so oft die Heere der Kirche in die Flucht geschlagen, der so viele Städte zerstört, so viele Menschen hatte morden lassen, vom Feind gefürchtet wie auch von den eigenen Landsleuten, der nicht zu überwindende, kühne, rastlos tätige, keine Gefahr scheuende Führer«, berichtet der getreue Chronist Enea Silvio als Augenzeuge. Vor dem Portal des Doms standen die Menschen und ließen sich von den des Lesens Kundigen die Botschaft vermitteln, die der wilde Mann vor seinem Einzug durch Boten hatte anschlagen lassen.

»Erwachet, Ihr habt zu lange geschlafen! Fürchtet nicht den Zorn Eurer Priester! Nehmt ihnen, was Euch gehört, die Besitzungen, die ihnen nicht gebühren. Wenn Ihr geben wollt, der Armen sind genug, und sie werden für die Vergebung Eurer Sünden beten. Wir fürchten den Kampf nicht, wenn Ihr ihn weiterführen wollt. Gott wird uns nicht verlassen, wir verteidigen uns nur.« Das klang unversöhnlich, war jedoch lediglich dazu bestimmt, die Verhandlungsposition zu stärken. Auch die Hussiten sehnten sich nach Frieden und hatten erfahren müssen, daß es sich mit dem Grundsatz »Jedermanns Feind« nicht leben ließ, auch dann nicht, wenn man den lieben Gott zum Freund erklärte. Mit Haß allein war kein Staat zu machen.

Am Ende der sich über ein Jahr hinziehenden Verhandlungen standen die sogenannten *Prager Kompaktaten.* Den Gläubigen in Böhmen und Mähren war nunmehr gestattet, das Abendmahl in beiderlei Gestalt zu nehmen, das Brot also und den Kelch, ihre Priester durften Gottes Wort, unter Wahrung der päpstlichen Autorität, frei verkünden, weltliches Gut nicht mehr besitzen, sondern nur noch verwalten; wer von ihnen eine Todsünde beging, wozu Genußsucht, Verschwendung und vor allem Simonie zählten, der Kauf oder Verkauf von geistlichen Ämtern, konnte vor ein weltliches Gericht gebracht werden.

Auch wenn man berücksichtigt, daß die Dinge des Glaubens die Dinge des Lebens bedeuteten, der Existenz schlechthin, was besonders für die Hussiten galt, erscheint die Frage berechtigt, ob für ein solches Ergebnis, das weitgehend vom katholischen Standpunkt bestimmt war, sich das Opfer und die Aufopferung so vieler Menschen gelohnt hatte.

Nicht umsonst lehnten die Taboriten, sozusagen der linke Flügel der Hussiten, die Kompaktaten ab. (Ein Kelch voll Wein, ertrotzt durch ein Meer von Blut, hat man geschrieben.) Die Folge war ein Bruderkrieg zwischen den gemäßigten Kalixtinern und den radikalen Taboriten. Bei Lipan, östlich von Prag, trafen sich im Mai 1434 zwei Heere, die ihre Erfahrung, ihre Taktik und Strategie, ihren Angriffsgeist, all die militärischen Tugenden, mit denen sie die Kreuzfahrer zu Paaren getrieben hatten, nun gegeneinander ins Feld führten. Das bedeutete auch, daß sich zwei Wagenburgen gegenüberstanden, deren Kommandeure nach bewährtem Muster darauf warteten, angegriffen zu werden. Hatten sie doch immer dann gesiegt, wenn sie aus der Verteidigung heraus zum Gegenstoß antreten konnten.

Die vom böhmischen Adel geführten Kalixtiner entschlossen sich endlich, anzugreifen; dergestalt, daß ihr Fußvolk die gegnerische Wagenburg berannte, durch die Vortäuschung einer Flucht die Taboriten hinter ihren Wagen hervorlockte, um sie mit Übermacht einzuschließen und zu vernichten. Eine Schlacht, die einen Tag und eine Nacht dauerte und mit solcher Erbarmungslosigkeit geführt wurde, wie sie nur zwischen verfeindeten Brüdern denkbar ist.

Das Schicksal des Hussitentums war damit besiegelt. So schnell die Flamme nach dem Tod des Hus emporgezüngelt war, so rasch erlosch sie. Das Hussitentum sank herab zu einer dogmatischen Sekte, die Kalixtiner wurden im 16. Jahrhundert in ihrer Mehrzahl lutherisch, andere kehrten zurück in den Schoß der katholischen Kirche. »Haß gegen die Reichen, die Deutschen, den Klerus; Sehnsucht nach einem reinen und einfachen Verhältnis zu Gott; sozialer und nationaler Auftrieb verkettet mit religiösem Aufbruch: dies alles konnte ein paar Jahrzehnte lärmen, siegen und leiden. Für sein Zerrinnen aber gibt es keine andere Erklärung, als daß die religiöse Grundkraft zu schwach gewesen sein muß, um die Interessen der Böhmen vom Magnaten zum kleinen Handwerker zusammenzubinden. Hussens Lehre war nicht klar genug, um fest zu bleiben; der Haß gegen das Alte war stärker als die Liebe zum Neuen. Das Hussitentum behauptete sich in der Geschichte nicht: es verdarb wie alles Formlose.«

Auch politisch hatte die hussitische Bewegung ihre Ziele nicht erreicht. Zwar war die Macht der katholischen Kirche im Lande vorerst gebrochen, blieben die Deutschen für immer aus ihren führenden Positionen verdrängt und hatten zum Großteil das Land verlassen – ein Schlag, von dem das Deutschtum in Böhmen sich nie wieder erholt hat –, den tschechischen Bauern aber ging es schlechter als zuvor, die eigentlichen Gewinner waren die böhmischen Herren, und Herr der Lage wurde bald wieder das Papsttum.

Nichts in der Geschichte jedoch bleibt letztlich ohne Nachwirkungen, und so war auch die erste große national-religiöse Bewegung der neueren Zeit nicht umsonst. Zum ersten Mal in ihrer Geschichte hatte die Kirche die Durchbrechung eines ihrer heiligsten Dogmen hinnehmen müssen. Der Schrecken saß tief, doch nicht tief genug, um die Reformen in Angriff zu nehmen. Sie wurden auf die lange Bank geschoben, »dorthin, wo sich wichtige Dinge nie von selbst erledigen. Am Ende dieser Bank der überfälligen Reform saß Martin Luther.«

Gründlich geschoren – das deutsche Schaf

Sigismund starb mit 70 Jahren am 9. Dezember 1437 und wurde in Großwardein bestattet, in der Erde Ungarns, das zu seiner Heimat geworden war. Er war der letzte Luxemburger, der die Krone eines deutschen Königs trug – und die eines römischen Kaisers: vier Jahre vor seinem Tod wurde ihm, später Triumph, in Rom die Krone auf das Haupt gesetzt; seit zweihundert Jahren die erste Krönung, die ein Papst eigenhändig vornahm. Ein Jahr vor seinem Tod, später Trost, erkannten ihn die Böhmen endlich als ihren König an.

Kaiser Sigismund war kein Großer. Spötter behaupteten, majestätisch an ihm sei lediglich seine Erscheinung gewesen, was er gezielt dazu benutzt habe, Gegner und Verbündete zu blenden. Doch wie sollte er groß sein, wenn er zu keiner Zeit die Machtmittel dazu besaß, weder Geld noch Truppen, noch eine zu respektierende Hausmacht, von einer seine Rechte wahrenden Verfassung nicht zu reden? Es hat kaum einen deutschen Souverän gegeben, der so sehr auf seinen Kopf, besser auf sein Köpfchen, angewiesen gewesen wäre wie Sigismund. In der Diplomatie erwies er sich als ein Meister, der alle Finessen dieser Kunst beherrschte, wozu er mit Selbstverständlichkeit die Täuschung rechnete, die fromme und die unfromme Lüge, die List und die Hinterlist, das falsche Versprechen und den leichtfertigen Schwur. Praktiken, die ihm nicht mehr angelastet werden können als seinen Zeitgenossen; sie waren im politischen Leben gang und gäbe, wobei es jedem überlassen bleiben mag, Parallelen zum Heute zu ziehen.

Sein Fehler war es, zu viel zu wollen und zu viel gleichzeitig anzufangen. Beständigkeit, Zähigkeit und Geduld, wichtige Gaben des Politikers, fehlten ihm. Ein Reisender in Politik war er, ständig unterwegs, auch als die Gicht ihn zu peinigen begann, neue Verhandlungen anknüpfend, alte Pläne verwerfend, sich um sein Geschwätz von gestern nie kümmernd. Auf diese Weise gelang es ihm, das Konzil von Konstanz zusammenzubringen, ein angesichts der allgemeinen totalen Verwirrung der Geister und der Mächte nicht hoch genug zu bestaunendes Kunststück. Daß auf Konstanz Basel folgte, der wichtige Konzilsgedanke damit immerhin am Leben blieb, war wiederum dem unermüdlichen Sigismund zu verdanken.

Selbst an eine so schwierige Aufgabe, wie sie die Reichsreform darstellte, wagte er sich heran. Mit untauglichen Mitteln und mit wenig Erfolg zwar, doch bleibt es ein Verdienst, wenn jemand zumindest versucht, unmöglich Erscheinendes möglich zu machen, das hieß, in ganz Deutschland eine feste Rechtsordnung aufzurichten, den Landfrieden zu sichern, das Fehdeunwesen einzuschränken. Unmöglich war es deshalb, weil weder die Fürsten noch die Ritter noch die Städter noch die Geistlichen um einer Reform willen bereit waren, auch nur ein Jota von ihren Privilegien aufzugeben.

Mit so wenig Macht so großem Egoismus beizukommen hätte die Kräfte eines bedeutenderen Herrschers überfordert, als es Sigismund je war. Auch für einen solchen Mann hätte gegolten, was der zum Berater Friedrichs III. aufgestiegene Piccolomini den deutschen Fürsten zurief: »Obwohl Ihr den Kaiser als Euren König und Herrn anerkennt, steht sein Thron auf schwankendem Boden. Er hat keine Macht: Ihr gehorcht ihm nur, wenn solch Gehorsam Nutzen bringt. Ihr wollt nur das, was Ihr Eure Freiheit nennt. Weder Fürsten noch Stände geben dem Kaiser, was des Kaisers ist. Er hat keine Einkünfte, keinen Kronschatz, keine Macht. Und so geschieht es, daß Eure Völker in Krieg, in Fehde und Feindseligkeit leben müssen; daher auch Mord, Brandschatzung, Raub, die aus dem Mangel an der höchsten Autorität, der des Kaisers, emporwuchern.«

Wie wertvoll Sigismund für die Durchsetzung des Konzilsgedankens gewesen war, für den Gedanken, daß eine repräsentative Kirchenversammlung über dem Papst stehe, zeigte sich alsbald nach seinem Tode. Ohne seine Autorität und sein Verhandlungsgeschick zerstritten sich die in Basel versammelten Geistlichen heillos, spalteten sich in zwei Parteien, und bald hatte man wieder einen zweiten Papst. Es war der letzte Gegenpapst in der langen Geschichte der Heiligen Väter, und der bedeutungsloseste. Felix V., wie er hieß, der Glückliche, hatte kein Glück und verschwand so unauffällig, wie er erschienen war.

Im Jahr seines Verzichts, 1449, löste sich auch das Basler Konzil auf. Zweihundertneunzehn Monate hatten die geistlichen Herren getagt, und den größten Teil ihrer Kraft dafür verbraucht, sich mit der Kurie herumzustreiten, wem die Obergewalt zukomme, dem Konzil oder dem Papst. Ein Streit, dem die Aufgabe, die zu lösen man zusammengekommen war, zum Opfer fiel: die Reform der Kirche. Die Herren hatten sie eigenhändig zu Grabe getragen und den Konzilsgedanken mit dazu. Waren die Konzilsväter die Unterlegenen, so war das Papsttum doch keineswegs auf der ganzen Linie siegreich, denn nur mit Hilfe der weltlichen Gewalten wird es sich in Zukunft behaupten können: ein Grabgeläute für das mittelalterliche Papsttum.

Die Franzosen hatten den Streit Konzil kontra Kurie auf ihre Weise genutzt. Kühl übernahmen sie vierundzwanzig von den Konzilsvätern beschlossene Dekrete und erklärten sie durch königliche Ordonnanz zum Gesetz. *Gallikanische Freiheiten* hieß das, was sie 1438 in Bourges staatsgesetzlich verankerten, und bedeutete nichts Geringeres als die zukünftige Unabhängigkeit von Rom: kein Geld mehr für den Papst, keine Einmischung der Kurie in die Besetzung geistlicher Stellen und in die Vergebung von Pfründen. Dem Papst komme überdies keine weltliche Gewalt zu, seine Glaubensentscheidungen bedürften der Zustimmung der Kirche, die Rechtsprechung über die Geistlichen Frankreichs stünde allein dem König zu.

England hatte seine Staatskirche seit längerem ausgebaut und benutzte die Konzilsquerelen lediglich zur Stärkung seiner Unabhängigkeit. Die mächtigen italienischen Stadtstaaten, wie Florenz, Mailand, Venedig, ließen sich von Rom in kirchlichen Dingen seit längerem nicht mehr viel sagen. Die spanischen Königreiche, dank der Vereinigung Kastiliens und Aragons nun einig und deshalb stark, begannen sich mehr und mehr von der päpstlichen Zentralgewalt zu emanzipieren.

Auch in Deutschland gab es eine patriotisch gefärbte antipäpstliche Stimmung, und der Ruf nach Reformen verband sich mancherorts mit dem Ruf »Los von Rom«. Unter den deutschen Fürsten gab es manchen, der gern *papa in terris suis* gewesen wäre, Papst im eigenen Land. Nationalkirchliche Absichten waren damit gar nicht einmal verbunden und die Forderungen, vergleicht man sie mit denen anderer Länder, einigermaßen vernünftig: Wiederherstellung des Wahlrechts von geistlichen Körperschaften, den Kapiteln und Konventen, die Einsetzung von möglichst deutschen Geistlichen in Deutschland, eine gewisse Einschränkung päpstlicher Ernennungen und der ewigen Appellationen an Rom in strittigen Fällen, ferner die Aufhebung der Annaten (Abgaben des ganzen ersten Jahresertrages einer vom Papst neu vergebenen Pfründe).

Egoismus und Futterneid waren groß genug, um es noch nicht einmal zu einer Nationalsynode kommen zu lassen, zu einer Versammlung der führenden deutschen Geistlichkeit. So hatten die päpstlichen Legaten, mal Zuckerbrot, mal Peitsche gebrauchend, leichtes Spiel, die Deutschen noch weiter zu entzweien. Getreu der Maxime, wonach sich leichter beherrschen läßt, was man zuvor teilt. Der Versuch der Kurfürsten, sich im Frankfurter Kurverein gegen päpstliche Übergriffe zu wehren, wurde durch Bestechungsgelder rasch erstickt.

Hatten Frankreich, England, Spanien vorteilhafte Bedingungen erzielt bei ihren Konkordaten, wie die völkerrechtlichen Übereinkünfte zwischen Heiligem Stuhl und Staat über kirchliche Angelegenheiten genannt werden, so glich das

Wiener Konkordat, das Friedrich III. als Reichsoberhaupt im Februar 1448 für die Deutsche Nation abschloß, einem Diktat des Papstes. Zugeständnisse, die seinerzeit in Konstanz und später in Basel der Kurie abgetrotzt werden konnten, waren zum Teil wieder zurückgenommen worden, was die Ämterbesetzung, das päpstliche Einspruchsrecht und die erwähnten Annaten betraf. Die finanzielle Belastung durch die Kirche blieb in Deutschland so hoch wie eh und je. Was nicht verwunderlich war; woher sollten die Gelder für die Kurie kommen, die zum Beispiel die Franzosen nicht mehr zu zahlen bereit waren? An den Höfen Europas konstatierte man mit stiller Schadenfreude, daß das deutsche Schaf wieder einmal geschoren worden sei. Jedenfalls hatten die Deutschen die Rechnung für Basel begleichen müssen. Wehrlos war ihre Kirche dem Papsttum nun ausgeliefert.

Die Landesherren versuchten in den folgenden Jahrzehnten, die Diener der Kirche unter Druck zu setzen, ihre Gerichtsbarkeit zu beschränken, ihre Einkünfte zu schmälern. Was in den einzelnen deutschen Ländern je nach Geschick der Fürsten mehr oder weniger erfolgreich verlief. Einige von ihnen gewannen sogar mehr Macht über die Kirche. Hatte diese Macht in den westlichen Ländern jedoch die Einheit des Staates gestärkt, in Deutschland förderte sie seinen Zerfall.

Der fade Friedrich

Des Reiches neuer Herrscher, der nach der kurzen Regierungszeit Albrechts II. auf den Thron gekommen war, hieß Friedrich III. Mit ihm begann der viele Jahrhunderte währende Höhenflug der Habsburger, einer Dynastie, die Deutschlands Geschichte mitbestimmte. Seine Regierungszeit begann mit einem Dolchstoß. So jedenfalls sahen es die deutschen Kurfürsten, als er 1445 mit dem Papst ein Sonderabkommen schloß, das ihre eigenen Verhandlungen um mehr Unabhängigkeit zunichte machte. Die von Friedrich ausgehandelte »österreichische Lösung« sah vor, daß er zeit seines Lebens sechs österreichische Bischöfe ernennen, hundert Pfründen vergeben und die Oberhoheit über sämtliche Klöster in seinen Erblanden (Steiermark, Kärnten, Krain) ausüben dürfe. 100 000 Golddukaten würden ihm überdies eine standesgemäße Reise nach Rom ermöglichen, wo zum Kaiser zu krönen man ihm versprach. Er hatte sich also verkauft, doch waren die Fürsten die letzten, die ihm das vorwerfen durften.

An den Antritt seiner Regierung knüpfte das Volk große Erwartungen. Friedrich II. aus dem Hause der Staufer, eine der ganz großen Herrschergestalten unserer Geschichte, war noch nicht vergessen; trotz der fast zwei Jahrhunderte, die seit seinem Tod ins Land gegangen waren. Viele glaubten immer noch, daß er einst wiederkehren würde, das Reich zu einen und zu neuer Macht und Größe zu führen, ein Reich, in dem die Gerechtigkeit auf ewig ihren Platz haben würde. War der dritte Friedrich vielleicht dieser Wundermann, verkörperte sich in ihm jener zweite Friedrich?

Ein Glaube, der sich sehr bald als ein Irrglaube erweisen sollte. Dem Reich der Deutschen stand der neue König so gleichgültig gegenüber wie noch keiner seiner Vorgänger. Was etwas heißen wollte. Daß für ihn in erster Linie sein Haus kam und der Gedanke daran, wie dessen Macht zu vergrößern sei, war nichts Neues. Auch seine Vorgänger hatten, wie wir genugsam erlebt haben, bei der Wahl zwischen den Interessen ihrer Dynastie und denen des Reiches nie lange gezögert, letztere preiszugeben. Die Selbstverständlichkeit allerdings, mit der das jetzt geschah, ohne daß auch nur versucht wurde, dynastische Eigensucht wenigstens zu verbrämen, war ungewöhnlich.

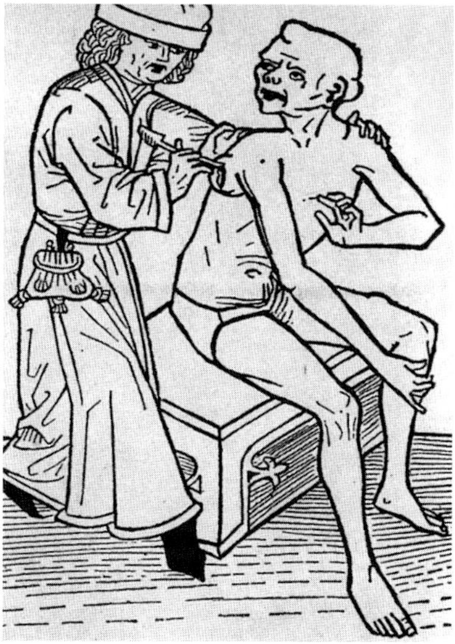 

Ein Arzt beim Aufschneiden der Pestbeulen; letztes, meist vergebliches Mittel, den Kranken zu retten. *(oben links)* Die Hölle auf Erden waren, wie hier in Wien, die Pesthospitale mit ihren katastrophalen sanitären Verhältnissen. *(oben rechts)*

»Ein Drittel der Welt starb«, vermerkten die Chronisten, nachdem der Schwarze Tod Europa heimgesucht hatte. Auf den Friedhöfen türmten sich die Leichen. *(unten)*

König Wenzel, genannt der Faule, unfähiger Sohn eines fähigen Vaters; Jäger, Trinker, Weiberheld. *(oben links)* »Trug-Woldemar«, ein dunkler Ehrenmann, dem Grabe entstiegen als der brandenburgische Markgraf Waldemar. *(oben rechts)*

Bei Crécy begann eine neue Epoche der Militärgeschichte: Bogenschützen besiegten ein Rittermeer. *(unten)*

Die Leiden Christi nachzuvollziehen, sich zu geißeln (*oben rechts*), wie er gegeißelt worden war; nur mit Hilfe solcher Bußübungen könne der Zorn Gottes besänftigt werden. Tausende von Geißelbrüdern zogen durch die deutschen Lande. *(oben)*

Als weder Buße noch Kasteiung gegen die Pest halfen, fand man die »wahren Schuldigen«, die Juden. Hunderttausende starben im Namen des Gottes der Christen auf dem Scheiterhaufen. *(unten)*

Dinkelsbühl (mit dem Weinmarkt und der Georgskirche, *oben links*), Rothenburg (mit der Stadtmauer und der Alten Schmiede, *oben rechts*): zwei Kleinode mittelalterlicher Städtebaukunst, vom Feuersturm des letzten Kriegs auf wundersame Weise verschont.

Prag, Residenz Karls IV., Zentrum der Kultur und der Wissenschaften. Deutsche Baumeister, Steinmetzen, Bildhauer, Goldschmiede, Tafelmaler trugen dazu bei, sie zur Goldenen Stadt zu machen. *(unten)*

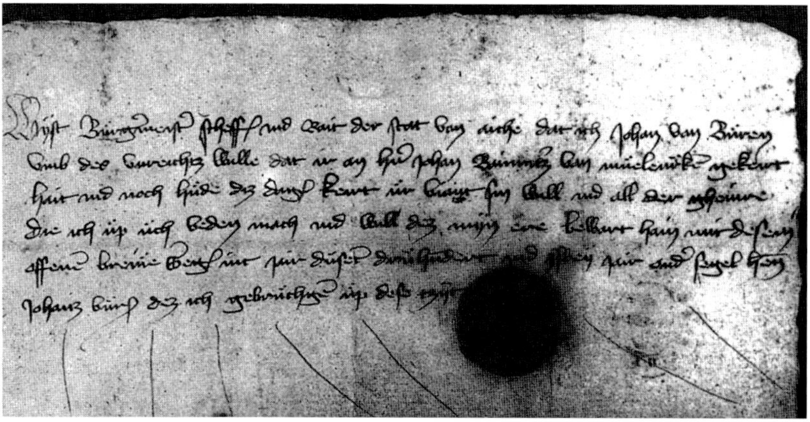

Wer jemanden befehden wollte, mußte die Fehde gemäß alter Rechtsordnung vorher ansagen. Reiter pflegten den Fehdebrief an ihre Lanzen geheftet dem Gegner formell zu übergeben. *(oben)*

Die Belagerung einer gut befestigten Stadt – Alptraum der Feldherren. Meist hielten Mauern und Türme den Stoßmaschinen, Rammböcken, Katapultgeschossen, Steinkugeln stand. *(unten)*

Wo die Hanse ihre Städte gründete, baute sie ihre Kirchen und Rathäuser, galt ihr Recht, sprach man Deutsch. *(oben)*

Schwere Überlandfrachtwagen ergänzten den Seeverkehr. *(unten)*

Wer eine Badestube besuchte, tat das nicht nur um der Sauberkeit willen: »Der bader und syn gesint, gern huoren und buoben sint«, hieß es. Dem heiter-frivolen Treiben wurde ein jähes Ende gesetzt, als gegen Ende des 15. Jahrhunderts eine bis dahin unbekannte Seuche aufkam: die Syphilis. *(oben und unten)*

Die Burg Eltz, eine der besterhaltenen, mittelalterlichen Burgen Deutschlands. Doch trügt der märchenhafte Anblick: das Leben hinter den dicken Mauern war hart und entbehrungsreich. *(oben links)* Bis zu 70 Pfund wogen die Ritterrüstungen. Sie wurden nach Maß angefertigt und waren entsprechend teuer. *(oben rechts)*

Raubritter und Wegelagerer wuchsen sich zu einer wahren Landplage aus. *(unten)*

Eine Spottfigur, gemacht aus Phlegma und Phantasterei, war dieser Herrscher. »... eine Hünengestalt mit Biedergesicht; nicht umsonst hatte seine Mutter Cimburga von Masowien Nägel mit bloßer Faust durch ein Brett zu treiben vermocht. Aber er beutete seine Körperkraft nur zur Pflege seiner Langlebigkeit aus; im übrigen waffenscheu, ruhselig und schon in jungen Jahren greisenhaft bedächtig und geistig gleichsam verrunzelt ...« hat Karl Lamprecht ihn beschrieben.

Um seinen Beinamen »Des Heiligen Römischen Reiches Erzschlafmütze« hat Friedrich sich jedenfalls verdient gemacht. Er erwachte nur dann aus seiner Lethargie, wenn es darum ging, das geringste seiner ohnehin nur geringen Rechte zu verteidigen. Wie er auch zu keiner Zeit in seinem Leben den Glauben aufgab an seines Hauses künftige Größe. Als ihn Bruderzwist und Bürgerkriege aus dem größten Teil seines eigenen Landes vertrieben hatten, er ohne Freunde, ohne Unterstützung war, träumte er in seiner Grazer Burg vor sich hin, immer wieder die Buchstaben A E I O U auf ein Blatt Papier malend. Er ließ sie in Stein hauen, in Bücher schreiben, in Gefäße ritzen, eine mystische Gedankenspielerei, hinter der sich der Sinn verbarg *Austriae est imperare orbi universo* – Es ist Österreichs Bestimmung, die gesamte Welt zu beherrschen. Ein blinder, durch nichts zu begründender Glaube, der von Aberglauben gestützt wurde, denn Friedrich war, wie viele seiner Zeitgenossen, den Astrologen hörig, den Alchemisten, den Zahlen- und Buchstabenmystikern.

Beleidigungen, Anschläge, Ungarnwirren, alle Widrigkeiten und Schicksalsschläge pflegte er mit den Worten zu quittieren: »Die Zeit wird das Amt der Rache üben.« Als die Kunde von der Eroberung Konstantinopels durch die Türken sich verbreitete, eine Nachricht, die auf Europa wie ein Schock wirkte, fiel doch mit dieser Metropole ein jahrtausendealtes Bollwerk des Christentums, notierte ein Chronist: »... und der Kaiser sitzt daheim, bepflanzt seinen Garten und fängt kleine Vögel, der Elende.«

Hatte Karl IV. die Geschäfte des Reichs noch persönlich geleitet wie ein moderner Kabinettsregent, war Sigismund bemüht gewesen, die Fäden wenigstens in der Hand zu behalten, ließ Friedrich sich allenfalls schriftlich vernehmen; durch Briefe, Memoranden, Order, Mahnungen, Erlasse – Papier, um das sich kaum jemand kümmerte. Er interessierte sich auch nicht für das immer drängender werdende Problem einer Reichsreform. Wie unzulänglich die Verfassung des Reichs war, zeigte sich besonders, wenn man sie mit denen der einheitlich regierten Staaten England, Frankreich, ja selbst Burgund verglich. Dieses Deutschland besaß noch nicht einmal einen durch die Erhebung von Reichssteuern installierten Haushalt, geschweige denn eigene Streitkräfte.

Friedrich sei eben klug genug gewesen zu erkennen, so hat man besonders von österreichischer Seite zu seiner Entlastung angeführt, daß diesen ewig sich befehdenden Fürsten und Fürstchen, Rittersleuten und Pfeffersäcken ohnehin nicht hätte geholfen werden können, es deshalb besser gewesen sei, im Bewußtsein der eigenen Schwäche den Dingen ihren Lauf zu lassen und sie nicht durch eigene Taten zu komplizieren. Jedenfalls hat er Nestroys Erkenntnis vorweggenommen, wonach die beste Nation die Resignation ist. Auch wäre vorstellbar, daß er des öfteren urösterreichisch geseufzt hätte: »Da kamma eh nix machen.« Als er einmal in seinem Leben etwas unternahm, verscherzte er sich auch die letzten Sympathien in Deutschland. Um den Eidgenossen den Aargau und die toggenburgischen Lande wieder zu entreißen, die sie einst dem Hause Habsburg abgenommen hatten, bewog er den französischen König, seine Armagnaken auf die Schweizer loszulassen. Das war eine Söldnerschar, deren Bestialität selbst in einem an Grausamkeiten schlimmer Art gewöhnten Europa ohne Beispiel war. Frankreich war froh, das Raub- und Mordgesindel auf diese Art loszuwerden und, zwei Fliegen mit einer Klappe schlagend, einige ihrer Scharen heimlich gegen die Länder am linken Oberrhein marschieren zu lassen, um sie für Frankreich zu kassieren.

Unweit von Basel stellten sich den Armagnaken tausendsechshundert schweizerische Bauernkrieger entgegen, eine Zahl, die der ihrer Gegner vielfach unterlegen war. In einer zehnstündigen Schlacht räumten sie in selbstmörderischem Mut fürchterlich auf unter ihren Feinden, erschlugen ihrer sechstausend, wurden selbst aber bis auf sechzehn Überlebende aufgerieben. Die Lust am weiteren Vormarsch war den Söldnern durch diesen Pyrrhussieg gründlich vergangen. Sie zogen sich ins Elsaß und nach Schwaben zurück, wo sie bis zum Frühjahr 1445 raubend, mordend und plündernd in der entsetzlichsten Weise hausten.

Als man Friedrich auf dem Reichstag zu Nürnberg vorhielt, die französische Pest namens »Armagnac« ins Land gerufen zu haben, und ihn für die Greuel verantwortlich machte, versuchte er, sich höchst unkaiserlich herauszulügen, verließ die Stadt und floh in seine steirischen Berge. Siebenundzwanzig Jahre lang blieb er dem Reich fern. Die Reichsversammlungen mußten ohne ihren Souverän auskommen, so lange, bis den Fürsten die Geduld riß und sie den Kaiser in seinem Land aufsuchten. In der Wiener Neustadt tagten sie und versuchten, wenigstens in einigen grundsätzlichen Fragen der Reform voranzukommen: innere Sicherheit, Reichsgericht, Reichsministerium. Die Versuche scheiterten an der eigenen Uneinigkeit und dem Desinteresse des Monarchen, der sich auch durch wiederholte Drohungen, ihn abzusetzen, nicht aus der Reserve locken ließ. Die geplante Erhebung eines Gegenkönigs oder eines Vizekönigs scheiterte daran, daß der fade Friedrich letztlich allen am bequemsten war.

Die Ironie der Geschichte wollte es, daß der Ritter von der traurigen Gestalt schließlich über alle seine Feinde siegte – indem er sie einfach überlebte. Er wurde so alt wie nur wenige Menschen damals, achtundsiebzig Jahre, und regierte so lange wie kein anderer deutscher Herrscher vor ihm, dreiundfünfzig Jahre. Die Fürsten wählten sogar seinen Sohn Maximilian zum römisch-deutschen König, eine Wahl, um die die Kaiser immer erbittert gekämpft hatten, blieb doch die Dynastie damit für zumindest eine weitere Generation auf dem Thron. Dem Sohn konnte er sein Haus ungeteilt übergeben, zusammen mit einer wohlgefüllten Kasse, denn sein Phlegma wurde nur noch von seinem Geiz übertroffen. Auch eine Braut hatte er ihm noch verschafft, eine Partie, die zur begehrtesten in ganz Europa zählte. Maria, Tochter Karls des Kühnen, der mit seinem Herzogtum Burgund das reichste Land des Abendlands besaß, trug mit ihrem Erbe nicht wenig dazu bei, daß aus dem Hause Habsburg eine Weltmacht wurde.

Das Reich der Deutschen indessen näherte sich bedrohlich einem Zustand völliger Auflösung. Im Innern gelähmt durch Führungslosigkeit, Rechtlosigkeit, endlose Fehden und Bürgerkriege, die einem Kampf jeder gegen jeden glichen, kamen von außen gefährliche Bedrohungen hinzu.

1410 war für den Ordensstaat der Anfang vom Ende gekommen, als die Deutschritter bei Tannenberg dem vereinigten polnisch-litauisch-russischen Heer unterlagen. Ein Ereignis, das die polnische Geschichtsschreibung als säkularen Sieg über das Deutschtum bis heute feiert. Die Macht der Hanse begann zu schwinden, als die deutschen Küstenstädte der Konkurrenz der Niederländer nicht standzuhalten vermochten, einen Krieg gegen sie verloren und die Fahrt auf der Ostsee freigeben mußten. Nicht lange darauf ging Schleswig-Holstein an Dänemark verloren, Westpreußen mit dem Ermland an Polen, Lüttich an Burgund. Verluste, die im Reich weder Interesse noch tätige Teilnahme erweckten. Keine Hand rührte sich für den Deutschen Orden, niemand half den hansischen Seefahrern.

Die deutsche Vorherrschaft über Dänemark, Polen, Schweden, Norwegen, Länder, die nicht von ungefähr auf den Konzilien von Konstanz und Basel zur Germanischen Nation gerechnet wurden, schwand dahin. Die neue Großmacht Burgund entfremdete den Deutschen Zug um Zug die kostbaren Niederlande. Im Westen nahm Frankreich, nachdem es durch den Waffenstillstand mit England und den Frieden mit Burgund freie Hand gewonnen hatte, seine alte gegen den Rhein gerichtete aggressive Politik wieder auf. Im Südosten drängten die Türken heran, sich das christliche Abendland untertan zu machen.

Von einer einheitlichen, einigermaßen überschaubaren Reichsgeschichte kann nun nicht mehr die Rede sein. Das chaotische Durcheinander beginnt dem Bild zu gleichen, das sich dem Dichter Gottfried Benn bot, als er im *Ploetz* blätterte, einem der meistbenutzten geschichtlichen Nachschlagewerke: »... einer marschiert, einer verbündet sich, einer vereinigt seine Truppen, einer verstärkt etwas, einer rückt heran, einer nimmt ein, einer zieht sich zurück, einer erobert ein Lager, einer tritt ab, einer erhält etwas, einer eröffnet etwas glänzend, einer wird kriegsgefangen, einer entschädigt, einer bedroht einen, einer marschiert auf den Rhein zu ..., einer hält einen pomphaften Einzug, einer verabredet etwas, einige stellen gemeinsam etwas fest, einer überschreitet etwas, einer verhängt etwas, einer trennt, einer vereint, einer kommt zu Hilfe, einer dringt vor, einer verfügt einseitig, einer fordert etwas ...«

»Das Ganze«, so die resignierende Erkenntnis Benns, »ist zweifellos die Krankengeschichte von Irren. Man kann sich überhaupt keine Tierart vorstellen, in der soviel Unordnung und Widersinn möglich wäre, die Art wäre längst aus der Fauna ausgeschieden.«

Lassen wir sie deshalb eine Weile allein mit ihren Bündnissen, Gegenbündnissen, Erbstreitigkeiten, Grenzkonflikten, mit ihren kleinen Kriegen und großen Fehden, den *sanftmütigen* Friedrich aus Sachsen, den *siegreichen* Friedrich aus der Pfalz, den *reichen* Ludwig aus Landshut, den *im Barte* aus Württemberg, den *kühnen* Karl aus Burgund, die *Schönen,* die *Guten,* die *mit der leeren Tasche,* die *Frommen,* die *Gütigen,* und wie ihre mehr oder weniger verdienten Beinamen auch lauten, und wenden uns der Kunst zu.

V Von deutscher Baukunst

Der gotische Dom – ein Weltwunder

Das Janusgesicht des Mittelalters wird augenfällig. Was wir schon auf dem Gebiet der Wirtschaft beobachten konnten mit den Unternehmungen königlicher Kaufleute, der Hebung des Wohlstands oder in den Städten mit der Blüte handwerklicher Fertigkeiten, zeigt sich auch hier. Das politische Chaos findet keine Entsprechung in den Künsten. Es geht schon deshalb nicht an, das späte Mittelalter lediglich als Verfallzeit oder bloßen Übergang zu sehen.

»Wohin wir blicken, zeigt sich vielmehr eine Überfülle der Kräfte«, um Hermann Heimpel zu zitieren, »die hinauswuchern über die geschwächten, aber noch für lange Zeit stehenden Spätformen Reich und Kirche ... Auch nach den furchtbaren Schlägen, mit denen der Zweite Weltkrieg die Altstadt von Frankfurt ganz, das mittelalterliche Nürnberg fast ganz ausgelöscht hat; auch angesichts des Tempos, in dem selbst in verschonten Städten wie Basel das Alte dem Neuen weicht, erbaut sich das volkstümliche Mittelalterbild doch vor allem an spätmittelalterlichen städtischen Resten, an den Fassaden der Rathäuser [und Dome], am späten Prunk bürgerlicher Selbstsicherheit.«

Die Baukunst ist es demnach vor allem, die uns das Bild der Zeit am klarsten spiegelt – und das Wesen des damaligen Menschen. Nicht nur deshalb, weil die späte Gotik einen Höhepunkt der Architektur darstellt, sondern weil die meisten ihrer Werke sich uns fast unverändert darbieten. In den Kirchen, in denen die Menschen damals gebetet haben, können wir unsere Gebete verrichten; die Marktplätze, auf denen sie Waren verkauft oder gekauft haben, besuchen noch viele von uns aus demselben Grund; die Rathäuser, deren Tore sie durchschritten, um sich irgendein Papier zu holen, dienen uns zu ähnlichem Zweck. Wir hören die alten Glocken schlagen, drücken die Bänke in den Gemäuern damals gegründeter Universitäten; beziehen unsere Weine aus den Gewölben mittelalterlicher Keller. Kaum eine andere Epoche unserer Geschichte wird uns dadurch so greifbar nah wie die des Mittelalters. Wie beredt sind doch die Steine, aus denen unsere großen Dome gefügt wurden! Sie erzählen uns von den Träumen versunkener Generationen.

Am Anfang war das Geld. Das mag prosaisch klingen im Zusammenhang mit Bauten, die man »steinerne Hymnen« genannt hat, die Gott verherrlichen und die Menschheit preisen. Zum Bauen aber gehörten nun mal, damals wie heute, finanzielle Mittel und, wenn es sich wie beim Kirchenbau um ein großes Projekt handelte, ein Finanzierungsplan. Die Steuern, die die Kirche erhob, reichten nicht, auch der Kirchenschatz nicht, der sich im Laufe der Zeit angesammelt hatte. Für den Baufonds war man auf Spenden angewiesen, und da der Zweck die Mittel heiligte, kannte man keine Skrupel.

Als die Straßburger beschlossen, ihr Münster zu bauen, klopften die Spendensammler mit den Worten an die Tür: »Los, Ihr lieben Freunde, gebt Mutter Mariae etwas zu ihrem Haus. Wer ihre Gnade haben will, es sei ehrlich oder gestohlen Gut, der lege es hier herein, hat er also Vergebung der Sünden, denn es ist Unser Lieben Frauen alles ein willkommen Gut.«

Wer die nur alle paar Jahre gezeigten Reliquien vor der Zeit sehen wollte, mußte zahlen. Wer sich von seinen Sünden loszukaufen willens war, konnte gegen klingende Münze einen Zettel erwerben, auf dem ihm Ablaß bescheinigt wurde. Wen es in der Fastenzeit partout nach Butter gelüstete, hatte tief in die Tasche zu greifen. (Der Südturm der Kathedrale von Laon heißt im Volksmund »Butterturm«, weil er von eben jenem

Buttergeld gebaut wurde.) Hatte jemand überhaupt kein Geld, half er beim Aushub der Baugrube oder schob mit seiner Arme Kraft die gerade erfundene Schubkarre. Könige und Fürsten stifteten Jahrgelder, Adlige schenkten ihre Juwelen, Bürgermädchen schnitten sich die langen Haare ab, Bettler leerten ihren Bettelsack.

Sachspenden wurden durch Verkauf in bare Münze umgewandelt: ob es sich nun, wie es in einem Bericht über den Baubeginn des Ulmer Münsters heißt, um des Bürgermeisters Heinrich Kraft Mantel handelte, um das Bettlein von der Steinmetzin, um Barchenttuch von der Zollerin, um den Umhang von der Magd des Heinrich Kraft, um des Millers Wams und Hosen, um Heinrich Schreibers Panzer und Goller [Schulterkragen], um den Kappenzipfel und den Filzhut von die gefangene Lüten. »Kein Fürfleck, Miederlein oder Haarband«, fährt der Chronist fort, »wurde verschmäht und viele Bürger fronten freiwillig mit Pferden und Leuten, zwei drei Monate, und das Werk wuchs ... Das Sakramenthäuschen machte Johann Ehinger, wie er denn auch knieend auf einem Postamentstock in Lebensgröße mit aufgehobenen Händen zu sehen ist, und er hat auch einen Sack über die Achsel hängen, zum Zeichen, daß er all sein Hab und Gut daran gewandt, davon das Sakramenthäuschen erbaut ...«

War genug Geld zusammen, um das erste Jahrzehnt des Baus durchzustehen, beauftragte das Domkapitel, das über die Finanzen verfügte, einen Baumeister mit der Ausführung. Das war leichter gesagt als getan. Architekten von Ruf waren, wie man heute sagen würde, auf Jahrzehnte ausgebucht. Sie betreuten meist mehrere Bauten gleichzeitig, wie Ulrich von Ensingen, der zwanzig Jahre lang die Großbaustellen in Ulm und Straßburg leitete, wo die beiden gewaltigen Dome entstanden; oder Peter Parler, der in Prag am Bau des Veitsdoms und an dem der Karlsbrücke arbeitete. Die Wunderwerke der Steinbaukunst, die wir den Baumeistern der Gotik verdanken, stellen alles in den Schatten, was unsere moderne Architektur ihnen an die Seite zu stellen hätte. Bauten, geschaffen mit Werkzeugen und Geräten, die im Vergleich zu dem, was heutigen Architekten und Ingenieuren zur Verfügung steht, primitiv anmuten.

Es gab keine rechnerische Statik, wie man die Lehre vom Gleichgewicht der an ruhenden Körpern angreifenden Kräfte nennt. Bei den himmelan strebenden Türmen und kühn konstruierten Riesengewölben hat man vorher nicht berechnen können, ob sie standsicher sein würden. Es gab keine Berechnung der in einem Bauwerk auftretenden größten Spannungen; auch keine Prüfung, wie widerstandsfähig ein Baustoff ist, wenn er einem bestimmten Druck und Zug ausgesetzt wird, keine Materialerprobung also.

Vorstellungen, die geradezu abenteuerlich anmuten und unseren Architekten Schweißausbrüche verursachen könnten, schauten sie hinauf in die schwindelnden Höhen der Turmhelme, Strebebögen und Dachfirste. Ihre Instrumente sind Maßstablineal, Logarithmentafel und Rechenmaschine, die Kollegen im Mittelalter benutzten Zirkel, Richtscheit (ein langes Lineal mit kleiner Wasserwaage) und Winkel, geometrische Hilfsmittel demnach. Sie konnten nicht *errechnen,* was sie bauen wollten, ihre Kenntnisse auf diesem Gebiet waren gering; nicht umsonst heißt es in der Anweisung *Ein Kürtzer auszug und ueberschlag Einen Baw anzustellen:* »... in alle wege so laß dich nit überreden, daß du dich der rechnung underwindest, denn es ist ein schweres und gevahrliches ampt ... und in sonderheyt einem Baumeyster ...«; sie mußten *ermessen,* was ihnen vorschwebte. Ihre Sprache war nicht die der Arithmetik, sondern die der Geometrie. Technische Probleme versuchten sie auf zeichnerischem Weg zu lösen. Mit einem Silber- oder Messingstift zeichneten sie den Entwurf auf Pergament, Holz, Papier, Wachs, oder, bei Details, auf Gips. Nach solchen Entwürfen hat man vergeblich gesucht, erhalten sind uns lediglich Risse für einzelne Teile des geplanten Baus. In Bern kann man den Fassadenriß für den Straßburger Münsterturm bewundern, eine Zeichnung, die ein Architekt heute kaum seinem Bauherrn vorlegen dürfte: sie mißt nicht weniger als 4,57 Meter mal 81 Zentimeter.

Wo das theoretische Wissen der Baumeister nicht ausreichte, half ihnen die Erfahrung. Kenntnisse, die sie selbst erfahren hatten und ihre Vorgänger, die Alten, auf die man sich häufig berief. Denn was sich bewährt hatte in der Praxis, mußte wohlgetan sein und konnte zum *Exemplum* dienen. Erfahrung jedoch pflegt der Mensch bezahlen zu müssen. Für die mittelalterliche Architektur bestand diese Rechnung aus kleineren und größeren Baukatastrophen.

Als das Mittelschiff der Kathedrale von Beauvais einfiel, erfuhr man, daß ein Gewölbe von achtundvierzig Metern Höhe zu hoch war. Als der Turmbau in Ulm auf halber Höhe einzustürzen drohte, ahnte man, daß es ein Fehler gewesen war, den Bau auf die Kellergewölbe abgerissener Wohnbauten zu fundieren. Fundamente zu legen war die schwache Stelle der gotischen Baumeister. Nicht alle waren so gründlich wie die Hildesheimer, die zwölf Meter tief in den Boden gingen, oder die Kölner gar, die in noch größerer Tiefe fundierten. Öfters mag passiert sein, was uns in einer Chronik berichtet wird: »Ain mal an aim Suntag waren die leut an der predig, da fielen zwen stain herab auß dem gwelb, da flohen die leyt uß der kirchen, dan sie mainten, der thurm welte umfallen.« Den Meistern sollte zugute gehalten werden, daß sie an Bauschäden unschuldig waren, die durch später eintretende Grundwasserbewegungen entstanden.

Diener am rauhen Gestein

Die Baumeister konnten keine technische Hochschule besuchen, keine Universität und keine Bauakademie, sie lernten ihre Kunst in der Praxis. Wobei das Wort »Kunst« nicht in dem anspruchsvollen Sinn unserer Zeit gebraucht wurde, wo es von Künstlern wimmelt. Kunst bedeutete, daß man ein Handwerk meisterlich auszuführen und vielseitig anzuwenden verstand. Sie bauten nicht nur Kirchen, sie bauten Rathäuser, Bürgerhäuser, Zunfthäuser, Brücken; beherrschten den Wehr- und Wasserbau; schmückten Dome und Brunnen mit Figuren, denn fast alle waren sie gleichzeitig Bildhauer.

In ihrer Mehrzahl kamen sie aus dem Steinmetzhandwerk. Als Lehrling, *diener am rauhen gestein* genannt, traten sie in eine der Bauhütten ein. Die Hütte lag auf dem Bauplatz, diente als Schreib- und Zeichenbüro und, da sie geheizt werden konnte, als Arbeitsstätte im Winter. Doch war sie mehr als ein bloßes Werkstattgebäude, sie war Werkgemeinschaft, die für die Ausbildung der Lehrlinge und die Weiterbildung der Gesellen sorgte, die ihre Leute schützte, aber auch darauf achtete, daß sie ihrem Handwerk Ehre einlegten.

Sitten und Bräuche waren streng, das Ritual festgelegt. Wer zum erstenmal in die Hütte eintrat, dem war folgende Grußformel vorgeschrieben: »Gott grüße euch, Gott lenke euch, Gott lohne euch, euch Obermeister, Poliere und euch hübsche Gesellen. Dann soll der Geselle umhergehen von einem zum anderen, jeden freundlich grüßen, wie er den Hüttenmeister begrüßt hat.«

Nach fünfjähriger Lehrzeit wurde der Lehrling losgesprochen, wobei er, nunmehr Geselle, unter anderem schwören mußte, das Kunstgeheimnis zu bewahren. Die geheimgehaltenen technischen Kenntnisse machten die Bauhütte unentbehrlich und verschafften ihr Unabhängigkeit von Kirche und Staat. Ein Monopol, das schwer zu brechen war; die einzelnen Hütten, mit den Haupthütten in Köln, Wien, Zürich, Straßburg an der Spitze, hielten eisern zusammen. Aus vier Londoner Bauhütten, ihren Traditionen und Gebräuchen, entstand 1717 der heutige Freimaurerbund. Hierin lag wohl ein

Grund, warum man den mittelalterlichen Hütten im 19. Jahrhundert Geheimbündelei andichtete.

Nach der zweijährigen Wanderschaft, deren Route der Geselle so legte, daß sie ihn zu den großen Kirchenbauplätzen in Europa führte, kehrte er zurück in seine Hütte und diente zwei weitere Jahre als Meisterknecht *umb kunst.* Er lernte, Pläne zu entwerfen und zu zeichnen, Schablonen zu schneiden, nach denen die Steinmetze Profile und Zierate schlugen, führte Bildhauerarbeiten aus. War er endlich Baumeister, wurde er als *Parlier* eingesetzt (aus dem unser Polier hervorgegangen ist), durfte dann erst, unter der Aufsicht eines alterfahrenen Baumeisters, einen Bau selber gestalten und ausführen.

Ein langer Weg, den zu bewältigen neben Fleiß, Begabung, Verantwortungsbewußtsein noch andere Talente erforderte, wie die Fähigkeit, Menschen zu führen, zu organisieren, sich von den Auftraggebern, und seien sie Kaiser oder Päpste, nicht hineinreden zu lassen. Herren waren sie, die gotischen Baumeister, gebildet, weitgereist, speisten an den Tischen der Großen, trugen dem gewöhnlichen Volk verbotenes Pelzwerk, genossen Steuerprivilegien, freie Wohnung. Ihre Honorare waren so hoch, daß sie zu großem Vermögen kamen. Und sie hatten die entsprechende Zahl von Neidern, von denen einer schrieb: »Baumeister, Meister des Steinmetzhandwerks heißen sie, Stab und Handschuh in den Händen, befehlen anderen ›Meißle mir das so, wie ich dir es sage‹, arbeiten aber selbst nichts; und erhalten dennoch um gar vieles höheren Lohn.«

Peter Parler aus Schwäbisch Gmünd, von Karl IV. als Dombaumeister nach Prag berufen, von den Mailändern zur Planung ihres Doms hinzugezogen, ein weltweit begehrter Künstler, konnte es sich leisten, in einem seiner Bauten, dem Prager Veitsdom, sich sein eigenes Denkmal zu setzen. Ulrich von Ensingen (das *von* hat nichts mit Adel zu tun, sondern weist auf Ensingen, den Heimatort) entwarf den Ulmer Bürgern ihr Münster, das, nach Köln, zum größten gotischen Gotteshaus auf deutschem Boden heranwuchs. Auch Konrad von Einbeck war selbstbewußt genug, der Nachwelt zu zeigen, wie er ausgesehen hatte: seine Büste in der Moritzkirche von Halle ist ein Selbstportrait. Hans Stethaimer aus Burghausen an der Salzach türmte in Landshut die Ziegel zum höchsten – hundertdreiunddreißig Meter hohen – Backsteinbau der Welt auf. Erwin von (besser aus) Steinbach, Miterbauer des Straßburger Münsters, dessen Turm von späteren Generationen als achtes Weltwunder bezeichnet wurde, schrieb sich den eigenen Nekrolog und setzte ihn in Stein: »Dieses Werk hat Meister Erwin geschaffen. Magd des Herren, möge mir nach deinem Wort geschehen. Amen.«

Sie versteckten sich keineswegs und blieben auch nicht anonym, wie man kolportiert hat, und doch sind sie nicht, was ihre Individualität betrifft, mit den großen Architekten späterer Jahrhunderte gleichzustellen, den Schöpfern der Paläste, Plätze, Brunnen in der Renaissance und im Barock, weil das, was sie schufen, nicht um der Kunst willen geschaffen wurde, sondern um Gottes willen. Der einfachste Steinmetz pflegte vor Beginn seiner Arbeit an einer Kirche zu beichten und seinen Feinden zu verzeihen: es sollte ein Gott wohlgefälliges Werk werden. Und es störte den Bildhauer nicht, wenn seine Figuren in schwindelnder Höhe angebracht wurden, dort, wo der Kirchgänger sie kaum mehr erkennen konnte. Sie blieben, was sie waren: ein Weiheopfer.

Bevor man mit dem Bau einer Kirche begann, war das Transportproblem zu lösen: wo lag das Baumaterial, und wie war es heranzuschaffen? Die Straßen befanden sich in schlechtem Zustand; ohne festen Untergrund, von tiefen Rinnen zerfurcht, verwandelten sie sich nach Regenfällen in ungangbaren Morast. Zuallererst mußten deshalb die Straßen befestigt werden, die zu den Steinbrüchen oder Ziegelöfen und zu den Wäldern führten. Als Transportmittel dienten vornehmlich von Ochsen gezogene zwei- und vierrädrige Karren. Ochsen galten als zäher und bedürfnisloser denn Pferde, schafften allerdings nicht mehr als zehn bis zwölf Kilometer am Tag.

Für einen kleineren Kirchenbau, so hat man ausgerechnet, benötigte man etwa fünfunddreißigtausend Fahrten. Auf Straßen, die vom Morgengrauen bis in die sinkende Nacht erfüllt waren vom Peitschenknall und Geschrei der Fuhrleute, gesäumt von zusammengebrochenen Wagen und umgestürzten Lasten; Bauern mit ihren Fronfuhren, Kinder, die Stopfsteine für das Schalenmauerwerk herankarrten, reitende Boten mit ihrem Weg-frei-Ruf; Leibeigene mit schweren Tragbahren und die wandernden Mönche, die nicht arbeiteten, aber für alle beteten – Straßen des Schweißes und der Tränen, von vielen Unwägbarkeiten wie denen des Wetters abhängig. Wenn irgend möglich, bevorzugte man deshalb den Wasserweg, der jedoch selten direkt in die unmittelbare Nähe der Baustelle führte.

Um die tonnenschweren Blöcke aus der Wand des Steinbruchs zu lösen, benutzte man ein schon von den ägyptischen Pyramidenbauern benutztes Verfahren. Keile aus trockenem Holz wurden in vorher geschlagene Lochreihen getrieben und so lange mit Wasser begossen, bis das aufquellende Holz den Block heraussprengte. Im Winter tat das in die Löcher gegossene und zu Eis erstarrte Wasser den gleichen Dienst. Um Transportraum zu sparen, wurden die Quader nach einer Schablone noch im Steinbruch geschnitten, behauen, gemeißelt und dreifach gekennzeichnet. Ein Kennzeichen verriet den Herkunftsort, ein anderes den Steinmetzen (damit er nach Leistung entlohnt werden konnte), das dritte die Stelle am Bauwerk, wo der Stein eingefügt werden sollte.

Gleichzeitig waren Taglöhner am Werk, das Bauholz zu schlagen. Obwohl scheinbar reine Steinbauten, kamen die

Kathedralen ohne Holz nicht aus. Wer einmal Gelegenheit hatte, die Dachstühle über dem Mittelschiff und dem Chor zu besichtigen, wird überwältigt gewesen sein angesichts eines ganzen Walds an Balken, Sparren, Streben, Stielen, Bändern, Zangen, Pfosten, Pfetten, Trägern, Rahmen. Nicht umsonst sprechen die Franzosen hier von *forêts* – Wäldern. Das scheinbare Gewirr stellt ein Meisterstück des Zimmererhandwerks dar: präzis berechnet, wohl verfugt, zusammengehalten ohne einen einzigen Nagel, hält es auch stärkstem Winddruck stand, der auf den Riesendächern lastet.

»Gotisch« gleich »barbarisch«

Inzwischen war der Bauplatz in der Stadt vorbereitet, wobei etliche Häuser abgerissen wurden. Nach Fertigstellung durften sie wieder aufgebaut werden und rückten zusammen mit neuerrichteten Gebäuden dicht an das Gotteshaus heran. Nur wenn sie direkt aus dem Häusergewirr gleichsam emporwachsen, wirken die Dome, was man in Ulm – zu spät – bemerkte, als man das Münster im 19. Jahrhundert von den umliegenden Bauten »befreite«.

So primitiv das Transportwesen gewesen sein mag, die Arbeitsweise der am Bau beteiligten Handwerker unterschied sich nicht allzusehr von der ihrer Arbeitskameraden unserer Tage. Die Steinmetzen benutzten noch heute übliche Werkzeuge; die Maurer zogen die Wände hoch, indem sie Stein für Stein mit Mörtel aneinander banden; Arkadenpfeiler, Maßwerk, Kreuzblumen, Fialen und anderes wurden als Fertigteile hergestellt und hinaufgezogen. Dazu benutzte man Flaschenzüge, Winden, Kräne und Treträder, die selbst mit schwersten Lasten fertig wurden. Das Rad wurde von in seinem Innern tretenden Arbeitern angetrieben, meist ungelernten Tagelöhnern (»die im rad gangen sand ...«, wie es auf den

Lohnlisten heißt), eine Tätigkeit, die kein Vergnügen gewesen sein muß. Die Kraft wurde über ein Seil auf einen kranartigen Galgen übertragen, der die Lasten emporhievte. Wie ausgereift die Hebetechnik war, kann man an dem mit kompliziertem Windwerk ausgerüsteten Kölner Baukran erkennen, einem wahren Giganten von wohl fünfundzwanzig Metern Höhe, der fast drei Jahrhunderte unbenutzt auf dem südlichen Turmstumpf des Doms gestanden hat. Erst nach der Wiederaufnahme der Arbeiten um die Mitte des 19. Jahrhunderts wurde er demontiert. Auf alten Stichen kann man den Kran noch sehen, wie er den Torso krönt, und es gab Kunstliebhaber, die dieses Erscheinungsbild, das Unvollendet-Fragmentarische, schöner fanden als die perfekte Fertigstellung, wie sie sich uns seit 1880 bietet.

Zur Einwölbung der Decken, der bautechnisch kompliziertesten Arbeit, fertigten die Zimmerleute sogenannte Lehrgerüste, die die Seitenwände der Schiffe und des Chors provisorisch überbrückten. Die genau zugeschnittenen Steine der Wölbungsrippen wurden auf diesen Unterbau aufgemauert, der erst wieder entfernt wurde, wenn der Mörtel abgebunden hatte. Der Raum zwischen den Rippen wurde ebenfalls erst verschalt, die Verschalung mit einem Steinbelag versehen und nach der eingetretenen Härtung des Mörtels wieder entfernt. Eine ebenso geniale wie einfache Methode, derartige Riesenräume zu wölben.

Die Arbeit auf den einem Ameisenhaufen ähnelnden Dombaustellen war begehrt. Besonders bei denen, die landflüchtig geworden waren. Sie fanden Brot und Abenteuer. Sie lernten Menschen aus vielen Ländern Europas kennen, deren Bräuche und Sitten – und die Unsittlichkeit. Wie zu den Messen zogen die gelüstigen Fräulein auch zu den Baustellen. Nicht umsonst wird in der Steinmetzordnung stets darauf hingewiesen, daß kein Meister einen Gesellen fördern solle, der sich mit lüderlichen Frauenzimmern herumtreibe.

Die Handwerker verdienten gutes Geld, die Handlanger bekamen wenig, die am Bau beschäftigten Frauen am wenigsten. Studiert man die alten Lohnlisten, in unserem Fall die des Stadtbauamts von Nürnberg, ergeben sich folgende Tagessätze: ein Dachdeckermeister 28 Pfennig, ein Maurergeselle 20 Pfennig, ein Hilfsarbeiter 10 Pfennig. (Zum Vergleich: eine Magd bekam von ihrer Herrschaft 8,5 Pfennig). Zahlen, die einem wenig nützen, wenn man die Kaufkraft nicht kennt. Sie zu ermitteln, gehört seit jeher zu den Alpträumen der Wirtschaftswissenschaftler, weil sie von zu vielen, nicht berechenbaren Bedingungen abhängt. Aus derselben Stadt, Nürnberg, und aus etwa demselben Zeitraum seien hier trotzdem einige Preise genannt, um eine ungefähre Vorstellung der Kaufkraft zu bekommen. Danach kostete ein Huhn 5 Pfennig, eine Gans ungemästet 6 Pfennig, eine Gans gemästet 12 Pfennig, ein Kilogramm Brot 2 Pfennig, ein halbes Kilogramm Butter 8 Pfennig, ein Eimer Kraut 6 Pfennig; Luxuswaren wie Pfeffer (0,5 Kilo 48 Pfennig), Zucker (60), Safran (120) waren entsprechend teuer.

Die Arbeit auf dem Bau war beinhart, und sie war lebensgefährlich. Die Männer standen bei glühender Hitze oder eisigem Wind auf ihren in schwindelnder Höhe schwebenden Hängegerüsten, kletterten halsbrecherisch steile Leitern hinauf, stiegen schwer bepackt über die Laufschrägen, krochen ohne Sicherheitsleinen über die Turmaufbauten. Wie gefährlich die Arbeit war, ersieht man aus der Zahl der Schutzheiligen, die allein die Steinmetzen anriefen: Severus, Severinus, Capophorus, Victrinus, Reinoldus.

Der Arbeitstag war lang, im Sommer elf Stunden, im Winter acht Stunden, die Zahl der Feiertage jedoch um ein Vielfaches höher als heutzutage. Zu den normalen kirchlichen Feiertagen wie Ostern, Pfingsten, Weihnachten kamen so viele Heiligenfeste, daß in den meisten Gegenden an fünfundvierzig Wochentagen im Jahr nicht gearbeitet werden mußte. Zusammen mit den Sonntagen waren das über hundert Tage.

Die Gotik hat ihren Namen von einem Volk, das mit ihr nicht das geringste zu tun hatte, von dem germanischen Volk der Goten. Nur Barbaren waren imstande, derart Monströses zu erschaffen wie den *stile gotico,* Stämme von jenem halbwilden Typus, die einst zur Völkerwanderung Italien verheert hatten und Rom geplündert. Meinte Giorgio Vasari, Kunstpapst seiner Zeit, des italienischen Cinquecento. Er wußte sich mit diesem Urteil in Übereinstimmung mit seinen Landsleuten. Auch ihnen waren spitzbogige Wölbungen verfluchte Machwerke, und sie beteten zu Gott, er möge die Völker vor einer Seuche bewahren, deren Erreger die Unvernunft, das Widernatürliche und die Scheußlichkeit seien. Für die Italiener war nur schön, was die Antike geschaffen hatte und die Renaissance wiedergeboren.

So erhielt eine der großartigsten Kunstepochen der Menschheit Posthum einen Namen, den die Verachtung gebar. Und nicht aus dem germanischen Reich war sie gekommen, sondern aus Frankreich.

Noch Lessing empfand bei dem Wort gotisch etwas Unzivilisiertes. Kant sprach von einem verkehrten Geschmack, den man den gotischen nennt und der auf Fratzen auslaufe. Goethe war der gleichen Meinung, als er von etwas Aufgeflicktem, Zusammengestoppeltem, Krausborstigem sprach. Wie sehr hier Vorurteile im Spiel waren, zeigte sich bei ihm, als er zum erstenmal der Gotik wirklich begegnete. In seiner Schrift *Von deutscher Baukunst* schrieb er über das Straßburger Münster: »Mit welcher unerwarteten Empfindung überraschte mich der Anblick, als ich davor trat! Ein ganzer, großer Eindruck füllte meine Seele, den, weil er aus tausend Einzelheiten bestand, ich wohl schmecken und genießen, keineswegs aber erklären konnte. Wie oft bin ich zurückgekehrt, diese himmlisch-irdische Freude zu genießen, den Riesengeist unserer älteren Brüder in ihren Werken zu umfassen. Wie oft bin ich zurückgekehrt von allen Seiten, aus allen Entfernungen, in jedem Licht des Tages, zu schauen seine Würde und Herrlichkeit.« Er fügte mit schmerzlichem Seufzer hinzu: »Schwer ist's dem Menschengeist, wenn seines Bruders Werk so hoch erhaben ist, daß er nur beugen und anbeten muß.«

Die Romantiker im ausgehenden 18. Jahrhundert, die sich zum Volkstümlichen, Nationalen, Gefühlsbetonten hinwandten, begannen den Schatz zu entdecken, den man als wertlos auf den Müllhaufen der Kunstgeschichte geworfen hatte. Auch wenn ihre Begeisterung oft weit über das Ziel hinausschoß – sie setzten gotisch gleich deutsch, das 15. Jahrhundert wurde zum deutschen Jahrhundert – ihnen ist es zu verdanken, daß man sich zum erstenmal wissenschaftlich mit der Gotik beschäftigte. Ohne ihren Enthusiasmus wäre es kaum dazu gekommen, daß man im 19. Jahrhundert jene Werke vollendete, den Kölner Dom, den Regensburger Dom, das Ulmer Münster und andere, mit deren Dimensionen sich ihre damaligen Bauherren übernommen hatten.

Waren diese Fertigstellungen großenteils nach wiederaufgefundenen Plänen in Angriff genommen worden, bei vielen anderen mittelalterlichen Bauwerken ergänzte, restaurierte, vollendete man auf eine Weise, die nichts mehr übrigließ von der Baugesinnung der fernen Jahrhunderte. Die Neogotik bescherte uns dann gotische Versicherungspaläste, gotische Postgebäude, gotische Banken.

»O himmlisches Jerusalem«

Die Deutschen haben sich lange gewehrt, als die neuen Formen der Baukunst um 1200 aus Frankreich in das Reich einzudringen begannen. Baumeister, die jenseits des Rheins gearbeitet hatten, berichteten von den neuartigen Kirchenbauten, die in Sens, Senlis, Laon, Paris entstanden waren. Wieder in ihren einheimischen Bauhütten, warfen sie die neuen Konstruktionselemente auf das Reißbrett, umringt von Werkmeistern, Parlieren, Gesellen, die staunend und skeptisch zugleich ihnen zusahen und zuhörten: das System der gewölbten Basilika wurde im wesentlichen von den »Neuen« beibehalten, doch merkwürdig war, auf welche Art da gewölbt wurde.

Nicht mehr durch Rundbögen wie bei den gewohnten romanischen Bauten, Bögen, die mächtige Mauern als Widerlager brauchten und schmale Fenster in dicken Wänden zur Folge hatten, ein Spitzbogen war es jetzt, der auf gleichsam spielerische Art die Zwischenräume überbrückte, Festigkeit und Schubwirkung im günstigsten Verhältnis zueinander bringend, den Gewölbedruck auf Säulen und Pfeilern verteilend. Zusammen mit dem ebenfalls neuartigen Kreuzrippengewölbe bildete er offensichtlich die Voraussetzung dieser Baukunst. Man brauchte weniger Stein, konnte sich höhere Kirchenschiffe erlauben, konnte mit Hilfe eines Maßwerks aus Steinrippen die Wand auflösen in weite hohe Fenster mit farbig aufleuchtenden Glasflächen.

Das alles schien von neuartigem Reiz, und die Kreuzrippengewölbe mit den Spitzbögen lösten bisher nicht zu lösende statische Probleme. Die in der Bauhütte versammelten Männer übersahen aber auch nicht den Kunstgriff, mit dem die scheinbare Schwerelosigkeit erkauft worden war: durch riesige Strebepfeiler und Strebebögen, die den Fassaden nicht zur Zierde gereichten, sondern sie eher verschandelten. Stein gewordenen ewigen Baugerüsten ähnelten sie, deren Plumpheit man nicht umsonst durch Kriechblumen, Kreuzblumen, Türmchen und Maßwerk zu kaschieren versuchte. Gewiß, der Seitenschub der Mittelschiffgewölbe mußte auf irgendeine Weise aufgefangen werden, doch eine fromme Lüge blieb das Ganze trotzdem.

Außerdem besaßen die Deutschen in der Romanik einen Baustil, dessen Möglichkeiten noch in keiner Weise ausgeschöpft waren. Die Kaiserdome in Speyer, Worms und Mainz, um die Jahrtausendwende begonnen, kündeten von der deutschen Cäsaren Herrlichkeit, die zwar vergangen, aber nicht vergessen war. »Gerade erst war den Deutschen die Masse gewaltiger Mauern, das Erdgebundene rundbogiger Öffnungen und Wölbungen zum Erlebnis geworden, zum Thema ihrer Architektur. Sie hatte das Dumpfe und Drückende der Frühzeit allmählich überwunden. Wo solche majestätische Räume entstanden wie im Dom zu Speyer, wo die Fassaden und die Kristalldrusen der Türme durch Galerien und prachtvolle Portal- und Fensterumrahmungen das Klotzige verloren – dort sehnte sich niemand nach dem Abbruch einer Bautradition, die zum Inbegriff des glanzvollen Staufischen Kaisertums geworden war.«

Unbeirrt bauten die Deutschen weiter in »ihrem«, dem romanischen Stil, hielten sie fest am Althergebrachten. Der Mainzer Dom, die Kaiserpfalzen von Wimpffen und Gelnhausen werden vollendet, als sei drüben, jenseits des Rheins, nichts geschehen. Und wenn sich hier und da Gotisches zeigte, wie an den Domen Limburgs, Würzburgs, Bambergs, Naumburgs zum Beispiel, so war das weniger vom Geist der neuen Kunst geprägt, eher vom Bemühen, sich dem Neuen anzupassen, indem man Äußerlichkeiten dem Bestehenden einfügte. Überall regte sich Widerstand. Selbst das allem Westlichen traditionell zugeneigte Köln übernahm die Gotik erst, als alle französischen Kathedralen bereits standen, und dann in so enger Anlehnung an Frankreich, daß der Chor des Doms dem der Kathedrale von Amiens glich wie ein Ei dem anderen. In Straßburg, das sein Münster in romanischem Stil zu bauen begonnen hatte, setzte sich die Gotisierung erst sehr spät durch. Lediglich den Magdeburgern, in deren Stadt der Dom abgebrannt war, den Otto der Große über dem Grab seiner Gemahlin Edith hatte errichten lassen, gelang mit dem Kranz der um den Chor gelegten Kapellen mehr als eine bloß äußerliche Übernahme französischer Baugesinnung.

Die Faszination, die der neue Stil ausstrahlte, war jedoch zu stark, als daß man den Widerstand hätte aufrechterhalten können. Wer die großen deutschen Dome kennt, wer sie besucht hat, in einer stillen Abendstunde, wenn der leiernde Singsang der Fremdenführer verstummt ist und die durch die hohen Fenster fallende Sonne alles zauberisch überglänzt, wird einen Hauch von der Wirkung verspüren, die ein solcher Riesenbau auf den damaligen Menschen ausgeübt hat. Aber eben nur einen Hauch.

Die Menschen des 21. Jahrhunderts verstehen nicht mehr, was die Figuren an den Fassaden, den Kapitellen, in den Fenstern, auf den Altarbildern uns zu sagen haben, das ganze theologische, alles Glaubens- und Wissensgut der Zeit enthaltende Programm ist uns fremd; auch wenn wir vom Religionsunterricht her noch von der Schöpfungsgeschichte wissen und vom Jüngsten Gericht, wie die Propheten hießen, wie die Gottesmänner lebten und die Märtyrer starben. Uns fehlt vor allem der Glaube an das von Johannes in seiner Offenbarung geschaute *Himmlische Jerusalem,* das sich in den Domen manifestiert hat. Wir vermögen uns nicht in die Stimmung zu versetzen, die der Abt Suger, einer der »Erfinder« der Gotik, in die Worte faßte: »Mir war, als befände ich mich in einem fremden Teil des Universums, der weder ganz von dieser Erde noch ganz von himmlischer Verklärtheit erfüllt war, aber durch die Gnade des Herrn schien ich auf mystische Weise emporgehoben aus unserer niederen in eine höhere Sphäre.«

Die Gotik war ein neuer Stil, eine Umwälzung der Architektur, wie sie sich in Sugers Abteikirche von Saint-Denis zum erstenmal gezeigt hatte. Ein Gesamtkunstwerk war hier entstanden, zu dem der Architekt, der Bildhauer, der Maler beitrugen, mit einem neuen Raumgefühl, das das Innere als Einheit sah. Der heilige Weg führt vom Westen, wo die Türme aufragen, durch das Langhaus zum Altar im Osten, und jedes Detail strebt in die Höhe. Das alles machte die Gotik aus, aber sie war mehr, sie hatte eine neue Frömmigkeit zum Inhalt. An ihrem Anfang stand eine gänzlich andere Geisteshaltung. Wie zu aller Zeiten war es der Geist, der sich den Körper schuf. Zu Stein gewordene Scholastik hat man die Gotik genannt. Die dieser Denkschule angehörenden Philosophen versuchten, Vernunft und Glauben miteinander zu vereinen, die christlichen Heilstatsachen dialektisch zu beweisen, auf dem Weg von These und Antithese also. Nicht nur die Scholastik wurde Gestalt in der neuen Baukunst, auch die Mystik mit ihrer Hinwendung zum eigenen Seelenleben und dem Verlangen nach persönlicher Vereinigung mit Gott fand in der gotischen Kirche Ausdruck.

Die Elisabethkirche in Marburg und die Liebfrauenkirche in Trier waren die ersten rein gotischen Kirchen auf deutschem Boden. Zwei Kirchen, die das französische Vorbild nicht sklavisch übernahmen, sondern zu eigenständigen Lösungen kamen. In Marburg war eine Hallenkirche entstanden, ein Bautyp, bei dem im Unterschied zur Basilika alle Schiffe die gleiche Höhe aufwiesen, so daß im allgemeinen ein Dach genügte. Während die gewaltigen Dome die Finanzkraft der Gemeinden oft genug überforderten, so daß die Bauten viele Jahrzehnte, ja Jahrhunderte liegen blieben, war die Halle mit geringeren Kosten zu errichten, und in kürzerer Bauzeit! Die mächtigen Doppeltürme begannen einem kleinen Turm über der Vierung zu weichen, teures Strebewerk einfachen Pfeilermauern, das Querschiff verschwand, bisweilen verzichteten die Architekten sogar auf die Wölbung der Schiffe und zogen eine flache Decke ein. In vielen Städten erklang das Geläut der Dachreiter, wie man die auf den Firsten reitenden Glockentürmchen nannte.

Manchen erschien sie allzu ärmlich, die neue Kirche, genauso aber sollte sie wirken. Schon Bernhard von Clairvaux, französischer Mystiker und berühmter Abt des Zisterzienserordens, war angesichts eines prunkvollen Doms, vom heiligen Zorn gepackt, in die Worte ausgebrochen: »Die ganze Kirche funkelt, die Armen aber haben Mangel an allem. Die Steine der Kirche scheinen vergoldet, und ihre Kinder haben keine Kleider. Die Schaulust der Kenner wird befriedigt, doch die Armen finden nichts, was ihr Elend lindern könnte.«

Die Kirchen der Zisterzienser waren deshalb von geradezu asketischer Strenge. Als später die Bettelorden der Franziskaner und Dominikaner gegründet wurden, bevorzugten sie bei ihren Kirchenbauten die Halle. Sie entsprach dem Gelübde der Armut, das die Brüder abgelegt hatten, und wies darüber hinaus noch einen Vorteil auf: Übersichtlichkeit und gute Akustik. Die Gläubigen konnten die Prediger nicht nur gut sehen, sondern auch gut hören. Und mit der Macht des gesprochenen Wortes wollten sie die von der Verweltlichung der Kirche abgestoßenen Menschen wieder zurückgewinnen.

Von Hausteinen und Backsteinen

Aus diesen Bauten entwickelten sich die für das deutsche Spätmittelalter typischen Hallenkirchen. In verschiedenen Versionen, geprägt von der Tradition der Landschaft, vom Bauherrn und vom Baumeister, wurde die Halle zum gültigen Sakralbau. Größere Türme hatte sie inzwischen wieder bekommen, wie überhaupt die Türme den Deutschen nicht hochragend genug sein konnten. Das Innere wurde geschmückt mit den Werken der Bildhauer und Altarmaler. Es gab hier keine Raumordnung, die einer Rangordnung hätte dienen können. Vor Gott war man einmal wirklich gleich, wenn man einmütig nebeneinander stehend (Bänke gab es nicht; man muß sie sich in einer gotischen Kirche wegdenken) den Herrgott pries und ihm dankte.

Die gotischen Kirchen, die jetzt noch gebaut wurden, hatten keine Ähnlichkeit mehr mit den den Beschauer überwältigenden Kathedralen von Köln und Straßburg (die in Deutschland ohnehin keine Nachfolger gefunden hatten). Festliche Heiterkeit herrscht in den Gotteshäusern St. Georg zu Dinkelsbühl, St. Jakob zu Straubing, Maria zur Wiese zu Soest, Heilig-Kreuz zu Schwäbisch Gmünd, St. Lorenz zu Nürnberg, um nur einige dieser spätgotischen Kleinode zu nennen, die zu bewundern man nicht müde wird. In Wien wuchs ein Dom in Hallenform empor, St. Stephan, von den Wienern zärtlich Steffl genannt. Im Nordosten Deutschlands entstanden die (Hallen-)Dome von Königsberg und Frauenburg. In Danzig erlebte die Spätgotik mit den gewaltigen Pfeilerhallen von St. Marien einen Triumph der Kirchenbaukunst. Backstein war hier, wie im Norden allgemein, das Material, ein Stein, der nicht gewachsen ist, sondern aus Ton geformt und im Ofen bei einer Temperatur bis zu tausend Grad gebacken wird. Ton oder Lehm gab es in der norddeutschen Tiefebene genügend, wogegen es an den zum Kirchenbau so hervorragend geeigneten Kalk- und Sandsteinen mangelte. Backsteinbauten wirken auf den ersten Blick nüchtern, kahl, ja freudlos, auch beschränkte der Ziegel die bei der Verwendung von Hausteinen gegebenen technischen Möglichkeiten. Andrerseits ermöglichten die Mörtelfugen mit ihren grauweißen Linien die Bildung interessanter Strukturen von gewebeartiger Zartheit. Mit Glasuren konnte man überdies schöne Farbeffekte erzielen.

Backstein war auch das Material, aus dem die Bayern in der Spätgotik ihre Kirchen erbauten, ein Volksstamm, der sich auf diesem Gebiet bis dahin nicht gerade hervorgetan hatte. Hier gingen die Uhren schon damals anders, und man begann erst dann gotisch zu bauen, als andere deutsche Stämme damit bereits wieder aufhörten. Doch so spät sie ihre Kirchen auch errichteten, das Ergebnis war überwältigend. Die Kirchen in Landshut, Straubing, Neuötting, Wasserburg, Ingolstadt, München legen hierfür steinernes Zeugnis ab.

Deutsche Sondergotik haben die Kunsthistoriker die späte Gotik im Reich genannt, weil hier etwas entstanden war, etwas Besonderes, was sich von jeglichem französischem Vorbild freigemacht hatte. Insofern ist sie eine Verdeutschung eines ursprünglich landfremden Stils. Ob sie dadurch »germanische Phantasietätigkeit« und »germanischen Irrationalismus« ausgedrückt hat, sollte man dahingestellt sein lassen. Keinesfalls aber war sie das, als was die Kunsthistoriker sie lange genug hingestellt haben: eine Vergreisung, mit den dafür charakteristischen Eigenschaften der Auflösung, des Verfalls, der Entartung.

Ein Standpunkt, der nicht aufrechtzuerhalten war, selbst der große Dehio wandelte sich vom Saulus zum Paulus, als er in seiner Kunstgeschichte bekannte: »Man beachtete nicht, daß unter der zerfallenden Schale ein sehr lebenskräftiger Kern lag. Die deutsche Spätgotik ist nicht sterbende Gotik, sondern eine von der Wurzel her neu treibende Kunst.«

Durch Fleiß, Unternehmungsgeist und Erfindungskraft waren die Bürger zu Wohlstand und Ansehen gekommen, nun taten sie etwas, wovon ihre Großväter nicht zu träumen gewagt hatten. Sie wurden zu Auftraggebern der Künste, zu ihren Förderern, zu ihren, wie man heute sagen würde, Konsumenten. Die späte Gotik zeigt sich als bürgerliche Kunst. Für manche Gelehrte bereits ein Grund, ihr Mittelmäßigkeit zu attestieren, Mangel an Vornehmheit, die Unfähigkeit des Mittelstandes eben, wirklich Großes zu schaffen. War doch die Romanik aristokratisch gewesen mit Königen und Fürsten als Bauherren. Ihre Zeit war vorüber, und wenn mit dem Niedergang kaiserlicher Macht und des Reiches nicht auch das geistige Leben in Anarchie fiel, dann war das, und hier liegt sein historisches Verdienst, dem Bürgertum zu verdanken.

Alles wird nun etwas intimer, gemütlicher, bürgerlicher eben, bisweilen auch spießbürgerlicher. Kapellen werden nicht mehr nach den Heiligen benannt, sondern nach den aus dem Volk kommenden Stiftern. Melchior Hauser und Kaspar Gürtler drängen sich vor St. Georg und St. Barbara. Aus den bunten Kirchenfenstern leuchten die von Zünften und Gilden finanzierten Wappen. Auf den Altarbildern kniet, klein, aber gut sichtbar, der hochherzige Spender.

»... täglich und stündlich geht man in der Kirche aus und ein; sie ist Stadtheiligtum, Begräbnisplatz, lebendige Familienchronik. Sie nimmt einen Charakter von Wärme, Traulichkeit, sozusagen Wohnlichkeit an, der von der strengen Feierlichkeit der früheren Epochen ... auffallend absticht. Und damit nicht genug: ... die Kirchhöfe, die Landstraßen, bevölkern sich mit Kreuzigungsgruppen, Stationsbildern, Heiligenhäuschen und Wegkreuzen – Einladungen zum Gebet, das immer zugleich auch dem Stifter zugute kommt. Die Kunst geht in die Masse wie nie zuvor ...«

Der Herrgott selbst paßt sich der neuen Weltsicht an. Aus dem strengen Weltenrichter, der die Menschen gerecht, aber erbarmungslos in die Guten und die Bösen einteilt, wird ein milder Gott. Vielerorts wird er verdrängt durch den Gottessohn, durch den leidenden Jesus Christus, mit dem der Gläubige mitleidet. Gott ist dein Bruder, heißt es jetzt, die Liebe nimmt die Furcht.

Der Raum im Innern der Kirchen gerät in Bewegung, die Wölbungsrippen verästeln sich, verflechten sich zu einem Gespinst von Netz- und Sternmustern, auf den Feldern zwischen den Gewölben blühen bunte Blumen, schießen Ranken empor, der Übergang vom Pfeiler zu den Bogen und Gewölben wird nicht mehr durch Kapitelle gehemmt, alles wird fließender, malerischer, die gestrenge Architektur der Königskathedrale löst sich auf. Was Peter Parler in Schwäbisch Gmünd und in Prag begonnen hat, bringt, trotz gelegentlicher Übertreibung im Dekorativen, reiche Ernte.

Der heilige Eifer der Bürger, Gott durch einen Kirchenbau zu dienen – und sich selbst dabei ins beste Licht zu rücken –, kannte keine Grenzen. Was bisweilen zur Selbstüberhebung führte. Sie ließen Kirchen bauen, die mehr Gläubigen Raum boten, als die Stadt Einwohner hatte – wie Ulm mit seinem neunundzwanzigtausend Menschen fassenden Münster und einer Einwohnerzahl von knapp zwölftausend. (»Straßburgs Futteral« nannten die Ulmer in rührendem Hochmut ihre Pfarrkirche.) Sie konzipierten Türme von solch schwindelerregender Höhe, daß Jahrhunderte vergingen, ehe sie vollendet werden konnten. So in Köln, in Regensburg, in Ulm. In Straßburg, wo die Bürger den Geistlichen die Bauherrschaft über das Münster abgenommen hatten, wurde der Turm vollendet – aber nur einer, der hundertzweiundvierzig Meter hohe Nordturm; geplant waren zwei Türme, und auch wer nicht in der Kunstgeschichte zu Hause ist, sich aber sein Urteil bewahrt hat, wird beim Anblick des Münsters die Disharmonie bemerken. Auch für den Wiener Steffl war eine Doppelturmfassade vorgesehen, gebaut wurde nur der Südturm.

Steinfrass droht

Die Meldungen in unseren Zeitungen nehmen nur wenige Zeilen ein, erscheinen aber immer wieder. »Dom zerfällt«, heißt es da, »Deutschlands Wahrzeichen am Rhein verwittert durch Luftverschmutzung immer schneller«. Und: »Höchster Kirchturm der Welt gefährdet. Die Fassade des Ulmer Doms wird durch Abgase stark angegriffen«. Und: »Rettung in Sicht? Dombaumeister aus sieben Ländern berieten über

Maßnahmen, den Zerfall des Gesteins an den mittelalterlichen Kirchen zu verhindern.«

Figuren an den Fassaden verlieren ihre Gesichter. Die Ziertürme auf den Strebebögen drohen abzustürzen. Von den Kreuzblumen lösen sich zentimeterdicke Verwitterungsschalen. Strebepfeiler zeigen tiefe Risse. In den Gewölben sind Schlußsteine instabil geworden. Am Kölner Dom müssen pro Jahr hundertzehn Kubikmeter Stein erneuert werden – doppelt soviel wie früher. Das Freiburger Münster, mit dem, laut Jacob Burckhardt, schönsten Turm der Christenheit, war jahrelang Streitobjekt der Experten, die sich gegenseitig vorwarfen, die Schäden zu bagatellisieren oder zu dramatisieren. Das Ulmer Münster wird seine Gerüste nie mehr loswerden, und wer in der dortigen Bauhütte arbeitet, besitzt eine Lebensstellung.

Der schleichende Tod, der unsere Dome invalid macht, hat den Namen Steinfraß. Er geht mit Schwefeldioxyd zu Werke, das Schlote, Kamine und Auspuffrohre freisetzen. SO^2 verbindet sich mit Regenwasser zu Schwefelsäure, die den Kalkanteil der Bausteine in Gips verwandelt und sie damit zerstört. Sulfate und Nitrate bilden Salzkristalle, die bei Feuchtigkeit selbst das Porengefüge von Backsteinen sprengen. So viel wissen die Gelehrten. Aber was sie nicht wissen: wie im einzelnen bei den verschiedenen Gesteinsarten sich der biologische, physikalische und chemische Zerstörungsprozeß abspielt. Ehe man hier nicht weitergekommen ist, bleiben Schutzmaßnahmen lediglich Provisorien.

Die Versiegelung der Steine kann das Eindringen von Wasserdampf letztlich nicht verhindern. Die Behandlung mit wasserabweisenden Chemikalien auf Silikonbasis ist nur eine gewisse Anzahl von Jahren wirksam. Steine sind komplizierte Wesen, die auf die von der Industrie angebotenen verschiedenen Schutzmittel verschieden reagieren: manche lassen sich schützen, manche überhaupt nicht. So bleibt meist nichts anderes übrig, als die schadhaft gewordenen Steine auszuwechseln.

Dafür nimmt man Kunststein, ein Beton, der mit Natursteinsplit angereichert ist. Besser noch, aber viel teurer, ist Londorfer Basaltlava. Sie stammt aus dem in Hessen gelegenen Vogelsbergmassiv, ist extrem witterungsfest, leicht zu bearbeiten und behält auch nach längerer Zeit ihre graue Farbe. Das Auswechseln gleicht einer Sisyphusarbeit. Allein um eine Kreuzblume aus einem vierzig mal vierzig Zentimeter messenden Block Muschelkalk herauszuschlagen, braucht ein Steinmetz vier Wochen. Viel länger noch dauert die Wiederherstellung oder Nachgestaltung stark zerstörter Figuren. Und wie viele Kreuzblumen, Krabben, Fialen, Wasserspeier, Fensterrosen, Pfeiler, Säulen, Wimperge, Pässe, Rippen hat ein Dom! In Reims hat man allein zweitausenddreihundert verschiedene Steinplastiken gezählt.

Die Dome des Mittelalters, sie boten den Verfolgten Zuflucht, den Armen Herberge, den Glücklichen einen Festsaal, in ihren Mauern fanden die Verzweifelten Trost, die Hoffnungslosen Zuversicht, die Sorgenvollen Erleichterung. Die Menschen, die in ihrem Schatten wohnten, fühlten sich geborgen, und wenn sie aufblickten zu den himmelan strebenden Türmen, glaubten sie sich hinausgehoben über die Enge ihres Lebens. Sie spürten: dort wohnt Gott, und er wird mich nicht verlassen.

Die Wunder der Welt, vergleichbar nur mit den Tempeln Griechenlands, den Palästen Roms, den Pyramiden Ägyptens, überstanden Feuersbrünste, Erdbeben, Stürme, Kriege, selbst die Bomben des Zweiten Weltkriegs konnten sie nur beschädigen. Jahrhunderten haben sie getrotzt, für Jahrtausende waren sie gedacht. Nun scheint es, als würden Jahrzehnte genügen, sie dem Verfall preiszugeben. Bauten, vor denen die Zeit sich fürchtete, fürchten nun die Zeit.

VI Der Jüngste Tag

Danse macabre

»Da regt sich ein Grab und ein anderes dann: Sie kommen hervor, ein Weib da, ein Mann ... Das reckt nun ... die Knöchel zur Runde, zum Kranze, so arm und so jung, und so alt und so reich ... Nun hebt sich der Schenkel, nun wackelt das Bein, Gebärden da gibt es vertrackte, dann klipperts und klapperts mitunter hinein, als schlüg man die Hölzlein zum Takte.«

So klingt es aus Goethes Gedicht *Der Totentanz*. Es ist die x-te Variation eines Themas, das seine Faszination über die Zeiten hinweg bis in unsere Tage bewahrt hat. Allein die Liste der Maler, die sich mit dem Totentanz schöpferisch auseinandergesetzt haben, reicht von Manuel, Holbein, Borromini über Schwind, Rethel, Pocci bis zu Böcklin, Masereel, Kubin und Grieshaber.

»Bis in unsere Tage« bedeutet hier hohe Aktualität. »... merkwürdig, wenn nicht beängstigend gar«, heißt es in einer Untersuchung über die mittelalterlichen Totentänze von Gert Kaiser, die den Stand der jüngeren Forschung wiedergibt, »ist der Umstand, daß die zeitgenössische Kunst- und Theaterszene das Thema des Totentanzes neu entdeckt. Denn wann immer dies in der Vergangenheit geschah, wann immer also der Totentanz zu den Requisiten einer Zeitstimmung gehörte, war dies ein Zeichen für ein unterschwelliges Krisengefühl, für verborgene Ängste und Befürchtungen. Und so läßt sich nicht ausschließen, daß die Wiederentdeckung des Totentanzes durch Kunst und historische Wissenschaft ein Indikator für eine veränderte Zeitstimmung ist ...«

Entsprossen ist der Gedanke des Totentanzes dem Boden uralten Volksglaubens, wonach die Toten zu mitternächtlicher Stunde ihre Gräber verlassen, um auf dem Friedhof oder an Kreuzwegen ihre Tänze zu tanzen. Ein törichter Aberglaube, werden die Aufgeklärten unter uns sagen und bei der nächsten Beerdigung mit einem Kranz erscheinen, auf dessen Schleife geschrieben steht, der Tote möge »sanft ruhen« oder »die Erde möge ihm leicht werden«. Im Volk wird demnach, wenn auch meist unbewußt, durchaus noch geglaubt, daß dort unter dem Hügel ein Mensch seinen letzten Schlaf schläft. Und wer schläft, kann auch erwachen.

Oder woher käme sonst die – heute noch weit verbreitete – Furcht, um Mitternacht über den Friedhof zu gehen?

Auch für die Kirche war der Glaube, daß die Toten nachts tanzen, weil unvereinbar mit dem Dogma, ein Aberglaube, den es zu bekämpfen galt. Wie so oft jedoch halfen gegen Heidnisch-Atavistisches weder Kreuz noch Weihwasser; und die Priester verfuhren in solchem Fall nach bewährtem Muster: Urtümliches wurde christlich angepaßt. Die Toten durften weiter tanzen, waren aber nun arme Seelen, arm deshalb, weil sie unbußfertig aus dem Leben geschieden und deshalb keine Ruhe finden konnten.

Ob der Totentanz in Frankreich entstanden ist als *Danse macabre* oder in Deutschland, bleibt strittig. Obwohl die neuere Forschung mehr zu Deutschland neigt, ausgehend von dem um 1350 in einem mainfränkischen Kloster entstandenen *Würzburger Totentanz,* wohl auch deshalb, weil nach ausländischem Urteil so viel Makabres nur die von ewiger Todessehnsucht geplagten Deutschen erfinden konnten. Unstrittig ist, daß die um die Mitte des 14. Jahrhunderts die Länder zwischen Rhein und Elbe heimsuchende Pest den Tanz auf entsetzenerregende Weise populär werden ließ. Das Grauen hatte die Gemüter dafür empfänglich gemacht.

Die Geistlichen, die das Volk zur Buße aufriefen, stellten den Totentanz in den Mittelpunkt ihrer Predigten. Wenn die Menschen nicht büßten und ihre Sünden ablegten, würde der Pesttod auch sie holen. »Memento mori« – »Gedenke des Todes!« riefen die Prediger und ließen Bilderbogen herumgehen, auf denen der Tod abgebildet war, wie er als Spielmann mit Fiedel oder Flöte zum Tanz aufspielte, die Jungen und die Alten, die Großen und die Kleinen in seinen mörderischen Reigen zwingend. Oder sie zeigten den Totentanz wie in Basel und in Lübeck, in Hamburg und in Berlin, auf große, die Wände der Kirchen schauerlich schmückende Wandbilder, die mit Spruchbändern oder Texten versehen waren.

Die Figur des Todes war weit bekannt als Skelett, das die Sense führte, der Schnitter Tod; als Jäger, der mit Pfeil und Bogen auf Menschenjagd ging; als apokalyptischer Reiter, der über Leichen dahinsprengte; als Megäre mit Fledermausflügeln; als Kutscher, der einen von Ochsen gezogenen Karren lenkt; als grinsendes Skelett mit dem Stundenglas in der Knochenhand. Nun wurde er zum Spielmann, zum Tänzer, womit er auf perverse Art Christus nachahmte, der als heiliger Vortänzer im Reigen der Erlösten dargestellt wurde.

»In diesem widersprüchlich-spannungsvollen Sachverhalt, Vitalität und Tod – Totentanz und Lebenslust – ist viel von dem Geheimnis der Totentänze: das immer auch lustvolle Erschrecken und Grausen. Denn der mittelalterliche Totentanz ist für eine Zeit gedichtet und gemalt, die weiß, daß der Tanz immer Liebesspiel und Liebeswerben und daß sein Ziel die endliche Vereinigung ist ... Das Makabre beruht eben darauf, daß das Totengerippe die intensivste Form des Lebens, den Tanz, nachäfft, daß der Tod eine burleske Imitation des Lebens betreibt.«

Die Künstler malten den Tod buchstäblich an die Wand. Angst sollte er den Menschen machen, Angst war ein wirksames Mittel, sie zur Umkehr zu bewegen. Unbewußt aber dienten die Bilder auch, und hier schimmert uralter heidnischer Abwehrzauber hindurch, den Schrecken zu bannen, denn was man sehen konnte, hatte bereits etwas verloren vom Unfaßlich-Drohenden.

Der Tod hat keinen Respekt vor den Reichen und Mächtigen dieser Welt. Er holt sie alle, ohn' Unterschied, und er nimmt keine Rücksicht auf ihr Ansehen und ihren Reichtum. Das Memento mori wird zur Ständekritik: welch eine Genugtuung für den elenden Tagelöhner, den unbehausten Fahrenden, den hungernden Kätner, den zerprügelten Lehrling, daß den Großen ihre Macht, die sie im Leben so oft mißbraucht, und ihr Geld, das sie so oft für unwürdige Zwecke vergeudet hatten, nichts mehr half, wenn er an die Türe klopfte. Vor ihm sind alle gleich, ist alles eitel, alles vergänglich. Selbst mit dem Papst und dem Kaiser, den Inhabern der höchsten Ämter dieser Welt, geliebt von wenigen, gefürchtet von allen, machte dieser Teufelskerl von Tod wenig Federlesens. Blockbücher, wie die in Buchform gefaßten Holzschnittfolgen genannt wurden, gingen im Volk von Hand zu Hand, und man darf annehmen, daß bei den Betrachtern dieser ersten Bestseller – Leser wäre zuviel gesagt in einem Zeitalter verbreiteten Analphabetentums – der Schrecken mit dem Behagen sich wunderlich mischte.

Im Würzburger Totentanz, der vermutlich von Bettelmönchen, Dominikanern, geschrieben wurde, jammert *der Papst:*

Ich was ein heiliger pabst genant
dieweil ich lebt, an forcht bekant.
nun wird ich gefürt frevelich
zu dem tod. Ich wer mich üppiglich.

Der Tod, ungerührt:

Her pabst, merkt auf der pfeifen ton,
ir sullet darnach springen schon [schön],
es hilft dafür kein dispensieren,
der tod will euch den tanz hofieren.

Befremdet, ja beleidigt meint *der Kaiser:*

Ich kund das reich in hoher eren
mit streit und fechten wol gemeren,
nun hat der tod überwunden mich,
das ich bin weder keiser noch menschen glich.

Der Tod, wie man ein Kind belehrt:

Her Keiser, euch hilft nit das schwert,
zepter und krone sind hie unwert.
ich han euch an die hand genomen,
ir müst an meinen reien komen.

Voller Bitternis klagt *die Kaiserin:*

Wollust hett mein stolzer leib,
do ich lebt als eines keisers weib.
nun hat mich der tod zu schanden bracht,
das mir kein freud ist mer erdacht.

Der Tod, voller Spott:

Ich tanze euch vor, frau keiserin,
springt mir nach, der rei ist min.
die sperbrecher sind von euch gewichen,
der tod hat euch allein erschlichen.

Einer nach dem anderen reiht sich ein. Der König. Der Kardinal. Der Patriarch. Der Erzbischof. Der Herzog. Der Bischof. Der Graf. Der Abt. Der Ritter. Der Jurist. Der Chorherr. Vierundzwanzig jäh dem Leben entrissene Menschen treten zum letzten Tanze an. Jeder hat etwas vorzubringen, schildert seine Verdienste; weist darauf hin, wie wichtig gerade sein Amt gewesen sei; und hinter jedem ihrer Worte steht die Frage: warum jetzt schon, warum gerade ich?

Der Arzt fragt sich verzweifelt, warum er, der so viele Menschen durch sein »harn schauen« gesund gemacht habe, keine Arznei weiß gegen die Todwundheit. Der Kaufmann versucht, den Tod zu bestechen mit seinen »kisten und kasten vol«. Das *nünlein* begreift nicht, daß selbst lebenslanger Gottesdienst – »was hilft mich nun mein beten« – niemanden zu retten vermag. Auch der Koch konnte »des köstleins« nicht finden, den Sensenmann zu überwinden. Die Edelfrau meint, eigentlich sollte sie sich freuen über die Musik, doch »dis tanzgesang hie fälschlich lügt«. Der Chorherr, der so »manch lieblich Melodie« gesungen hatte, findet des Todes Pfeife erschreckend mißtönend. Der Bauer, der so oft geseufzt hatte über sein schweres Los und sich den Tod herbeigewünscht, will nun nichts mehr von ihm wissen. Und so der Edelmann, das Kind, die Mutter. Nur der Krüppel wehrt sich kaum: die Genugtuung, mit jenen zusammen im Reigen gehen zu können, die ihn zeitlebens keines Blickes gewürdigt, ist stärker als die Todesangst.

Zum Schluß wendet sich der Prediger in einem erschütternden Memento mori an seine Gemeinde:

O mensch, sich [sieh] wie du tust,
wann in der erd du faulen must.
du warst nie [noch] so hoch oder so weis,
du must werden der würm speis,
gedenk, du must manchen schönen tag

ligen und faulen in dem grab.
und niemand nit weiß von dir.
o armer mensch, wes [er]warten wir?
wir wissen weder zeit noch stund,
morgen tot, heute gesunt.
niemand weiß seines lebens frist
als lang, als ein kleines weilen ist.
wir warten des, das niemand sicht,
das uns herz und leben zerbricht.

o mensch ker von sünden und ruf an
Mariam, die dir helfen kan.
geb got dei sel, er dir sie gab,
so machstu an dem jünsten tag
vor got frölich erstan,
wiltu von sünden lan.

»Media vita in morte sumus«

Es hat wohl kaum ein Zeitalter gegeben, das so vom Tod durchdrungen war, bis in seine letzten Lebensäußerungen, wie das späte Mittelalter. Der Knochenmann schien allgegenwärtig.

Neben dem Motiv des Todes als Spielmann, der die Menschen aus jedem Alter und jedem Stand heraus in seinen Reigen zwingt, steht die Klage darüber, wie rasch der Ruhm der Welt, die Herrlichkeit vergangener Zeiten und die Schönheit vergehen. Was ist mit dem Zauber Athens und dem Glanz Roms, wohin ist die Furchtbarkeit Nebukadnezars, des Cäsars erhabene Herrschergewalt, des Aristoteles Geisteskraft und der Kleopatra blühendes Antlitz? Dahin, dahin, von den Würmern zerfressen, zu Staub zerfallen, kaum daß Erinnerung blieb, ein Name.

Nichts ist ewig, ewig ist nur der Tod, alles ist vergänglich. Die Schöne, die dort mit ihrem Buhlen geht, heiter, festlich gewandet, blühend vor Lebenskraft – ihre zarten Brüste werden verfaulen, die frischen Lippen verdorren, der Schoß vermodern in jener Stub' mit Spinnenweb umzogen. In Stein gehauen erscheint Frau Welt, ihren wollüstigen Leib nackt darbietend, während auf ihrem Rücken ekles Gewürm seine schaudervolle Arbeit bereits begonnen hat. Die Bildnisse auf den Gräbern zeigen nicht mehr nur friedlich ruhende Menschen, die Hände zum Gebet gefaltet, Kadaver sind es jetzt bisweilen, mit den Zeichen der Verwesung, dargestellt in schrecklichem Realismus: schreiende Münder, verdrehte Glieder, herausquellende Därme.

Italienpilger bringen Holzschnittblätter mit, die die Wandgemälde des Campo Santo in Pisa wiedergeben, *Triumph des Todes* genannt. Darunter ist die berühmt gewordene Darstellung von den drei Lebenden und den drei Toten. Eine Jagdgesellschaft adliger Herren und Damen trifft unverhofft auf drei offene Särge, in denen drei Leichen liegen; die eine trägt noch ihre Kleider, die andere ist halb verwest, die dritte bereits ein Knochengerüst. Einer der Reiter hält sich des Gestankes wegen ein Tuch vor die Nase, sein Pferd sieht aus, als würde es im nächsten Augenblick scheuen.

In der Legende, die dieser Darstellung zugrunde liegt, geben sich die Dahingeschiedenen als die Väter der Edelleute zu erkennen und warnen die Söhne vor Weltlust und Eitelkeit. »Quod fuimus, estis, quod sumus, eritis« – »Was ihr seid, das waren wir! Was wir sind, das werdet ihr sein!« Ein uralter Sinnspruch, schon von Griechen und Römern in die Grabsteine gemeißelt, um an die Vergänglichkeit alles Irdischen zu mahnen, heute noch über den Pforten alter Dorffriedhöfe zu finden. »O mynsche ... an de erden, wat ick nu bin, dat warstu werden«, lautet seine niederdeutsche Version.

Der Gedanke, daß der Mensch, den Gott geschaffen hatte nach seinem eigenen Bilde, sich nach dem Tod in einen »stinkenden Madensack« verwandelte, in einen »Drecksbeutel aus Schleim und Galle«, wie man sich in gewohnt anschaulicher Derbheit ausdrückte, schien undenkbar. Man beneidete jene, in Katakomben zu besichtigenden Leichname, die durch die Gunst von Klima, Boden und Bestattungsweise, durch ein »Wunder« also, relativ unversehrt geblieben waren. Maria war in ihrer leiblichen Gestalt gen Himmel gefahren, Christus saß, unversehrt, zur Rechten Gottes, die Heiligen erfreuten sich eines heilen Corpus – man sah ein, daß solches einem gewöhnlichen Sterblichen nicht beschieden sein konnte; doch die irdische Auflösung wollte man zumindest ein wenig aufschieben.

Wer in fernen Landen starb, wurde im Kalkfaß in die Heimat übergeführt. Ein Transport, den, der Kosten wegen, sich nur Wohlhabende leisten konnten. War diese Transportart aus den verschiedensten Gründen nicht möglich, ging man der zu erwartenden Verwesung radikal zu Leibe. Der Leichnam wurde zerschnitten und so lange in siedendem Öl gekocht, bis das Fleisch sich von den Knochen gelöst hatte. Zusammen mit den vor dem Kochen entfernten Eingeweiden wurde es an Ort und Stelle begraben, die Gebeine zur feierlichen Bestattung in die Heimat gebracht. Als Kaiser Friedrich I. Barbarossa aus dem Hause der Staufer im Heiligen Land umgekommen war, legten die Ritter seinen Körper in einen Zuber mit Essig. Da Essigessenz die Verwesung nicht aufzuhalten vermag, blieb ihnen nichts anderes übrig, als den Leichnam in der beschriebenen Weise zu präparieren.

Der Tod war den Menschen ein vertrauter Geselle, vertraut, nicht geliebt. Sie hingen mit allen Fasern und ungeheurer Lebenslust an dieser Erde, von der die Kirche behauptete, daß sie ein Jammertal sei. Man hatte ja nicht allzuviel Zeit zum Leben, gerade fünfunddreißig Jahre, höher war die

Lebenserwartung nicht, auch wenn diese Berechnung wegen der hohen Kindersterblichkeit ein etwas verzerrtes statistisches Bild ergibt. Fünfzigjährige waren alte Leute, Sechzigjährige galten als Greise, deren Rat aufgrund ihrer langen Lebenserfahrung begehrt war, vor Siebzigjährigen verneigte man sich in Ehrfurcht (denn das Alter wurde – im Gegensatz zu heute – hoch geehrt). Nichts jedenfalls traf weniger zu als der Psalm, wonach des Menschen Leben siebzig Jahr' währet, und wenn es hoch komme, achtzig.

Man liebte das Leben und hatte Angst vor dem Tod, aber man verdrängte ihn nicht. »Media vita in morte sumus«, der Sinnspruch des Dichtermönchs Notker aus St. Gallen, der bei Luther zum Lied wurde – »Mitten im Leben sind wir vom Tod umgeben« –, war keine Phrase. Dafür sorgte schon der Kirchhof, der seinem Namen gemäß bei der Kirche lag, mitten in der Stadt also, dessen Gräber man bei jedem Kirchgang mahnend vor Augen hatte. Man lebte mit den Toten, gedachte ihrer und besuchte sie nicht nur an den dafür bestimmten Feiertagen wie Allerseelen, Allerheiligen. In den Gedenkbüchern notierte man bis ins Detail, wie der Großvater zu Grabe getragen wurde, ob die Großmutter eine »schöne Leich« war, wie viele Seelenmessen man für den Vater gelesen, wie viele Leute von der Mutter Abschied genommen hatten. Sie wurden von Generation zu Generation weitergereicht, nicht nur als ein Vermächtnis, sondern als richtige Lesebücher. Die Erinnerung an Tod und Begräbnis empfand niemand als Belastung oder Belästigung.

Die Enge der Kirchhöfe zwang dazu, die Gräber nach kurzer Zeit wieder neu zu belegen (bisweilen schon nach drei bis vier Jahren); wobei man »der verstorbenen gebain, Hirnschalen und Hauptschedel« exhumierte, reinigte und – »ordentlich zusamgeleget und aufgebeuget« – in die Beinhäuser überführte. Ihr Anblick sollte die Lebenden zu Mitleid und Gebet für ihre Toten mahnen. Viele Schädel trugen Bemalungen wie Rosen,

Blattkränze, Kreuze, Schleifchen, auch Inschriften. Als Maler dienten die Totengräber, der Dorfschullehrer oder einfach ein Angehöriger. (»Gemalen durch seine noch lebende Tochter Anna Huber, dermalige Springerin von Högling«, lesen wir auf einem aus einer späteren Zeit stammenden Schädel.)

Die Kunst des Sterbens

Auf seine Sterbestunde bereitete sich jeder sorgfältig vor. Nichts war mehr gefürchtet als der plötzliche Tod, der einen vor Gottes Richterstuhl führte, ohne für die letzte Reise von der allerheiligsten Kirche versehen worden zu sein.

Die beste Vorbereitung wäre ein gottgefälliges Leben gewesen, doch das Fleisch ist, wie wir wissen, schwach, und da niemand seine Seele sündenlos hätte darbieten können, mußte mit guten Taten und Werken nachgeholfen werden. Wallfahrten gehörten dazu, Armenhilfe, die Stiftung eines Ewigen Lichtes, eines Kirchenstuhls oder gar eines Altarbilds. Wer das alles zu Lebzeiten versäumt hatte, konnte einen Teil seines Vermögens der Kirche testamentarisch überlassen, eine Möglichkeit, von der viele Gebrauch machten. So geizig der Sterbende zu seinen Lebzeiten gewesen sein mochte, jetzt spendete er, zum Kummer der Erben, mit vollen Händen, denn ein der Kirche günstiges Testament galt als der beste Passierschein für den Himmel.

Zur Vorbereitung auf den Tod gehörte es, daß man in einer *Ars moriendi* las oder, wenn man nicht lesen konnte, die Bilder dort betrachtete. In diesen weitverbreiteten Büchern wurde die Kurst des Sterbens gelehrt. Ihre Verfasser waren davon durchdrungen, daß der Mensch diese Kunst lernen könne, ja müsse. Eine Überzeugung, die wir gerade wieder zu entdecken beginnen. Er sollte durch die Lektüre erfahren, »wie man sich schicken sol zu einem kostlichen seligen tod«. Wer diese Kunst erlernen wolle, solle das zur rechten Zeit tun, nicht erst dann, wenn er sich sterbenskrank fühle, sondern noch bei guter Gesundheit war.

Rechtzeitig möge er sich auch umsehen nach einem guten, möglichst jüngeren Freund, der fest versprach, ihm in Todesnot beizustehen, dem er wiederum gelobte, ein nämliches zu tun; je nachdem, wer länger lebe. Auf welche Weise das heikle Amt des Sterbehelfers auszuüben ist, dafür werden genaue Anweisungen gegeben. (»Wie man den krancken und sterbennden mennschen ermanen, trösten und Gott bevelen sol, das er von dieser welt seligklich abscheid.«) Neben Vorlesen, Vorbeten, Fragen, Ablenken, Gesprächen über die Sünden, Vorhalten von Kreuz und Heiligenbildern wird als wichtigster Punkt die Mahnung hervorgehoben, den Kranken nicht durch eitle Hoffnung auf Genesung von der rechten Sterbebereitschaft abzuhalten.

Eine Lübecker *Ars moriendi* bezeichnet die Sterbekunst als Kunst aller Künste und legt in zweiundzwanzig Kapiteln präzis fest, was in der Todesstunde alles zu beachten sei. Das reicht von der Art des Todes, über seine Vorboten bis zu den Anfechtungen und den Gebeten in der letzten Stunde.

Das berühmteste Sterbebüchlein des späten Mittelalters ist die *Ars moriendi der fünf Anfechtungen,* in deren Mittelpunkt elf Holzschnitte stehen. Sie schildern, wie der Unglaube, die Verzweiflung, die Ungeduld, der Dünkel und der Geiz den Sterbenden in Gestalt teuflischer Wesen zu beeinflussen suchen. Jetzt, in seiner letzten Krankheit, wittern sie ihre Chance, seine Seele in die Hölle zu entführen. So gaukelt ihm der Unglaube vor, daß mit dem Tode alles aus sei; zählt ihm die Verzweiflung seine Sünden auf, besonders die nicht gebeichteten; flüstert ihm die Ungeduld zu, daß Leiden sinnlos sei, weil niemand von den Angehörigen mitleide, sondern nur auf das Erbe warte; lockt der Dünkel mit goldenen Kronen; lenkt der Geiz die Gedanken auf das, was alles zurückbleiben müsse. Nach jeder Versuchung jedoch kommen Engel zu Hilfe, weisen den rechten Weg, bis schließlich Christus am Kreuz erscheint, die Versucher verjagt und die Seele rettet.

»Und als er sein Ende nahen fühlte ...«, lesen wir in alten Chroniken. Oder: »Wie denn seine Zeit erfüllt war ...« Oder: »... und als es kam zum Sterben.« Die meisten Menschen schienen das Nahen des Todes gespürt zu haben. Sie hatten eine Vorahnung. Was sich darauf im einzelnen ereignete, glich beinah einem Ritual. Der Sterbende legte sich nieder, auf den Rücken ausgestreckt, damit das Auge dem Himmel zugewandt war. Die Verwandten wurden herbeigerufen, Freunde kamen, Nachbarn, die Kinder wurden hereingeführt, man betete gemeinsam. Der Sterbende blickte zurück auf sein Leben, sprach über seine guten Zeiten und seine bösen Zeiten, bat alle jene um Verzeihung, von denen er glaubte, daß er sie beleidigt habe, ihnen übelgetan, sie geschädigt, und forderte seine Angehörigen auf, so weit das noch möglich war, alles wiedergutzumachen, auch dazu, alte Schulden zu bezahlen. Er bestimmte, wo er bestattet sein wollte, und empfahl dem lieben Gott seine Hinterbliebenen.

Nachdem er sich solchermaßen von der Welt verabschiedet hatte, faltete er die Hände zum Sterbegebet, in dem er seine Schuld eingestand und sich als reuigen Sünder bekannte. »Wahrer Gott Vater, rette auch meine Seele wegen der Sünden, die ich in meinem Leben beging.« Der Priester trat an das Bett, erteilte die Absolution, opferte Weihrauch, besprengte den Körper mit Weihwasser und spendete dem Dahinscheidenden die Sterbesakramente, das bedeutete den Leib und das Blut Christi in Gestalt des Brotes und des Weins.

Der Sterbende sagte seiner Familie und seinen Freunden ein letztes Lebewohl und erwartete, nunmehr alleingelassen, den Tod.

So das Ritual, das natürlich nur eingehalten werden konnte, wenn der Dahinscheidende die physische Kraft dazu besaß.

Die seelische Kraft hatte er jedenfalls, und hierin unterscheidet sich der Tod im Mittelalter in eklatanter Weise vom Tod in unserer Zeit. Anstelle des im Bewußtsein des nahenden Endes dahingehenden Menschen haben wir den in eine Klinik eingelieferten Kranken, dem der Arzt verheimlicht, daß er bald sterben müsse, den die Angehörigen belügen, für den eine entwürdigende Komödie aufgeführt wird mit Texten wie »Das wird schon alles wieder werden«, »Bald bist du wieder daheim«, »Du wirst mindestens hundert«. Sie verschweigen ihm den nahenden Tod aus Angst vor dem unausweichlichen eigenen Ende und trösten im Grunde sich selbst. Der Tod paßt nicht mehr in eine Welt, die alles im Griff zu haben glaubt und die es verstören muß, daß es Dinge zwischen Himmel und Erde gibt, die trotz Technik und Wissenschaft, in der sie es so herrlich weit gebracht, nicht zu bewältigen sind. Und weil nicht sein kann, was nicht sein darf, wird Thanatos, der Sohn der Nacht und Bruder des Schlafs, wie die Griechen ihn sahen, einfach verleugnet. Selbst die Worte sind tabuisiert: wir »sterben« nicht mehr, wir »schlafen ein«, wir werden »abberufen«, wir sind »heimgegangen«, allenfalls »verscheiden« wir.

Und wir empfinden Genugtuung, wenn uns die Täuschung des Todkranken perfekt gelungen ist. »Na, wenigstens hat er von nichts gewußt.«

Er findet seine Opfer immer seltener daheim. In den deutschen Städten erleben drei Viertel aller Menschen ihre letzte Stunde im Krankenhaus. Betreut von den Apparatemedizinern, die das Leben auch dann noch erhalten, wenn der Körper nur noch eine Vitalkonserve ist, Objekt einer Maschinerie, die einem Sterben in Würde genauso Hohn spricht wie die mancherorts noch immer geübte Praxis, den Sterbenden mit seinem Bett in eine Abstellkammer oder ein Badezimmer zu schieben, *ab*zuschieben. Niemand weiß, was in den letzten Stunden seiner – scheinbaren – Bewußtlosigkeit in ihm vorgeht, welche Höllen er durchleidet.

In der Erzählung *Der Tod des Ivan Iljitsch* hat Leo Tolstoi diese Komplicenschaft des Totschweigens und der Lüge in so ergreifender wie anklagender Weise geschildert. »Das, was Ivan Iljitsch am meisten quälte, war die Lüge – jene aus irgendeinem Grunde von allen verbreitete Lüge, daß er nur krank sei und keineswegs auf den Tod darniederläge und daß er sich nur ruhig verhalten und sich kurieren lassen müsse, damit etwas sehr Schönes dabei herauskomme. Denn er wußte ja: was immer auch getan wurde, es konnte nichts dabei herauskommen, außer noch qualvollerem Leiden und dem Tode. Und ihn quälte diese Lüge; es quälte ihn, daß jene nicht eingestehen wollten, was alle wußten und was auch er selber wußte, sondern daß es ihr Wille war, ihn angesichts seiner entsetzlichen Lage zu belügen, und daß sie nicht nur wünschten, er solle selber an dieser Lüge teilnehmen, sondern daß sie ihn sogar dazu zwangen.

Lüge – diese noch am Vorabend seines Verscheidens sich über ihm vollziehende Lüge, die die furchtbare und feierliche Tatsache seines Todes ... herabdrücken mußte, ... dies war für Ivan Iljitsch das allerqualvollste.«

Der französische Historiker Philippe Ariès ergänzt die Worte des Dichters mit den letzten Worten eines Paters, der, als er mit Schläuchen und Röhren gespickt auf der Intensivstation lag, einem am Bett wachenden anderen Pater zuflüsterte: »Bruder, ich werde um meinen Tod betrogen ...«

Doch sind die Sterbenden selbst meist Komplicen des Schweigens, weil sie nicht wissen *wollen,* was sie wissen *sollten.* Milieu, Erziehung und die seit der Mitte des 19. Jahrhunderts einsetzende Entwicklung zur (un)frommen Lüge haben ihnen längst die Kraft genommen, dem Unausweichlichen bewußt entgegenzutreten, wie der Mensch des späten Mittelalters es noch vermochte.

Ihr unausgesprochener Wunsch ist es, betrogen zu werden. Wie weit entfernt sind wir von der Erkenntnis, daß der Tod, so wie die Geburt, ein Bestandteil des Lebens ist und unserer Existenz erst einen Sinn gibt! In jüngster Zeit aber ist der Tod wieder ins Gerede gekommen. Die Thanatologen, wie die Sterbeexperten genannt werden, haben Konjunktur mit ihren Büchern, das heißt, hatten Konjunktur, so als sei die Besinnung auf den Tod lediglich eine Mode gewesen. Doch findet man in größeren Buchhandlungen immer noch zwei Dutzend Titel zum Thema Sterbehilfe, eine Hilfe, die das Sterben in Würde zum Ziel hat, den Tod wieder in den Lebensplan einbezieht und in unseren Alltag verwebt. Die Bücher sind im Grunde nichts anderes als eine moderne *Ars bene moriendi,* eine Anleitung, das Sterben zu erlernen zu einer Zeit, da der Tod noch fern scheint.

Mit den mittelalterlichen Sterbebüchlein weisen sie eine frappierende Gemeinsamkeit auf. Anstelle der geschilderten fünf letzten Versuchungen durch den Teufel stehen fünf Phasen, die nach den Beobachtungen von Ärzten jeder Sterbende durchläuft: Nichtwahrhabenwollen (»Wie oft haben Ärzte sich schon geirrt«); Zorn und Verbitterung (»Warum gerade ich? Schuld ist nur dieses Krankenhaus«); Handel mit dem Schicksal und Griff nach dem Strohhalm (»Wenn ich hier wieder herauskomme, dann werde ich …«, Arztwechsel, Konsultierung eines Außenseiters); es folgen Versprechungen wie »ein besseres Leben anfangen«, »eine Wallfahrt antreten« usw.; Depression und Haß auf die Lebenden (»Wie soll es bloß ohne mich weitergehen?« – »Ich will niemanden mehr sehen«); Kapitulation vor dem Unausweichlichen, nicht mehr Änderbaren.

Der Ackermann aus Böhmen

Bei aller Vertrautheit mit einer Macht, die ihnen auf Schritt und Tritt begegnete, bei aller Gefaßtheit in ihrem letzten

Stündlein, der Tod blieb für die Menschen des ausgehenden 14. und 15. Jahrhunderts der böse Feind. Bisweilen sprachen ihre Dichter aus, was sie alle fühlten: warum ist gegen den Knochenmann kein Kraut gewachsen; warum kann man ihn nicht schlagen, treffen, besiegen; warum eigentlich macht ihm niemand den Prozeß, klagt ihn keiner an wegen seiner Willkür und Erbarmungslosigkeit, deren er sich ständig strafbar macht?!

Der Magister Johannes von Tepl, seines Zeichens Notar und Stadtschreiber im böhmischen Saaz, entschloß sich, diesen Prozeß zu führen, nachdem er ohnmächtig hatte ansehen müssen, wie ihm der Tod das Liebste entriß, was er auf Erden besaß – seine junge Frau Margaretha. In einem Streitgespräch, das unter dem Titel *Der Ackermann aus Böhmen* als Meisterwerk spätmittelalterlicher Prosa in die Literaturgeschichte eingegangen ist, geht ein Bauer, und das ist Johannes selbst, mit dem Tod ins Gericht: persönliches Schicksal wird zum allgemeinen menschlichen Schicksal erhoben.

»Grimmiger tilger aller lant, schedlicher echter [Vernichter] aller werlt, freissamer [schrecklicher] morder aller leut, her Tot, euch sei verflucht!« Mit einem Fluch, wie er in der Prozeßordnung üblich war, beginnt der Ackermann und bekräftigt ihn mit der die Anklage rechtsgültig machenden Formel: »Von mir und aller menniglich [jedermann] sei über euch ernstlich zeter geschrien mit gewunden henden.«

Der Tod erscheint, ruft zur Mäßigung und fordert, den Gegenstand der Anklage und den Prozeßgegner kennenzulernen. Der Ackermann antwortet mit einem erneuten Fluch und schreit in wildem Schmerz dem Mörder seiner Frau entgegen: »Frut [frisch] und fro was ich vormales zu aller stunt; kurz und lustsam was mir alleweil tag und nacht, in geleicher maße freudenreich, wunnenreich, sie und ich beide; ein jegliches Jar was mir ein gnadenreiches jar. Nun stee ich armer mann allein; verswonden ist mein lichter stern an dem himmel, mein frideschilt für ungemach; zu raste ist gegangen meines heiles sunne. Nicht mehr geet auf mein licht brechender morgenstern, gelegen [verblichen] ist sein schimmern; keinen leidvertreib han ich mere; die finster nacht allenthalben vor meinen augen!« Und er weint bitterlich, als er ausruft: »Ir habt meiner wunnen lichte sumerblumen mir aus meins herzen anger jemerlich ausgereutet.«

Der Tod hört ihn ungerührt an, fragt, worüber er sich eigentlich beklage, habe er doch Frau Margarethen bei stolzem Leib und besten Lebtagen geholt. Sei das nicht der Abschied, den die Philosophen seit eh und je allen Menschen wünschen: dann zu gehen, wenn das Fest des Lebens am schönsten sei, ohne Weh und Ach, ohne die Bürden kränklichen Alters? Er herrscht ihn an: »Schweig! Enthalt dich! als [so] wenig du kanst der sunnen ir licht, dem feuer sein hitz oder dem wasser sein nesse benemen, als wenig magstu unser macht berauben!« Geradezu erstaunt setzt er hinzu: »Du fragest, von wann wir sein. Wir sein von dem irdischen paradiße. Da tirmet [schuf] uns got und nant uns mit unserem rechten namen, do er [zu den Menschen] sprach: ›Weliches tages ir essen werdet von der verboten speis, so werdet ir sterben des todes!‹«

Der Ackermann gibt nicht auf und versucht, seinen Prozeßgegner in die Enge zu treiben. Wenn Gott in seiner Gerechtigkeit ihn geschaffen habe, warum gehe er dann so ungerecht vor mit seiner Sense grausamer Schneide? »Wie ist dann dem, das sie mer disteln dann guter blumen und mehr böser leut dann guter unverserete leßt beleiben? Wo sint die frumen, achtbern leut, als vor zeiten waren? Ir hab sie alle hin, ohn unterschied, und meine schöne und zarte ermort! die snöden sint noch alda. Ist das rechte gemeet? Ist das rechte gericht?«

Dem Tod werden die Klagen und Anklagen langsam lästig. Was will dieser Mensch, weiß er nicht, daß seine Gattung im

Schöpfungsplan ziemlich entbehrlich ist? Solch ein Gezeter hat er noch nicht erlebt. Alexander der Große, Paris von Troja, die schöne Helena, Kaiser Karl, Dietrich von Bern, Aristoteles, König David, der weise Salomon, sie alle waren klaglos mit ihm gegangen. »Do wart uns mer gedankt dann gefluchet«, sagt er in phantastischer Übertreibung. Doch der Ackermann läßt immer noch nicht nach, und die beiden Kontrahenten steigern sich hinein in einen Streit der Prinzipien: Werden oder Vergehen, Leben oder Sterben.

»Alle irdische lieb muss zu leide werden: leit ist liebes ende«, meint der Tod, jetzt ganz philosophisch und auf der Höhe stoischer und augustinischer Weltverachtung. »Der freuden ende trauren ist, nach lust unlust kumet, willens ende ist unwille. Zu solichem ende laufen alle lebendigen ding.«

Er bemüht schließlich sogar den lieben Gott: ER persönlich habe ihn zum Herrn der Erde bestellt. Das aber will der nimmermüde Ackermann etwas genauer wissen, und so rufen sie IHN auf, daß er den Streit entscheide.

Der Herrgott verweist die Gegner in ihre Schranken. Der Ackermann möge bedenken, daß das, was er als Verlust beklagt, gar nicht sein Eigentum gewesen sei. »Er wenet nicht, das sie [die Gemahlin] im von Uns ist verlihen.« Der Tod solle sich nicht so aufspielen. Er »berümet sich gewaltiger herschaft, die er doch alleine von Uns zu lehen hat emphangen.«

Bevor ER sein Urteil spricht, bemüht er sich, ganz wie ein irdischer Richter, um eine Urteilsbegründung. »Der streit ist nicht gar on sach [ohne Grund]. Ir habt beide wol gefochten: *den* twinget leit zu klagen, *diesen* die anvechtigung des klägers die warheit zu sagen. Darumb: Klager habe ere! Tot habe sig! Seit [da] jeder mensch dem Tot das leben, der erden den leib, die sele Uns pflichtig ist zu geben.«

Ein erstaunliches Urteil. Es erkennt dem Tod den Sieg zu, und insofern entspricht es dem mittelalterlichen Weltbild der Gottergebenheit, gleichzeitig aber weist es die Klage des

Ackermanns nicht als Blasphemie zurück: dem Manne, dem Menschen also, muß erlaubt sein, auch einmal aufzubegehren gegen das allmächtige Schicksal und der Welten Ordnung. Hier zeigt sich ein neuer, geradezu ungeheuerlicher Gedanke: die Erweckung der Persönlichkeit. Die Renaissance, in Italien längst auf dem Vormarsch, beginnt, an die Tore zu pochen.

Der Welten Ende

»Als das sechste Siegel gelöst wurde, da entstand ein Beben und die Sonne ward schwarz als ein hären Gewand und der Mond ward wie Blut, und die Sterne des Himmels fielen zur Erde, wie wenn ein Feigenbaum, vom Sturm geschüttelt, seine Früchte wirft, und der Himmel riß auseinander und jeder Berg und jede Insel ward weggerückt von ihrer Stelle. Und der Erde Könige und Edlen und Gebieter und die Reichen und jeder Sklave und jeder Freie verbargen sich in den Höhlen und sagten zu den Bergen und Felsen: Fallet auf uns und verbergt uns vor dem Antlitz dessen, der auf dem Thron sitzt; denn gekommen ist der Große Tag des Zorns und wer vermag zu bestehen?«

Die archaische Sprachgewalt, mit der hier der Tag vor dem Jüngsten Gericht geschildert wird, verfehlt noch heute ihre Wirkung nicht. Wie auch das biblische Buch, aus dem der Text stammt, nun schon fast zwei Jahrtausende zeitgemäß geblieben ist: die Apokalypse des Johannes. Die Vorstellung des Weltendes hat die Menschheit von jeher fasziniert, eine Faszination, die vom Schrecken und von der Hoffnung, vom Glauben und vom Aberglauben gleichermaßen bestimmt wurde. Sie wurde immer dann aktuell, wenn die Zeiten so waren, daß die Welt aus den Fugen zu gehen schien, wenn grausige Vorzeichen ihre Flammenschrift schrieben, wenn eine magische Zahl in der Zeitrechnung erschien.

Das Jahr 1000 nach Christi Geburt, das Ende des Millenniums, war für die Menschen gleichbedeutend mit dem Weltenende. Sie glaubten mit solcher Inbrunst daran, daß gegen Ende des Jahres 999 eine Bewegung um sich griff, die man auch als Massenhysterie bezeichnen kann.

Wobei das negative Vorzeichen, das diesem Ausdruck eigen ist, hier nicht am Platz ist. Der Mensch, die von Grund auf böse Kreatur, ward plötzlich gut – angesichts des Endes aller Zeiten. Diebe zeigten sich selbst an, Gläubiger erließen ihren Schuldnern die Schuld, Reiche verteilten ihr Vermögen an die Armen; Eheleute gestanden sich ihre Seitensprünge, Lehrlinge ihrem Meister, daß sie oft faul gewesen seien; Kinder beichteten ihre Lügen, Handelsdiener ihre Unterschlagungen, Kaufleute ihre Betrügereien. Die Kerkertüren öffneten sich, alles umarmte sich, verzieh einander, weinte sich aus an der Brust des Mitmenschen, sammelte glühende Kohlen auf das eigene Haupt, befolgte die Weisungen des Evangeliums wörtlich; man war bereit, seine Feinde zu lieben, seinen Nächsten mehr als sich selbst, die linke Wange hinzuhalten, wenn man auf die rechte geschlagen worden wäre; aber man hatte gar keine Feinde mehr.

Als die Glocken die letzten Stunden des Jahres einläuteten, ließen die Bauern das Vieh auf die Weiden, öffneten die Taubenschläge, führten die Ackerbürger ihre Pferde auf die Straße. An den Straßenecken standen die Bäcker und Metzger, verschenkten ihr Brot und ihre Würste. Gegen Mitternacht knieten die meisten im Gebet oder lagen, mit verhülltem Haupt, die Arme zum Kreuz ausgestreckt, auf der blanken Erde, zitternd vor dem, was kommen mußte.

Es kam nichts. Nicht um 12 Uhr, nicht um fünf nach zwölf, nicht um viertel nach zwölf. Ungläubig, verstört, dann erleichtert, schließlich freudig bewegt, jubelnd, stellte man fest, daß man noch einmal davongekommen war.

Ebenso schnell vergaß man alle guten Vorsätze und benahm sich menschlich – allzu menschlich. Die Handelsdiener wurden aufgrund ihres Geständnisses eingesperrt, die reuigen Kaufleute kamen vor Gericht, die Gläubiger nahmen die Tilgung der Schulden zurück, die Ehefrauen bezogen ihrer Beichte wegen eine Tracht Prügel, desgleichen die Kinder, die Reichen gingen daran, das verschenkte Geld wieder einzutreiben, und die Büttel machten sich daran, die entlassenen Sträflinge einzufangen.

Weltuntergangsstimmung herrschte auch um die Mitte des 14. Jahrhunderts, als die Pest grassierte, Hungersnöte ausbrachen, Kriege das Land verheerten, die Glaubensspaltung die Gemüter verwirrte. Wobei es gerade das Schisma war, die Existenz zweier, ja dreier Päpste, die die Gläubigen an die Endzeit denken ließ: bezeichneten sich die Päpste doch gegenseitig als den »Antichrist«, und mit dem Ende der Welt war ja nicht nur die Wiederkunft Christi verbunden, sondern auch das Erscheinen seines mächtigsten Widersachers. Auch für Johan Hus waren die Päpste Personifikationen des sich über Gott stellenden dämonischen Gegners, der das Evangelium zuschanden machte. Hohe Zeit hatten apokalyptische Sekten wie die Joachimiten, die Flagellanten, die Taboriten, die Böhmischen Brüder, die sich durch Bußübungen, Kasteiungen, blutige Geißelungen auf den Tag der Tage vorbereiteten.

Frohe Erwartung war keineswegs das vorherrschende Gefühl angesichts der letzten Tage der Menschheit. Zwar verhieß die Offenbarung des Johannes, daß Christus mit den auferweckten Gerechten ein Tausendjähriges Reich des Friedens und des Glücks errichten werde, außerdem hatte er, wie jeder wußte, durch seinen Kreuzestod einen großen Teil der menschlichen Sünden abgebüßt, doch waren sich viele nicht ganz sicher, ob sie zu den Gerechten zählen würden. Die Gemälde und Plastiken, die die von den Teufeln in die Hölle abgeführten weinenden und klagenden Sünder in drastischer Anschaulichkeit zeigten, trugen nicht zur Zuversicht bei.

Johannes war der Lieblingsjünger des Herrn, saß beim Abendmahl an seiner Seite und tauchte mit ihm das Brot in eine Schüssel. Getreu bis in den Tod harrte er aus am Kreuz und empfing von dem sterbenden Meister die Weisung, der Mutter Maria den Sohn zu ersetzen. Die christliche Überlieferung sieht in ihm den Verfasser der Offenbarung. Er schrieb sie nieder auf der griechischen Insel Patmos, wohin ihn die Römer seiner Missionstätigkeit wegen deportiert hatten. Das jedoch ist Legende. Für die Forschung ist der Apostel Johannes längst nicht mehr der Johannes der Apokalypse, auch wenn die katholische Kirche die Frage offenläßt und die Gläubigen die Einheit der beiden Personen ohnehin nie in Frage gestellt haben.

Entstanden ist die Offenbarung vor der Wende des ersten Jahrhunderts im vorderen Kleinasien, zu Zeiten des Römers Domitian, der Kaiser und Gott in einem zu sein vorgab und den Christen mit ausgesuchter Grausamkeit zu vielen Märtyrern verhalf. Auch Neros bestialisches Vorgehen gegen die Christen dürfte noch in das Buch hineingespielt haben. Die Offenbarung des Johannes war Trostschrift; sie tröstete und erbaute die unterdrückten Gläubigen mit der Weissagung, auf wie schlimme Art ihre Feinde nach der Wiederkehr Christi einst enden würden; sie war gleichzeitig Kampfschrift gegen den von Rom propagierten Deus-et-dominus-Kult. Wer die Apokalypse als verhüllte Darstellung zeitgeschichtlicher Ereignisse sieht, wird die Hure Babylon als das verrottete Rom erkennen, das antichristliche Tier als den Kaiser Nero und so fort.

Das Buch ist jedoch viel mehr denn eine bloße Zeitgeschichte, es ist eine gewaltige, bilderberstende Mahn-, Droh- und Rachevision, so rätselvoll in ihren Symbolen und ihrer Zahlenmystik, daß sich zu allen Zeiten die Menschen damit beschäftigt haben, den scheinbar verborgenen Code zu brechen und in dem von ihnen gewünschten Sinn auszulegen. Unter ihnen befanden sich Exegeten, Kirchengeschichtler, Literaturhistoriker, Naturwissenschaftler, Mathematiker und – Scharlatane, Okkultisten, Fanatiker, Einfältige, Verstiegene. Selbst die kirchenfeindlichen Nationalsozialisten entblödeten sich nicht, die Apokalypse für ihr, dann zwölf Jahre dauerndes, Tausendjähriges Reich zu mißbrauchen.

Noch heute schlagen Menschen in ihrer Not das Buch auf, um ein Licht in der Finsternis zu entdecken, den Sinn eines scheinbar sinnlos gewordenen Lebens. Da werden die die Menschheit heimsuchenden vier apokalyptischen Reiter zu Verkörperungen des Terrors, des Rüstungswahns, der Wirtschaftskrise und der Umweltverschmutzung; steht Armageddon, wo die bösen Geister die Könige der gesamten Erde zur Entscheidungsschlacht versammeln, für den dritten Weltkrieg; ist das böse die Menschheit befallende Geschwür nichts anderes als ein durch die fortschreitende Zerstörung der Ionosphäre grassierender Hautkrebs; kann mit dem dämonischen aus dem Rachen der Finsternis aufsteigenden Heuschreckenschwarm nur ein Geschwader raketenbestückter Kampfhubschrauber gemeint sein. Gen-Manipulation, Kernspaltung Nervengas, Retortengeburt, Rauschgift, Überbevölkerung, es gibt kaum eine unserer modernen Zivilisation drohende Gefahr, die in der Apokalypse nicht visionär geschaut worden wäre.

Über allem Auslegungseifer und Auslegungswahn hat man vergessen, daß die Offenbarung des Johannes noch etwas ist: ein Werk hoher Poesie. Mit welch unvergleichlicher Sprachkraft wird das Jüngste Gericht hier geschildert:

»Und ich sah einen Thron, mächtig, strahlend, und den, der auf ihm sitzt, vor dessen Angesicht die Erde floh und der Himmel, und eine Stätte ward nicht gefunden für sie. Und ich sah die Toten, die Großen der Erde und die Kleinen, vor dem

Throne stehen, und Bücher wurden geöffnet. Und ein anderes Buch ward geöffnet, das ist das Buch des Lebens. Und gerichtet wurden die Toten aus dem, was geschrieben steht in den Büchern, nach ihren Werken. Und das Meer gab die Toten her, die in ihm sind, und der Tod und das Totenreich gaben die Toten, und sie wurden gerichtet, ein jeder nach seinen Werken. Und jeder, wer im Buche des Lebens nicht aufgefunden ward, wurde in den Feuerpfuhl geworfen.«

Die letzten Dinge Gottes und der Menschen haben eine genaue Weltenende-Chronologie: sichtbare Wiederkunft Christi – Fesselung des Teufels durch einen Engel – Auferweckung der Gerechten (das sind die im Glauben standhaft Gebliebenen) und Errichtung des Tausendjährigen Reichs – erneutes Losbrechen des Satans – Vernichtung des Satans, Auferstehung aller Menschen, Endgericht. Damit war die Vollendung erreicht; die des Menschen und die der Schöpfung. Das reine Jenseits, das Gottesreich begann ... In der Offenbarung des Johannes steht in diesem Zusammenhang geschrieben:

»Und ich sah einen neuen Himmel und eine neue Erde denn der erste Himmel und die erste Erde sind dahin, und das Meer ist nicht mehr. Und die Heilige Stadt Jerusalem sah ich herniedersteigen aus dem Himmel her von Gott, wie eine Braut bereitet, für ihren Mann geschmückt. Und ich hörte eine mächtige Stimme vom Throne her, die sprach: siehe das Zelt Gottes bei den Menschen, und Er wird Sein Zelt bei ihnen haben, und sie werden Sein Volk sein, und Er, Gott, wird bei ihnen sein, und Er wird jede Träne trocknen aus ihren Augen, und der Tod wird nicht mehr sein, noch Trauer, noch Wehruf, noch Mühe wird fürderhin sein; denn das Erste ist dahin ...«

Ewige Sehnsucht der Menschheit nach einer reinen neuen Welt, nach einem Goldenen Zeitalter, ob sie sich nun hinter dem Namen Paradies verbirgt wie im Islam oder Messianisches Reich wie beim Judentum oder Wunderbarmachung der Welt wie bei den Parsen Indiens.

Himmel, Hölle, Fegefeuer

Wer um seines Glaubens willen in den Tod gegangen war, bis zum meist grausigen Ende standhaft bleibend, der kam direkt in den Himmel, wo Gott thronte, Christus zu seiner Rechten, umgeben von den himmlischen Heerscharen der Engel. Dort, an der Stätte des Heils, wurde er von der beseligenden Herrlichkeit Gottes ganz durchdrungen, was zugleich das endgültige Einssein mit der ewigen Liebe bedeutete. So die katholische Glaubenslehre, die den Himmel nicht als einen mythischen Ort außerhalb der Erde ansieht, sondern als einen Zustand übernatürlicher und ewig fortdauernder Beglückung durch die unmittelbare Anschauung Gottes.

Paulus ist hier anschaulicher, wenn er von mehreren Himmeln ausgeht, von denen der eine herrlicher ist als der andere, bis der Selige endlich im »siebten Himmel« schwebt. Eine Vorstellung, die uns als Synonym für den höchsten Zustand des Glücklichseins gilt, auf Erden allerdings, wie der Glückliche ja auch »den Himmel offen sieht«. Dante kennt in seiner *Göttlichen Komödie* sogar zehn Himmel, deren letzter und höchster das sogenannte Empyreum ist, wo Heilige, Kirchenväter und Propheten zum Bild einer Rose, der *rosa mystica,* gruppiert sind. In der christlichen Kunst erscheint er als Gefilde der Seligen, mit dem Lamm Gottes in der Mitte, strahlend in Blau und Gold, den Himmelsfarben, und auf den Wolken, umstrahlt vom Licht, ordnen sich die Engelschöre um die Gottheit.

Im Volk sah man den Himmel realistischer. Wenn schon das Diesseits dem gemeinen Manne ein irdisches Jammertal war, vom Jenseits erhoffte, erwartete er den Himmelslohn. Der Hungrige wird dort gesättigt, der Durstige gelabt, der Arme gilt soviel, ja mehr als der Reiche; es gibt keinen Winter (man muß keine Scheite mehr ins Feuer legen, heißt es bezeichnenderweise in einer bayrischen Volksdichtung); die hüllenlosen Seelen, sie frieren nicht und schwitzen nicht, sie bedürfen weder Seife noch Lauge zum Bade. Hader, Zank, Not, Sorge, Krankheit und Krieg sind Wörter, die niemand kennt. Die himmlische Burg wird von Gottes Glanz beleuchtet, erstrahlt in Perlen und Edelsteinen, die Wohnungen sind aus durchscheinendem Glas, die Straßen aus rotleuchtendem Gold, und über allem der Jubelsang der Engel und der Duft kostbarer Gewürze.

Dem Karthäusermönch Dionysius fehlten einfach die Worte, um all die himmlischen Herrlichkeiten zu schildern. Er flüchtete sich in nichtssagende Superlative, wonach alles überanbetungswürdigst sei, überwesentlichst, überprächtigst, und der Herr selbst überbarmherzigst, überwürdigst, überfreundlichst, überherrlichst.

Die reinen Seelen, die sofort das Himmelstor passieren durften, waren fast ausschließlich unter den Märtyrern zu finden; doch deren gab es nicht allzu viele. Wer schwere Schuld auf sich geladen, eine oder mehrere Todsünden begangen hatte, wurde der Hölle überantwortet. Der Fürst dieser Welt unter der Welt hieß Luzifer und ist eine in vieler Hinsicht interessante Erscheinung. Ursprünglich als Engel Vertrauter des Herrn, seiner Intelligenz und Eloquenz wegen sogar eine Art Oberengel, der im Himmel für Ordnung zu sorgen hatte, indem er die Unbotmäßigen bei Gott verklagte, begann er eines himmlischen Tages in Größenwahn zu verfallen und gegen den zu rebellieren, der ihn geschaffen; dergestalt, daß er sich dagegen wandte, den Zimmermannssohn Jesus aus Nazareth zum Gottessohn zu erhöhen, damit er den Menschen das Heil erschließe, um nach getanem Werk zur Rechten Gottes zu sitzen in einer Position, die ihn über alle Engel stellen würde, auch über Luzifer.

Gott Vater blieb nichts anderes, als den Rebellen in die Tiefen der Erde zu stürzen, wo der Gestürzte sich prompt ein Gegenreich aufbaute, die Hölle mit ihren Hilfskräften, den Dämonen.

Das alles ist selbstverständlich apokryph, das heißt unsicher in der Überlieferung, und die Apokryphen, religiöse christliche und jüdische Bücher, sind nicht umsonst vom gottesdienstlichen Gebrauch ausgeschlossen. Die frühen Theologen aber wußten, warum man die Entstehung einer Institution erklären mußte, deren Existenz so ungemein wichtig war. Wie anders ließe sich das Gute beweisen, wenn es nicht das Böse gab; was wäre am Licht leuchtend ohne sein Gegenteil, das Dunkel; und wer würde des Himmels Freuden schätzen können ohne Kenntnis von der Hölle Schrekken???

Mit einem Wort: der allgütige Gott brauchte einen erzbösen Gegenspieler. Ohne solchen Dualismus würden Gottesbeweise einfach zu kompliziert. Ganz abgesehen davon, daß der Teufel und sein Reich für die *salutares terrores,* den heilsamen Schrecken, mit dem der Mensch vor einem Schritt vom Wege bewahrt werden konnte, geradezu ideal war.

In den Schilderungen der Höllenqualen zeigten sich die Geistlichen, und hier besonders die Bettelmönche, einfallsreicher als bei denen der Himmelsfreuden. Was in der Natur des Menschen liegt, die ihn nicht nur bei der Schilderung von Grausamkeiten begabter erscheinen läßt. Moralpädagogische Absichten spielten ebenfalls eine Rolle. Denn: wie war der sündige Mensch vor weiteren Sünden anders zu bewahren als dadurch, daß man ihn so drastisch wie anschaulich vor deren Folgen warnte?!

»Halten wir uns einen überheizten und weißglühenden Ofen vor Augen«, beginnt der Karthäuser seinen Bericht über die Hölle, »und darin einen nackten Mann liegend, der nimmer aus einer solchen Qual erlöst werden wird. Würde uns nicht die Qual, ja schon der Anblick, unerträglich erscheinen? Wie unselig würde uns der Mann dünken! Stellen wir uns vor, wie jener Mann in dem Ofen sich hin und her wälzen, wie er schreien, heulen, *leben* würde, welche Angst ihn bedrängen, welcher Schmerz ihn durchdringen, vor allem, wenn er merkte, daß jene unerträgliche Strafe niemals endet.«

Niemals hieß *ewig,* und damit der Sünder sich eine Vorstellung von dem Wort *Ewigkeit* machen konnte, entwarf Dionysius das Bild eines Sandbergs, so groß wie das Weltall, alle hunderttausend Jahre kommt ein Vogel geflogen, pickt ein Sandkorn auf und fliegt wieder davon. Ist der Berg abgetragen, dann ..., o nein, dann ist die Höllenstrafe noch nicht abgebüßt; der Sandberg wächst wieder empor, und das Vöglein beginnt erneut mit seiner Arbeit.

Dabei erscheint die Schilderung weißglühender Öfen relativ harmlos. Wie auch der unbekannte Dichter aus Bamberg beinahe naiv wirkt mit seinem in rhythmischer Prosa gebrachten Bericht von »Peches Rauch, stärkstem Schwefelstank, verfluchtem Genebel, des Todes Schattengrube, aller Trübsal Fluten, verschwelender Lohe, wallendem Strudel feuriger Dünste, schrecklicher Finsternis, immerwährendem Brand, fürchterlichen Todesbanden, von Klagen, Jammern ohne Trost.«

Es existierten Höllendarstellungen in Wort und Bild, die nicht frei waren von sadistischer Phantasie, wobei man sich durch die im wirklichen Leben üblichen Foltermethoden anregen ließ. Da werden die Verdammten von Monstern und Dämonen gepfählt, ausgedärmt, angefressen, an den Zungen aufgehängt, gerädert, gebraten, gesotten, mit glühenden Zangen gezwickt, geblendet, entbeint, eingegraben; in stinkende Pfühle gestürzt, so tief, wie es den Sünden entsprach. Verdurstenden werden Krüge mit Wasser gereicht und im letzten Moment entzogen. Vielfraße werden von einem Teufelsvogel verschlungen und wieder ausgeschieden, Kindsmörderinnen wird die Frucht aus dem Leib gerissen; Geizige defäkieren ihre Goldstücke in ewiger Diarrhoe; Wucherer ersticken in Dukatensümpfen; Mörder sterben den Tod ihrer Opfer immer aufs neue; wer sich an der Harmonie der Welt vergangen hat, wird mit Musikinstrumenten gefoltert. Und über allem thront der Teufel, der Oberste der bösen Geister, ein Wesen, dessen persönliche Existenz bis heute für die Kirche eine Realität ist und von Papst Paul VI. im Jahre 1972 bestätigt wurde, als er vom Feind Numero I der Menschheit sprach, vom dunklen feindlichen Agenten, der mit mörderischer Schlauheit am Werke sei und Unglück in die Menschengeschichte säe. Die Anhänger der Apokatastasis, der Allversöhnungslehre, konnten sich beim Streit um Luzifers Reich nicht durchsetzen gegen jene Theologen, die die Ewigkeit der Höllenstrafen als notwendig ansahen.

»Kann es demnach nicht die Aufgabe der Theologie sein«, heißt es dazu im katholischen *Lexikon für Theologie und Kirche,* »ins einzelne gehende Aussagen jenseitiger Faktizitäten zu entwerfen (etwa über die Zahl der Verdammten, die Gräßlichkeit ihrer Qualen usw.), so bleibt es umgekehrt ihr Auftrag, das Dogma von der Hölle in der ganzen Strenge seines Realitätsanspruchs festzuhalten, ohne den es seinen offenbarungsmäßigen Sinn nicht erfüllen kann: den Menschen dahin zu bringen, sein Leben im Angesicht der *realen* Möglichkeit ewigen Scheiterns zu meistern und die Offenbarung als einen Anspruch von letzter Ernsthaftigkeit zu verstehen.« Das von 1962 bis 1965 in der Peterskirche zu Rom tagende Zweite Vatikanische Konzil hat das Dogma von der Hölle nur beiläufig erwähnt, hat es aber bestätigt.

Was nun geschah mit jenen Christen, die weder ein Martyrium erlitten noch Todsünden begangen hatten? Dem Teufel waren sie nicht verfallen, denn sie waren als Gerechtfertigte gestorben, das Antlitz Gottes aber durften sie – noch – nicht schauen, ihrer (er)läßlichen Sünden wegen, deren sie sich schuldig gemacht hatten.

Dazu rechneten unter anderem Schwatzhaftigkeit, Lachsucht, schlechte Haushaltung, allzu große Lust am Essen und Trinken, Hang zur Langschläferei, Geschlechtsverkehr vor der

Sonntagsmesse. Da diese Menschen während ihres irdischen Daseins nicht genug getan hatten, diese Sünden abzubüßen, bot man ihnen die Möglichkeit, sich zu läutern, das heißt, im Jenseits nachzuholen, was sie auf Erden versäumt hatten. Betrachtet man ihre Vergehen, muß die Art und Weise der Läuterung unverhältnismäßig erscheinen: die Armen Seelen, wie sie offiziell hießen, wurden dem Fegefeuer, besser *Feg*feuer, überantwortet, so lange, bis die Flammen sie gereinigt hatten von ihrer Schuld und sie der Anschauung Gottes würdig geworden waren.

In der Bibel war ein solcher Ort nicht vorgesehen. Es finden sich lediglich Hinweise in den apokryphen Büchern, den Büchern also, die wegen der Unsicherheit der Überlieferung von der Kirche nicht anerkannt sind. Die Scholastiker des Hochmittelalters glaubten jedoch, im ersten Paulusbrief an die Korinther eine Stelle entdeckt zu haben, die sich auf einen Ort der Läuterung durch das Feuer beziehe. »So wird eines jeglichen Werck offenbar werden / Der Tag wirds klar machen / Denn es wird durchs Feuer offenbar werden / und welcherlei eines jeglichen Werck sei / wird das Feuer bewähren.« Paulus spricht hier von der Gerichtsprüfung des sich im Feuer offenbarenden Jüngsten Tags und erwähnt neben dem, der belohnt wird, und dem, der verworfen wird, einen dritten, der zwar gerettet wird, »so doch als durchs fewer«. Wo genau der Ort des Fegfeuers liegt, wie lange die Armen Seelen dort verweilen müssen und wie schwer ihre Strafe ist, darüber konnten sich die Theologen nicht einigen. Sie erkannten lediglich eine Art Zwischenzustand an, der vom Tod bis zum Jüngsten Tag währe und in dem der Mensch sich auf eine endgültige Vollendung noch hinbewege. Das einfache Volk kannte hier weniger Skrupel, verlegte den Ort in das Innere der Erde und teilte ihn in drei Abteilungen (von denen eine den unschuldigen, aber ungetauft gestorbenen Kindern vorbehalten war). In der Volkskunst erscheinen die Armen Seelen auf Stellbrettern, Tafeln,

Medaillen, Bildchen, Bruderschaftsbriefen, Sammelladen. Sie sind vorn Feuer umloht, oft gefesselt, ihre Gesichter verzerrt vor Schmerz. »Wann werde ich endlich Gottes Antlitz erschauen?« rufen sie klagend oder: »Erbarmet Euch unser!« oder: »Bittet für uns!« Um ihre Feuerpein abzukürzen, empfahl die Kirche den Hinterbliebenen die verschiedensten Erlösungshilfen wie: Rosenkranzgebete, Meßopfer, Aufstellung von Ewigen Lichtern an den Gräbern, Aufhängen von Weihwasserkesseln am Türstock, Stiftung von Seelenmessen, Geldspenden in die eigens angebrachten Sammelladen, Wallfahrten, Almosen, Ablaß, Speisung armer Leute (wobei die bis zu einem Meter langen Seelenzöpfe gebacken wurden). Wer den Toten am Allerseelentag etwas zukommen ließ, konnte mit besonderer Wirksamkeit seiner Spende rechnen. Wie überhaupt die Wirkung der Erlösungshilfen von manchen daran erkannt wurde, daß das mitternächtliche Stöhnen und Seufzen der Abgeschiedenen etwas leiser wurde. Bisweilen aber erschienen sie auch leibhaftig, schilderten die Qualen, die sie erleiden mußten, und flehten um mehr Fürbitten.

Der Glaube an das reinigende Fegfeuer, an ein Purgatorium, war beim Volk populär. Ein angenehmer Aufenthalt schien es nicht zu sein, aber man konnte noch etwas für die Verstorbenen tun, und wenn dem so war, mußte es sie, in welcher Gestalt auch immer, noch geben! Da der Mensch sich trotz allen Augenscheins niemals wirklich mit der Endgültigkeit des Todes abfinden konnte (und kann), war das ein Trost; tröstlich auch, daß nach dem eigenen Dahinscheiden die Angehörigen mit einem in Verbindung blieben und einem die Last der Sünden erleichtern konnten. Der Glaube an Fegfeuer und Arme Seelen hat sich deshalb über die Jahrhunderte erhalten und erlebt am Allerseelentag immer wieder Urstände. »Bet' ma und sing' ma um a seliges End'«, so klingt das Volkslied noch heute in Bayern, »daß koana von uns in da

Höll' drunt vabrennt! Ins Fegfeua müß 'ma, des wiss 'ma von eh, jehe! Widiwadi we!«

Daß die Geistlichen den Armeseelenkult moralpädagogisch ausnutzten – sahen doch die Lebenden, was ihrer harrte, wenn sie Sünden begingen, und waren es nur (er)läßliche –, war für sie eine Selbstverständlichkeit. Der französische Historiker Jacques Le Goff geht wesentlich weiter, wenn er in einer vierhundertachtundfünfzig Seiten umfassenden Untersuchung behauptet, die Kirche habe das Fegfeuer eigens erfunden, um die Gläubigen wieder in ihre Gewalt zu bekommen. Ein Machtinstrument sei es gewesen, mit dessen Hilfe der Zweifel an der Kirche ausgerottet werden sollte, ein Werkzeug zur allgemeinen Überwachung der Gesellschaft.

»Dank des Fegfeuers entwickelte sie das Ablaßsystem«, schreibt Le Goff, »das für sie eine Quelle unschätzbaren Macht- und Geldgewinns war, bis es zu einer gefährlichen Waffe wurde, die sich schließlich gegen sie selbst richtete.« Denn: am Ende stehe die Spaltung der Kirche als eine späte Folge der Erfindung des Fegfeuers.

VII Die Frau ein verfehlter Mann

»Mulier taceat in ecclesia«

Sie hieß Loretta, stammte aus dem Hause Salm, war jung und schön. Nach kurzer Ehe Witwe geworden, sah sie sich mit ihren drei unmündigen Söhnen allein auf der einsam gelegenen Burg Wolfstein an der Lauter – die Finanzen in Unordnung, von den Verwandten im Stich gelassen, von Adelsgenossen bedroht. Einer der gewalttätigsten, der Wild- und Rheingraf Friedrich, sagte ihr Fehde an. Wolfstein und die dazu gehörenden Dörfer waren keine schlechte Beute, und mit einer Wittib würde er leichtes Spiel haben. Nach dem Brauch der Zeit begann er, ihre Bauern zu drangsalieren, ihre Vorwerke in Brand zu setzen, ihre Wagenkolonnen zu überfallen. Doch bei der Gräfin war er an die Falsche gekommen.

Ehe er wußte, wie ihm geschah, fand er sich als Gefangener Lorettas wieder, von dreien ihrer Ritter nach sorgfältiger Erkundung seiner Wege und Gewohnheiten hochgenommen. Sie ließ ihn so lange im Hungerturm darben, bis er Frieden gelobt und sich ihren Forderungen unterworfen hatte.

Bald erschien ein mächtigerer Gegner, wie der Wildgraf davon überzeugt, daß niemand leichter zu berauben sei als eine Witwe, noch dazu, wo es im Bereich der Gemarkung Birkenfeld höchst ungeklärte Rechte gab, die Besitzverhältnisse einiger Güter betreffend. Balduin hieß der neue Feind, seines Zeichens Erzbischof von Trier und Bruder des Kaisers. Loretta schickte sich an zu verhandeln, mußte aber, obwohl im Recht, bald einsehen, daß der Beste nicht im Frieden leben kann, wenn es dem bösen Nachbarn – und Balduin war böse (und mächtig) – nicht gefällt.

In ihrer Not entschloß sich Loretta zu einem Akt, den die Notwehr und die Verzweiflung gebar. Als sie durch einen Gewährsmann erfuhr, daß der Erzbischof zu Schiff von Trier nach Koblenz zu fahren gedachte, legte sie ihm, unweit Traben-Trarbachs, einen Hinterhalt, dergestalt, daß eine die Mosel überspannende Kette in dem Moment aus dem Wasser gezogen wurde, da das erzbischöfliche Schiff die Stelle passieren wollte, während gleichzeitig schwere Kähne den Fluchtweg flußaufwärts sperrten. Zusammen mit ihren Söhnen, der älteste war gerade zwölf Jahre alt, und ihren Knechten, denen man das Gepäck der hohen Herrschaft als Beute versprochen hatte, nahm sie Balduin gefangen und führte ihn den halsbrecherischen Pfad zur Starkenburg empor, ihrer Residenz. Die auf einer Felskuppe gelegene Burg – ihre Ruinen sind noch zu besichtigen – galt als uneinnehmbar.

Die Gräfin kam dem unfreiwilligen Gast freundlich entgegen, schenkte ihm ihren ältesten Mosel ein, schlachtete ihre fettesten Gockel, buk ihre schmackhaftesten Mohnkringel. Bei ihren Forderungen, seine Hände von ihren Ländereien zu lassen, hörte ihre (Gast-)Freundschaft auf. Sie ließ sich auch nicht beirren, als Balduins Neffe, und der war kein Geringerer als der Böhmenkönig Johann persönlich, sich einschaltete, ja schlimmer, Bannstrahl und Interdikt sie trafen.

In zähen, sich über Monate hinziehenden Verhandlungen zwang sie ihre mächtigen Gegner in die Knie. Der Erzbischof mußte sich verpflichten, ihr Eigentum künftig zu respektieren, keine Rache zu üben für seine Gefangennahme, ihren daran beteiligten Leuten zu verzeihen. Die Urkunde über das Sühneabkommen enthält dreitausendachthundert Wörter und trägt zwanzig Siegel, ein imponierendes Dokument weiblicher Klugheit, das uns im Original erhalten geblieben ist. Als auf den Rebhängen die Weinlese begann, durfte Balduin die Burg verlassen, nicht ohne vorher noch ein Lösegeld in Höhe von elftausend Pfund Heller bezahlt zu haben. Man schien sich trotz allem nicht böse zu sein, versprach der Erzbischof doch, ihr bei der Lösung des Kirchenbanns zu helfen.

Mit einem Empfehlungsschreiben von ihm, in dem die Geiselnahme als »zufälliges Mißgeschick« dargestellt wurde, machte sich die Gräfin auf den langen, gefährlichen Weg nach Avignon. Eine teure Reise, und man kann sich des Schmunzelns nicht erwehren, wenn man liest, daß sie Balduin auch noch zu den Kosten heranzog: sei sie doch erst durch ihn in diese mißliche Lage gekommen. Papst Johannes XXII. empfing sie und löste den Bann unter der Bedingung folgender Bußleistungen: im härenen Gewand, barfuß, eine vier Pfund schwere brennende Kerze in der Hand, solle sie zu einer im Umkreis Triers gelegenen Kirche pilgern, dort am Altar niederknien und vor allem Volk ihre Schuld bekennen; ferner vier silberne Ampeln im Gesamtgewicht von zwölf Pfund dem Dom zu Trier spenden mit einer ewigen Rente für den Kauf des für das Geleucht notwendigen Öls.

Die Gräfin Loretta hatte sich in einer Welt durchgesetzt, in der Männer den Ton angaben, die von Männern bestimmt wurde, die den Mann in allem und jedem bevorrechtigte. Doch bildete sie damit eine Ausnahme, denn sie war von Stand *und* eine Persönlichkeit; beides traf nicht allzuoft zusammen.

Auf den Bretterbühnen der Fahrenden erschien die Frau als Verführerin, Kupplerin oder Zankteufel. Die auf Holzschnitten gezeigten sieben Todsünden – Stolz, Geiz, Unkeuschheit, Neid, Unmäßigkeit, Jähzorn, Faulheit – wurden von Frauen begangen. Der Mann durfte seine Frau verprügeln, dem ehelichen Maß entsprechend allerdings (non ultra modum maritale), und ohne ihr Arm oder Bein dabei zu brechen. »Du solt ir daz har alle zit niht uz ziehen umbe sunst (ohne Grund); unde niht slahen wie dicke [so oft] dich guot dünket und schelten unde fluochen: du solt din husfrouwen niht mit den fuoze für den oven stozen«, heißt es bei Berthold von Regensburg, der zwar im 13. Jahrhundert gelebt hat, dessen Worte aber für das späte Mittelalter Gültigkeit haben.

Das Züchtigungsrecht des Mannes jedenfalls hatte sich erhalten. In einer weitverbreiteten Flugschrift aus der Mitte des 15. Jahrhunderts, betitelt *Von dem ehelichen Stand,* heißt es: »Nun will ich lehren wie man ein bös Weib soll strafen. Schlag sie, besonders morgens im Bett mit einer Gerte. Und will die Gerte nichts helfen, so besorge dir einen Prügel vom Mispelbaum. Damit gerb ihr die Lende.«

Frauen wurden von allen öffentlichen Ämtern ferngehalten. Dem Urteil einer Richter*in* hätte sich niemand gebeugt; eine Ratsherr*in* wäre von den Ratsherren verlacht worden; eine Priester*in* wäre einer lebenden Todsünde gleichgekommen; wie die Frau ja in der Gemeinde, laut dem ersten Korintherbrief, zu schweigen hatte: »Mulier taceat in ecclesia.« Das Bild der Frau war weitgehend von der Kirche geprägt worden. Die großen Kirchenmänner konnten gar nicht anders urteilen angesichts der unbestreitbaren Tatsache, daß durch die Frau die Sünde in die Welt gekommen und der Mensch aus dem Paradies vertrieben worden war. Nicht Adam hatte sich von der Schlange verführen lassen, sondern Eva war ihren Einflüsterungen erlegen und hatte anschließend den armen, hilflosen Adam verführt.

Aber hatte nicht Gott auch die Frau nach seinem Bilde geschaffen, trug sie damit nicht Gottes Antlitz? Zugegeben, aber doch nur, wenn man Mann und Frau als eine Einheit betrachtete, meinte Augustinus, aber sie hatte nun mal den größeren Schuldanteil an der Erbsünde. Immerhin billigte man ihr, im Gegensatz zum Islam, eine Seele zu und erklärte sie, was den Gnadenstand und die Erlösung betraf, für gleichberechtigt. Ansonsten galt das, was Thomas von Aquin, einer der bedeutendsten Theologen und Philosophen der Scholastik, erkannt zu haben glaubte: »Die Frau ist ein zufälliges und unvollkommenes Wesen, sie gleicht einem verfehlten Manne. Der Mann ist des Weibes Haupt, Christus aber ist des Mannes Haupt. Es steht fest, daß das Weib dazu bestimmt ist, in der Botmäßigkeit des Mannes zu leben, und daß sie keine Macht über sich selber hat.«

In einem für uns schwer verständlichen Gegensatz zur Verachtung des weiblichen Geschlechts stand die Hochschätzung mancher seiner Vertreterinnen: Roswitha von Gandersheim, Hildegard von Bingen, Katharina von Siena, Elisabeth von Thüringen, um nur einige zu nennen. Im Hochmittelalter hatten die Ritter die Edelfrauen auf den Thron gesetzt und sie verehrt, als seien sie höhere Wesen. Der Minnedienst für die *hêre frouwe* war jedoch nicht immer gleichbedeutend mit einer höheren Achtung des weiblichen Wesens. Vieles war eitles Spiel, war eine Verehrung um der Verehrung willen, war reines l'art-pour-l'art. (Minne-)Dichtung und Wahrheit werden sich hier so wenig entsprochen haben wie bei anderen ritterlichen Idealen.

Noch befremdlicher mußte vor dem Hintergrund der Frauenverachtung die Verehrung Mariens erscheinen, eine Verehrung, die sich im Laufe des Mittelalters zu einem Kult auswuchs. Die Himmelskönigin, Unsere Liebe Frau, die Allerseligste Jungfrau, die Schmerzensreiche, die Gottesmutter wurde angebetet, obwohl Anbetung nur dem Herrgott und seinem eingeborenen Sohn zukam. Wer sich im Gebet an sie wandte, konnte hoffen, eine mächtige Fürbitterin zu gewinnen. Wer ihren Namen rief, vertrieb allein damit die Geister des Bösen.

»Heilige Mutter Maria, hilf …« Millionenfach ist dieser Ruf zum Himmel aufgestiegen, in seelischer Not, in Todesgefahr. »Hilf! rette mich vor Schmerz und Tod! Ach neige, Du Schmerzensreiche, Dein Antlitz gnädig meiner Not«, fleht das Gretchen in Goethes *Faust,* einer Tragödie, die zeitlich am Ausgang des Mittelalters beheimatet ist. Zu Mariens Gnadenbildern wallfahrten die Gläubigen. Ihre Reliquien waren kostbarer als die Überreste aller anderen Heiligen. Der Anblick von Stücken ihres Schleiers (in Chartres), ihres Kleides (in Aachen), ihres Gürtels, ihrer Schuhe, ihrer Haare, ihres Verlobungsrings (in Perugia) konnte bei den Pilgern ekstatische Zustände auslösen. Wäßrige Kalksteinlösungen aus Gnadenorten oder aus dem Heiligen Land galten als Marienmilch. Die Vorstellung vom erlösenden Milchregen Mariens über Arme Seelen im Fegefeuer, die Erquickung, die der heilige Bernhard durch einen Strahl ihrer Milch fand, war ihren Verehrern geläufig. Selbst die verhaßten Ungläubigen, die Anhänger des Götzen Mohammed, verehrten Maria, dergestalt, daß ihr Name allein vierunddreißig Mal im Koran genannt wird.

Auch Maria hatte einem Kind das Leben geschenkt, Jesus Christus. Die mit einer Geburt verbundene Zeugung galt den Kirchenlehrern jedoch als etwas Allzumenschliches, der Schoß einer Gebärenden als unrein. Peter Abaelard, Philosoph und Theologe meinte: »Der Erlöser hätte einen anderen Teil des weiblichen Körpers für seine Empfängnis und Geburt wählen können, anstelle jenes verabscheuungswürdigen Teiles, dem die Menschensöhne entstammen.« Ob er davon auch noch überzeugt war, als er sich in Heloise verliebt hatte, die keusche Tochter eines Geistlichen, und mit ihr ein Kind zeugte, steht auf einem anderen Blatt. In den christlichen Kirchen sprach man allabendlich jene Worte, die heute noch zum offiziellen Abendgebet der katholischen Kirche gehören: »Denn siehe im Unrecht bin ich erzeugt worden; und in Sünden hat mich meine Mutter empfangen.«

Der Verehrung der Mutter Maria tat eine solche Anschauung keinen Abbruch. Maria hatte ihr Kind in jungfräulichem Zustand empfangen und geboren. Nicht umsonst war Joseph in Mysterien- und Fastnachtsspielen eine etwas komische Figur, über die das Publikum bereits bei seinem Auftritt zu lachen begann; nicht er hatte nach Meinung des Volkes – und der Gelehrten! – das Jesuskind gezeugt, sondern der Heilige Geist. Da Maria selbst durch die Gnade Gottes unbefleckt empfangen worden war, wurde sie vor der durch Adam und Eva verschuldeten Erbsünde als einziges Menschenkind bewahrt und blieb damit auch frei von der Begehrlichkeit und jeder persönlichen Sünde.

Die Lust der Unkeuschheit

Vor der Begierde sich zu bewahren fiel den Dienern der Kirche naturgemäß schwerer. Der Gedanke, daß es besser sei, wenn Priester nicht heirateten, war ursprünglich weniger eine Sache der Moral gewesen als ein Erfordernis der Praxis: wer frei war von Familiensorgen und gefühlsmäßig nicht belastet, konnte sich seiner Aufgabe als Seelenhirt am besten widmen. Auch würde er kein Interesse daran haben, Vermögen zu bilden, da es keine Erben gab. Ganz abgesehen davon, daß er durch die Bändigung seiner Triebe Gott näher stand und seinen Mitmenschen ein Vorbild sein konnte.

Doch mit den Trieben gab es Schwierigkeiten. Sie ließen sich auf die Dauer nur schwer bändigen. Auf Konzilien wurde immer wieder das Zölibat gefordert, mit Exkommunikation gedroht, Höllenstrafen prophezeit und, wie 1018 in Pavia, dekretiert, daß alle Pfarrerkinder Hurenkinder seien. Päpste von der Strenge eines Leo IX. bezeichneten die in den Pfarrhäusern tätigen Wirtschafterinnen, vom Volk »Seelenkühe« genannt, als Dirnen. Den meisten Geistlichen jedoch schien es bequemer, den Forderungen der Natur zu folgen als denen ihrer Obrigkeit. Ihre geringen Mittel, so rechtfertigten sich manche, zwängen sie aus Gründen des besseren Haushaltens, sich eine Frau zu nehmen. Andere wieder führten den Apostel an, der von den Priestern gesagt hatte: »So sie sich aber nicht mögen enthalten, lasset sie freien. Es ist besser freien, denn Brunst leiden.«

Da die Geistlichen widerspenstig blieben, wandte die Kirche sich schließlich an jene, die, wieder mal, an allem schuld waren, an die Frauen; diesmal »Klerikerhäschen« genannt, »des Paradieses Auswurf, des Verstandes Gift und der Seele Dolche, der Sünde Anreiz und des Verderbens Anlaß«.

Oder, wie es weiter heißt in einer jener typischen Strafpredigten an die Frauen: »Also her und hört mich, ihr Wiedehopfe, Käuzinnen, Nachteulen, Wölfinnen, Blutegel, die ihr ohn' Unterlaß rufet: ›Geld her! Geld her!‹ Ihr Lasterweiber, Kußmäuler und Sausuhlen, ihr Pfühle unsauberer Geister, ihr Nymphen, Sirenen, Lamien, Damien, und wie sonst die Unholde und Ungeheuer heißen mögen, deren Namen man euch mit Recht an den Kopf wirft. Opfer des Teufels seid ihr und zum ewigen Verderben und zur ewigen Vernichtung bestimmt, denn an euch mästet sich Satan wie an leckeren Bissen. Ihr greulichen Tigerinnen, eure gierigen Mäuler gieren einzig nach Männerblut. Harpyien seid ihr, die ihr grausam verschlinget die Geweihten des Herrn. Löwinnen seid ihr, die mit gesträubten Mähnen leichtsinnige Männer zu blutiger Umarmung an sich zerren, wütende Nattern, die in maßlosem Sinnenrausch Christus von seinen Priestern reißen wie das Haupt vom Leibe. Und so macht ihr durch die Reize raffinierten Putzes und geschminkter Larven die unglücklichen Männer abhold dem Dienst am hochheiligen Altar, um sie mit euren Leibesbanden zu erdrosseln.«

Die Verehrung Mariens, der Unsterblichen, hat an der Lage einer gewöhnlichen Sterblichen kaum etwas geändert. Es sei denn, sie war auch – noch wichtiger, blieb – Jungfrau. Dem jungfräulichen, seine Keuschheit bewahrenden Mädchen wurde Hochachtung entgegengebracht. Gemäß den Worten des Lukasevangeliums: »Und Jesus sagte zu ihnen: Die Kinder dieser Welt heiraten und lassen sich heiraten; die aber, die würdig sind, an der jenseitigen Welt und an der Auferstehung der Toten teilzuhaben, werden weder heiraten noch sich heiraten lassen.«

Lebenslange sexuelle Enthaltsamkeit zu üben war eine Forderung, die zu erfüllen einem jungen Mädchen schwerfallen mußte. Junge Mädchen pflegten zu heiraten. Die Ehe war gottgewollt, die körperliche Vereinigung von Mann und Frau gestattet – wie anders sonst wäre die Kirche zu neuen Christenmenschen gekommen – doch sollte diese Vereinigung nur eben jenes Nachwuchses wegen ausgeübt werden. Das Ehepaar, das sich danach richtete und dem es darüber hinaus gelang, beim Zeugungsvorgang aufkommende Lustgefühle zu unterdrücken, war ein ideales Ehepaar. Schließlich hatte Gott dem Menschen die Geschlechtsorgane nicht verliehen, damit er Lust empfinde, sondern damit er die Gattung erhalte.

Eine Ehe ohne Sinnlichkeit war demnach gottgefälliger. Wer es jedoch nicht verhindern konnte, durch sinnlichen Genuß schuldig zu werden, der war damit nicht gleich des Teufels. Er beging lediglich eine läßliche, eine kleinere Sünde. Die Kirche befand sich hier in einem Zwiespalt. Wer in der Ehe keine Lust empfinden durfte, würde sie sich bei einem außerehelichen Partner holen. Die ehelich legalisierte Unzucht aber sollte doch gerade der allgemeinen Unzucht vorbeugen.

Wer nun sein Urteil über die Sexualmoral des mittelalterlichen Menschen aus den rigorosen Forderungen der Kirche ableiten würde, beginge den gleichen Fehler wie der, der sein Bild über katholische Ehen in unserer Zeit aus einschlägigen päpstlichen Enzykliken gewänne. Ideal und Realität waren schon immer zwei Dinge und die Natur des Menschen stärker als die seiner Natur nicht gemäßen Forderungen. Wir dürfen mehr dem trauen, was die *Summa Confessorum,* ein weitverbreitetes Rechtsbuch über Sexualität in der Ehe, zu sagen hat; genauer gesagt, wann die »ehelichen Werke«, wie hier der Beischlaf genannt wird, Sünde sind und wann nicht.

»Zum erstenmal wegen der Kinder. Das ist keine Sünde, denn Gott hat das geboten …« Zum andern Mal wegen der »ehelichen Pflicht, weil ein Ehepartner dem anderen das zu geben verpflichtet, wenn er darum bittet.« Zum dritten »um der Lust willen, daß man so Unkeuschheit mit anderen Leuten meidet … das ist auch nur eine läßliche Sünde und die Lust der Unkeuschheit wird durch das Gut der Ehe, also durch das Sakrament und durch die ewige Vereinigung Gottes mit den Seligen (das bedeutet die fleischliche Vereinigung, die Eheleute miteinander bei den Werken der Ehe vollziehen), von der Todsünde befreit.«

Kritischer wird es, wenn die ehelichen Werke aus übergroßer Wollust getan werden, aus richtiger unkeuscher Bosheit. »Sie begehren die Werke ständig zu tun und reizen sich dazu, … und die heißen eher Hurer als Eheleute und begehen Todsünden.« Der kluge Berthold läßt aber auch hier, und man glaubt sein verzeihendes Lächeln zu spüren, gewisse Ausnahmen zu. »Wäre es so, daß sie eine Behinderung bei den Werken hätten, wenn einer etwa zu kalt wäre oder unfruchtbar, sie gern Kinder hätten, und dann einer den anderen mit Anfassen reizt oder heiße stark gewürzte Kost ißt und starke Getränke trinkt, damit sie Kinder machen können, das wäre keine Sünde.«

Auch für diverse Positionen zeigt das Rechtsbuch Verständnis. Eine erstaunliche Toleranz, wissen wir doch aus den Bußbüchern des frühen Mittelalters, daß die Reiterstellung der Frau ein Jahr Buße kostete – bestehend aus Fasten, Gebeten, guten Werken – der Verkehr a tergo (von rückwärts) drei Jahre, der Oralverkehr sogar zwölf Jahre. Berthold schreibt dazu: »Wäre es aber, daß der Mann krank, oder die Frau schwanger, oder wenn andere wirkliche Behinderungen vorhanden, und man will von den Werken nicht lassen, kann sie aber nicht auf die natürliche Weise tun, die solln tun, wie sie wollen, um den Samen der Natur an die richtige Stelle zu bringen und er nicht verschüttet wird, und sie begehen keine Todsünde.«

In die ehelichen Schlafzimmer konnte niemand hineinsehen und unter die Bettdecke schon gar nicht. Mit Ausnahme Gottes natürlich, und was die Priester in seinem Namen für Höllenstrafen androhten bei Verstößen wider die geschlechtliche Moral, konnte einem Christenmenschen schon Alpträume verursachen, andrerseits war die Geistlichkeit in sexualibus keineswegs frei von Sünden, wie jedermann wußte und sich damit tröstete.

Wer sein Magdtum hat verloren

War den Eheleuten letztlich alles erlaubt, den noch nicht Verheirateten dafür um so weniger. Was wieder in erster Linie die jungen Mädchen betraf. Die Männer legten Wert auf eine *virgo intacta.* War ein Mädchen vor der Ehe defloriert worden, galt es als gefallen. Beim Kirchgang mußte sie einen Strohzopf tragen, der Rat der Stadt schickte ihr einen Schleier, damit jeder sie schon von weitem als entehrt erkenne. Die lieben Mitschwestern streuten ihr in grausamer Schadenfreude zerhacktes Stroh, Häcksel, vor die Tür (wie wieder in Goethes *Faust* nachzulesen wäre). Heiratete eine Gefallene, wurde ihr der Jungfernkranz aus Rosmarin, Efeu und Immortellen verwehrt. Wie wenig Unterschiede man hier zwischen hoch und niedrig machte, zeigt das Beispiel der Tochter Wenzels, Elisabeth, einer Königstochter also, die sich, nachdem politische Gegner das Gerücht ihrer Entjungferung in die Welt gesetzt hatten, einer hochnotpeinlichen Untersuchung unterziehen mußte, andernfalls Johann von Luxemburg sie nicht zur Frau genommen hätte.

Die Verzweiflung trieb so manche Nicht-mehr-Jungfrau in die Arme von Quacksalbern. »Welche hat ihr Magdtum verloren, der mach ich ein Salben.« Das waren Mittel, die die Schleimhäute der Vagina zusammenzogen und so in der Brautnacht ein intaktes Hymen vortäuschten. In den Gegenden, in denen es noch Brauch war, den Verwandten nach der Entjungferung das blutbefleckte Laken vorzuweisen, halfen solche Praktiken wenig. Der männliche Wahn, unbedingt ein Mädchen ehelichen zu wollen, deren Körper noch »unversehrt« war, ist keineswegs nur mittelalterlich. In einem zu Beginn der zwanziger Jahre des 20. Jahrhunderts erschienenen wissenschaftlichen Werk über die Geschlechtsmoral des deutschen Weibes kommt es beim Vergleich zwischen dem Mittelalter und der Neuzeit zu erstaunlichen Aussagen: »Jedenfalls ist ja wohl auch heute noch der sehnliche, wenn auch oft unerfüllte, Wunsch eines jeden feinfühligen Mannes, ein Weib mit makelloser Reinheit heimzuführen, und vielleicht gibt es für ihn nichts Quälenderes und Bedrückenderes als das Bewußtsein, daß die, deren Genuß ihm allein vorbehalten sein sollte, bereits einem anderen gehört hat.«

Wenn sich die ersten Zeichen einer Schwangerschaft einstellten, der Bauch also nicht mehr schweigen konnte, versuchten jene jungen Mädchen, die keine Aussicht hatten, vom Kindsvater geheiratet zu werden, die Frucht abzutreiben. Auch das war eine schwere Sünde, doch etwas weniger schwer, wenn der Embryo noch nicht älter war als vierzig Tage. Hatte doch Gott ihm dann noch keine Seele eingehaucht: Sie wandten sich an weise Frauen, deren Kenntnis der Arzneipflanzen größer war, als der abträgliche Name »Kräuterweiber« vermuten läßt.

Halfen ihre Tinkturen nicht, führten auch heiße Bäder, das Tragen schwerer Lasten oder gymnastische Verrenkungen nicht zum Erfolg, blieb vielen nur der Weg, das Kind auszutragen und anschließend auszusetzen. Kindsaussetzungen waren häufig, worauf die vielerorts eingerichteten Findelhäuser genauso schließen lassen wie die an Kirchen- und Klostertüren installierten Drehladen, die eine geheime Aussetzung ermöglichten.

Scham, Angst vor der öffentlichen Schande trieben manche Mutter bisweilen zu Akten der Verzweiflung: sie erstickten das Neugeborene mit einem Kissen oder erdrosselten es mit eigener Hand. Die Strafen für Kindstötung waren, wie wir aus den Prozeßakten wissen, barbarisch. Die Verurteilten wurden lebendig begraben oder mit einer Holzpuppe im Arm auf den Scheiterhaufen gestellt. Es gab Mütter, die ihr Kind, bevor sie es umbrachten, rasch noch taufen ließen, damit es wenigstens in den Himmel kam. Auch durften sie dann bei ihren Richtern auf mildernde Umstände hoffen.

Empfängnisverhütende Mittel waren begehrt und wurden häufiger angewandt, als man vermutet hatte. »Frouwen verderben ir kint in ir lip oder trinket sust ein tranc, das sie niemer kint tragende werdent und wellent ir gelust han mit mannen und der arbeit niht mit den kinden.« John T. Nooman vermutet in seiner Arbeit über die Geschichte der Empfängnisverhütung die Existenz von etwa zweihundert Mitteln. Daß sie alle gewirkt haben, ist nicht anzunehmen. Bei den meisten hat die Magie eine größere Rolle gespielt als die Medizin. So die Anweisung, die Frauen sollten *danach* siebenmal rückwärts schnellen, *währenddessen* das Herz eines Maultiers tragen (vermutlich weil Maultiere, die Bastarde von Pferdestute und Eselhengst, untereinander unfruchtbar sind), *vorher* die Blätter des Steinbrechs übers Bett hängen.

Anders verhält es sich bei gewissen Pflanzen, die noch von heute lebenden Naturvölkern zur Verhütung der Empfängnis angewendet werden. Hierbei handelt es sich nicht um die Ingredienzen irgendwelchen Hexengebräus, sondern um Mittel mit einem relativ hohen Wirkungsgrad. »Antibabypflanzen statt Antibabypillen« heißt bezeichnenderweise die Aufgabe, die einer Forschungsgruppe der Weltgesundheitsorganisation unlängst gestellt wurde. Überprüft werden dabei indianische und altindische Verhütungsmittel. Noonan folgert nun in Form eines Rückschlusses, daß die Pflanzen, die diesen Völkern geholfen haben und dem Mittelalter wohlbekannt waren, auch damals ihre Wirkung nicht verfehlt haben werden.

Die Frauen der Lakandonen zum Beispiel, eines Stammes der Mayas, trinken nach dem Beischlaf einen Sud aus Rautenkraut, Basilikum und Minze. Pflanzen, die zu gleichem Zweck auch von dem arabischen Philosophen und Arzt Ibn Sina, in der lateinischen Welt unter dem Namen Avicenna bekannt, empfohlen wurden. Er lebte im 11. Jahrhundert, und wenn man in der damaligen Welt so gut Bescheid wußte über das medizinische Wissen der Antike, dann ist es ihm zu verdanken. Sein *Canon medicinae* gab der abendländischen Heilkunde des 12. Jahrhunderts eine wissenschaftliche Grundlage und war für ein halbes Jahrtausend das Standardwerk an den medizinischen Universitäten Europas.

Wer die Ratschläge des Avicenna berücksichtigte, konnte auf einen Verkehr ohne Folgen hoffen, aber nicht damit rechnen. Die Vorbereitungen dazu waren ziemlich umständlich und mögen manchem Paar die Lust an der Lust genommen haben. Aus einer frischen Alraunwurzel, aus Kohlblättern, Kohlsamen und Skammoniablättern wurde zusammen mit Zedernöl ein Kügelchen geformt und als Pessar in die Scheide eingeführt, während der Mann den Penis mit Bleiweiß und Zedernöl einrieb. Die Frau trank außerdem anderthalb Liter in Wasser aufgelöstes Basilikum und praktizierte nach dem Verkehr ein weiteres Pessar, diesmal aus den Blättern der Trauerweide mit dem Saft der Weide durchtränkt, in die Vagina.

Um erst gar kein Verlangen aufkommen zu lassen, empfiehlt die Arzneiliste des »Kanons der Heilkunde« einige Anaphrodisiaka. Männer, die ihre Brunst dämpfen wollten, sollten sich die Blätter des schwarzen und des weißen Bilsenkrauts auf die Hoden legen oder durch den Genuß von Koriander, Bergminze und Kampfer oder von mit Mohnsirup bestrichenen Wasserlilien die Erektion des Penis verhindern. Es ist nicht anzunehmen, daß allzu viele Männer davon Gebrauch gemacht haben. Die Verhütung überließ der Liebhaber seiner Geliebten, der Ehemann seiner Frau, wenn letzterer nicht überhaupt uninteressiert daran war, zum wievielten Male sie schwanger wurde. Die Motivierung, die Empfängnis zu verhüten, war bei den Männern demnach gering. Die Ehefrauen werden die Mittel selten oder erfolglos angewendet haben, wäre es sonst doch nicht zu der hohen Zahl der Schwangerschaften gekommen, von denen wir immer wieder lesen.

Verhütungsmittel wurden deshalb in erster Linie von jenen angewandt, die die Schande fürchten mußten, wozu voreheliche und außereheliche Verkehr, wenn er Folgen hatte, mit erbarmungsloser Konsequenz führte. Um sie zu verhindern, wurde trotz allem Vertrautsein mit den genannten Arzneipflanzen, so Noonan, in erster Linie der Coitus interruptus angewandt. Es kam deshalb auch zu Oral- und Analverkehr, was in der Sprache der Kirche hieß, »ein Gefäß der Frau zu benutzen, das dafür nicht erlaubt ist«, und als besonders schwere Sünde gebrandmarkt wurde. Da die die Beichte abnehmenden Geistlichen schwerlich über solche Praktiken eine Anschauung haben konnten (oder sie nicht haben sollten), erhielten sie entsprechende Handbücher. Das Handbuch des Dominikanermönchs Johann Nieder war sicherheitshalber mit der Mahnung versehen, bei der Anhörung der Beichte einfache Menschen nicht auf etwas aufmerksam zu machen, was sie überhaupt nicht kannten.

Die Empfängnis eines Kindes zu verhüten wurde von der Kirche als ebenso schweres Vergehen angesehen, wie ein Kind abzutreiben. Selbst der Coitus interruptus, Onansakt genannt, war – damals wie heute übrigens – streng verpönt. »Es wird

Unreinheit oder die böse Sünde genannt, nicht in natürlicher Weise einem Weibe beizuliegen, weshalb geschrieben steht, daß Onan, der Sohn des Juda, von Jahwe getötet ward, weil er, statt seines Bruders Witwe zu schwängern, seinen Samen auf die Erde goß.«

Der Verteufelung der Sexualität stand eine selbst für unsere laxe Moral erstaunliche Ungeniertheit in sexuellen Dingen gegenüber. Wohl die extremste Gegensätzlichkeit in einem in allen Dingen gegensätzlichen Zeitalter.

Die Texte der auf den Marktplätzen oder in den Wirtshäusern gespielten Stücke waren von eindeutiger Zweideutigkeit und die Gesten der Schauspieler nicht minder. Besonders derb ging es bei den Fastnachtsspielen zu, aber auch bei den geistlichen Dramen war man nicht schüchtern. »Eyn schön Spil von frau jutten, welche Babst zu Rhom gewesen und uf dem Stuel ein Kindlein erzeuget«, lautete einer der Titel.

Im Mittelpunkt standen immer die betrogene Ehefrau, die gierige Kupplerin, das Mägdelein, das sein Magdtum verloren, der geile Bauernbursche, der gehörnte Ehemann, die Wirtin, die es mit dem Knecht treibt, der Herr, der die Magd in der Speisekammer bespringt, der jede Schürze jagende Pfaffe, das gelüstige Nönnlein. Ein beim Beischlaf zusammenkrachendes Bett, eine heruntergelassene Hose, eine im Bad überraschte nackte Jungfrau brachten den Schauspielern sichere Lacher. Das Vergnügen an allem, was sich unterhalb der Gürtellinie abspielte, und zwar vorne und hinten, war unbändig. Hiervon auf die allgemeine Moral zu schließen wäre wiederum falsch, war das Amüsement doch nichts anderes als eine momentane Befreiung von den allzu strengen christlich-asketischen Lebensnormen. Die Menschen benutzten die Aufführungen unbewußt als Ventil, als Mittel zur psychischen Entladung.

Ein Nürnberger Text vermittelt uns eine Vorstellung von dem, was sich auf den Brettern abspielte, die den Leuten eine

Welt bedeuteten. Protzt da ein Sexunhold mit seinen (Un)taten: »Mein mutter schwengert ich ein nacht, und hab tragend mein meid [Magd] gemacht. Mein schwester selber genotzert [genotzüchtigt], mein dochter irs meitung [Jungfernschaft] erwert [genommen] und sechs kaczen gehelst zu dot.«

Badestuben und Frauenhäuser

Ebenso ungeniert benahm sich der Mensch, wenn er das Bad, besser die Badeanstalt, aufsuchte. Eine Anstalt, die man einesteils des Waschens wegen aufsuchte; in den niedrigen, engen, licht- und luftarmen Stuben, die wir in unseren alten Städten so romantisch finden, gab es allenfalls ein winziges Waschbecken. Hygiene wurde kleingeschrieben, die Unterwäsche selten gewechselt, besonders im Winter, denn nach altem Volksglauben pflegt Dreck zu wärmen.

Andernteils waren die öffentlichen Badestuben eine Stätte vielfacher Freuden. »Wiltu eyn tag frölich seyn? Geh, ach geh ins pad hineyn«, sagte das Sprichwort. In den Liedern, die die Augsburger Nonne Klara Hätzerlin aufschrieb, wird das Baden zu »siben den grösten fräden« gerechnet. »So er sich nakt uff die panck streckt, und sich streichet und leckt! Baden ist ein sauber spil, des ich auch imer preisen wil.« Wobei das fromme Fräulein verschwieg, daß man sich auch streicheln *lassen* konnte – und frottieren, mit Birkenruten schlagen, abreiben, massieren, karessieren. Von reschen Bademägden die Männer, von wohlgebauten Badeknechten die Frauen, beide die Angehörigen eines Berufs, der sich nicht des allerbesten Rufs erfreute. »Der bader und syn gesint, gern houren und buoben sint.«

Die Reiberinnen, wie die Mägde auch genannt wurden, trugen als Arbeitskleidung lediglich trägerlose Hemden, mit denen sie die ihnen zugeworfenen Geldstücke auffingen, was meist tief blicken ließ. Sie bedienten die Doppelwannen für Männlein und Weiblein und die größeren Becken für gemischte Gruppen, wobei das, was unter dem Wasserspiegel geschah, niemanden etwas anging. Fröhlich sangen die an allen Organen Erfrischten: »Wir kêren heim, die körper rein, das härz durch Sünden geschwärz'.«

Dem heiter-frivolen Treiben wurde ein jähes Ende bereitet, als gegen Ende des 15. Jahrhunderts immer mehr Badegäste von Geschwüren befallen wurden. Sie zeigten sich zuerst an den Geschlechtsteilen womit für die Geistlichkeit erwiesen war, daß es sich dabei um eine Strafe Gottes für die Unzucht handelte – befielen dann in Form von Ausschlag und Knoten den ganzen Körper, um im Endstadium zu Gehirnerweichung und Rückenmarkschwindsucht zu führen. *Morbus gallicus,* Franzosenkrankheit, nannte man die neue Seuche, weil sie bei den vor Neapel liegenden französischen Soldaten zum erstenmal studiert werden konnte. Die Syphilis – unter diesem Namen registrierte sie die Medizingeschichte – hatte aber mit Frankreich wenig zu tun. Wo sie wirklich hergekommen war, ob die Matrosen des Columbus sie aus der Neuen Welt mitgebracht, ob sie schon latent geschwärt hatte, ist bis heute nicht geklärt.

In jeder größeren Stadt gab es neben den Badehäusern, in denen man das Nützliche mit dem Angenehmen verband, noch mehrere Frauenhäuser, auch Jungfernhöfe genannt. Sie erfreuten sich behördlicher Duldung und obrigkeitlichen Wohlwollens. Übten doch, nach landläufiger Meinung, die Stätten der Unsittlichkeit einen wohltätigen Einfluß aus auf die allgemeine Sittlichkeit. Was hier paradox klingt, war es nicht. Wie anders sollten Keuschheit und Tugend der jungen Mädchen und Frauen behütet werden, als den unverheirateten Männern »ander weyblich fleysch vorzuwerfen«? Und es gab viele Unverheiratete: ältere Lehrlinge; Gesellen und Arbeiter, die keine Familie hätten ernähren können; junge Kaufleute, bestrebt, sich erst die finanzielle Grundlage für eine Ehe zu schaffen. Zu dieser potentiellen Klientel des Bordells kamen die durchreisenden Handelsherren, die an den Markttagen in die Stadt kommenden Bauern, die Pilger (Wallfahrten dienten oft höchst unfrommen Abstechern), ferner die Geistlichen, die im Kampf gegen die teuflische Lust schwach geworden waren.

Ein Frauenwirt, befremdlicherweise nicht selten identisch mit dem Henker, sorgte dafür, daß bei der Unzucht die Zucht gewahrt blieb. Er war verantwortlich, daß seine Mädchen frei von ansteckenden Krankheiten waren, unverheiratet und, vor allem, nicht aus der Gegend stammten. Am Umsatz war er beteiligt und zahlte vom »Schlaffgelt« den Stadtvätern bestimmte Abgaben (die zu nehmen sie sich so wenig schämten wie, falls das Hurenhaus auf kirchlichem Grund und Boden lag, die hohe Geistlichkeit). Dafür schützte er die Mädchen vor illegalen Konkurrentinnen, zu denen neben den Wanderhuren scheinbar brave Ehefrauen gehörten, die sich ein bißchen zurücklegten, um sich etwas zurücklegen zu können. Die Frauenwirte, so lesen wir, bevorzugten Mädchen aus Sachsen, weil sie ihr Gewerbe mit besonderer Hingabe auszuüben verstanden. Beliebter noch waren Schwäbinnen, von denen es hieß, daß sie als Nonne, als Magd und als Dirne vom selben stillen Fleiß gewesen seien.

Bisweilen wurden die lichten Fräulein, wie sie auch genannt wurden, sogar politisch aktiv. Wie in Nürnberg, wo sie sich wegen der vielen Amateurinnen an den Rat der Stadt wandten und baten, »solches um Got und der gerechtigkeit willen zu straffen, dann wenn solches hinfüro anders gehalten werden sollte, müsten wir armen hunger und kumer leyden«. In den *XV clagen* des Dichters und Büchsenmeisters Hans Rosenplüt heißt es: »Die gemeynen weib clagen auch ir orden, ir brot sey vil zu mager worden, die winkel weyber und die haußmeyde, die fretzen teglich ab ir weyde ...«

Der Beruf der Prostituierten war nicht gerade ehrenwert, aber auch nicht verdammungswürdig, weil sie, so die Logik, ihr Gewerbe nicht um der Lust willen ausübten, sondern um des Broterwerbs willen. In manchen Städten versuchten sie sogar, sich zu einer Art Zunft zusammenzuschließen. Sie nahmen an Fastnachtsumzügen teil, durften bei städtischen Festen erscheinen und besaßen ihre eigenen Schutzheiligen. Afra gehörte dazu, die in Augsburg der Venus diente, zum Christentum bekehrt wurde, ihre Sünden büßte und bei den Verfolgungen als Märtyrerin schauerlich umkam. Unentbehrlich waren die Dirnen, wenn es galt, hohen Gästen Freude zu schenken. Wie man dabei verfuhr, war von entwaffnender Unbefangenheit.

Als Kaiser Sigismund, von Italien kommend, nach Konstanz zum Konzil reiste, gab er der Stadt Bern zu wissen, daß er in ihren Mauern seinen Aufenthalt zu nehmen gedenke. Ein Besuch, der den Ratsherrn lieb war, aber auch teuer, doch verfuhr man bei den Vorbereitungen nicht schweizerisch knauserig, wies vor allem anderen die Frauenhäuser an, die Herren kostenlos zu verlustieren – und die Rechnung anschließend der Stadt einzureichen. Nach der Begrüßung und dem Festessen wurde der Kaiser mit seinem Gefolge unverzüglich zu »den schönen frouwen im Gässlein« geführt. Er muß zufrieden gestellt worden sein, heißt es doch in der Chronik: »Den Wyn und des Frouwenhus rumte der Künig darnach, wo er bey Fürsten und Herren saß, gar hoch und hielt es gar für eine große Sach.«

Nun könnte man meinen, daß nur der als Frauenheld bekannte Sigismund dementsprechend aufgenommen wurde, er bildete jedoch keine Ausnahme. In der Lebensbeschreibung des Wiwolt von Schaumburg wird von einem Bankett zu Gent berichtet. »... und zur Nacht verehrte der Gastgeber einem jeden Herrn eine hübsche Frau, mit ihr nach des Landes Gewohnheit zu schlafen. Des Morgens wurden sie ihm alle gütlich wieder abgeliefert, wofür er sich höchlich bedankte. Er beschenkte eine jede gebührend und schickte sie ehrlich nach Hause.«

Die Prostitution wurde von der Geistlichkeit nur halben Herzens bekämpft, wohl wissend, daß nur derjenige, der ohne Sünde sei, den ersten Stein werfen dürfe. Viele Pfarrer gehörten, wie erwähnt, zu den ständigen Besuchern der Bordelle. Bischöfe hielten sich Konkubinen. Im hilligen Köln, der heiligen Stadt, wimmelte es von Dirnen, die unter dem Namen »Pfaffenhuren« liefen. Bischof Johann von Straßburg baute selbst ein Frauenhaus, dessen Geld ihm nicht stank. Man war hier so päpstlich wie der Papst Sixtus IV., der ein von seinem Vorgänger verfügtes Konkubinatsverbot wieder aufhob. Die Kurie erhob sogenannte Hurensteuern. Zum Bau der Basilika von St. Peter wurde mancher Marmorblock verwendet, den man mit dieser Steuer bezahlt hatte.

Bisweilen allerdings rafften sich Kirche und Staat dazu auf, wenigstens die schlimmsten Auswüchse der Prostitution zu beschneiden. Kupplerinnen wurden an den Pranger gestellt oder aus der Stadt gepeitscht. Man versuchte, die Fräulein an den Stadtrand zu drängen, ihnen bestimmte Straßen zu verbieten und, vor allem, das »Abschleppen« von noch zögernden Freiern zu verhindern. Wie sich die Bilder heute noch gleichen.

Dirnen pflegen früh zu altern. Das war damals nicht anders, anders war nur, wie man mit ihnen verfuhr, wenn sie niemand mehr haben wollte; oder wenn sie einem Beruf zu entfliehen trachteten, in den sie häufig die blanke Not getrieben hatte. Hier nun verhielten sich Stadtväter und Kirchenherren nicht wie die Pharisäer, das heißt, sie bedeuteten den gefallenen Mädchen nicht, nun selber zuzusehen, wie sie wieder auf die ehrbaren Beine kämen.

Magdalenenhäuser hießen die Heime, in denen die ehemaligen Dirnen Gelegenheit bekamen, wieder ehrbar zu werden.

Ihren Namen hatten sie von Maria Magdalena, die in einer Stadt in Galiläa, wahrscheinlich in Kapernaum, dem ältesten Frauenberuf der Welt nachgegangen war. Die große Sünderin wurde zur reuigen Büßerin und folgte Jesus Christus auf seinem Weg durch Galiläa. Sie durfte dem Meister die Füße waschen, entdeckte nach der Grablegung Christi, daß das Grab leer war, und verkündete es den Jüngern; sie war auch die erste, der Jesus nach seinem Tod leibhaftig erschien. Keine andere der großen Weltreligionen ist denkbar, in der eine ehemalige Kurtisane eine so wichtige Rolle spielen würde. Ein Beweis, mit welcher Toleranz das frühe Christentum jenen Menschen begegnete, die einmal gefehlt, diesen Fehltritt aber bereut hatten und zu büßen bereit waren. Jesus selbst hat in seinem Disput mit den Hohenpriestern gesagt: »Die Zöllner und Huren mögen wohl eher ins Himmelreich kommen denn ihr. Johannes [der Täufer] kam zu euch und lehrte euch den rechten Weg, und ihr glaubtet ihm nicht. Aber die Zöllner und Huren glaubten ihm. Und ob ihrs wohl sahet, tatet ihr dennoch nicht Buße.«

Der Weg zurück wurde den ehemaligen Dirnen nicht leichtgemacht. Ihr Tag war erfüllt von Arbeit, Gebet und Bußübungen. Eine Art irdischen Fegefeuers, das manche rückfällig werden ließ. Wer es durchstand, wurde von der bürgerlichen Gesellschaft wieder in Gnaden aufgenommen. Die Kirche ging soweit, den Gläubigen die Heirat mit einer »Magdalenin« zu empfehlen, um sie endgültig vor einem Schritt vom Wege zu bewahren. In Wien zum Beispiel pflegte sich manch angesehener Bürger seine Frau unter den Hübschlerinnen auszusuchen, die im Stift »Püßende Weiber« tätige Reue geübt.

Sorgen um den »Nachwuchs« brauchten die Frauenwirte sich nicht zu machen: die Armut weiter Volksschichten bildete den Nährboden für das Laster; der Frauenüberschuß tat ein übriges. Man schätzte das zahlenmäßige Verhältnis zwischen Männern und Frauen in den Städten auf tausend zu tausendzweihundert, eine Zahl, die in dieser Relation von der historischen Demographie wieder bestritten wird. Doch wird die Tatsache bestehen bleiben, daß es im Spätmittelalter mehr Frauen als Männer gab. Es gab demnach eine nicht geringe Anzahl von Junggesellinnen, vom Volksmund schlicht alte Jungfern genannt. Welche Möglichkeiten hatten diese ledigen Frauen, ihren Lebensunterhalt zu sichern, besser gesagt, zu überleben?

Die Nonnenklöster

Da waren die in allen Jahrhunderten der Menschheitsgeschichte anzutreffenden Tanten, die bei einem ihrer verheirateten Geschwister Unterschlupf gefunden hatten, im Haushalt mithalfen oder bei der Feldarbeit und die Kinder betreuten. Eine Spezies Frau, deren Geschichte noch nicht geschrieben worden ist; fleißige, stille, gütige Dulderinnen, deren Leben unerfüllt, deren Gefühle unerwidert geblieben, was ihnen von ihrer Umwelt nicht selten die Prädikate »wunderlich« oder »verschroben« eintrug, dabei wären manche Familien ohne sie nicht denkbar gewesen.

Die Möglichkeiten, als »Tante« unterzukommen, waren nicht sehr groß, saß man doch in den Wohnungen eng genug beieinander. Den Schleier zu nehmen galt deshalb vielen der überzähligen Frauen als eine andere Möglichkeit, ihrem Leben einen Sinn zu geben. In den Klostermauern war man Gott nahe, konnte etwas für die ewige Seligkeit tun, fühlte sich, das war kein schlechter Grund, vor den Unbilden des Lebens geschützt und war versorgt. Daß die Klöster jeder Frau offenstanden, war reine Theorie, die Praxis sah so aus, daß die Einlaßbegehrenden, wenn sie nicht von Adel waren, so doch aus gut betuchter Familie stammen sollten. Die Äbtissinnen legten Wert auf eine Einstandssumme, konsequenterweise »Mitgift« genannt, wurden doch die Novizinnen zu Bräuten des Herrn und trugen deshalb als Symbol ihrer mystischen Verbindung einen Verlobungsring. Vergingen sie sich gegen das Keuschheitsgebot, begingen sie Ehebruch gegenüber Christus.

Bei ihrem Eintritt gelobten sie, keusch zu leben, arm zu bleiben und gehorsam zu sein, was ein entsagungsreiches Dasein bedeutete. Um die dritte Morgenstunde weckte die Glocke zur Vigil, der Gebetsstunde zum Hahnenschrei. Bis zur Prim, dem Stundengebet zur Eröffnung der täglichen Arbeit, meditierten sie und beteten im Chor. Es folgte das Antiphone, ein liturgischer Wechselgesang, und die Heilige Messe, die ebenfalls abgesungen wurde. Nach dem Frühstück, das die Nonnen schweigend einnahmen, versammelten sie sich zu bestimmten Arbeiten, die bei den einzelnen Orden verschieden waren. Die Dominikanerinnen widmeten sich der Krankenpflege, die Zisterzienserinnen lehrten junge Mädchen Lesen und Schreiben, die Benediktinerinnen schrieben Bücher ab und illuminierten sie. Diese Arbeiten jedoch waren zweitrangig. Am wichtigsten war den Nonnen das eigene Seelenheil und die Fürsprache für die außerhalb der Klostermauern lebenden Mitmenschen (unter Bevorzugung der eigenen Verwandtschaft). Diese armen Sünder teilhaben zu lassen an dem durch die Kraft und die Vielfalt der Gebete angesammelten himmlischen Schatz war ihr vornehmstes Bestreben.

Auch beim Mittagsmahl im Refektorium galt Redeverbot, andernfalls hätten sie den Worten der Mitschwester, die aus einem Erbauungsbuch vorlas, nicht folgen können. Nach dem Abendmahl und dem Salve Regina wurden sie im Dormitorium eingeschlossen zur Erforschung des eigenen Gewissens. Die Türen der – nicht heizbaren – Zellen blieben in der Nacht offen, damit kontrolliert werden konnte, ob keine Schwester die andere besuchte. Angehörige wurden im Sprechzimmer empfangen, wobei ein Gitterwerk dafür sorgte, daß man den Besucher hören, aber nicht sehen konnte. Wer einen Brief geschrieben hatte, mußte ihn, bevor er versiegelt wurde, der Äbtissin vorlegen.

Strenge Maßnahmen, die jedoch nötig schienen, um die Disziplin aufrechtzuerhalten in einem Kreis, der sich aus den unterschiedlichsten Individuen zusammensetzte. Besonders jene Schwestern, denen kein »Nonnenfleisch« gewachsen war, das heißt, die nicht freiwillig den Schleier genommen hatten, sondern als überzählig oder unerwünscht von ihren Familien hinter Klostermauern verbracht worden waren (euphemistischer ausgedrückt, dem Herrgott als *oblatae,* als Dargebracht, gereicht), entwickelten sich oft zu Problemfällen. Ohne sich berufen zu fühlen, ja ohne wirkliche Frömmigkeit, pervertierten sie zu Betschwestern, deren Demut Heuchelei war, deren Gebet Verlogenheit, deren Gehorsam die Furcht vor Strafen zur Mutter hatte. Sie wurden die Sehnsucht nach der Welt da draußen nicht los. Langeweile, Stumpfheit und Gleichgültigkeit waren die grauen Gefährten ihres Daseins, wenn sie nicht gar, von Depressionen gepeinigt, in tiefe Schwermut fielen.

»Sie haben geschnitten mein blondes Haar, hat keiner sich erbarmet meiner sechzehn Jahr. Bin so betrübet und doch noch so jung, hat die Welt nicht für alle der Freuden genung?« heißt es in einem Volkslied aus späterer Zeit. Oder weniger ergebungsvoll: »Gott gebe ihm verdorbene jar, der mich machte zu einer nunnen, und mir den schwarzen Mantel gab, den weißen rock darunnen.«

Bei anderen hatte Müßiggang ohne Frömmigkeit schwerwiegendere Folgen. Müßiggang deshalb, weil in den meisten Klöstern Mägde und Laienschwestern jene Arbeit verrichteten, die zur Existenz der Wirtschaftsbetriebe nötig waren: gärtnern, kochen, backen, brauen, spinnen, weben, keltern und so fort. Manche versuchten, ihre Frustration zu kompensieren, indem sie die Rolle als Christi Braut in ihrer Phantasie allzu wörtlich nahmen. Sie teilten das Lager mit Ihm, schrieben Ihm glühende Liebesbriefe, entkleideten sich vor dem großen Kruzifix und boten sich Ihm an; sie wähnten, das Jesuskind an ihrer Brust zu säugen, ja ließen sich Jesuspuppen schnitzen, die sie anzogen, auskleideten, badeten, zu sich ins Bett nahmen. Luther ist darauf zurückgekommen, wenn er einen Freund vor einer Heirat mit einer nicht zu ihm passenden Frau warnte: »Es wird dir gehen wie den Nonnen, zu denen man geschnitzte Jesu legte. Sie sahen sich aber nach anderen um, die da lebeten und ihnen besser gefaellen.«

Auf Berichte von sittlicher Verwilderung mancher Klöster in der Spätzeit des Mittelalters, vor allem der der Nonnen, stoßen wir in den Quellen immer wieder. Wobei die lesbischen Beziehungen der Schwestern untereinander noch zu den harmlosen Vergehen rechneten. »Lieb Frauenhaus« nannte man manche Klöster, die nach Meinung des Zeitgenossen eher Bordellen glichen als den Behausungen frommer Schwestern. Die Nonnen empfingen am hellen Tage ihre Liebhaber, sangen, tanzten, tranken mit ihnen, streuten Scherben auf Treppen und Gänge, um das Herannahen der Äbtissin rechtzeitig zu bemerken. Niemals wurde im schwäbischen Kloster Gnadenzell ein Erlaß so genau befolgt wie jener, der einen Schreibfehler enthielt. Die Visitation des päpstlichen Legaten sei, so hieß es dort, *apertis vulvis* zu empfangen (statt *apertis valvis*), womit die offenen Türen zwar noch »Pforten« blieben, jedoch ganz woanders hinführten.

Die Wohltäter Gnadenzells pflegten regelmäßig dort einzukehren, um sich ihre Wohltaten durch wohlige Taten vergelten zu lassen. In der mit vierundzwanzig adligen Damen besetzten Abtei Oberndorf trafen sich die Herren der Umgebung zu fröhlichen Liebesspielen. Ein in ein fränkisches Kloster entsandter Kirchenbeamter, der dort eine strenge Visitation vornehmen sollte, meldete seinem Bischof, daß die Nonnen sich inzwischen eines moralisch einwandfreien Lebenswandels befleißigten und keine Herrenbesuche mehr empfingen. Eine Wendung zum Guten, die aber, wie er lakonisch hinzufügte, darauf zurückzuführen sei, daß fast alle Schwestern gesegneten Leibes seien. Und die noch nicht Schwangeren gebärdeten sich »so erregbar wie angekettete Hündinnen«.

»Wilt du dein tochter in ein kloster thuon«, riet der Volksprediger Geiler von Kaysersberg, »so frag auch, was man für ein wesen führe. Du sihest wol, wo die thuren mit einem hanfstengel beschlossen sind, und wo da ist ein uß und yngon als in einer batstuben.« Eine Skulptur am Westportal des Erfurter Doms zeigte einen Mönch beim Beischlaf mit einer Nonne. Eine Schnitzerei im Magdeburger Dom stellt einen grinsenden Teufel dar, der einem Franziskanerpater und einer Franziskanerin die Tür zum Dormitorium öffnet. Für die Schwankdichter, die Fahrenden, die Volksprediger gehörten der feiste Pfaffe und die geile Nonne zu dankbaren Figuren.

Die wehrhaften Schwestern zu Nürnberg

Am schlimmsten boten sich die Zustände in den Doppelklöstern dar, Klöstern, mit denen man naiverweise Zucht und Sitte erzielen wollte; denn: die Frauen seien ja hier unter die Aufsicht von Äbten und Prioren gestellt. Erwies sich die Organisation einer solchen Anstalt, was Verwaltung und Finanzen betraf, noch als einigermaßen erfolgreich, für die Moral war das Zusammenleben eher abträglich. Die Mönche waren dem ständigen Anblick der Nonnen nicht gewachsen und begannen, das Gelübde der Keuschheit zu verdrängen. Intime Beziehungen zwischen den Brüdern und Schwestern waren die Folge. Schuld daran trugen nach Meinung der Oberen die

Nonnen: schließlich hatten sie allein durch ihr Dasein die Fleischeslust in den Mönchen erweckt; wie ja die Frau ihrer Natur nach ihren Trieben mehr ausgeliefert sei, ihre sexuelle Gier bekannt, und was anderes das Repertoire der Vorurteile aufweist, wie wir sie gegenüber den weltlichen Frauen schon kennengelernt haben. Konsequenterweise wurde deshalb immer die weibliche Abteilung aufgelöst oder die Nonnen in ein separates Kloster verlegt.

Anläßlich einer solchen Auflösung (im schwäbischen Prämonstratenserkloster Marchthal) erging folgende, in diesem Zusammenhang typische Verlautbarung: »Da es auf dieser Welt nichts gibt, was in seiner Schlechtigkeit den Frauen gleichkommt, und das Gift von Vipern und Drachen dem Manne weniger schadet als ihre Nähe, verkünden wir hiermit, daß wir zum Wohle unserer Seele, unseres Leibes und unserer Besitztümer von nun an keine Schwestern mehr in unseren Orden aufnehmen und uns von ihnen wie von wildgewordenen Hunden fernhalten werden.«

Giovanni Bernardone, besser bekannt unter dem Namen Franz von Assisi, hatte den Sachverhalt kürzer ausgedrückt mit seinen Worten: »Gott hat uns die Frauen genommen, nun kommt der Satan und gibt uns Schwestern ...«

Sowenig der Geistliche sich mit dem Zölibat abfinden konnte, so schwer war es offensichtlich für die Nonne, dem Gelübde der Keuschheit treu zu bleiben. Auf die Sexualität zu verzichten, betrachtete man als eine Forderung, die übermenschlich war; wurde sie dennoch von Menschen erfüllt, waren das von Gott auserwählte wahre Heilige, die man entsprechend verehrte. Für die nicht erwählten Brüder und Schwestern galt es zumindest den Schein zu wahren, wobei man rührenderweise eben jene Heiligen um Hilfe bat.

In dem bekanntesten Andachtsbüchlein der Zeit, der *Legenda aurea*, lesen wir von einer Äbtissin, die ihre Schäflein gerecht, aber überaus streng hütete. »Da wollte es Gott, daß ihr Leib gesegnet ward«, berichtet die *Legenda,* ohne den Leser damit aufzuhalten, wer das wohl gewesen sein könnte. Die Nonnen sind nämlich inzwischen bereits beim Bischof und haben ihm, rachelüstern, den Fehltritt ihrer Heiligen Mutter berichtet. Noch schneller aber war die Äbtissin, dergestalt, daß sie die Mutter Gottes anflehte, ihr zu helfen in der Not, ihr Flehen sogleich erhört wurde, zwei Engel flugs das noch Ungeborene zur Welt brachten, es einem Einsiedler übergaben, der es aufzuziehen versprach, die Äbtissin dem zur Visitation erscheinenden Bischof *schlankweg* entgegentreten konnte, was den nun als Lügnerinnen dastehenden Nonnen zum Unheil gereichte. So rührend das klingen mag, die Wirklichkeit war es nicht weniger, so, wenn die frommen Schwestern eines Klosters ihren unfrommen Lebenswandel, sprich ihre Tätigkeit als Prostituierte, mit den Worten entschuldigten: »Wir thun es um Gottes Willen, wären wir doch anders vor Hunger verdorben.«

Versuche, in die gefährdeten Klöster Schwestern einzusetzen, die durch ein sittenstrenges Vor-Leben die anderen zur Umkehr bringen sollten, scheiterten kläglich. Die Musternonnen wurden verspottet, schikaniert, schließlich vertrieben. Auch barbarische Strafen halfen wenig: wie stundenlanges Knien auf scharfkantigen Holzscheiten, ebenso langes Hochhalten der Arme in Kreuzesstellung, Auspeitschen mit bleidurchflochtenen Geißeln, In-Ketten-Legen, Dunkelhaft in der Pönitenzzelle bei Wasser und Brot.

Selbst mit Reformen, den immer wieder aufkommenden Erneuerungsbewegungen der Orden, über die noch zu sprechen sein wird, war den Nonnen nicht beizukommen. Reformen bedeuteten in der Praxis die Einschärfung der bestehenden Ordensregel oder die Statuierung neuer, strengerer Satzungen. Weder alter noch neuer Strenge jedoch wollten die Nonnen sich beugen und wehrten sich dagegen, buchstäblich mit Klauen und Zähnen. Im Dominikanerinnenkloster St. Katharina zu Nürnberg prügelten sie mit dem großen Kruzifix auf den Prior ein, der sie Mores lehren wollte, und streuten seinen Begleitern Mehl in die Augen. Die Äbtissin des Zisterzienserinnenklosters Sonnenberg wurde bei einer derartigen Auseinandersetzung spitalreif geschlagen. Thüringische Prälaten pflegten ein Panzerhemd unter der Soutane anzulegen, wenn sie zu Visitationen von Nonnenklöstern aufbrachen.

So wenig die Kontrollbesuche im einzelnen bewirkt haben mögen – dazu besaßen die Nonnen mit ihrer adligen oder zumindest gutbürgerlichen Verwandtschaft einen zu starken Rückhalt, eine »Lobby«, wie man heute sagen würde –, die deutsche Literatur verdankt ihnen immerhin die ältesten Privatbriefe. Es waren Liebesbriefe, geschrieben von Mönchen an ihre »herzallerliebsten suzelin«, die Nonnen, beschlagnahmt in den Zellen bei der Visitation einer württembergischen Abtei.

Frauenklöster hatten keinen guten Ruf, doch nicht selten ist jemand, der übel *be*leumdet ist, nur übel *ver*leumdet worden. Schlechte Beispiele, an denen es in der Tat nicht mangelte, wurden zum Maßstab eines allgemeinen Urteils. Es kann nicht nur verwahrloste, verkommene, verwilderte Klöster gegeben haben, hätten doch sonst nicht so viele Eltern ihre Töchter den Schleier nehmen lassen. Dagegen spräche auch, daß den frommen Schwestern, wenn sie in der Öffentlichkeit auftraten, mit Respekt und Achtung begegnet wurde – wenn nicht wegen ihrer Frömmigkeit, so doch zumindest wegen ihrer Bildung.

Immer mehr Frauenklöster wurden im Laufe der Jahrhunderte gegründet. Waren es um 1 100 noch einhundertfünfzig, so stieg ihre Zahl gegen die Mitte des 13. Jahrhunderts auf über fünfhundert, um im 14. und 15. Jahrhundert noch weiter zu klettern. Die Zahl der Einlaßbegehrenden wurde so groß, daß die meisten von ihnen nicht aufgenommen werden konnten. Viele der an den Pforten abgewiesenen Frauen kehrten nicht zu ihren Familien zurück, wohl wissend, daß sie dort nicht mehr erwünscht waren; manche schlossen sich den Beginen an.

Das Beginentum gehört zu den großen religiösen Frauenbewegungen des Mittelalters. Ein Leben in der persönlichen Nachfolge Christi wollten sie führen, dem Gebet, der Keuschheit, der Armut verpflichtet wie die Nonnen, doch ohne sich durch ein Gelübde binden zu müssen; auch stellten sie tätige Nächstenliebe und körperliche Arbeit in den Vordergrund.

Da man sich bei den Beginen nicht einzukaufen, also keine »Mitgift« brauchte, wie sie die Nonnenklöster forderten, sondern lediglich über einen frommen Sinn und zwei gesunde Arme verfügen mußte, wuchs die Bewegung in nie geahntem Maß. Die vielen alleinstehenden Frauen in den Städten, ledige Mädchen, kinderlose Witwen, Töchter kinderreicher Bürger, alte Dienstboten fanden sich in den Beginenhöfen ein. Mal waren es kleine Häuser, mal größere Gebäude oder gar Riesenhöfe, mauerumgürtet, mit zahlreichen Wohn- und Wirtschaftsgebäuden. (In Belgien und in den Niederlanden kann man sie heute noch besichtigen.) Sie wurden von einer Hausmutter geleitet, die ein strenges Regiment führte, niemanden jedoch daran hinderte, die Gemeinschaft wieder zu verlassen, zu heiraten oder ins Privatleben zurückzukehren. Die Beginen verkörperten das Evangelium, indem sie es vorlebten, und wirkten damit gegen die immer stärker werdende Erstarrung des kirchlichen Lebens, trugen auch auf ihre Weise zur Lösung des sozialen Problems bei, das Frauenüberschuß hieß. Rom erkannte ihre Arbeit an, die Stadtväter sicherten ihnen Steuerfreiheit zu, bald waren die fleißigen Frauen überall geschätzt. An die Stelle von Duldung und Unterstützung traten im Laufe der Zeit jedoch Verfolgung und Knebelung.

Die Zünfte waren plötzlich dagegen, daß die Beginen ihre Waren – feine Stickereien, Gewebtes, Gewirktes – auf den Märkten anboten. Sie waren von guter, zu guter Qualität, waren preiswerter, als die Handwerker sie verfertigen konnten, und daran sei eben die ihnen gewährte Steuerfreiheit schuld. Repressalien waren die Folge. Auch die Kirche fand Grund, gegen die Beginen einzuschreiten, als die frommen Fräulein das kirchliche Regiment zu kritisieren, ja die ganze katholische Glaubens- und Sakramentenlehre in Frage zu stellen begannen. Nicht wenige der *mulieres religiosae* wandten sich den Brüdern des »Freien Geists« zu, die eine Lehre verbreiteten, wonach der Mensch schon auf Erden so vollkommen werden könne, daß er erhaben sei über alle göttlichen und menschlichen Gesetze. Ein solcher sündeloser Mensch dürfe sich alles erlauben, auch die freie Liebe.

Das nun war Hybris, war wirklich Ketzerei, und es bedurfte nicht mehr der Vision, wonach der Heilige Geist sich in einem *Dritten Zeitalter* in Gestalt einer Frau zeigen würde, um den Papst zum Eingreifen zu zwingen. Die ketzerischen Frauen wurden mit den der Inquisition zur Verfügung stehenden Mitteln – über sie wird später noch zu reden sein – bekämpft und unterdrückt.

Stadtluft machte auch Frauen frei

Den ledigen oder verwitweten Frauen, die nicht Nonne werden konnten und nicht Begine werden wollten, boten sich noch andere Möglichkeiten, ihr Leben zu gestalten oder, wie man heute zu sagen pflegt, sich selbst zu verwirklichen. »Stadtluft macht frei«, das bereits zitierte Wort, galt auch für die Frau. Jedenfalls müssen wir Abschied nehmen von der Vorstellung eines weiblichen Wesens, das ausschließlich auf den Bereich Kinder, Küche, Kleidung und Kirche beschränkt blieb.

Angefangen hatte es mit den Witwen. Starb ein Handwerksmeister, durfte sein verwitwetes Eheweib das Gewerbe weiterführen. Nach einem Jahr allerdings sollte sie sich nach einem Mann aus demselben Handwerk umsehen. Meist war es der Geselle aus dem eigenen Haus, der schon bei der Beerdigung durch mühsam gebändigten Frohsinn aufgefallen war. Von den anderen Gesellen glühend beneidet, fiel ihm mit der Hand der Witwe auch die Meisterwürde zu. Es machte ihm wenig aus, daß die Gemahlin älter war als er. Was er bei ihr missen mußte, holte er sich im Haus der Hübschlerinnen – im benachbarten Städtchen der Schicklichkeit halber –, oder er führte mit einer jungen Maid eine Sommerehe, wie die Liebe unter freiem Himmel genannt wurde.

Im Handwerk konnten sich auch ledige Frauen durchsetzen. Wenn es galt, Handschuhe, Hüte, Bänder, Hüllen, Schleier, Knöpfe, Beutel, Taschen zu machen, feine Backwaren zu backen, Leinen zu weben, Perücken zu knüpfen, Schmuckfedern zu verarbeiten, Garn zu zwirnen, erwiesen sich die Frauen den Männern als weit überlegen. Es gab Tätigkeiten, bei denen die Männer gerade noch geduldet wurden, wie bei der Goldspinnerei, und es gab andere, von denen sie einfach ausgeschlossen waren, wie bei der Seidenstickerei. Hatten die Damen sich an die Spitze einer Zunft gesetzt, durften unehelich geborene Jungen und Mädchen hoffen: solche »Geburtsfehler«, die die Männer zurückzuverfolgen pflegten bis zur Großmama, galten ihnen nicht als Makel. Ihnen schien es wichtiger, daß die Lehrlinge begabt, fleißig und aufgeweckt waren.

In Frankfurt gab es fünfundsechzig Berufe, die ausschließlich von Frauen und Mädchen ausgeübt wurden, siebzehn, bei denen sie überwogen, und achtunddreißig, in denen sie sich mit den Männern die Waage hielten. Dazu gehörten Frauen, die die Männer badeten, sie rasierten, sie im Wirtshaus bedienten, für sie musizierten, ihnen die Schröpfköpfe setzten. Sie saßen an den Toren als Pförtnerinnen, auf den Türmen als Wächterinnen, gingen auf die Weide als Hüterinnen, schrieben Briefe ab, bemalten Puppen, wechselten Geld, brachten als Hebammen die Kinder anderer Leute zur Welt und heilten als Ärztinnen die Kranken.

Tätigkeiten, bei denen sie sich oft genug gegen die Männer wehren mußten, die bald erkannt hatten, welche gefährliche Konkurrenz ihnen erwachsen war durch ein Geschlecht, das seine angeborene Schwäche durch Zähigkeit, Ausdauer, Fleiß wettmachte, sich ferner auszeichnete durch seinen Mangel an Wehleidigkeit, Selbstgefälligkeit und Überheblichkeit. Gesellenverbände verboten ihren Mitgliedern, an der Seite von Frauen zu arbeiten; Magistrate begannen, sie durch kleinliche Bestimmungen von den Märkten zu verdrängen; Zunftobere versuchten nachzuweisen, daß eine Meisterin niemals wirkliche Meisterschaft erreichen könne.

Die Gründe, die man anführte, waren feil wie Brombeeren und stammten aus dem ewigen Reservoir der Vorurteile: Minderbegabung, Leichtfertigkeit, unsteter Sinn. Und wenn gar nichts mehr half, sah man die Sittlichkeit am Arbeitsplatz gefährdet.

Daß die Eifersucht des starken Geschlechts nicht von ungefähr kam, zeigt uns eine Steuerliste aus Köln. Unter den hundertsechsundsechzig reichsten Kölnern finden sich vierzig Frauen. Darunter die Witwe van Stralen mit einer Steuerleistung von 42 Goldgulden, die Frau Styngen zer Kemenaten mit 72, die zu Wolkenburg mit 100, die Metzgen van Stummell mit 120, die Druitgen Steynkops mit 124 Goldgulden. Köln ist ein gutes Beispiel dafür, welchen Einfluß die Frauen in der wohlhabenden Stadtlandschaft besaßen. Der uralte mutterrechtliche Zug, den die Ethnologen dort heute noch zu spüren glauben, eine Art stilles Matriarchat, geht aus den überlieferten Urkunden, Chroniken, Steuerlisten, Testamenten deutlich hervor. Die Kölnerin war zu Dingen berechtigt, deren sich selbst ihre fortschrittlichen Schwestern in den großen Städten der Niederlande nicht immer erfreuen konnten. Sie besaß eine hohe Rechtsfähigkeit, durfte vor Gericht

Zeugnis ablegen, geloben, schwören, Unterschrift leisten, Verträge unterzeichnen, ja selbst ihren Mann verklagen.

Edith Ennen berichtet von einem Kölner Kaufmann, der wegen einer minderwertigen Seidenlieferung mit einem Antwerpener Bürger prozessierte. Unter den von ihm benannten Zeugen befanden sich vier Seidenmacherinnen und Seidenspinnerinnen. Die Stadtväter Kölns baten in einem Begleitschreiben die Antwerpener Richter ausdrücklich, deren Zeugnis anzuerkennen. Man habe nämlich erfahren, daß es in Antwerpen nicht üblich sei, Frauen zu vernehmen und zu vereidigen, in Köln aber werde das Seidamt von Frauen geführt, »die van dem handel und koupmanschap alletijd langer und forder kundich«.

In den Städten, in denen der Kaufmann eine große Rolle spielte, begegnet uns immer wieder die Kauffrau, eine Wortkombination, die es in dieser Form natürlich noch nicht gab. Meist sind es Witwen; Frauen, denen zu Lebzeiten ihres Mannes niemand so viel Kenntnis, Kühnheit und Kampflust zugetraut hätte. Da ist die Gossenbortin aus Augsburg, die sich von den gierigen Verwandten nicht aus dem Geschäft drängen läßt, das Steuer selbst übernimmt und ihr Geld so gut anlegt, daß die Männer sie in finanziellen Fragen um Rat bitten. Als der Blechschmied Eschenloer aus Nürnberg stirbt, ist in Frankfurt gerade Messe; die Eschenloerin läßt die Wagen beladen, macht sich mit dreiundfünfzig Zentner Blech auf die gefährliche Reise und erfüllt ihre Lieferungen bis auf das I-Tüpfelchen. Margarete von Burg übernimmt das Tuchgeschäft des verstorbenen Mannes zusammen mit ihrer Tochter Druithard, baut die Handelsbeziehungen aus und verteidigt die in Messina errichtete Niederlassung gegen die gewalttätige Konkurrenz der Italiener. Frau Libler aus Köln genügt die Mitarbeit an der Seite ihres Johann nicht, sie errichtet eine eigene Seidenfabrik, die bald zu den größten der Stadt zählt.

Die Stadt bot vielen Frauen Chancen, von denen sie früher nicht zu träumen gewagt hätten. Deutschland aber war ein Land der Bauern geblieben. Trotz seiner vielen Städte – gegen Ende des Mittelalters zählte man etwa dreitausend kleine, mittlere und große städtische Siedlungen – wohnte immer noch jeder sechste Deutsche auf dem flachen Land. Und dort war die Frau so abhängig, so unfrei und rechtlos geblieben, wie es seit dem Ende der Germanenzeit üblich war.

Bei freier Wahl wäre es jedenfalls zu empfehlen gewesen, lieber als Junge denn als Mädchen auf die Welt zu kommen.

Der Kampf ums Dasein, die Kriege und das Kriegsgeschrei der Männer erscheinen vergleichsweise harmlos, wenn man sich das Leben einer Durchschnittsfrau vergegenwärtigt.

Daß man der Frau vorschrieb, wann sie zu heiraten hatte – das Heiratsalter lag zwischen zwölf und sechzehn Jahren – und wen, nämlich einen Mann, der was hatte und was war, mag dahingehen. Ehen wurden bis weit in das 19. Jahrhundert hinein nicht im Himmel geschlossen, sondern auf dem harten Boden finanzieller Tatsachen. Und die Liebe? Mit der Liebe hielt man es so, wie man es von alters her gehalten hatte: nötig war sie nicht, Zuneigung oder gegenseitige Achtung genügte. Man war der Meinung, daß die Ehe eine viel zu ernste Sache sei, um sie den jungen Leuten zu überlassen. Die Verbindungen, die auf diese Art zustande kamen, waren nicht viel schlechter als die Liebesheiraten unserer Tage.

Hatte die junge Frau mit sechzehn geheiratet, konnte sie im günstigen Fall mit weiteren zwanzig Lebensjahren rechnen. Das Kindbett raffte mehr Frauen dahin, als das Schwert Männer tötete. Sechzehn bis achtzehn Geburten gehörten nicht zu den Ausnahmen. Eine der Töchter des Nürnberger Großkaufmanns Stromer brachte zwischen 1380 und 1388 pünktlich jedes Jahr ein Kind zur Welt. Anna Tucher »schenkte« ihrem Mann, dem ehrenwerten Patrizier Anton

Tucher, in achtzehn Jahren elfmal Nachwuchs. Entsprechend hoch war die Kindersterblichkeit. Jedes zweite bis vierte Kind überlebte die ersten Jahre nicht. Auf einem bäuerlichen Grabstein in Oberhessen hat der Steinmetz neben den Eltern fünf Kleinkinder abgebildet und acht Säuglinge, die bei der Geburt oder nach wenigen Tagen gestorben waren.

Müde, verarbeitet, durch ständige Schwangerschaft erschöpft, beim Sonnenaufgang einen Arbeitstag vor sich, der bei Sonnenuntergang noch nicht beendet war, in Sorge um den Mann, um die Söhne, wenn ein Krieg ausgebrochen war oder eine Fehde angesagt, dabei anspruchslos, von praktischer Klugheit, versehen mit der Tapferkeit des Herzens und dem Vertrauen auf den Herrgott, so zeigt sich uns ihr Bild. Fügt man hinzu, daß sie, von den angeführten Ausnahmen abgesehen, keine Ämter bekleiden durfte, in ihrer Rechtsfähigkeit eingeschränkt war und ihrem Ehemann ausgeliefert, so scheint dieses Bild mehr dunkle als lichte Stellen aufzuweisen.

Hätte jemand unserer mittelalterlichen Ahnfrau ihre gesellschaftliche Stellung in dieser Form geschildert, sie wäre gewiß erstaunt gewesen. Zwischen dem, was Recht war und was Sitte, hat in der Geschichte immer eine Diskrepanz geklafft. Gerade die Frauen haben es verstanden, sich gegen Gesetze durchzusetzen, die ihnen zutiefst ungerecht erscheinen mußten. Nichts ist bezeichnender dafür als das Bonmot des älteren Cato, wonach der Römer die Welt beherrsche – »den Römer aber die Frau«. Sitte also brach Recht, konnte es besonders dann brechen, wenn die Frau Persönlichkeit besaß.

Lesen wir zum Schluß noch einen Brief, den die Scheurlerin um das Jahr 1452 an ihren durch die Lande reisenden Ehegatten, einen Kaufmann, geschrieben hat. Er ist, da keine Ausnahme, ein Zeugnis dafür, daß Ehen, die mit Kalkül geschlossen wurden, dennoch von Liebe und Zärtlichkeit erfüllt sein konnten.

»Mein freuntlichen grueß zuvor. Lieber man und mein dreuß [treues] herze. Das ir frisch und gesund werd, dasselb hort ich allzeit gern von euch. Auch due ich euch ze wissen, das ich von goz genaden frisch pin und dee sun [die Söhne] all trey. Und dee junckfrau Maria, de helff uns, das wir einander frolich ansehen. Und, lieber man, ich weiß euch nichß pesundorheit zu schreiben. Ich pit euch auf alle freuntschaft, das ir wolt heimer kumen zu mir und zu euren sun und euer fremtheit auf wolt lassen. Und damit seit got wefolhen und seiner lieben mueter und den heiligen dreu kunigen, de sein allzeit eur weleiter und senden euch mit gesunden leib heim. Damit habt vil gueter nacht. Datum/ am tonrtag vor sand Simon und Jutas dag.

Von mir, liebste Scheirlin«

VIII Ritter und Bauern

Verfälscht von der Romantik

»... stehen Burgen stolz und schön, ihre Dächer sind zerfallen, und der Wind streicht durch die Hallen, Wolken ziehn darüber hin. Zwar die Ritter sind verschwunden, nimmer klingen Speer und Schild; doch dem Wandersmann erscheinen in den altbemoosten Steinen oft Gestalten zart und mild.« So klingt es aus dem Gedicht, das der malende Poet Franz Kugler in einer lauen Sommernacht des Jahres 1826 auf einen Tisch der Rudelsburg geschrieben hat; ein Gedicht, das zum Lied wurde, zum Volkslied.

Romantisch wird es noch heute, wenn wir eine unserer Burgen besuchen. Etwa sechstausend sind vom Zahn der Zeit so zerstört, daß dem Wind tatsächlich nichts anderes übrigbleibt, als durch ihre Hallen zu streichen. Aus der mächtigen Schildmauer haben Generationen von Bauern die begehrten Buckelquadern für ihren Hausbau gebrochen; in den Tümpeln des Burggrabens lebt rar gewordene Kleinwelt; im Palas nisten die Krähen. Dreitausend Burgen sind besser erhalten, stehen aber leer oder sind ihrem Zweck auf höchst unromantische Art – beispielsweise als Lagerräume – entfremdet. In weiteren dreitausend jedoch ist das Leben wieder eingezogen; in einigen fand die Jugend Herberge, andere verwandelten sich in Museen, Institute, Landesämter, Schulen, Heime; wieder andere dienen als Hotels, in deren komfortabel hergerichtetem Gemäuer sich die Touristen aus aller Welt einfinden, in das finstere Burgverlies »Huhu« hineinrufen, kichernd vor dem in einer Vitrine aufbewahrten Keuschheitsgürtel stehen, die Tür zum geheimen Gang öffnen, abends von original Burgfräulein mit Wildschweinbraten und Humpen schweren Weins verwöhnt werden, während gen Mitternacht das vom Hoteldirektor engagierte Burggespenst schaurig stöhnend mit den Ketten klirrt.

Verfälscht von der Romantik, umrankt von der Legende, derart unkenntlich bietet sich uns das Bild der Ritter und ihrer Burgen. Ja es gibt Wissenschaftler, die die Existenz dessen, was wir unter »Ritterstand« verstehen, als nicht existent ansehen. Die Romantiker, die zum Ende des 18. und zum Beginn des 19. Jahrhunderts das Mittelalter wieder entdeckt haben, hätten ihr Ritterbild fast ausschließlich aus den Quellen mittelalterlicher Dichtung gewonnen, wähnend, Ritterpoesie sei getreuer Spiegel ritterlichen Lebens und damit die beste Erhellung der Geschichte jener Zeit. Sowenig die Idealisierung uns heute noch befriedigen kann, so muß auch die totale Negierung hypothetisch bleiben.

Was aber war das Rittertum dann?

Es scheint nicht so einfach zu sein, hier eine schlüssige Antwort zu finden. In einem Sammelwerk über *Das Rittertum im Mittelalter,* in dem Historiker aus ganz Europa sich mit dem Begriff auseinandersetzen, beginnen etliche Professoren ihren Aufsatz, und das ist auffällig, etwa mit den Worten, die der junge Parzival in Wolfram von Eschenbachs Epos an einen älteren Ritter richtet: »Du nennest ritter; was ist daz?«

Der Herausgeber der Anthologie, der Historiker Arno Borst, erweitert die Frage und schreibt: »... welcher Personenkreis zählte denn zu den Rittern? In den Urkunden findet sich hundertfach der Titel ›Ritter‹ und sein lateinisches Pendant Miles, aber er deckt nicht das von den Künstlern verherrlichte Ideal, ja nicht einmal eine soziale Wirklichkeit, sondern nur eine militärische. Ritters Namen trägt jeder Krieger zu Pferde; der edelfreie Herr wie der unfreie Dienstmann; Ritters Art ist keineswegs an adlige Abkunft gebunden. Ist also nicht wirklich das ganze Rittertum nur ein Name und Hirngespinst, ein Geschöpf der künstlerischen Phantasie ohne reale Grundlage und Gestalt?

Wer einen Blick auf die gelehrte Literatur wirft, möchte es glauben. Die Mittelalter-Historiker arbeiten seit langem intensiv an der Verfassungs-, Rechts- und Sozialgeschichte des Adels und der Dienstmannen; doch auf die historische Beschreibung des verschwommenen Rittertums lassen sie sich noch weniger ein als Wolfram von Eschenbach. Derweilen verzetteln sich die Kulturhistoriker in der Sammlung farbenprächtiger Details über Waffen, Wappen, Turniere und Burgen und spüren kaum den Geist, der diesen Überbleibseln einst Leben gab. Die Philologen hingegen deklinieren anhand der höfischen Literatur ritterliche Tugendsysteme und dispensieren sich von der Realität; sie schildern den Ritter ohne die Misere seines täglichen Lebens, ohne seine Haussorge, als den Helden einer Idealkultur. Französische Gelehrte stellten uns den allerchristlichsten *chevalier* vor; deutsche Forscher machen den Bamberger Reiter zum germanischen Recken; und am Ende halten die Marxisten das alles für einen unverbindlichen ideologischen Überbau, der die materiellen Interessen der junkerlichen Ausbeuterklasse schlecht verschleiert.«

Es empfiehlt sich, in diesen Streit nicht einzugreifen, aber doch zuzugeben, daß er existiert hat, der Ritter. Die Edelfreien, die in eiserner Wehr zu Pferde in den Krieg gezogen für ihren König, waren allmählich mit den auf gleiche Weise kämpfenden unfreien Dienstmannen, den Ministerialen, verschmolzen. Ein Prozeß, in dessen Verlauf die Unfreien von ihren Herren für ihre Dienste mit Grundbesitz belehnt wurden, auf diesen Besitztümern ihre eigenen Burgen bauten, wie Adlige lebten und bald selbst dem Adel angehörten, wenn auch nur dem niederen.

Eine Adelsgenossenschaft war entstanden, die sich von den einzelnen Ständen mit eigenen Begriffen wie Ritterwürde und Ritterehre abhob. Der Kern ihrer Ethik bildete die Zucht und das Maßhalten in jeder Lebenslage. Gefordert wurde unter anderem die Treue gegen den Lehnsherren, ein christlicher Lebenswandel, die Beherrschung des Waffenhandwerks und kriegerische Tüchtigkeit. Höchstes Ideal war der christliche Ritter.

Nun widersprachen sich Christentum und Rittertum, denn was das eine forderte, die Feinde zu lieben und denen wohl zu tun, von denen man gehaßt wurde, dem konnte das andere nicht entsprechen, waren doch Wertvorstellungen von Kriegern meist nur dann zu erfüllen, wenn gehaßt und getötet wurde. Der Ausweg, den die Kirche fand, war salomonisch: das Schwert des Ritters wurde geweiht und durfte nur geführt werden, wenn es um den Schutz von Witwen, Waisen und Unterdrückten ging, um die Gerechtigkeit, die Frömmigkeit und um die Verteidigung der Kirche gegen die Ungläubigen (womit die Kreuzzüge ihre religiöse Weihe erhielten). Sicherheitshalber wurde eine Reliquie in den Knauf des Schwerts eingelassen: auf daß das Gelöbnis bei der Schwertleite im Himmel auch gehört wurde. Nun stand der Ritter mit seinem Gott in bestem Einvernehmen.

»Disen slac unde keinen mêr«

Die Helden zu Pferd waren hart im Nehmen – und, wie die meisten Menschen damals, ziemlich klein. Ihre durchschnittliche Größe wird etwa 1,60 Meter betragen haben. Was anhand der uns erhalten gebliebenen Rüstungen offensichtlich ist und die Besucher unserer Burgen, Schlösser, Museen jedesmal erstaunen läßt. Natürlich gab es auch Ritter mit Gardemaß – 1,80 Meter und größer. Sie müssen jedoch selten gewesen sein, wurden sie doch von den Dichtern der Heldenlieder und Heldenepen dann gleich als »Riesen« geführt. Wer einmal probiert hat, sich eine Rüstung anzulegen, wird lange gesucht haben, bevor sich eine passende fand. Das Anlegen dauert, selbst unter Assistenz eines als Knappe dienenden Fachmanns, eine gute Stunde. Am Anfang ist das Hemd, kratzig, weil aus grobem Leinen; dann kommt der gefütterte, am Rücken zu verschnürende Filz, der bis zu den Schenkeln reicht. An ihm hängen mit Nesteln befestigte Beinlinge nebst Füßlingen. Filzrock und Beinlinge sind in der Gegend von Achselhöhle und Kniekehle mit Maschendraht verstärkt, weil hier das Eisen der Rüstung keinen Schutz bietet.

Das mit vielen kleinen Ringen besetzte Panzerhemd, von den Drahtziehern meisterlich gefertigt, ist nur schwer anzuziehen. Nun vorsichtig in die Schienenschuhe hineingeschlüpft, Bärlatsch genannt – das Anlegen einer Rüstung beginnt von den Füßen aufwärts – und die Schnäbel angesteckt; ein Tribut an die Mode, diese Schnäbel, der sich auch ein Rittersmann nicht entziehen konnte, und machten sie noch so wehrlos beim Gehen. Die Beinschienen, Kniestücke und Schenkelstücke mit den vielen Riemen geben uns manches Rätsel auf, bis sie endlich sitzen. Folgt die Halsberge, an die wir den eigentlichen Harnisch, bestehend aus Brust- und Rückenstück, Vorderschutz mit fünf Bauchreifen und den Beintaschen, befestigen. Schließlich werden die Federstifte zum Festhalten der Achselstücke eingeführt, das Armzeug mit der Armkachel, die Rüsthandschuhe übergezogen und der Helm mit klappbarem Visier, Kinnstück, Kehlstück, Nackenschirm aufgesetzt. Alles Teile, die untereinander durch Haken gehalten werden. (Das Unterlassen des Einhakens bei einem Turnier kostete einem König einst das Leben.)

Derart eingezwängt in Filz und Maschendraht, belastet mit einem dreiviertel Zentner Eisen und Stahl, klaustrophobisch geängstigt, mit geringer Sicht, das lange Schwert in der Rechten, unternehmen wir einen Spaziergang über den Burghof und bringen dabei den Puls im Nu auf einhundertdreißig. Ein heftiger Schlag mit der (flachen) Klinge des Schwerts auf den Helm läßt die Ohren dröhnen, drei, vier weitere Hiebe haben eine kurze Betäubung zur Folge. Alles in allem eine Probe, die eine ungefähre Vorstellung von dem vermittelt, wie es einem Ritter zumute gewesen sein mag, aber eben nur eine ungefähre: saß er doch auf einem ebenfalls schwer gepanzerten Pferd (Pferderüstungen wogen zwischen dreißig und fünfunddreißig Kilogramm), das im Turnier zu bewegen eine Kunst gewesen sein muß. Fast unvorstellbar, was diese Männer in einer Schlacht zu erleiden und zu leisten hatten.

Schwerthiebe auszuteilen, Lanzenstiche abzuwehren, den langen Piken der Fußkämpfer zu entgehen, gegen ein von Hellebarden starrendes Geviert anzureiten, dem Aufprall der gegnerischen Ritter, lebenden Panzern, auszuweichen und bei allem das Streitroß in der Gewalt zu behalten forderte einen ganzen Mann. Zerschlagene Helme, von Eisenpfeilen oder Armbrustbolzen durchbohrte Rüstungen, von den Hieben wie Sägen gezahnte Schwerter zeugen von grausigem Hauen und Stechen.

Von einem Pfeil getroffen, der »Kehle und Genick zusammenknüpfte«, heißt es in einem Schlachtenbericht über einen Ritter, »mehrere Lanzenstümpfe steckten in seinem Schild, was ihn stark behinderte, aber er kämpfte weiter. Der Bolzen einer Armbrust durchbohrte sehr schmerzhaft seine Nasenflügel, was ihn benommen machte, aber nicht sehr lange. Schwerthiebe trafen seine Schultern, seinen Kopf, manchmal den Bolzen, was ihm Schmerzen bereitete.«

Gefangene wurden selten gemacht. Wer vom Pferd stürzte, wurde erschlagen, es sei denn, sein Wappen wies ihn als fette (Lösegeld-)Beute aus. Die Waffen rissen gräßliche Wunden und führten durch mangelhafte ärztliche Betreuung – ein Sanitätswesen im modernen Sinne gab es nicht – meist zum

Tode. Selbst leichtere Verwundungen, wie zum Beispiel durch abgebrochene Pfeilspitzen verursacht, hatten Wundbrand und damit Exitus zur Folge. An einem in der Schulter steckengebliebenen Widerhaken eines Pfeils starb Englands König Richard Löwenherz. Herzog Leopold ließ sich den brandigen Fuß von seinem Kammerdiener mit dem Beil abschlagen. Größere Mengen Wein, zwischen die Zähne gepreßte Holzstücke (zum Verbeißen des Schmerzes), ein Hieb ins Genick gehörten bei den Operationen zu den probaten Betäubungsmitteln.

Erziehung zur Härte stand nicht umsonst im Vordergrund bei der Ausbildung des jungen Recken. Bereits im Alter von sieben Jahren war die Kindheit für ihn zu Ende, wenn er sein Heim verlassen mußte und einem fremden Ritter übergeben wurde. Flüsse zu durchschwimmen, Bäume zu erklettern, den schweren Stein zu stoßen, das Fechten mit dem stumpfen Schwert und immer wieder Reiten, Reiten, Reiten, an den Sattel gebunden, auf die hohen Rosse gesetzt, nach langem Tagesritt in das kotige Stroh des Stalls »gebettet« – das alles gehörte zur Ausbildung. Sie wurden gescholten, gestoßen, beim kleinsten Vergehen geschlagen, und waren doch noch Kinder.

Nebenher ging die Erziehung zu höfischer Zucht. Sich am Hofe eines Fürsten oder Königs mit Anstand bewegen zu können, den Damen *höf*lich zu kommen, die dort gespielten Spiele zu beherrschen, ein wenig Französisch zu parlieren (Frankreichs Höfe galten als der Ritter vornehmste Stätten), das war das Ziel, das die Zuchtmeister mit ihren Zöglingen erreichen wollten. Besonders die aus den kleinen ländlichen Burgen stammenden Knaben unterschieden sich oft wenig von den Bauernsöhnen, den *dörpern,* ein Wort, das als ein böses Schimpfwort galt.

Dem Geist ward weit weniger Aufmerksamkeit zuteil. Sich mit der Geschichte zu beschäftigen, mit der Literatur, der

Stammeskunde wurde dadurch erschwert, daß die meisten Edelknaben nicht lesen und schreiben konnten. Es geschah kaum etwas im Unterricht, diesen Mangel zu beheben. Edelleute sollten sich ohnehin nicht mit Bücherwissen vollstopfen. So etwas verdarb nur den – kriegerischen – Charakter. Selbst für einen Fürsten genügte es, wenn er das Gebetbuch lesen und seinen Namen schreiben konnte. Vom Herzog Johann von Simmern erzählte man sich, daß er bereits beim Anblick eines Buches von Grausen geschüttelt wurde. Was der Dichter Hartmann von Aue um 1200 in diesem Zusammenhang schrieb, kann man getrost für das späte Mittelalter zum Maßstab nehmen: »Ein riter so geleret was daz er an den buochen las, swas er daran geschriben vant.«

Mit dem vierzehnten Jahr wurde der Edelknabe zum Knappen erhoben, als der er an größeren Höfen Dienst tat, vornehme Gäste empfing, bei Tisch bediente, seinen Herren begleitete auf seinen Fahrten, und dazu gehörten auch Kriegsfahrten. War er einundzwanzig geworden, nahte der feierliche Tag, da man ihn zum Ritter schlug. Zwei Ritter mußten vorher bezeugen, daß er rittermäßiger Geburt sei, christlichen Glaubens, unbescholtenen Lebens und die Pflichten des Standes zu erfüllen vermöge. War dies verbürgt, so kniete er zwischen den Zeugen nieder, und der die Würde Erteilende gab ihm mit der Fläche des Schwerts je einen Schlag auf die Schulter, den dritten an den Hals mit den Worten: »Zuo gotes unde Marîen êr, disen slac unde keinen mêr! [Von nun an durfte er keinen Schlag mehr ungerächt hinnehmen.] wis, küene, biderbe und gerecht; bezzer ritter denne knecht!« Die Vornehmsten umgürteten ihn nun mit dem Schwert, banden ihm den Helm auf, gaben ihm den Schild an den Arm und schnallten ihm die goldenen Sporen an – jede dieser Handlungen mit einem Spruch feierlich begleitend.

Götterdämmerung

Der Herbst des Mittelalters läutete den Untergang des Rittertums ein. Vorbei waren die Zeiten der fahrenden Ritter mit Minnelied und Frauendienst; verweht die Spuren des Ritters lobesam, der ins Heilige Land gezogen kam, um von Christi Grab die Ungläubigen zu vertreiben; vergessen die alten Tugenden. Die Zeit war vorangeschritten, aber die Ritter nicht mit ihr. Sie wollten nicht einsehen, daß man sie nicht mehr brauchte. Die Bauern, die sich ursprünglich ihrem Schutz anvertraut und dafür mit Frondienst und Abgaben bezahlt hatten, wurden inzwischen von den Landesherren geschützt. Die Fürsten, für die sie einst im Kriege unentbehrliche Gefolgsleute gewesen waren, bedienten sich schlagkräftigerer, moderner ausgerüsteter Söldner. Ein Stand, dem keine Ziele mehr gesetzt sind, der nicht mehr gefordert, herausge*fordert* wird, bei dem Ideal und Realität immer mehr auseinanderklaffen, ist zum Untergang bestimmt. Bei den Rittern kam die wirtschaftliche und militärische Bedrohung beschleunigend hinzu.

Bei Kortrijk in Flandern hatte es angefangen, als die Weber aus Gent und Brügge unter den Reitersleuten aufräumten und die erbeuteten goldenen Sporen in ihre Kirchen hängten. Bei Sempach durchbrachen die Schweizer Bauernkrieger mit ihren langen Spießen die Phalanx der Ritter und erledigten sie in mörderischem Einzelkampf. Bei Azincourt erlagen sie den Bogenschützen oder wurden von den Pferden gerissen und durch Hammerschläge zwischen die Plattengelenke umgebracht. Grandson, Murten und Nancy waren weitere Stationen auf dem Weg in die militärische Bedeutungslosigkeit. Die alte Weisheit, wonach ein tapferer Mann auf einem guten Pferd mehr wert sei als hundert Fußsoldaten, war ad absurdum geführt worden.

B
F
D
E

Die Burg, Wohnsitz und Wehrbau der Ritter. Spartanisch eingerichtet, schlecht heizbar, ungenügend beleuchtet, schwer zugänglich und ständig bedroht, glich sie kaum dem Bild, das uns die »Ritterromantik« überliefert hat. Ihre wichtigsten Baubestandteile sind: A Palas, B Kemenate, C Bergfried im Schnitt mit Burgverlies, D Kapelle, E Zugbrücke, F Burgmauer mit Zinnnen und G Wehrgang, H Pechnase, I Burghof.

Die Zukunft gehörte dem strategisch eingesetzten und taktisch geführten Söldnerheer und nicht den auf den Einzelkampf spezialisierten Rittern. Ihre Panzerung war so schwer geworden, daß sich ihre Funktion in das Gegenteil verkehrte: statt zu schützen, machte sie hilflos, wurde überdies von den eisernen Pfeilen der Bogenschützen und den Bolzen der Armbruster durchschlagen, von der Wirkung der aufkommenden Feuerwaffen nicht zu reden. Helm und Rüstung wogen, wie erwähnt, bis zu fünfunddreißig Kilogramm, Lanze, Schwert und, falls er noch getragen wurde, der Schild brachten noch einmal zehn bis fünfzehn Kilogramm auf die Waage, das aus Filz bestehende Untergewand, die Leibbinde, das über der Rüstung getragene Wappenkleid nicht gerechnet. War ein solch übergewichtiger Reitersmann einmal von seinem Roß geholt (einem eigens gezüchteten Jagdpferd, so schwer, daß es durch den Anmarsch nicht ermüdet werden durfte und erst beim Beginn der Schlacht dem Ritter von einem Knappen zugeführt wurde), war er den beweglichen, flinken Fußtruppen ausgeliefert. Manchmal bedurfte es gar nicht des Feindes, um den Ritter kampfunfähig zu machen. An heißen Tagen, und Kriege fanden ja meist im Sommer – zur Erntezeit! – statt, kam es immer wieder zu Zusammenbrüchen des Kreislaufes, zum Tod durch Ersticken.

So veraltet wie Rüstung und Kampfesweise war im Spätmittelalter auch des Ritters liebste Stätte: die Burg. Ein Bauwerk, dessen gründliche Erforschung wir einem neuen Wissenschaftszweig verdanken, der Castellologie. Vor allem haben die Castellologen mit der Legende aufgeräumt, wonach das Leben in den hochragenden Gemäuern so gemütlich gewesen sei, man sich dort wohlig und geborgen gefühlt habe.

Die Höhenburgen sind es, die unserer Phantasie am meisten Spielraum geben. Nicht umsonst bauen wir sie en miniature aus Sand, aus Schnee, aus Plastilin, benutzen sie als Kulisse für Gruselgeschichten und Horrorfilme. Unsere Altvorderen errichteten sie, um erobertes Land zu sichern und zu verwalten, sich gegen Eindringlinge zu verteidigen, um sich und die ihnen untertanen Bauern zu schützen, um aller Welt ihre Macht zu demonstrieren, oder ganz einfach, um in unsicherer Zeit einen sicheren Ort zu haben. Wo sie gebaut wurde, dafür waren allein die Möglichkeiten entscheidend, sie mit geringen Mitteln lange verteidigen zu können. Bequemer Zugang, komfortable Unterbringung, schöne Landschaft, das alles durfte bei der Platzwahl keine Rolle spielen. Burgbauten waren Wehrbauten und allein der Zweckmäßigkeit untertan.

Bergkuppen und Felsvorsprünge boten die größte Gewähr für Sicherheit, waren aber nur unter schwierigen Baubedingungen und hohen Kosten hochzuziehen. Am begehrtesten waren Spornlagen, Lagen, die auf drei Seiten steil abfielen und deshalb nur an einer Seite geschützt werden mußten. Manche Burgen glichen Adlerhorsten, wie die Schadeck des Raubritters Ulrich Landschad bei Neckarsteinach. Falkenstein, Hohenstein lauten die Namen für besonders kühn angelegte Burgen; auf Felsspitzen, die nur dem Raubvogel zugänglich schienen. Der Preis für solche Lage bestand in der Mühsal des Zugangs und der Unbequemlichkeit des Wohnens. Auf Falkenberg in der Oberpfalz mußten sich alle Räume dem unregelmäßigen Umriß der als Bauplatz gewählten Granitfelsplatte fügen.

Wie die Ritter in den Burgen gelebt haben, können wir ihnen nur dann nachfühlen, wenn wir uns einige Tage, möglichst im Winter, in eine der besser erhaltenen, aber noch nicht in ein Hotel verwandelten Burgen einnisten. Der Ritt – der Zeit gemäß nähern wir uns der Burg zu Pferde – den gewundenen, zur Talseite jäh abstürzenden Weg empor ist so beschwerlich wie gefährlich. In Höhe der Zugbrücke packt der Wind mit voller Kraft zu, fegt über die kahle Kuppe; kahl war einst auch der Hang, des Schußfeldes wegen. Der Blick von hier oben scheint in unendliche Weiten zu gehen. Die

Verlassenheit der Burgmenschen, ihr Ausgeliefertsein an eine erbarmungslose Natur – viele Meilen waren es meist bis zum nächsten Städtchen –, die Spannung, wenn am Horizont ein Reitertrupp ausgemacht wurde, und die Freude, wenn es friedliche Gäste waren – Freunde, Gaukler, fahrende Sänger, die Abwechslung brachten im öden Einerlei des Alltags –, all das wird mit Händen greifbar.

Der Bergfried mit seinen mächtigen Mauern, die bis zu sechs Meter Dicke erreichen konnten, ragt düster im letzten Abendlicht. Er war Wachtturm, Schild, Vorratskammer, Gefängnis und letzte Zuflucht in einem; das erste Geschoß nur über einziehbare Leitern zu erreichen, ganz oben die Wächterstuben; im Boden das Angstloch, durch das die Gefangenen auf einem Querholz reitend hinabgelassen wurden, wo sie, dem Wahnsinn nah, in ihren Ketten verkamen, wenn sie nicht durch die rechtzeitige Zahlung eines Lösegelds gerettet wurden.

War der Bergfried das Herzstück der Burg, so war der Palas ihr Prunkstück, Schauplatz der Feste, der Empfänge, von den Dichtern seiner Pracht wegen so überschwenglich wie übertrieben besungen, ein Loblied, das allenfalls für die Rittersäle der größten Burgen zutraf. Zederndecken, Säulen, Marmor, bunte Glasfenster waren selten, häufig dagegen Teppiche auf den Steinböden, Kissen in den Fensternischen, Schilde an den Wänden, an der Stirnseite Holzbänke und Faltstühle für die Ehrengäste. Unser Blick geht durch das offene Fenster auf den Burghof, Lieblingsplatz der Burgfräulein, wenn beim *tjost,* dem Zweikampf, die Ritter aufeinanderprallten, aus dem Sattel gehoben wurden oder, das Seidentuch der Dame des Herzens am Helm, sieghaft zum Palas hinaufwinkten.

Wir übernachten in der Kemenate, in einem Raum, der keineswegs nur den Frauen vorbehalten war, sondern in dem auch der Burgherr unterkroch, der Wärme wegen. In *kemenâte* steckt *caminus,* und unserer raucht augentränend; durch die mit groben Holzläden verschlossenen Fenster treibt der Wind die Schneeflocken; wer nachts auf den mit mehreren Sitzen versehenen Aborterker muß, ein Schwalbennest hoch über dem Burggraben, büßt für so manche Sünde. Zitternd kriecht man unter die Felle und Decken des großen Spannbetts, zufrieden, nicht auf einer Schütte Stroh schlafen zu müssen wie Knappen, Knechte, Küchenpersonal. Steif sind die Glieder, schwerfällig wie der von Gicht und Rheuma geplagte Rittersmann steigt man in der Morgendämmerung mit dem brennenden Kienspan in die Küche hinunter, um in dem an eiserner Kette über offenem Feuer hängenden Kessel Wasser zum Kochen zu bringen; zur Bereitung eines Weizenbreis, wohlgemerkt, denn Kaffee und Tee kamen erst in der ersten Hälfte des 17. Jahrhunderts nach Europa, auch der Tabak war noch unbekannt. Und die anderen Räumlichkeiten? Reichsritter Ulrich von Hutten, wohnhaft auf der Burg Steckelberg bei Fulda, schreibt hierüber an den Nürnberger Patrizier und Humanisten Pirckheimer: »... liegen die dunklen Kammern, angefüllt mit Geschützen, Pech, Schwefel und dem übrigen Zubehör der Waffen und Kriegswerkzeuge. Überall stinkt es nach Pulver, dazu kommen die Hunde mit ihrem Dreck, eine liebliche Angelegenheit, wie sich denken läßt, und ein feiner Duft! Reiter kommen und gehen, darunter sind Räuber, Diebe und Banditen. Denn fast für alle sind unsere Häuser offen, entweder, weil wir nicht wissen können, wer ein jeder ist, oder weil wir nicht danach fragen. Man hört das Blöken der Schafe, das Brüllen der Rinder, das Knarren und Rattern von Fuhrwerken und Karren; ja wahrhaftig, auch das Heulen der Wölfe wird im Haus vernehmbar, da der Wald so nahe ist. Der ganze Tag, vom frühen Morgen an, bringt Sorge und Plage, beständige Unruhe und dauernden Betrieb. Wenn es dann einmal ein schlechtes Jahr gewesen ist, wie es bei jener Magerkeit häufig geschieht, so tritt furchtbare Not und Bedrängnis ein, bange Unruhe und tiefe Niedergeschlagenheit ergreift alle.«

Die Burgen brechen

Der Ritter war eben auch, und das wird meist vergessen, Landwirt; es gab nicht wenige, die nun aus ihrer Not eine Tugend machten und sich intensiv um die Bebauung ihrer Äcker kümmerten, größere Erträge zu erzielen suchten und bessere Absatzmöglichkeiten. Diesen Mühen waren Grenzen gesetzt, fehlte es doch an dem dazu nötigen Betriebskapital; Schulden drückten noch aus jener Zeit, da das standesgemäße Auftreten im Mißverhältnis zu den Einkünften stand, manches fruchtbare Stück Land verkauft worden war, man den Bauern gestattet hatte, statt Naturalien Geld zu entrichten und auch die Frondienste auf finanzielle Weise abzulösen. Der Wert des Geldes aber tat das, was er gleich nach der Einführung der Geldwirtschaft getan hatte – er sank. Die Ritter, die ihren Bauern gute Herren zu sein versuchten und die Abgaben nicht erhöhten (die Bauern hätten ohnehin nicht mehr zahlen können), ja im Schweiße ihres Angesichts, höchst unritterlich, selbst zupackten in Scheuer, Stall, Keller und auf dem Feld, sie bestimmten die öffentliche Meinung über ihren Stand keineswegs. Schlichte Tätigkeit fiel wie eh und je niemandem auf, sie ist uninteressant für die Zeitgenossen und unhistorisch für die Nachkommenden. Kriegerische Taten, besser Untaten, sind dankbarer und Mißstände augenfälliger als geordnete Verhältnisse.

Die Ritter, die mit dem Schwert gewinnen wollten, was mit der Pflugschar zu mühsam war, die Raubritter, sind uns überliefert worden als wackere Kerle, die sich berechtigt fühlten, ihr unverdientes Schicksal zu ändern, indem sie nahmen, was ihnen nicht gegeben wurde. Kaufleute zu überfallen, ihre Planwagen zu plündern, Gefangene zu machen und Lösegelder zu erpressen war kein Verbrechen, sondern ein Akt der Wiedergutmachung. Diese Pfeffersäcke waren schuld daran, wenn Ritter »karg, gnach unt eingezogen« vegetieren mußten und ihren Einfluß in der Gesellschaft so weitgehend eingebüßt hatten. Neid auf die in der Stadt luxuriös lebenden Handelsherren, Haß auf ihre Position in den Räten waren die Triebfedern ritterlicher Aggressionen. Ihr Räuberleben verschaffte ihnen kein schlechtes Gewissen. Der liebe Gott – wie üblich wurde er bemüht –, er war mit ihnen, wenn sie aus ihrem Hinterhalt hervorbrachen, und nicht umsonst versammelten sie sich vor jedem Überfall in der Burgkapelle, um St. Georg, ihren Schutzherrn, um reiche Beute zu bitten.

Ihr Selbstverständnis ging so weit, daß sie sich um den immer wieder erklärten Landes- und Gottesfrieden nicht scherten, jede Fehde mißbrauchten, um sich zu bereichern, und fadenscheinige Vorwände benutzten, um Streit vom Zaun zu brechen. Was dem vielgerühmten Götz von Berlichingen, der Goethe ein ganzes Drama wert war, recht schien, nämlich die Nürnberger zu befehden, weil sie bei einem Streit einen Knecht erstochen hatten, den *er* hatte in Dienst nehmen wollen, war den Raubrittern nur billig. Schlagetots wie Hans Jörg von Aschhausen, Eppelein von Gailingen und Thomas von Absberg (der den hochgenommenen Kaufleuten erst einmal die rechte Hand abhacken ließ) fühlten sich auch noch als Rächer der Enterbten, als eine Art deutscher Robin Hood; mit dem Unterschied allerdings, daß sie ihre Beute keineswegs an die Armen verteilten. Die guten alten (Raub-)Rittersleut', in den Balladen gefeiert und noch heute im Lied lebendig, waren grausame Geiselnehmer. So mancher starb nicht wie sein Vorfahr nach tapferem Kampf auf dem Schlachtfeld, sondern endete nach mißglücktem Raubüberfall am Galgen.

Denn die Städter wußten sich zu wehren und begannen, mit gleicher Münze zurückzuzahlen. Auge um Auge, Zahn um Zahn. Sie verstärkten nicht nur den Geleitschutz für die Wagenkolonnen der Kaufleute, sie suchten den Bären in seiner Höhle auf. Belagerungen hat es gegeben, solange es Burgen gab. Doch mit den Widdern, Schleudern, Katapulten, Wandeltürmen, Tummlern und wie die Belagerungsmaschinen alle hießen war gegen eine entschlossene Burgmannschaft meist wenig auszurichten. Selbst der Vortrieb von Stollen unter den Mauern hindurch, mit Hilfe von Bergleuten, führte nur selten zum Erfolg. Wer die Taktik des Aushungerns anwandte, brauchte einen langen Atem, das heißt viel Geld.

Der Hohenzoller wurde 1432 mit achtzig Mann gegen Tausende von Belagerern über ein Jahr lang gehalten. Genauso lange hielt sich der Raubritter Lueger auf seinem Felsennest im Salzburger Land. Die Wasserburg Schwanau kapitulierte erst, nachdem ihre Mauern, Wehrgänge, Türme und Höfe buchstäblich zum Himmel stanken. Die Belagerer, elsässische Stadtsoldaten, hatten mit ihren Bliden den Inhalt der Straßburger Kloaken und Aborte in die Burg geschleudert. Die Blide, eine Wurfmaschine mit einer Reichweite von etwa fünfhundert Metern, konstruiert nach dem Prinzip der Steinschleuder, wurde häufig eingesetzt, um Kot, Unrat, Bienenkörbe, Schwefelbrände, ja Pestleichen über die Burgmauern zu katapultieren.

Den Belagerten das Wasser abzuschneiden oder die Quellen mit Tierkadavern zu vergiften war nur möglich, wenn man an die Quellen herankam. Meist besaß die Burg eigene Tiefbrunnen. Eine Belagerungstruppe mußte, wenn sie einigermaßen erfolgreich sein wollte, über viele Soldaten verfügen. Allein für den Betrieb der bis zu dreißig Meter hohen Wandeltürme brauchte man tausend Mann und mehr. Der Transport der »Munition« für die großen Schleudern war ebenfalls, wie man heute sagen würde, personalintensiv: bei der Belagerung der Falkenburg wurden dreihundertzweiundsiebzig Wagen mit Steinen herangekarrt und siebentausendachthundertzwölf Steine – irgendjemand muß sie genau gezählt haben – verschossen.

Fiel eine Burg bereits nach wenigen Tagen, war meist Verrat im Spiel; sei es, daß den Belagerten eine verborgene Pforte geöffnet oder nachts ein geheimes Zeichen gegeben wurde, daß der Augenblick für eine Überrumpelung günstig sei. Die Zahl der abgebrochenen Belagerungen übersteigt bei weitem die Zahl der erfolgreichen. Die Tatsache, daß viele Burgen kein einziges Mal während ihres Bestehens berannt wurden, bedeutete nichts anderes, als daß ein Angriff von vornherein als aussichtslos angesehen wurde.

Das alles änderte sich, als die (bereits bei der Belagerung von Städten erwähnten) bronzenen Rohre aufkamen, den Donner zu schießen.

War ihre Wirkung anfangs nur moralischer Art, die den Feind mehr erschreckte als schädigte, durch die technische Weiterentwicklung wurde die Kanone zur gefährlichen Waffe. Daß immer wieder mal eine zersprang, wegen schlechten Gusses oder einer zu hoch bemessenen Pulverladung, und die Bedienung in den Tod riß, hinderte keinen Feldhauptmann daran, sie weiterhin einzusetzen. Nichts war billiger als Menschenmaterial. Wenn die Arkeley, die Artillerie, auffuhr mit ihren Kartaunen, Feldschlangen, Falkonetten, Bombarden, Stücken, dann verging den Burgherren das Hohngelächter, das sie anfangs noch angestimmt hatten.

Die herabgelassenen Decken und Strohsäcke nützten bald nichts mehr gegen den Aufschlag der mit Blei ummantelten Steingeschosse oder der eisernen Vollkugeln, die ein Gewicht bis zu dreihundert Pfund erreichen konnten. Die Mauern begannen zu bröckeln, zu brechen, und bald klaffte die Bresche für den Sturmangriff. Die Geschütz- oder Stückmeister waren hochbezahlte Spezialisten, die ihr Geld allemal wert waren. Sie pflegten ihre Schlangen gleich eigenen Kindern, gaben ihnen Namen wie »Böse Else«, »Brüllender Leu«, »Herkules«, »Nachtigall«. »Libreich und schön ist mein gesanck. Wem ich singe, dem wird die Zeit sehr lank«, lautete die Inschrift auf einem vier Meter langen und einundsiebzig Zentner schweren Monstrum. Noch gewaltiger war die »Tolle Grete« von Gent, die dreihundertdreißig Zentner wog und hundertvierzig Pfund Pulver für einen Schuß brauchte.

Führten Armut und Faulheit zum Raubritter, so der Müßiggang und das Nicht-mehr-gebraucht-werden zum Turnierritter. Das Turnier war ursprünglich die zur Kunst erhobene Darstellung ritterlicher Tugenden und der Fähigkeit, Roß und Waffen perfekt zu beherrschen, eine kriegsmäßige Übung zur Vorbereitung auf den Ernstfall. Dieser Ernstfall aber wurde immer seltener, der Tatendrang der Ritter aber nicht geringer. Die Jagd, das heißt das Jagen und das Hetzen, war auf die Dauer als Kompensation ungeeignet, wie man den Ausgleich ständig erlebter Minderwertigkeit in der Psychologie nennt. An ihre Stelle trat das Turnier, nun zu einer Art Gladiatorenschau geworden. So erlebte der Turnierkampf zu einer Zeit eine neue Blüte, da der Zweig, der sie trug, bereits zu verdorren begann.

Wie bei einem Manöver wurden dabei stumpfe Waffen verwendet. Auf den Eschenspeeren saßen statt eiserner Spitzen kleine Kronen. Beim Einzelkampf, dem *tjost,* rannte man so lange gegeneinander, bis einer der Kämpfer vom Speer aus dem Sattel gehoben wurde. Beim *turnei* bekämpften zwei Gruppen sich mit Lanze und flacher Klinge. Trotz solcher Vorsichtsmaßnahmen war es ein lebensgefährlicher Sport. Quetschungen, Knochenbrüche, Rückgratverletzungen durch den Sturz vom Pferd waren die Regel, tödliche Unfälle nicht selten. Aus Spiel wurde oft genug Ernst, der Gegner mit scharfer Waffe attackiert, die am Boden Liegenden mit dem Streitroß absichtlich-unabsichtlich überritten.

Wer besiegt, aber einigermaßen heil im Staub lag, verlor zumindest seine Rüstung, wenn er sich nicht sogar durch eine Geldzahlung auslösen mußte. Die eisernen Kleider waren nach Maß gearbeitet und bis zu den Zehenspitzen dem Träger angepaßt. Ein Plattnermeister arbeitete bisweilen zwei Jahre lang, unterbrochen von immer wieder neuen Anproben, bis die zweihundert Einzelteile so kunstvoll zusammengefügt waren, daß die stählernen Glieder und gleitenden Nieten das Biegen des kleinsten Gelenks erlaubten. Zusammen mit einem gut abgerichteten Pferd machte eine Rüstung den Gegenwert von etwa zwanzig Pflugochsen aus. Trug sie gar die Meistermarke eines Colman Helmschmied aus Augsburg oder der Familie Tomaso Missaglia aus Mailand, war der Verlust besonders schmerzlich – achtzig bis hundert Pfund reinen Silbers kostete dort ein Plattenharnisch. Kaum zu bezahlen, es sei denn von Fürsten oder Königen, waren Harnische, die ziseliert oder gar vergoldet waren.

So mancher Besiegte mußte eines Kredites wegen »zu dem juden varn«. Lediglich der Trost blieb ihm, daß eine solide gefertigte Rüstung aus poliertem Stahl ewig hielt. Des armen Ritters Eheweib wird vielleicht, wenn sie den Harnisch aus der Rüstkammer holen ließ, weil der Gatte ihn anlegen wollte, gesagt haben: »Der geht doch noch ...« Die Ritter gehören, wie später die Junker, zu einer der am meisten geschmähten Gesellschaftsschichten, und es hat gewiß manchen gegeben, der seinem Namen alle Unehre machte. Doch wie es unsinnig ist – wir sagten es schon in einem anderen Zusammenhang – ein ganzes Volk in seiner Gesamtheit zu verteufeln oder einen ganzen Stamm, so unsinnig wäre es, eine historische Klasse oder einen Stand in Bausch und Bogen zu verdammen. »Immer besteht sie aus Menschen von Fleisch und Blut«, meint Golo Mann, »die frei sind, sich über den Geist ihrer Klasse zu erheben oder von ihm abzufallen. Historische Macht ist nie ohne historische Schuld.«

Die Ritter sind nicht umsonst sprichwörtlich geworden. Die Wörter ritterlich und höflich sind in unseren Sprachgebrauch übergegangen. Die Tugenden, die sie anstrebten, waren der Welt jahrhundertelang Ansporn und Vorbild: die *mâze,* die *triuwe,* die *milte,* die *êre* und der *hohe muot.* Maximen, die nicht immer beherzigt wurden, weil es eben schwierig ist, Held, Edelmann und Heiliger zugleich zu sein. Sie jedoch überhaupt zum Ideal erhoben zu haben spricht für die Ritter, und wenn wir die Figuren des Naumburger und des Bamberger Doms betrachten, ahnen wir, welches Menschenbild gemeint sein mochte. Und: Ideale, denen entgegenzurecken man sich bemüht, müssen zu hoch angesetzt werden. »... wo stünden wir schließlich«, fragte Johan Huizinga, »wenn unser Denken über die genaue Spanne dessen, was sich verwirklichen läßt, niemals hinausgegangen wäre?«

Der Verfall des Rittertums wurde in der zweiten Hälfte des 15. Jahrhunderts immer offensichtlicher. Die Herren verließen ihre Burgen, die keine Sicherheit mehr boten, in denen die Mitglieder der Großfamilien in drangvoller Enge sich gegenseitig das Leben schwermachten, in deren Küchen seit längerem Schmalhans Küchenmeister war mit jener Spezialität aus aufgeweichten, aufgebratenen alten Semmeln, die wir als »arme Ritter« kennen. In der aus späterer Zeit stammenden Zimmerischen Chronik klagt der Graf von Zimmern: »Unsere vorfaren haben einest uf den hochen bergen in iren heusern und schlösern gewonet, da ist auch trew und glauben bei innen gewest, iezunder aber so lassen wir unsere bergheuser abgeen, bewonnen die nicht, sonder vilmehr befleißen wir uns in der ebne zu wonnen, damit wir nahe zum badt [und zur Stadt] haben.«

Viele Ritter versuchten, an den großen Höfen unterzukommen, nur wenigen gelang es; gefragt waren weniger Kühnheit und hoher Mut als Bildung und Kenntnisse. Selbst ihr Adel scheint nicht mehr so wichtig, denn die Fürsten erhoben ihre bürgerlichen Räte einfach in den Ritterstand. Einige versuchten sich, meist mit mäßigem Erfolg, als Kaufmann, als

Landwirt, traten als professionelle Turnierkämpfer auf oder wurden, wie erwähnt, zu Straßenräubern.

Der Ritterschlag verkam zu leerer Formalität, alles wurde äußerlich, zeremoniell, zur eigenen – ungewollten – Parodie; die Rüstungen wurden so kostbar, daß niemand sie mehr bezahlen konnte, und so schwer, daß man Flaschenzüge benutzen mußte, um den Reiter in den Sattel zu hieven.

Das Rittertum starb dahin, aber die Ritteridee starb nicht. (So wie ja auch die Kaiser*idee* das deutsche Kaiser*tum* jahrhundertelang überlebt hat.) Im italienischen *cortegiano* lebte der Ritter fort, im spanischen *hidalgo,* im französischen *chevalier,* im englischen *gentleman.* Die Bezeichnung »letzter Ritter« bedeutete für Kaiser Maximilian I. hohe Anerkennung wie der Name »Ritter ohne Furcht und Tadel« für den Seigneur Bayard und »der edle Ritter« für den Prinzen Eugen von Savoyen.

»Die Geschichte des Rittertums«, um noch einmal Arno Borst als besten Kenner auf diesem Gebiet zu bemühen, »könnte uns mehr lehren als ein paar Formalitäten und Kuriositäten, nämlich einige höchst aktuelle Maximen für die historische Erkenntnis und für die Bewältigung der Gegenwart: daß Herrschaft nur durch Dienst veredelt wird, daß Elite der Gesellschaft bedarf und vor allem, daß das Chaos der Realitäten und der Fanatismus der Macht nur zu bändigen sind durch geistige Zucht.«

Die Landschaft

»... in der Gesamtheit jedoch wirkt es durch seine Wälder unheimlich, durch seine Sümpfe abstoßend«, schrieb der römische Historiker Tacitus Ende des 1. Jahrhunderts n. Chr. in seiner berühmten *Germania.* »Wer hätte auch Lust, unsere Provinzen in Kleinasien oder in Nordafrika oder gar Italien selbst zu verlassen und nach Germanien auszuwandern? Nach jenem unwirtlichen Land, trostlos zum Leben und trostlos zum Anschauen für jeden, dem es nicht gerade die Heimat ist.« Ein Urteil, das schon damals ungerecht war und nur zu verstehen, wenn man berücksichtigt, daß hier ein vom Klima verwöhnter Südländer sprach, dem der Mond über dem Capitol wärmer (er)schien als die Sonne Germaniens. Wäre er im späteren Mittelalter nach Deutschland gekommen, hätte er sein Urteil revidieren müssen. Mit dem 10. Jahrhundert hatten die großen Rodungen der Wälder begonnen und die Trockenlegung weiter Sumpf- und Moorgebiete. Eine Großtat der Energie und des Fleißes des Bauerntums, wie die Historiker meinen, eine hohe Zeit der deutschen Landwirtschaft, die die Lebensgrundlage verbesserte und den Lebensraum durch die Besiedlung des Ostens um ein Drittel vergrößerte. Die Einwohnerzahl stieg von etwa fünf bis sechs Millionen im 10. Jahrhundert auf etwa fünfzehn Millionen im 15. Jahrhundert. Eine deutliche Sprache für die Urbarmachung mit der Axt, der Säge und dem Spaten sprechen die vielen Ortsnamen auf -roda, -rad, -reuth, -brand (Friedrichroda, Welferode, Niederrad, Traunreuth, Hohenbrand); und für jene, die den Sümpfen abgerungen wurden, Endungen wie -moos, -ried, -bruch (Sulzemoos, Forstenried, Altenbruch).

Im späten Mittelalter waren die Rodungen schon seit langer Zeit eingestellt worden. Selbst jene Wälder, durch die man wochenlang wandern konnte, ohne ihr Ende zu erreichen, wie zum Beispiel das Waldgebiet, das sich vom rheinischen Schiefergebirge über das hessische Bergland, den Thüringer Wald, das Erzgebirge bis zu den Sudeten erstreckte, waren nicht unerschöpflich. Man hatte sich gezwungen gesehen, den Wald durch strenge Bestimmungen zu schützen. Raubbau, Holzeinschläge in Gürtelhöhe, Viehverbiß, Wildschäden, Abtragung des Laubstreus für die Ställe hatten, besonders an seinen Rändern, Verwüstungen angerichtet. Die gewaltigen Eichen, unter deren hochragenden Wurzeln ein Reiter hindurchreiten konnte, von denen Plinius noch bewundernd geschwärmt hatte, gab es nicht mehr. Wisente und Auerochsen, edles Jagdwild der Germanen, waren ausgestorben.

Jedoch waren – trotz Rodung und gelegentlichem Raubbau – die Wälder noch groß genug, ihre Bäume stark und gesund. Für die Bauern waren sie lebenswichtig, nämlich Speisekammer und Vorratsraum in einem. Sie lieferten Baumaterial und Brennstoff, Holz für die Werkzeuge und Gefäße; Beeren, Pilze, Honig für die Küche, Heilkräuter für die Hausapotheke. Sie mästeten die Schweine mit Bucheckern und Eicheln, dienten den Ziegen, Schafen, Pferden, Rindern mit den Blättern und Trieben des Unterholzes als Weide. Ihr Wildreichtum allerdings blieb den Adligen vorbehalten, es sei denn, den Bauern war die Jagd auf Niederwild erlaubt.

Für die Schönheit des Waldes hatte niemand Sinn; er war den Menschen unheimlich. Nur wer unbedingt mußte, wie die Kräuterweiber, die Köhler, die Schweinehirten, drang tiefer in die Wildnis ein. Zurückgekehrt in die Dörfer, erzählten sie von schrecklichen Begegnungen mit Waldschratten, Wurzelzwergen, Wichtelmännern, Baumhexen. Und wenn es in den Märchen der Gebrüder Grimm besonders gruslig wird, findet man sich gewiß im tiefen, tiefen Wald wieder, zusammen mit Hänsel und Gretel, Jorinde und Joringel, Rotkäppchen, Schneeweißchen und Rosenrot.

Die deutschen Lande boten einen freundlichen Anblick. Weite Lichtungen, baumbestandene Ebenen, blühende Heideflächen und fischreiche Seen, fruchtbare Wiesengründe und breite Flußtäler, waldbestandene Gebirge, Almen und Alpen, diese Mischung verschiedener Vegetationsformen bot gute Lebensbedingungen. Die Bauern verstanden es, durch Fleiß, Zähigkeit und Härte dem Boden das Letzte abzuringen. Der schwere Räderpflug mit der eisernen Pflugschar und dem Streichbrett; das Kummet, das die Zuglast vom Brustkorb der

Tiere auf die Schultern verlagerte; die Bogensichel (statt der alten Hakensichel); die durch eine Handhabe verbesserte Sense, die ein aufrechtes Mähen erlaubte; das genagelte Hufeisen, das dem Zugtier bessere Standfestigkeit und damit höhere Zugkraft verlieh; die Bespannung des Wagens mit Pferden statt mit Ochsen: das alles gehörte zu den im Laufe der Zeit gemachten Verbesserungen, die die Arbeit erleichterten und die Erträge um ein Mehrfaches steigerten. Die nun überall betriebene Dreifelderwirtschaft mit ihrem dreijährigen Fruchtwechsel – Wintergetreide, Sommergetreide, Brache – trug ebenfalls zur Produktionssteigerung bei.

Der Lebensstandard des Bauern begann sich während des 14. Jahrhunderts merklich zu heben. Was er anbaute, züchtete, schlachtete, erntete, nahmen ihm die Städter, deren Zahl immer stärker angewachsen war, zu gutem Preis ab. Wer sich auf den Anbau von Pflanzen spezialisierte, die das Handwerk brauchte, wie Hanf, Flachs, Krapp (eine rote Färberpflanze), Waid (ein Blaufärbemittel), dem ging es gut. Was der Bauer an Frondiensten zu leisten hatte, war zum Teil durch Geldzahlungen abgelöst worden. Erbpacht und freie Pachtverträge sicherten vielen ein wenn auch bescheidenes Maß an persönlicher Freiheit. In Dorfgenossenschaften zusammengeschlossen, gewann der Bauer Selbstbewußtsein und Selbstbehauptung gegenüber seinem Grundherrn. Gehörte sein Dorf mehreren Adligen, wußte er sie geschickt, mit Bauernschläue eben, gegeneinander auszuspielen. Weistümer, wie die schriftlich fixierten Grundsätze über geltendes Gewohnheitsrecht genannt wurden, taten ein übriges, ihn vor allzu großer Willkür zu schützen.

Saß er gar auf fetten Böden wie die Marschleute oder verfügte er über große Viehherden wie die im Alpenvorland Siedelnden, konnte er sich sogar eines gewissen Wohlstands, ja Reichtums erfreuen. Wer sich die Bilder der Zeit anschaut und die literarischen Zeugnisse studiert mit ihren Schilderungen der auf wilden Festen fressenden, saufenden, rülpsenden, speienden Bauersleute, wer von den Geboten der Obrigkeit hört, bei Hochzeiten nicht mehr als zehn Schüsseln, das waren zehn Gänge, aufzutragen, mag zur der Anschauung kommen, daß es eine Lust gewesen sein muß, auf dem Lande zu leben.

Und es gab in der Tat etliche Bauern, denen der Wohlstand zu Kopf gestiegen sein muß. Sie begannen zu verrittern, wie man das genannt hat (wie es ja auch Ritter gab, die verbauerten), wollten über ihren Stand hinaus, dergestalt, daß sie sich in Samt und Seide kleideten, pelzverbrämte Mäntel überzogen, Ritterrüstungen anlegten, auf Turnieren erschienen, den wirklich Vornehmen in allem und jedem nachäffend als lächerliche Parvenus.

Wernher der Gartenaere schilderte in seiner Versnovelle *Meier Helmbrecht* das Schicksal eines übermütig gewordenen Bauernsohns, der, angewidert von Stallmist, Schweinegrunzen und Säckeschleppen, sich aufmacht, ein Ritter zu werden; die Mahnungen des Vaters in den Wind schlagend, daß niemand ein selig Ende nehmen könne, der seinen Stand verachte und verlasse. So nimmt das Schicksal seinen Lauf. Der ersehnte vornehme Fürstenhof ist der eines Raubritters, an dessen Beutezügen sich Helmbrecht beteiligt. Nach schrecklichen Untaten wird er gefaßt und zur Strafe verstümmelt und geblendet. Als der blinde Krüppel an das Haus des Vaters klopft, weist ihm der, obwohl ihm dabei fast das Herz bricht, die Tür; und die Bauern, die er auf seinen Raubzügen gequält hatte, hängen ihn an den nächsten Baum.

In Westfriesland, in Niedersachsen, im südlichen Bayern, in den österreichischen Erblanden, hier und dort auch in Hessen, Thüringen, der Rheinpfalz und im schwäbischen Waldland existierten Gruppen, die sich freie Bauern nannten und ihre Freiheit bis zu den Bauernkriegen verteidigen konnten. Das Gros der Bauern jedoch wurde, nach vorübergehender

Lockerung der Fesseln, im Laufe des 15. Jahrhunderts wieder stärker gebunden: durch die Erhöhung der Abgaben, die Steigerung des Zinses, die strengere Handhabung der Hörigkeit, die Verschärfung der Leibeigenschaft. Eine Agrarkrise, deren Ursache nicht eindeutig zu bestimmen ist, hatte die Preise ständig fallen lassen und die Landleute in Schulden gestürzt. Die Zersplitterung des Besitzes durch Erbteilung unter die Söhne, wodurch jammervolle, nicht lebensfähige Hofstätten unter zehn Morgen entstanden, tat ein übriges. Die Grundherren nutzten die Notlage, indem sie Privilegien hervorkramten, von denen niemand mehr etwas gewußt hatte; sie beanspruchten Teile der Allmende, des gemeinschaftlichen Besitzes der Dorfbewohner und verschafften sich über die Gerichtsherrschaft neue Rechte.

Wahre Schinder gab es unter ihnen, und wehe den Familien, die ihnen ausgeliefert waren. Sie bereiteten ihren Hörigen bereits auf Erden die Hölle: forderten selbst nach Mißernten oder Kriegsschäden dieselben Abgaben; zwangen die Leute, wenn die Zugtiere verreckt waren, sich selbst vor den Pflug zu spannen; verboten ihnen, das die Saat vernichtende Schwarzwild zu vertreiben, ja selbst Schutzzäune zu errichten; stoben bei der Jagd über erntereife Felder, ließen den Hunden einen Vorderlauf abhacken, damit sie nicht mehr zur Bauernjagd taugten; vergriffen sich an den Töchtern; vertrieben ganze Familien von Haus und Hof, um andere, zwecks neuer Ausbeutung, hineinzusetzen.

Viele Grundherren hatten ohnehin vergessen, daß das ursprüngliche Verhältnis zwischen ihnen und der Landbevölkerung ein Vertrag im Sinne des *do, ut des* gewesen war, des Nehmens und Gebens. Der Bauer gab einen Teil von dem, was er auf dem ihm zur Leihe überlassenen Ackerland erntete, seinem Herrn ab und nahm dafür dessen Schutz. Er selber konnte sich nicht mehr schützen. Seitdem die Landwirtschaft über den anfänglichen primitiven Standard hinausgewachsen, war unmöglich geworden, was noch zur Germanenzeit möglich gewesen, nämlich Bauer *und* Krieger zu sein. Die Adligen wären gar nicht mehr imstande gewesen, ihren Teil des Vertrages zu erfüllen. Sie hatten sich auf ihre Burgen zurückgezogen und einen Verwalter damit beauftragt, für die Ablieferung der Naturalien und des Pachtzinses, bald Rente genannt, zu sorgen. Aus patriarchalischen Herren waren Rentiers geworden, die keine Beziehung mehr hatten zu den ihnen anvertrauten Leuten.

»Wir sollen den Herren dafür dienen, daß sie uns beschützen«, heißt es im *Schwabenspiegel,* einem von einem unbekannten Geistlichen verfaßten Rechtsbuch. »Beschützen sie uns nicht, so sind wir von Rechts wegen keines Dienstes schuldig.« Welcher Bauer jedoch hätte es wagen können, auf dieses Recht zu pochen?

Tölpel – Teufel – Bauer

Schwer traf die Landbevölkerung neben der materiellen Unterdrückung die allgemeine Verachtung, die ihr entgegengebracht wurde. Es gehört zu den so deprimierenden wie merkwürdigen Tatsachen der Geschichte, daß man auf Menschen herabsah, von deren Arbeit alle anderen sich ernährten. War nicht der erste Erdenbürger ein Ackersmann? Trug der nicht auf seinen Schultern die ganze Pyramide der Gesellschaft? War er nicht, wie es in einem mittelhochdeutschen Text hieß, »ein krôn ob andern antwerkluiten«? Denn »sie buwent us der erde vruht, der alle die luite muessen leben«.

Solche Stimmen waren rar, und sie verhallten. Sie verhallten, obwohl drei Viertel der Bevölkerung Deutschlands, wie wir wissen, auf dem Lande lebten. Jedenfalls änderten sie nichts daran, daß der Bauer als dumm galt, als ungeschlacht, schmutzig, hinterhältig. Die Verfasser der Fastnachtspiele brachten ihn als Heinz Mist, Fritz Weinschlund, Michael Nasenstank auf die Bühne. Die Städter verhöhnten ihn wegen seiner Freßlust; seiner plumpen Einfalt und betrügerischen Pfiffigkeit. Tölpel – Teufel – Bauer hieß die Steigerung, über die sie sich vor Lachen ausschütten konnten.

Wer den groben, mit einem Gürtel geschnürten Kittel trug, knielange Hosen, mit Schnüren gebundene Schuhe, oberhalb der Ohren abgeschnittene Haare, war ein für allemal als *dörperlich* abgestempelt. Daß er sich krumm arbeitete, jedermanns Fußabtreter war, mit »fronen, scharwerken, zinnsen, steuern, zöllen hart beschwert und überladen«, war sein ihm vom Herrn aller Dinge auferlegtes Schicksal. Was also beklagte er sich?! »Rustica gens optima flens, pessima gaudens«, zitierten jene, die Latein konnten, »am besten im Leid, am schlechtesten in der Freud«, so war dieses Völkchen vom Lande nun mal. Also schien es besser, es leiden zu lassen.

Wie sollte man Achtung haben vor einem Wesen, das schon das Alte Testament zu ewiger Knechtschaft bestimmte; zumindest, wenn man es richtig auslegte? Richtig hieß, Noahs Söhne Sem und Japhet zu Stammvätern von Adel und Geistlichkeit zu machen und den dritten Sohn, Ham, zum Vater aller Unfreien, also auch der Bauern, denn aus Hams verfluchtem Samen konnten nur Sklaven hervorgehen. Bisweilen erreichte die Verachtung die Dimension blanken Hasses wie in dem Lied, das die jungen Rittersleut zu singen pflegten: »Erwisch ihn bei dem Kragen, erfreu das Herze dein, nimm, was er habe, spann aus die Pferde sein. Sei frisch und unverzagt dabei! Und hat er keinen Pfenning mehr, reiß ihm die Gurgel aus.«

Der in der Germanenzeit freie Bauer, der das Schwert trug und hohe Achtung genoß, war herabgesunken zum »dummen Bauern«, eine Brandmarkung, die er jahrhundertelang trug seitdem (und eigentlich nie recht losgeworden ist). Aus der Mitte des 18. Jahrhunderts stammt ein Aktenstück, in dem er von einem bayrischen Beamten als »Kreuzung zwischen Mensch und Tier« bezeichnet wird. Die österreichischen Großgrundbesitzer zu Zeiten Kaiser Josephs II., die sich gegen die Agrarreform wehrten, erklärten der Majestät, daß ihre Hintersassen faule, ewig betrunkene Lumpenkerle seien, die nur aus Angst vor der Peitsche arbeiteten.

Die Verachtung blieb nicht auf Worte beschränkt, sie schlug sich nieder in kleineren und größeren Schikanen. Da wurden zu große Maße benutzt bei der Entgegennahme des Kornzehnten und zu kleine, wenn der Bauer das von seinem Korn gemahlene Mehl bei der herrschaftlichen Mühle abholte. Brach bei der Fahrt durch den Wald ein Deichselnagel, durfte zur Reparatur kein Stück Holz geschnitten werden. Zum Kegelschieben beim Kirchweihfest war die Erlaubnis dreier Herren nötig. Würfeln wurde gleich ganz verboten, das Kartenspiel als des Teufels Gebetbuch verdammt. Die Heiratserlaubnis konnte man erst nach Zahlung eines *Stechgroschens* oder *Jungfernzinses* bekommen. Für kleine Versäumnisse wie das Zuspätkommen zur Fronarbeit erhob man hohe Bußgelder. Starb der Hofbesitzer, kam der Herr; doch nicht, um zu kondolieren, sondern um das ihm zustehende *Besthaupt* einzufordern, eine Abgabe, die meist aus dem besten Stück Vieh im Stall bestand.

Die Liste schikanöser Übergriffe ließe sich beliebig fortsetzen, dabei ist die Dunkelziffer hier besonders hoch, da sie ihren Niederschlag in schriftlicher Form nur in seltenen Fällen gefunden hat. In ihrer Sinnlosigkeit vergällten sie der Landbevölkerung das bißchen Lebensfreude, das ihr noch geblieben war. Von Jahrzehnt zu Jahrzehnt sammelte sich so der Zündstoff an, der in den Bauernkriegen das fressende Feuer des Aufstands entfesseln sollte, des, nach Ranke, gewaltigsten Naturereignisses in der Geschichte der Deutschen.

Unterdrückt, verachtet, kujoniert, mit solchen Farben ließe sich ein Bild des Bauerntums im späten Mittelalter zeichnen, und das ergäbe ein Grau in Grau. Man kann auch lichtere Farben wählen, und schon hätte man ein ganz anderes Bild. Und keines der beiden könnte man als Fälschung bezeichnen. Die Farbgebung hängt von der geographischen Palette ab, die man benutzt. Was für Südhessen gilt, muß nicht für Nordthüringen gelten und schon gar nicht für den Osten des Reichs, wo man die Nachkommen der einst ins Land gerufenen freien Einwanderer zu Leibeigenen machte. Saß der Bauer im Dithmarschen behäbig auf großem Hof, mußte er im Württembergischen oder Fränkischen vielleicht ums tägliche Brot bangen. Ausschlaggebend war nicht selten der jeweilige Grundherr. War es einer, der sich sagte, daß es besser sei, dem Ochsen, der da drischt, nicht das Maul zu verbinden (ein Grundsatz, der zwar nicht der Humanität entsprang, doch immerhin der Vernunft), konnte der Bauer sich nicht beklagen. Lag ein solcher Herr im Sterben, stieg manch inbrünstiges Gebet zum Himmel, der Neue möge doch so sein, wie es der Alte gewesen war.

Die Unterschiede in einem Reich, dessen Landkarte einem kunterbunten Narrengewand glich, waren zu groß, als daß sich allgemein Gültiges aussagen ließe. Die mangelhafte Überlieferung kommt hinzu, das Versagen der Quellen; allzuwenig wurde, wie es im Bayrischen heißt, schriftmaßig gemacht und: Bauern schrieben keine Briefe, weil sie in der Regel nicht schreiben konnten. So wissen wir nicht genug über ihren Alltag, über ihre Lebensgewohnheiten, über ihr Denken.

Das ist das Dilemma der Historiker und die Erklärung dafür, daß die Lage des deutschen Bauern von einigen als gut hingestellt wird, von anderen dagegen als schlecht. Einig sind sie sich allerdings darin, daß von Versklavung und genereller Verelendung nicht die Rede sein kann: es ging ihnen besser, oder sagen wir, nicht so schlecht wie der ländlichen Bevölkerung in den meisten anderen europäischen Ländern. Sonst hätte er nicht das leisten können, was er in der Tat geleistet hat. »Nicht nur, daß vornehmlich auf seinen Schultern die Wirtschaft Deutschlands, eines ausgesprochenen Agrarlandes, das ganze Mittelalter hindurch, trotz der städtischen Kultur und der Hanse, ruhte, daß von ihm der größte Teil der öffentlichen Lasten getragen, daß von ihm die Städte bevölkert wurden ...«, schreibt Johannes Bühler, »er hat den Boden Deutschlands zum deutschen Boden gemacht. Und die gehobene Schicht des Bauerntums schenkte erst dem Rittertum, dann dem Bürgertum und vor allem dem Klerus manch tüchtigen Mann und trug so ihren Teil bei zur höheren Kultur.« Und Willy Andreas ergänzt: »Wahrlich, er hätte eine weniger lieblose Behandlung verdient! Denn abgesehen von der riesenhaften Volkskraft, die im deutschen Bauerntum aufgespeichert lag, barg es doch bei aller Nüchternheit, Grobheit und Härte seines Wesens in rauher Schale Gemütseigenschaften, die Sprichwort, Märchen, Volkslied und Recht mit Naturliebe und Treuherzigkeit, mit Mutterwitz und gesundem Sinn durchwärmten.«

Das Leben auf dem Lande

Landleben war kein idyllisches Leben. Die Arbeit in Feld und Wald und auf den Höfen war so zermürbend, daß dreißigjährige Männer wie sechzig wirkten, junge Frauen früh verblühten. Die Lebenserwartung fiel entsprechend niedrig aus, und der Klang der Totenglocken war ein vertrauter Klang. Die Häuser der meisten Bauern glichen mehr Hütten, die primitiveren hatten Wände aus gewundenem, lehmbeworfenen Zweigwerk (Wand kommt von winden), die Dächer waren mit Stroh gedeckt, mit Schilf oder auch Torf. Wer es sich leisten konnte, benutzte ausschließlich Baumstämme und baute sich ein Blockhaus oder zimmerte sich ein Fachwerk, in das Lehm hineingestampft wurde.

Der Grundtyp des Bauernhauses war das Einhaus, das unter einem Dach in einem großen Raum den Menschen Geborgenheit bot, den Tieren Schutz und dem Feuer eine Stätte. Anfangs gab es nur den offenen Herd, dessen Rauch wärmte, trocknete und räucherte. Später leistete man sich den Luxus eines Ofens und einiger Zwischenwände: die Stube war erfunden, in der die Familie des Abends zusammenkam; eine Entwicklung zur Mehrräumigkeit bahnte sich an, die besonders bei den Bauernhäusern in Oberdeutschland zu beobachten war. Wie es überhaupt Sonderformen gab, die das von Landschaft zu Landschaft verschiedenartige Baumaterial und das härtere oder mildere Klima hervorgebracht hatten.

Gemütlich nach unseren Begriffen wird es selbst in den besseren Bauernhäusern nicht gewesen sein. Es zog; der Rauch ließ die Augen tränen; der aus gestampftem Lehm oder, seltener, aus Holzdielen bestehende Boden blieb fußkalt. Und doch: wenn die Frühjahrsstürme tobten, im Herbst der Regen tage- und nächtelang vom Himmel fiel, im Winter der Schnee hoch auf den Dächern lastete, boten die Bauernhäuser unseren Vorfahren eine animalische Geborgenheit. Vom Stallteil her klang das Klirren der Ketten, das tiefe Brummen der Kühe, das Schnauben der Pferde, und was den Geruch betrifft, der störte niemanden, im Gegenteil, man fühlte sich ganz ungemein wohl dabei.

Solche Geborgenheit zerbrach mit einem Schlag, wenn Soldateska durch die Lande zog. Da half auch der mit Dornensträuchern bewachsene Erdwall und der tiefe Graben nicht, die die Bauern um das ganze Dorf gezogen hatten. Sie taugten allenfalls dazu, herumstreifende Räuberbanden von einem Überfall abzuhalten. Wer sein nacktes Leben retten wollte, flüchtete sich in die kleine Wehrkirche, von wo aus er ohnmächtig mit ansehen mußte, wie sein Vieh weggetrieben, die Felder verwüstet, der Hof in Brand gesetzt wurde.

In Hungersnot, nach Mißernten oder Kriegswirren, aß der Bauer auch das, was er als Speise nicht kannte: Baumrinde, Eicheln, Unkrautsamen, Frösche, Spatzen, Dachhasen, wie man die Katzen nannte. Um das Fleisch verendeter Pferde zu essen, dazu mußte die Not schon sehr groß sein. Der Herr Pfarrer hatte gelehrt, daß Pferdefleisch heidnisch schmecke; jedenfalls hatten die Heiden es zu ihren Opfermählern regelmäßig aufgetischt. Eselsbraten dagegen wurde gern gegessen, und nur wenige dachten daran, daß der Herr beim Einzug in Jerusalem auf einem Esel geritten kam.

Kinderarbeit war auf dem Land so üblich wie in der Stadt. Kaum daß die Kinder laufen konnten und »zu Verstand« gekommen waren, wurden sie für kleinere Handreichungen eingesetzt. Das Gänseliesel, eine vertraute, liebenswerte Gestalt aus unseren Märchen, zählte in Wirklichkeit nicht mehr als vier bis fünf Jahre. Der Schweinehirt, der die Tiere zur Eichelmast in die Wälder trieb, war meist ein halbwüchsiger Bursche; der Kuhhirt sollte etwas älter sein, denn sein Amt war verantwortungsvoll. Über jedes verletzte oder verlorengegangene Tier hatte er Rechenschaft abzulegen. »Der Wolf kommt! Der Wolf ...« war der Notschrei des Hirten, den er nur dann ausstoßen durfte – wie das Zeter-Mordio-Geschrei bei räuberischen Überfällen –, wenn Isegrim die Herde umkreiste.

Für die Bauern waren seine Rinder mehr als ein Stück Vieh. Er gab ihnen Namen, sprach sie an und unterhielt sich mit ihnen. »So nennet mir mine ochsen alle viere«, fordert Helmbrechts Vater, weil er einfach nicht glauben kann, daß der stutzerhaft gekleidete Junker dort sein Sohn ist, und Helmbrecht nennt sie ihm: Ouwer (Der-auf-der-Au-Weidende), Raeme (der Schwarze), Erge (der Arge), Sunne (der Sonnenhafte). Kühe hießen Goldhörnchen, Die-im-Dämmern-leitet, Frühwach, Bunte, Himmelsschnarcherin. Und welcher Landwirt von heute würde eine auf dem Viehmarkt gekaufte

Kuh mit Brosamen von seinem Tisch füttern – damit sie das Heimweh verliere.

Schon die kleinen Kinder wurden in den Wald geschickt zum Sammeln von Reisig, Beeren, Pilzen; sie mußten die Vögel verscheuchen von frisch eingesäten Feldern, Unkraut ziehen, Fliegen wegfangen, die noch jüngeren Geschwister hüten. Wer nicht gehorchte, wurde erbarmungslos geprügelt. Denn, so lehrt die Bibel, wer sein Kind liebt, der züchtige es. War das Essen knapp, wurde zuerst bei den Kindern gespart, wie heute noch bei manchen Naturvölkern. Hänsel und Gretel wurden von den hungernden Eltern im Wald ausgesetzt – ein Märchen, das gar nicht märchenhaft war.

»Von allen Eigenheiten, in denen sich das Mittelalter von der heutigen Zeit unterscheidet«, schreibt Barbara Tuchman, »ist keine so auffallend wie das fehlende Interesse an Kindern. In künstlerischen, literarischen und dokumentarischen Überlieferungen ist kaum einmal von Kinderliebe die Rede … Mittelalterliche Abbildungen zeigen Gestalten in jeder anderen menschlichen Verrichtung – in der Liebe und im Sterben, schlafend und essend, im Bett und im Bad, betend, tanzend, jagend, pflügend, spielend, handelnd, reisend, lesend und schreibend – aber so selten zusammen mit Kindern, daß sich die Frage: warum nicht? geradezu aufdrängt.«

War es die hohe Kindersterblichkeit, fragt die Autorin weiter, die die Liebesmühen um ein Kind wenig lohnend erscheinen ließ? Ein Kind wurde geboren, es starb, ein neues kam zur Welt, nahm seinen Platz ein. Führte gewohntes Leid zur Abstumpfung?

Hier wird vorausgesetzt, daß die Eltern ihre Kinder tatsächlich weniger liebten, als es in späteren Jahrhunderten der Fall war. Doch stimmt das? Die Kinder waren gewiß weitgehend sich selbst überlassen; sie wuchsen gleichsam wild auf. Den Eltern fehlte die Zeit, sie zu erziehen (was nicht immer ein Nachteil sein muß), und oft genug die Zeit zu Zärtlichkeiten. Waren die Mütter darum schlechtere Mütter? Gegen eine Kinderfeindlichkeit spricht, daß die Mutterliebe wie der Geschlechtstrieb zu den stärksten menschlichen Trieben gehört, so stark, daß sie vom Lauf der Zeiten, den guten wie den bösen, nicht beeinflußbar scheint. Und was wären das für »lieblose« Eltern, die ihren Kindern so viele Spielzeuge bastelten? Erhalten sind uns Holzschwerter, Messingpferdchen; Hühner, Schafe, Rinder aus glasiertem Ton; Ritter beim Turnier; Stelzen, Kreisel, Wippen, Würfel, Murmeln; Töpfe zum Topfschlagen, Vogelbauer, Federbälle; Karussells, Flöten; Puppen aus Holz, Knochen, Stoff, Ton; Kutschen (einst von lebenden Mäusen gezogen) und so fort.

Der Bauer brauchte seinen Nachbarn und war gleichzeitig bestrebt, ihn räumlich auf Distanz zu halten. Wo die Landschaft es irgendwie erlaubte, und das war besonders im Norden und Nordwesten Deutschlands der Fall, setzte er sich so weit von ihm ab, »als eine zahme Feldhenne in einem flöge in der lengde fliegen kann«, und das waren »auf eines mannes dreihundert tritt«. Penibel eingezäunt mußte der Hof sein, mit Holzstämmen oder dichtgepflanzten Hecken. Und noch etwas war schon damals kennzeichnend für deutsche Dörfer: die in Kisten, Kasten, Töpfen und auf Beeten herangezogenen Bauernblumen.

Die unendliche Freude und die tiefe Erleichterung, wenn diese Blumen zu blühen begannen – das galt für Bauern, Bürger, Ritter gleichermaßen – wenn der Winter, dieser harte Mann, endlich gegangen war, lassen sich im Zeitalter der Öl- und Gasheizung nur noch schwer nachempfinden. »Der Wald klingt endlich nun von kleinen süßen Stimmen wider, ohn Aufhör'n schall'n der Vöglein Lieder. Sie tauschen alles Traurigsein für Freude ein. Wir woll'n den Frühling feiern bei der Linden, die frisch von neuem Laube hangt. Ihr Wipfel prangt im Grünen. Des Winters Qual muß enden, enden, enden …«, heißt es in einem Lied des Dichters Neidhart von Reuental.

Der Bauer ruhte in sich und seiner Welt, gestützt vom geregelten Ablauf des Jahres mit der Saat, dem Wachstum, der Ernte; den großen Festen zu Ehren Christi und den kleineren zur Feier der vielen Heiligen, die ihm halfen und ihn schützten. Man begann jede Arbeit an dem Tag eines bestimmten Heiligen und bemühte sich, die Erfahrungen mit dem Wetter und seinem Einfluß auf Pflanzen und Tiere in Regeln, *Bauernregeln,* zu fassen. Die moderne Wetterforschung hat bestätigt, daß die gereimten und ungereimten Merksprüche oft mit den meteorologischen Erkenntnissen übereinstimmen; andere jedoch haben infolge von Klimaschwankungen ihren Sinn eingebüßt, sich als Aberglauben erwiesen oder sind auf Gebiete übertragen worden, auf die sie nicht zutreffen. Was viele unserer Landwirte nicht daran hindert, sich dennoch nach ihnen zu richten.

Überall war Heidnisches noch zu spüren oder zumindest mühsam ins Christliche gewendete heidnische Überlieferung. Hufeisen und Drudenfuß an der Stalltür bannten bösen Viehzauber; das mit Maigerten um Mitternacht geschlagene Vieh gedieh besser; zur Sonnenwende sprang man durch das reinigende Feuer; in den Nächten zwischen Weihnacht und Neujahr jagte noch immer Wotans Wilde Jagd über den Himmel; im Frühling verbrannte man den Winter in Form einer Strohpuppe; im Wonnemonat wählte man den Maikönig und die Maikönigin; wenn der Hausherr gestorben war, führte man die Tiere des Hofes zu seiner Leiche; die ersten drei geernteten Ähren wurden an das Hoftor genagelt, um das Böse von Feld und Flur fernzuhalten; um die letzte Garbe, das Bärimandl oder das Erdmännel, tanzten Knechte und Mägde einen feierlichen Reigen; und wer sein Weib nach der Aussaat in einer Ackerfurche beschlief, durfte mit reicher Ernte rechnen.

Wenn aber die Saat verdorrte, das Vieh verreckte, das Korn verhagelte, dann waren jene Geister schuld, deren Schadenzauber stärker gewesen war als die Gegenmittel. Das Böse zeigte sich in vielerlei Gestalt. Schlüpfte es in den Körper einer Frau, so trat es als Drude auf, als Zäubersche, als Teufelshure, als *Hexe.*

IX Abendlicht und Morgenröte

Hexenjagd

Berthe Xandler wohnte zu Niederhaim im Schwäbischen, in einem Ort, den die Landkarte nicht mehr kennt, genauer gesagt in einer Hütte am Dorfrand. Sie hatte sich schon lange von den Menschen zurückgezogen und galt als wunderlich – seit damals. Damals, als die aus Frankreich kommenden Armagnaken den Hof in Brand gesteckt hatten, die Kinder an das Scheunentor genagelt, den Mann in der Jauchegrube ertränkt. Sie lebte jetzt allein, zusammen mit einer Kuh, ein paar Hühnern und einer großen schwarzen Katze, mit der sie lange Gespräche führte. Man wußte, daß sie oft tagelang in den Wäldern verschwand, und wer ihr an einer Wegkreuzung begegnete, schaute zur Seite und schlug verstohlen ein Kreuz.

Man ließ sie aber gewähren. Wer konnte wissen, ob er nicht mal ihre Hilfe brauchte. Bei Liebeskummer zum Beispiel, wo sie aus Farnkrautsamen, Bilsenkraut, Stechapfel, aus Krötenlaich, Mäusedreck und Spinnenweb ein Tränklein braute. Wer davon trank, entbrannte in Liebe zu dem, der ihn verabreichte. Oder sie half bei ungewollter Schwangerschaft, oder wenn die Manneskraft zu schwinden begann. Auch der greise Pfarrer hatte die Xandlerin geduldet: wer wollte den ersten Stein werfen, wo doch keiner ohne Sünde war? Er war überhaupt einer von gestern, ja von vorgestern; hatte er doch dem Grundsatz der alten Kirche angehangen, wonach jeder, der an Hexen glaube, in Götzendienst und Heidenwahn zurücksinke. Der neue Pfarrer aber eiferte von der Kanzel gegen die alten Vetteln, denn sie seien mit dem Teufel im Bunde, hätten ihre

Seele verkauft gegen zauberische Künste. Künste, die zu keinem anderen Behuf dienten, als dem Menschen zu schaden und den Dom der Christenheit zu untergraben. Nicht nur die Alten verpflichte sich der Teufel, auch junge schöne Frauen seien ihm dienstbar. Unerkannt, als scheinbar harmlose Mitbürger, lebten sie unter uns, selbst die eigenen Ehemänner merkten nichts, wenn sie nächtens durch die Lüfte fuhren zum Blocksberg hin, sich mit ihren Buhlteufeln fleischlich zu vermischen und beim Hexensabbat neue Schreckenstaten auszuhecken.

Es wimmele von Hexen in Stadt und Land, rief er der erschauernden Gemeinde zu, und wer auch nur den geringsten Verdacht hege, solle sich der heiligen Kirche anvertrauen, sei er doch sonst seines eigenen Seelenheils nicht mehr sicher. Viele seiner Amtsbrüder taten es ihm nach, viele, doch keineswegs alle, zu ihrer Ehre sei es gesagt.

War es anfänglich eine Sünde gewesen, an Hexen zu glauben, so war es jetzt eine Sünde, nicht daran zu glauben. Albertus Magnus und Thomas von Aquin, zwei bedeutende Theologen, waren von der Überzeugung durchdrungen, daß es Hexen gebe. »Die katholische Kirche lehrt, daß die Dämonen etwas sind. Daß sie durch ihr Wirken schädigen.« Wer anderer Meinung war, tat gut daran, sie für sich zu behalten. Widrigenfalls drohte ihm eine Anklage vor dem Gericht der Inquisition. Die theologische Fakultät der Pariser Universität, deren Gutachten von ganz Europa als Wahrsprüche aufgenommen wurden, erklärte Teufelsbündnisse für unumstößliche Tatsachen.

Der Hexenglaube ist uralt und findet sich in allen Religionen, auch bei der Religion der Germanen. Es kam vor, daß man eine als Hexenmeister oder als Hexe geltende Person ihres schädlichen Zaubers wegen verbrannte. Doch wäre es niemandem in den Sinn gekommen, sie planmäßig aufzuspüren und zu vernichten. Zur systematischen Verfolgung kam es erst, als sich die durch die Scholastik theoretisch entwickelte Dämonenlehre mit der Praxis der Ketzerverfolgung verband. Denn die vom rechten Glauben Abgewichenen waren den Einflüsterungen des Teufels erlegen, also waren auch die Hexen Ketzerinnen, sie hatten sich ja sogar mit dem Teufel verbündet. Die christliche Religion war Staatsreligion. Ketzer vergingen sich deshalb nicht nur gegen die Kirche, sondern auch gegen den Staat. Und Staatsfeinde konnten mit Hilfe der weltlichen Macht verfolgt und bestraft werden. Die Inquisition, die sich dieser Hilfe bei der Verfolgung der Ketzer seit langem bediente, übernahm nun auch die Hexen.

Die Hexenjagd konnte beginnen und damit eine der schauerlichsten Verirrungen des Menschengeschlechts. Vom Nährboden altheidnischen Zauberglaubens begünstigt, von der Kirche in ein System gebracht, vom Staat gutgeheißen, von Frauenhaß und verdrängter Sexualität genährt, wuchs sich die Jagd zu einer Massenpsychose aus, zu einem Wahn, der Hunderttausende von Familien in ganz Europa auf entsetzenerregende Weise heimsuchte, begleitet von den Schreien der Gefolterten und dem Gestank verbrannten Fleisches.

Um als Frau in den Verdacht der Hexerei zu kommen, bedurfte es nicht allzu vieler Verdachtsmomente. Wer rote Haare hatte oder an Erschlaffung der unteren Lidhaut litt, Triefaugen genannt, oder Warzen im Gesicht hatte, sich mit Kräutersammeln abgab, vielleicht noch einen Ansatz zu einem Buckel hatte oder eine krumme Nase, einen Hinkefuß, also das klassische Bild der Hexe aus *Hänsel und Gretel* bot, war am gefährdetsten. Junge Frauen machten sich verdächtig, wenn sie Männer mieden, zu selten in die Kirche gingen oder zu oft (sich also verstellten!), nicht gern kochten, vor Kreuzwegen auffällig lange verweilten, an Kruzifixen vorbeigingen und sich mehrmals umdrehten, wenn sie zuviel redeten oder zuwenig, zu schön waren oder zu klug, zu traurig oder zu lebenslustig. Keine Frau war letztlich davor sicher, als Hexe angeklagt zu werden, hob sie sich nur in irgendeiner Weise von ihren Mitschwestern ab.

Als verdächtig galten vor allem Hebammen. Sie waren in der Heilkunst bewandert, einer Kunst, die die Magie einschloß. Da sie als erste das Neugeborene zu Gesicht bekamen, das noch nicht getauft war, hatten sie Gelegenheit, es dem Satan zu weihen (vor dem getaufte Kinder ja gefeit waren). Im übrigen waren sie allein deshalb verdächtig, weil sie einem in Lust erzeugten, mit der Erbsünde belasteten, dem unreinen Schoß zwischen Kot und Urin entspringenden Wesen (»Inter faeces et urinam nascimur«) Geburtshilfe leisteten.

Zu jenen Frauen, die vom Alltäglichen abwichen, gehörte die Xandlerin. Verweilen wir bei ihr, einem Original, wie man heute sagen würde, und da jede Ortschaft einige solcher Originale besaß, kann sie als Typus gelten.

Sie wird eines Tages von den Bütteln der einen halben Tagesritt entfernt liegenden Stadt abgeholt und in den Hohen Turm der Stadtmauer verbracht, der seitdem der *Hexenturm* heißt und heute von Gruppen fröhlicher Touristen besucht wird, die sich mit wohligem Schauder die Geschichte von der bösen Hexe anhören. Die Gewölbe sind feucht, dumpf, voller Ungeziefer, unter der als Lager dienenden Strohschütte nisten Ratten. Hier wartet die alte Frau eine qualvoll lange Woche, frierend, hungernd, voll dumpfer Angst: sie weiß nicht einmal, weshalb sie hier ist. Schließlich rasselt der Schlüssel in der Tür, und sie wird die enge Wendeltreppe hinab zum Verhör geführt.

Die Untersuchung leiten zwei Franziskaner, deren Orden, neben den Dominikanern, vom Papst mit der Verfolgung der Ketzer und Hexen beauftragt worden ist. Wurde doch – nach seiner Meinung – besonders in Deutschland diese Aufgabe von den Bischöfen zu lasch betrieben. Die beiden Patres sind verpflichtet, einen Kommissionär der Diözese hinzuzuziehen. Das ist lästig, kann aber umgangen werden, indem man den Bischof an den beschlagnahmten Gütern der Verurteilten beteiligt. Den Zehntgrafen oder Stadtvogt als den Vertreter der weltlichen Gerichtsbarkeit wird man erst später hinzuziehen, was auch wider das Gesetz ist.

In den Akten liegen die eidlich bekräftigten Aussagen dreier Zeugen, von denen der eine die Xandlerin beschuldigt, seinen Kühen die Milch weggehext zu haben; der andere führt eine Fehlgeburt seines Ehegesponses auf ihren Zauber zurück, der dritte, und das ist eine Frau, hat beobachtet, wie die Beklagte in der Nacht zum 1. Mai, der Walpurgisnacht, mit einem Buhlteufel Unzucht getrieben habe. Jeder im Dorf weiß, daß die Denunziantin eine Todfeindin der Berthe Xandler ist, und solche Belastungszeugen sind von Rechts wegen ausgeschlossen. Auch die Patres wissen davon; doch kann die Beklagte beweisen, daß die Zeugin sie mit dem Tode bedroht habe? Ein Beweis, der kaum zu erbringen wäre.

Das Inquisitionsgericht kehrt sich auch nicht an die bei der *accusatio,* der *denuntiatio* und der *inquisitio,* den weltlichen Gerichtsverfahren, üblichen strengen Regeln: der Pater Ankläger ist beim Mißlingen seiner Klage nicht zu Schadensersatz verpflichtet; er braucht die Denunzianten nicht zu nennen; Ankläger und Richter sind ein und dieselbe Person; ein unter der Folter erzwungenes Geständnis gilt als beweiskräftig und bleibt es bei eventuellem Widerruf; die Folter, die nur einmal angewandt werden darf beim Verhör, wird mehrfach angewandt, gilt dann eben nicht als Wiederholung, sondern als Fortsetzung; Zeugen, die die Angeklagten zu wirkungsvoll entlasten, geraten in Gefahr, ebenfalls vor Gericht gestellt zu werden; Familienangehörige dürfen aussagen, aber nicht für die Beschuldigten, nur gegen sie. Damit waren alle Sicherungen, die die mittelalterliche Justiz vorsah, um Angeklagte vor Willkür zu schützen, zunichte gemacht.

Zum Anklagematerial gehören ferner verschiedene Gegenstände, die man in der Hütte der Xandlerin angeblich gefunden hat: ein Fläschchen mit Blut, offensichtlich dazu bestimmt, den Pakt mit dem Teufel zu signieren; Knochen, wohl von einem Kinde – gekochte Glieder von Kindern, die noch nicht getauft worden sind, ergeben jene Salbe, mit deren Hilfe man sich unsichtbar machen oder, indem man sie auf das Holz eines Besenstiels schmiert, in die Luft erheben kann –; ein großes Stück Wachs, dazu bestimmt, das Abbild einer verhaßten Person zu formen, um es mit einer Nadel zu durchstechen, was den Tod der Person zur Folge hat; ein Büschel Haare, augenscheinlich Teufelshaare, ist es doch allgemein bekannt, daß die Hexen bei der Begrüßung den Schwanz des Teufels anheben und ihn auf den After küssen.

Das widerwärtigste Buch der Rechtsgeschichte

Beim Verhör steht den Patres noch nicht der Hexenhammer zur Verfügung – wir befinden uns in der Mitte des 15. Jahrhunderts, dem Beginn einer zweiten großen Hexenverfolgungswelle – ein Traktat, das den Richtern als Strafkodex bei allen Hexenprozessen diente. Der *Malleus maleficarum,* wie der lateinische Titel des Buches lautet, erschien erst 1487. Doch faßte er im Grunde nur das zusammen, was über die Hexe als Gehilfin des Satans bereits bekannt war, wie man sie aufgrund dieser Kenntnis aufspüren und ihr am wirkungsvollsten den Prozeß machen konnte.

Dieses Meisterwerk an juristischem Scharfsinn und sexuellem Wahnwitz, das widerwärtigste Buch der Rechtsgeschichte, das Monstrum voll geistiger Sumpfluft, oder wie sonst es in der einschlägigen Literatur genannt wird, wurde von zwei Dominikanern herausgebracht, die sich den Namen Spürhunde des Herrn, *domini canes*, redlich, in ihrem Fall *un*redlich verdient hatten. Heinrich Krämer, genannt Institoris, war der eigentliche Verfasser, Jakob Sprenger lieh dem Werk die Autorität seines Rufes als Inquisitor. Die gefälschte Approbation der Universität Köln tat ein übriges, dem Buch eine Verbreitung zu sichern, wie sie kein anderes Buch in der Frühzeit der Buchdruckerkunst aufwies.

Krämer und Sprenger, zwei erfahrene Hexenjäger, hatten im Süden Deutschlands schon etliche Scheiterhaufen entzünden können, waren aber immer wieder auf den Widerstand der Bevölkerung gestoßen, in der man nicht einsehen wollte, daß das Land von Teufelsbuhlen verseucht sei. In ihrer Not wallfahrten die Inquisitoren nach Rom und erwirkten von Papst Innozenz VIII. zur Unterstützung ihrer Tätigkeit eine Vollmacht. In der Bulle *Summis desiderantes affectibus* erklärte der Heilige Vater: »Wir haben neulich nicht ohne große Betrübnis erfahren, daß es in einzelnen Teilen Oberdeutschlands und in den mainzischen, kölnischen, trierischen, salzburgischen, bremischen Provinzen und Sprengeln, in Städten und Dörfern, viele Personen von beiden Geschlechtern gebe, welche, ihres eigenen Heils uneingedenk, vom wahren Glauben abgefallen, mit dämonischen Inkuben und Subkuben [Teufeln in Manns- und Weibsgestalt] sich fleischlich vermischen, durch zauberische Mittel mit Hilfe des Teufels die Geburten der Weiber, das Jungen der Tiere, die Früchte der Erde, die Trauben der Weinberge, das Obst der Bäume, ja Menschen, Haus- und andere Tiere, Weingärten, Baumgärten, Wiesen, Weiden, Körner, Getreide und andere Erzeugnisse der Erde zu Grunde richten, ersticken und vernichten, welche Männer, Weiber und Tiere mit heftigen inneren und äußeren Schmerzen quälen und die Männer am Zeugen, die Weiber am Gebären, beide an der Verrichtung ehelicher Pflichten zu verhindern vermögen.«

Die Hexenbulle, wie sie später allgemein genannt wurde, nützte Krämer anfangs wenig bei seiner Jagd. Georg Golser hieß der Bischof von Brixen, ein Mann, unwichtig sonst, wichtig aber als Beweis dafür, daß es innerhalb der Kirche noch immer Männer gab, die Zivilcourage besaßen. »Ihn verdreuste der münch, er bedunckte ihn ziemlich senile zu sein und gänzlich kindisch«, und Golser empfahl ihm nachdrücklich, das Land Tirol wieder zu verlassen. Um solche Mißerfolge für sich und seine Gesinnungsgenossen zukünftig auszuschließen, begann er mit Sprengers Beihilfe, den *Hexenhammer* zu verfassen. Es wurden drei Teile.

Der erste Teil gibt einen Überblick über das Hexenwesen und diskutiert verschiedene Fragen. Ob *incubi,* wörtlich Drauflieger, mit Frauen Kinder erzeugen können? Ob *succubi,* Drunterlieger, also Teufel in Weibsgestalt, von Männern schwanger werden können? Ob Hexen das männliche Glied vom Leib wegzuzaubern vermögen und ob sie Menschen in Tiere zu verwandeln imstande sind?

Der zweite Teil legt verschiedene Arten der Hexerei dar, ihre Wirkungen und die Mittel, sie wirkungs*los* zu machen. Zum Beispiel: wie sie Gewitter, Hagel, Sturm und Dürre hervorrufen; wie sie Kinder erkranken lassen, den Kühen die Milch stehlen, das Quellwasser ungenießbar machen; wie sie Besessenheit erzeugen, den Menschen die Glieder lähmen (Hexenschuß) und so fort. Viele Gegenmittel gebe es nicht, außer dem Kreuzzeichen, geweihten Kerzen, Öl, Palmzweigen.

Der dritte Teil handelt von den »Arten der Ausrottung oder wenigstens Bestrafung durch die gebührende Gerechtigkeit«.

Kehren wir zurück in das Gewölbe des Hohen Turms, wo man die Xandlerin inzwischen zu verhören begonnen hat. Den beiden Franziskanern stehen aus den bisherigen Verhören beider Bettelorden gewisse Interrogatorien zur Verfügung, Frageschemata, mit denen es sich arbeiten läßt. Die Patres interessieren sich besonders dafür, wo sie in den Nächten zum Samstag und besonders in der Walpurgisnacht gewesen sei. Als Treffpunkte des Hexensabbats waren berüchtigt: der Brocken im Harz (Blocksberg), der Guiberg bei Halberstadt, der Fichtelberg, der Gnuberg in Schwaben, der Köterberg unweit von Corvey an der Weser.

Die Inquisitoren fragen: »Ob sie mit dem Bösen getanzt? Ob sie mit ihm auf das Kreuz gespien? Ob sie seine Kröten mit heiligen Hostien gefüttert und in das Weihwasser uriniert?«

»Ob der Böse Pulver, Gift, Salben mitgegeben, damit sie Schadenzauber ausüben konnte?«

»Ob es bei den Teufelsmahlzeiten gebratene Kindsleichen gegeben habe und ob sie jemanden erkannt bei Tische?«

Eine wichtige Frage, die ständig wiederholt wird. Es nützte wenig, *eine* Hexe zu verurteilen, das ganze Dorf mußte gesäubert werden, und das ging am einfachsten, wenn die Inkulpatin gestand: »Ja, ich habe die Scheibelin gesehen, wie sie dem Teufel den Hintern küßte« oder: »Ich bin zusammen mit der Hanslerin zum Blocksberg geritten.« Das »Gestehe sie, gestehe!« gellt der Xandlerin in den Ohren, aber sie schweigt, weil sie nichts zu antworten weiß. Sie verhält sich wie ein Mensch, der solche Fragen ihrer Ungeheuerlichkeit wegen nicht versteht. Sie weiß auch nicht, warum der jüngere der beiden Mönche von ihr immer nur das eine wissen will:

»Ob sie sich mit dem Teufel fleischlich vergnügt, ob sie eine Wollust darob verspürt und auf welche Weise die Unzucht vonstatten gegangen?« Er möchte das bestätigt wissen, was andere Inkulpatinnen übereinstimmend berichtet hatten: daß der Teufel einen unförmig großen, mit Fischschuppen besetzten Penis habe, der Beischlaf mit ihm äußerst schmerzhaft sei und sein Samen eiskalt.

Die Tiefenpsychologie hat in diesen Fragen die Kompensation verdrängter Sexualität gesehen, die hemmungslos entfesselte Phantasie geschlechtlicher Unbefriedigtheit, der Satyriasis und Perversität. Wie überhaupt ein geradezu pathologischer Frauenhaß zu den Triebkräften der Hexenverfolgung gehörte. Auf den Scheiterhaufen brannten fast ausschließlich Frauen, nur jedes zehnte der etwa eine Million Opfer war ein Mann. Haß, Verachtung und Verunglimpfung, wie sie uns aus dem Kapitel über die Frauen entgegengeschlagen sind, haben die ideologischen Voraussetzungen geliefert, haben den Boden bereitet, aus dem die Drachensaat der Verfolgungen schließlich sproß.

Sprenger und Krämer waren eifrig bemüht gewesen, eine wissenschaftliche Erklärung dafür zu bringen, warum es so wenige Hexer gebe und so viele Hexen. Sie kamen zu dem Ergebnis, daß Frauen wegen ihrer sexuellen Gier und Charakterschwäche leichter verführbar seien, auch weniger fest im Gottesglauben. Allein der lateinische Name für »Frau«, *femina,* beweise das hinreichend, verrate er doch nichts anderes als *fe* = *fides* (der Glaube) *mina* = *minus* (weniger), eine Weniger-Glauben-Habende demnach. Eine Beweisführung, die nicht nur Linguisten verstören würde.

Die Folter

Berthe Xandler schweigt, und weil sie schweigt, ist sie verstockt; und weil sie verstockt ist, sitzt ein Dämon in ihr, und dieser Dämon muß heraus. Um ihn zu erschrecken und zum Verlassen des Körpers zu bewegen, führt der Gehilfe des Scharfrichters die Folterwerkzeuge vor: der Daumenstock, der beim Anziehen der Schrauben die Daumen zerquetscht; die Spanischen Stiefel mit dem zackenbewehrten Rundholz zum Zersplittern der Schienbeine; die bleidurchflochtenen Peitschen, die Schmiedezangen zum Ausreißen der Finger- und Zehennägel, die Flederwische zum Beträufeln der Wunden mit brennendem Schwefel; man führt sie an die Streckbank und erklärt ihr den Mechanismus, der die Glieder ausrenkt; zeigt ihr den Flaschenzug, mit dem die Delinquenten aufgezogen werden, während man an ihre Füße bis zu einem Zentner schwere Steingewichte hängt; und den Heckerschen Stuhl, einen stachligen, glühend zu machenden Sitz, eigens für Zauberer und Hexen entwickelt.

Nach der *Territion,* wie das Vorzeigen der Folterwerkzeuge in der Juristensprache heißt, schleppt man die ohnmächtig gewordene alte Frau zurück in ihre Zelle. Der Knecht des Henkers bekommt den Auftrag, sie alle Stunde zu wecken und mit dem Stock zu »jaggen«. Am nächsten Tag geht das Verhör weiter. Fast hundert Fragen stehen auf der *interrogatoria specialis,* und die beiden Patres wiederholen sie geduldig in endlosem Reigen. Schließlich gibt der Zehntgraf, der jetzt den Vorsitz führt, ein Zeichen zur Anwendung des ersten Grades. Die Xandlerin aber schweigt weiter, übersteht auch den zweiten und den dritten Grad. Dabei hatte man doch auf das gute Gelingen der Tortur vorher eine Messe lesen lassen und die Folterwerkzeuge immer wieder mit Weihwasser besprengt. Andrerseits ist nun der Tatbestand des *maleficium taciturnitatis* erfüllt, der Missetat des Schweigens. Ein sicheres Zeichen übrigens, daß sie mit dem Teufel im Bunde stehen muß, vermöge doch ohne seinen Beistand niemand solche höllischen Qualen auszuhalten. Oder wie war es zu erklären, daß die Kronenwirtin aus Nördlingen dreißigmal die Folter überstand, ohne ein Geständnis abzulegen?

Wie durch ein Wunder erhält man kurz darauf die Bestätigung eines teuflischen Bündnisses. Als der Scharfrichter ihr das Folterhemd wieder auszieht, entdeckt er oberhalb des linken Knies eine kleine Narbe. Sie stammt von einer Verletzung, die sich die Xandlerin als junges Mädchen beim Holzhacken zugezogen hat. Er nimmt eine lange Nadel, sticht sie in die verwachsene und verhärtete Narbe und schaut triumphierend zum Richtertisch: es kommt kein Blut. Er hat das *stigma diabolicum* entdeckt, das Teufelsmal, das ihr der Böse beim Abschluß des Paktes zugefügt hat; denn er verlangt immer ein Stück Haut, sei es von der linken Brust, von der linken Seite des Schambergs – oder vom linken Knie!

Wer die Xandlerin in ihrem Blut liegen sieht, mit ausgerenkten Gelenken, zerfetzten Händen, mit Beinen, die ihre Funktion eingebüßt haben – und der Zehntgraf sieht sie! – der müßte sich daran erinnern, daß eine Folter nicht bis zur Zerstörung von Körpergliedern und zur Lebensgefahr geführt werden dürfte. Diese Forderung aber ist so theoretisch wie die am Schluß eines Prozesses von den Inquisitoren vorgebrachte inständige Bitte, die Bestrafung möge *citra mortem et membrorum mutilationem* ausgeführt werden, unter Vermeidung von Tod und Verstümmelung.

Das Hexenmal gilt als Beweis, und daß die Alte beim dritten Grad keine Tränen mehr hatte, ist auch einer. Aber es fehlt das Geständnis, und ohne Geständnis gibt es kein Urteil. Man ändert die Taktik. Der Folterknecht wird zum Samariter, wäscht die Inkulpatin, salbt ihre Verletzungen, reicht ihr einen Becher Wein. Die Patres beschwören sie bei den Wunden Jesu Christi, ein Geständnis abzulegen. Nur einer reuigen Sünderin dürften sie, das wisse sie doch, die Sakramente der heiligen Kirche reichen, nur dann könne sie hoffen, im Fegefeuer für den Himmel doch noch geläutert zu werden. Oder wolle sie, unbußfertig, reuelos, ohne Sterbesakramente geradenwegs in die Hölle fahren? Wo sie die Martern, die sie eben durchgemacht, auf ewig, ewig, ewig erleiden müsse?

Nein, das will die Berthe Xandler nicht. Allein der Gedanke daran läßt sie wieder ohnmächtig werden. Die Patres spüren, daß sie ihrem Ziel nahe sind, und sie warten geduldig. In ihren Augen ist kein Haß, sie fühlen sich nicht als Fanatiker, geschweige denn als Sadisten. Sie handeln *optima fide,* besten Glaubens, sind felsenfest davon überzeugt, der heiligen Kirche zu dienen, indem sie das Malefiz der Hexerei, das die Christenheit verseuche wie die Pest, von der Erde vertilgen müssen, sollte nicht der Antichrist die Herrschaft über die Welt erringen. Sie wissen, daß es unter den Inquisitoren etliche gibt, und hier denken sie besonders an die Dominikaner, ihre bösen Konkurrenten, die nur wohlhabende Hexen brennen; denn die Konfiskation ketzerischen Vermögens bringt ja den Orden guten Gewinn. Die beiden schlafen gut des Nachts, in ihre Träume dringt kein Widerschein der Scheiterhaufen, und sie würden sich bekreuzigen, wüßten sie von den Schlüssen, die unsere Psychologen aus ihren Handlungen ziehen.

Es ist das alte Dilemma des Menschen, gut zu leben *und* den Forderungen der Moral und der Ethik nachzukommen, in unserem Fall also den Geboten der Kirche. Eine Diskrepanz zwischen Gebot und Erfüllung ist die unweigerliche Folge, und das Schuldgefühl, die Aggressivität werden in das Unterbewußtsein verdrängt. Man darf nicht, was man gern dürfen möchte, zum Beispiel einen Feind schädigen, ja umbringen, sich der Völlerei ergeben, lügen, betrügen, des anderen Weib begehren, sexuell hemmungslos sein. Da es sich schwer leben ließe mit diesem Zwiespalt, baut sich das Ich einen Abwehrmechanismus auf, Projektion genannt. Es projiziert (überträgt) die eigenen verdrängten Bedürfnisse oder für minderwertig gehaltenen Eigenschaften – die bösen Wünsche eben – einfach auf eine andere Person. Wodurch die Ängste abgebaut werden und das Ich entlastet wird. Da der Sexualtrieb von der Kirche am meisten verdammt, verteufelt wurde, und das besonders bei ihren Dienern, eigneten sich die Hexen als Übertragungspersonen in hervorragendem Maße. Mit ihnen verbrannte man das Böse in der Welt und das Böse in sich selbst.

Nicht nur die Psychoanalytiker haben sich bemüht – sie allerdings mit einleuchtenden Argumenten! – die Jagd auf die Hexen zu erklären. Sozialwissenschaftler sehen in den Hexen die ersten Feministinnen, die beim Kampf um die Rechte der Frau von einer patriarchalisch bestimmten Welt als störende Außenseiter verfolgt wurden. Rechtshistoriker halten die Jagd für den Versuch der neuen Territorialherren, ihre Macht zu stabilisieren, indem sie an den Hexen gerichtliche Exempel statuierten. Wirtschaftsgeschichtler glauben in den Prozessen nichts weiter als ein Geschäft zu erkennen, das Richtern, Geistlichen, Henkern gleichermaßen Gewinn brachte. Andere meinen, daß wegen der Unmöglichkeit, eine Ehe aufzulösen, den Männern nichts anderes übriggeblieben sei, als ihre Frauen auf diese Art loszuwerden; wieder andere, und das ist die neueste Theorie, die Kirche wollte mit ihren Verfolgungen in erster Linie die Hebammen vernichten; denn deren Abtreibungspraktiken hätten bereits zu einem starken Bevölkerungsschwund geführt.

»Viele dieser Theorien sind interessant«, bemerkt der Strafrechtler und Rechtsphilosoph Wolfgang Schild dazu in schöner Lakonie, »auch bezüglich derjenigen, die sie aufgestellt haben und vertreten.«

Berthe Xandler legt schließlich ihr Geständnis ab. Ihre Antworten fallen so aus, wie man ihr suggeriert hat: Ja, sie sei nächtens zum Hexentanzplatz geflogen, habe ihrem Buhlteufel regelmäßig beigeschlafen, die Ernte im Dorf durch Wetterzauber geschädigt, Kindern Gift eingegeben und andere aus den Särgen gerissen, um mit ihrem Fett, mit Opium, Tollkirsche, Nachtschatten, Schierling und Mandragora Hexensalbe herzustellen; sie habe einer Schwarzen Messe beigewohnt, Hostien gestohlen und an Kröten verfüttert; ein Teufelskind geboren (was etwas kompliziert war: der Teufel, zwar geil, aber unfruchtbar, mußte erst als *succubus* mit einem Mann koitieren, um anschließend – sich blitzschnell in einen *incubus* verwandelnd – zu einer Frau zu fliegen und sie mit dem gerade erhaltenen Samen zu begatten); ja, sie habe der Frau des Schulzen die Totgeburt gemacht; habe die Maden, Käfer,

Mäuse erzeugt, die das Korn in den Scheuern gefressen, sich in einen Wolf verwandelt – es bricht nur so aus ihr heraus. Sie stammelt, lallt, ihr Körper ist zerschunden, ihr Geist verwirrt; und als sie wieder gefragt wird, ob sie auf dem Hexensabbat andere Personen erkannt habe, da stockt sie, schweigt und meint dann: ja, gewiß, da sei jemand gewesen, da waren …

Es wird still in dem alten Gewölbe. Die Schöffen, die Patres, der Zehntgraf harren der Namen. Und die Xandlerin nennt sie, während auf ihrem entstellten Gesicht eine Art Lächeln erscheint: ja, da war die Frau des Richters, die hat den Hexenreigen angeführt; und die vom Henker hat wohl ein dutzendmal mit dem Teufel Unzucht getrieben; und die vom Schöffen Moosacher, die war mit den Kindsleichen beschäftigt; na und die edle Frau des Burggrafen war auch dabei, und die …

Berthe Xandler hat etwas getan, was manche der Hexerei angeklagten Frauen in ihrer Verzweiflung taten: um nicht andere in den Tod mitzureißen, gaben sie die Ehefrauen unmittelbar am Prozeß Beteiligter an oder von hochgestellten Persönlichkeiten. Die Wirkung ist auch diesmal frappant. Sichtlich verstört, ja geängstigt verbietet man ihr den Mund …

Das Urteil

Das Gericht verurteilt die Angeklagte zum Tod durch Verbrennen bei lebendigem Leibe. Die Gnade vorheriger Erdrosselung wird ihr wegen lange währender hartnäckiger Verstocktheit nicht gewährt. Ihr Scheiterhaufen jedoch wird vergeblich aufgeschichtet. Am Morgen des Hinrichtungstages findet man sie tot auf ihrer Strohschütte. Es war ihr trotz der Ketten gelungen, sich einen Fetzen ihres Kittels so tief in den Mund zu stopfen, daß sie daran erstickte. Wie in solchen Fällen üblich sprach man nicht von Selbstmord, sondern davon, daß der Teufel, dem zwischen ihr und ihm geschlossenen Vertrag gemäß, ihre Seele zur Hölle entführt habe.

Eine aus ihrem Dorf aber hatte die Berthe Xandler doch genannt: die Zeugin, die angegeben hatte, sie bei der Unzucht mit dem Buhlteufel beobachtet zu haben. Der Knecht, der die Berthe in ihrem Verlies nach dem Verhör wieder ankettete, hatte ihr den Namen zugeflüstert. Am Tage darauf hat man die Frau abgeholt, und nicht viel später zählte sie auf der Folter weitere Mitschuldige auf. So kam es, daß das Dorf Niederhaim nach Jahresfrist vierundzwanzig Einwohner weniger hatte, genauer gesagt, Einwohnerinnen. (Es gab Ortschaften, in denen drei Viertel der Frauen und Mädchen auf die Scheiterhaufen geschickt wurden.) Frauen jeden Alters waren darunter, auch ein Mädchen von zwölf Jahren, Anna, die Tochter der als Hexe verurteilten Waldbäuerin, von vornherein verdächtig, weil Hexenmütter ihre Töchter das Hexeneinmaleins zu lehren pflegten, wie jedermann wußte.

Anna starb nicht auf dem Scheiterhaufen, sondern nach einer Hexenprobe, bei der man sie, die rechte Hand an den linken Fuß gebunden und die linke an den rechten, dem Fluß überantwortet hatte. Wäre sie an der Oberfläche geblieben, hätte sie als schuldig gegolten, denn das durch die Taufe Jesu Christi geheiligte Wasser stieß ab; Anna aber war versunken, galt somit als unschuldig und bekam ein christliches Begräbnis. Der Mann der Waldbäuerin erhielt von der Stadtvogtei eine Rechnung über 63 Florin und 28 Kreuzer – »… zukosten wegen sein verbrannt Weyb«.

Die einschlägige Literatur über Hexenverfolgungen und Hexenprozesse, besonders die des ausgehenden 19. Jahrhunderts, der Zeit des sogenannten Kulturkampfes in Deutschland, wurde bestimmt von den Angriffen auf die Katholiken, als die Hauptschuldigen an diesem Verbrechen gegen die Menschheit. Die Wortführer, meist Protestanten, erwähnten dabei, daß ihre Glaubensbrüder nach der Reformation viele Mißbräuche abgestellt hätten, vom Ablaß bis zum Reliquienhandel, vergaßen aber, daß sie bei der Hexenjagd in schauerlicher Eintracht mit ihren Todfeinden im Glauben geblieben waren. Die Reformierenden hatten die verdächtigen Frauen genauso verfolgt, wie es die Katholiken taten. Der Reformator selbst, Martin Luther, war hier noch ganz der ehemalige Augustinermönch, für den die Welt voll Teufel war und voll Teufelsbuhlen, die Gewitter machten, Krankheiten hervorriefen, vielerlei Schaden stifteten.

»Es handelt sich eben um eine Zeitkrankheit, von der alle ergriffen waren«, schreibt Egon Friedell, »Volk und Gelehrte, Papisten und Reformierte, Fürsten und Untertanen, Ankläger und Inquisitoren und sogar die Hexen selbst, denn viele der Opfer glaubten an ihre eigene Schuld.«

Hexenverfolgungen in diesem Ausmaß wären nicht möglich gewesen ohne den weitverbreiteten Glauben an die Hexen. Und: ein guter Freund des *bösen Feind* zu sein konnte ja einiges einbringen, vorausgesetzt, man wurde nicht entdeckt; aber mit Entdeckung pflegt niemand zu rechnen, der auf unrechten Pfaden wandelt. Der Gedanke, mit dem Teufel zu paktieren, um jenseits aller Gebote und Verbote zu erkennen, was die Welt im Innersten zusammenhält, wie Faust das ausdrückt, war für den Gebildeten so verlockend wie für den gemeinen Mann, seinem Elend zu entfliehen. Der Bauernknecht, der Geselle, die Frau am Webstuhl, der Fahrende, der Bettler, der Ausgestoßene, sie mußten sich in ihrer Not oft genug vom Christengott verlassen fühlen, von einem Gott, der ihre Arbeit und ihre Gebete schlecht lohnte, der so viele Freuden für sündig erklärte und so viele Seelen auf ewig verdammte. Reichtum, Macht, leiblicher Genuß ohne Reue, sexuelle Freuden ohne Buße: dafür einst im Feuer der Hölle zu brennen erschien manchem als ein nicht zu hoher Preis (war einem das Fegefeuer doch ohnehin gewiß).

Der Hexenprozeß müsse, so die katholische Kirche heute, »aus der Umwelt des von Dämonenfurcht und Aberglauben geplagten Menschen, von seinem irrationalen Standort her historisch gesehen werden«. Dann bewahre diese Schau vor Verallgemeinerungen, Vergröberungen, leichtfertigen Unterstellungen und überscharfen anachronistischen Wertungen.

»Man schätzt heut' Priesterwürd gering …«

Die Kirche kämpfte zugegebenermaßen einen schweren Kampf gegen jene Menschen, die sich von der Kirche absonderten, um das Heil ihrer Seele auf anderen, auf in die Irre führenden Wegen zu suchen. Menschen, die – kirchenrechtlich ausgedrückt – ein Dogma schuldhaft und hartnäckig leugneten oder bezweifelten, also eine von Gott in der Heiligen Schrift oder der Überlieferung geoffenbarte Wahrheit. Gemeint sind hier die Ketzer, die Katharer, eine der großen Sektenbewegungen des Mittelalters, deren Name vom griechischen *katharós* (»rein«) kommt. Und – da die katholische Kirche sie unerbittlich bekämpfte – bald zur allgemeinen Bezeichnung für alle Irrgläubigen wurde.

Es gab kaum eine Gegend in Deutschland, in der sich nicht Ketzer gefunden hätten. Sie erschienen in den Städten am Oberrhein, in Schwaben, Hessen, Thüringen; dort, wo Böhmen nicht weit war, existierten im Untergrund ganze Gemeinden. Die Täler des Fichtelgebirges, des Frankenwalds, des Vogtlands waren von der »böhmischen Pest« befallen, die einst die Hussiten eingeschleppt hatten. Vom Balkan her hatte sich die häretische Bewegung der Katharer über halb Europa verbreitet, war zwar durch Feuer und Schwert von der Kirche und der ihr dienenden weltlichen Obrigkeit fast ausgerottet worden, aber für ihren Glauben hatten sich auf deutschem Boden noch genügend Anhänger gefunden.

Die Wege zum Heil, die die ketzerischen Sekten ihren Anhängern aufzeigten, waren untereinander so verschieden, daß es fast unmöglich ist, sie im einzelnen zu bestimmen. Gemeinsames zeigte sich jedoch überall darin, wie das Seelenheil nicht zu erringen war: nicht durch die Ohrenbeichte zum Beispiel, die letzte Ölung, die Fürbitte für die im Fegefeuer leidenden armen Seelen und nicht durch die Anbetung Hunderter von Heiligen, die Verehrung ihrer Überbleibsel, nicht durch den käuflichen Ablaß der Sünden.

Den – nach Meinung der Kirche – Irrgläubigen war schwer beizukommen. Die meisten lebten, zumindest in Deutschland, im Untergrund, und jene, die offen auftraten, erwarben sich die Achtung selbst ihrer Todfeinde. Die Ketzer waren eben nicht der Unzucht und Völlerei verfallen, wie die Geistlichen kolportierten, waren keine Heuchler und Lügner, trieben auch nicht Zauberei, noch waren sie des Teufels. Sie befleißigten sich eher eines tugendhaften, ja asketischen Lebens, jedermann zum Vorbilde. Es gab nicht wenige unter ihnen, die die Verfolgungen nicht ertrugen und angesichts der überall lodernden Scheiterhaufen widerriefen. Die meisten jedoch fürchteten den Märtyrertod nicht und opferten für ihre Überzeugungen das Leben. Wie der Mann, der bei einem Ketzerbrand in Thüringen aus der Menge der Gaffer heraustrat und mit dem Ruf in die Flammen sprang: »Auch ich gehöre zu diesen!«

Die Kirche hatte ursprünglich versucht, die Ketzer auf den rechten Weg zurückzubringen, indem sie sie zu überzeugen versuchte. Das Wort erwies sich indessen als machtlos: ketzerische Sekten wie die Katharer, die Waldenser, die Albigenser verbreiteten sich epidemisch und wuchsen sich, das jedenfalls fürchtete die römische Kurie, zu einer Bedrohung des katholischen Glaubens aus. Die Gewalt, die sie nun gegen die Häretiker einsetzte, könnte man deshalb als einen Akt der Notwehr ansehen. Das Instrument dieser Gewalt, heilige Inquisition genannt, mit dessen Hilfe man die Ketzer aufspürte, anklagte und bestrafte, entwickelte sich jedoch zu einem Instrument des Terrors. Die Inquisitoren, meist Dominikaner, mißbrauchten die ihnen verliehene Macht. Unter dem Vorwand, das Christentum vor seinen Feinden zu retten, vernichteten sie politische Gegner, bereicherten sich und ihren Orden an den Gütern der Gemordeten, erpreßten Gelder durch Drohungen, selbst die Toten waren nicht sicher vor ihnen; wurde ein Verstorbener der Ketzerei überführt, grub man seine Gebeine aus, verbrannte sie, zerstörte sein Haus und enterbte die Erben zugunsten der Kirche, der weltlichen Obrigkeit und der jeweiligen Denunzianten. Mit welchen Mitteln die nach Zehntausenden zählenden Angeklagten überführt wurden, haben wir bei den Hexenprozessen zur Genüge erfahren.

Die Worte, die der bedeutende schweizerische Theologe Walter Nigg über Inquisition und Hexenjagd geschrieben hat, bleiben gültig: »In Anbetracht des ungeheuren Vergehens, das in der Ketzerbehandlung liegt, kann man ihr gegenüber nur jene unsagbare Traurigkeit empfinden, die einen beinahe nie mehr fröhlich werden läßt. Die Christen müssen angesichts der Tätigkeit der Inquisition auf die Knie sinken und mit den Klageliedern Jeremiae sagen: ›Laßt strömen die Tränen wie einen Bach.‹ Eine lebendige Reue müßte sie erfüllen, welche sie unablässig die große Sünde büßen läßt, die sie dadurch begangen haben. Bis zur Erde haben sich die Christen zu verneigen und in ihre Gebete stets all die Gemordeten und Mörder einzuschließen ... Die Christenheit wird keinen Segen mehr erleben, bis sie endlich einmal aus tiefster Überzeugung die Sünden der Inquisition offen bekennt und jeglicher Gewalttat auf religiösem Gebiet ehrlich und vorbehaltlos abgeschworen hat.«

Was im einzelnen auch dazu geführt haben mag, daß die Zahl der Ketzer immer stärker anstieg, die hauptsächliche

Ursache lag an der Kirche selbst, besser an ihrem Verfall. Die Gläubigen wurden zu Irrgläubigen, weil sie an ihrem Glauben irre geworden waren.

Sie erlebten, wie die Bischöfe daherkamen auf ihren kostbaren Pferden, angetan mit goldverbrämten Gewändern, begleitet von ihren Konkubinen; und die Äbte, die mit Hirschfänger und Hundemeute auf die Jagd gingen, die Äcker der Bauern dabei so wenig schonend wie das Vieh auf den Weiden.

Sie wußten, daß die Voraussetzung für die Ernennung eines Prälaten nicht seine Eignung war, sondern der Umfang seines Geldbeutels oder die Zahl seiner adligen Ahnen, und daß es hohe Kirchenherren gab, die nur ein einziges Mal in ihrem Leben eine Messe gelesen hatten, und das war am Tag ihrer Amtseinführung.

Sie ließen sich von zurückkehrenden Italienpilgern berichten, von der heiligen Roma, die zur Hure geworden, wo alles käuflich sei, die Religion verfälscht werde, Ränke, Heuchelei, Liebedienerei in höchsten Ehren stünden, Frevel und Gewalttaten an der Tagesordnung seien; von einer Stadt, nicht mehr beherrscht von Menschenfischern, sondern von Pfründenfischern, für die man das Wort geprägt hatte »Je näher Rom, je böser Christ«.

Sie konnten nicht darüber lachen, daß uneheliche Söhne von Geistlichen ihren Vätern als Ministranten dienten, und auch nicht mehr über die Klage des Priesters, er werde wohl die Abschaffung des Zölibats nicht mehr erleben, »aber vielleicht meine Enkel«.

Sie litten schwer unter den steigenden Gebühren, die sie für jede geistliche Amtshandlung entrichten mußten, für eine Taufe, ein Aufgebot, eine Eheschließung, eine Aussegnung, einen Versehgang, eine Letzte Ölung, ein Begräbnis, ein Totenamt, eine Messe; von den vielen freiwilligen Spenden, die zu unfreiwilligen Abgaben geworden waren, zu schweigen.

Sie konnten sich der epidemisch angewachsenen Zahl von Geistlichen kaum erwehren, die sich um die Betreuung ihrer Seele stritten, als da waren Weltgeistliche, Ordensgeistliche, Hilfsgeistliche, Vikare, Kaplane, Meßpriester, Altaristen (im siebentausend Einwohner zählenden Worms war jeder zehnte ein Geistlicher. In St. Marien zu Lübeck amtierten außer den Pfarrern und Kaplänen allein siebzig Meßpriester), und waren abgestoßen vom Konkurrenzkampf zwischen den Ornatträgern und den Kuttenträgern, die förmliche Wettläufe unternahmen zum Sterbebett reicher Erben, die bei den Expektanzen (wie die Anwartschaften auf bald frei werdende Pfründen hießen) mit Höchstgeboten den anderen auszustechen versuchten.

Sie fanden es unangemessen, wenn die kirchliche Obrigkeit Geistliche streng bestrafte, die einen Exkommunizierten zu Grabe trugen, aber ein Auge zudrückte, wenn sie eine Ehefrau verführt, ein Mädchen entjungfert, mit Abhängigen Unzucht getrieben hatten, oder wenn ein Verstoß gegen das Fastengebot härter geahndet wurde als der Besuch eines Bordells.

Sie hatten kein Verständnis dafür, daß sie von der Obrigkeit geschröpft wurden, die Geistlichen aber keinen Pfennig Steuer zu zahlen brauchten, die Klosterwerkstätten deshalb billiger produzieren konnten als die städtischen Handwerke, ihren – ebenfalls steuerfreien – Besitz an Grund und Boden ständig mehrten, so daß sich bald ein Drittel des gesamten Grundeigentums, wie beispielsweise im Erzstift Köln, in den Händen der Kirche befand.

Und sie waren verstört, daß das Interdikt, die gefürchtete Waffe der Kirche, die die Bevölkerung ganzer Landstriche – wegen der mutmaßlichen Schuld eines einzigen! – von allen gottesdienstlichen Handlungen ausschloß, immer häufiger für profanste Zwecke mißbraucht wurde, für die Eintreibung von Schulden, bei der Verweigerung des Zehnten, gegen politisch Mißliebige aller Couleurs.

Es war in erster Linie der höhere Klerus, der die Gläubigen nicht mehr an die Kirche glauben ließ, für die niedere Geistlichkeit hatten sie eher Spott übrig, wenn nicht gar Mitleid. Bemitleidenswert müssen die kleinen Priester wohl gewesen sein, sonst hätte der Satiriker Sebastian Brant in seinem berühmten *Narrenschiff* für sie kaum den Vers geschrieben »Kein ärmer Viech lebt auf der Welt als wie ein Pfaff, dem's Futter fehlt«. Es fehlte ihnen in der Tat am Notwendigsten, und ihre Pfründen waren so jämmerlich ausgestattet, daß sie mehr vegetierten denn lebten. Von der Totenmesse zur Trauung, von der Kindstaufe zum Begräbnis, von der Aussegnung zur Kommunion hetzten die Kaplane und Vikare, waren ständige Gäste bei Leichenschmaus und Hochzeitsessen, um wenigstens den Hunger zu stillen, und darauf angewiesen, sich durch den Handel mit Klosterprodukten (Bier, Wein, Webwaren) einen Nebenverdienst zu schaffen. Schlecht ausgebildet, kaum des Lateinischen mächtig, im Eilverfahren zum Priester geweiht, bildeten sie einen Stand geistlicher Proletarier. Aus diesem Stand kamen dann auch die meisten Überläufer, als der Mönch aus Wittenberg zum Sturm aufrief, wenn sie nicht gar zu den aufständischen Bauern stießen.

»Man schätzt heut' Priesterwürd gering wie irgendein ganz leichtes Ding«, um noch einmal aus dem *Narrenschiff* zu zitieren. »Drum gibt es jetzt so viele Pfaffen, die mehr nicht könn' als wie die Affen. Die wolln unsre Seel erbauen? Kein Vieh möcht man den'n anvertrauen! Verstehn vom Kirchregiern soviel wie's Eseltier von Tanz und Spiel. Die Bischöf lassen sie gedeihn, sie sollten solche gar nicht weihn, ihn'n nicht die Seelsorg übertragen, dann könnt man Gut's vom Bischof sagen.«

Auch die kleinen Landgeistlichen waren nicht auf Rosen gebettet. Einer von ihnen hat sich in einem Traktat anonym Luft gemacht und davor gewarnt, dem unheilvollen Ruf der Kirche zu folgen. Er klagt in bitteren Worten Gott, die Welt und alle Leute an, mit denen ein Priester es zu tun bekommt: mit dem geizigen Bauern, der nichts herausrücken will; mit der Wirtschafterin, die ihn in der Hand hat (weil ihn einmal die Wollust übermannt hat); mit dem dickbäuchigen Bischof, der bei jedem Besuch die Speisekammer leerfrißt; mit dem windigen Mesner, der heimlich den Meßwein wegträgt; mit dem arroganten Prediger, der vor lauter Gelehrtendünkel mit den Dörflern kein Wort spricht; mit dem korrupten Offizial, dem versoffenen Dorfschulzen, dem leuteschindenden Gutsherrn.

Teutschland, einst Herrin und Königin der Welt

Alle Kritik aber, und das darf nicht vergessen werden, richtete sich nie gegen die Kirche, sondern immer nur gegen ihre Träger. Man dachte so wie der Dichter Dante, der die Bischöfe, die Kardinäle und die verkommenen Nachfolger eines armen Fischers namens Petrus, die Päpste, attackierte, gleichzeitig aber aufforderte, niemand möge sich verhalten wie das dumme Lämmchen, das ohne Muttermilch auszukommen glaube, um schließlich vor Entkräftung dahinzusiechen.

Wie anders hätte der Mensch das Leben ertragen können ohne die hier als »Muttermilch« symbolisierte christliche Religion – das Leben in einer Welt, in der der Tod allgegenwärtig war, durch den Krieg, die Seuchen, den Hunger; in der das Böse immer wieder zu triumphieren schien über das Gute, der Gerechte viel leiden mußte und der gemeine Mann zum Leben zuwenig hatte und zum Sterben zuviel.

Wo wäre der Sinn dieses scheinbaren Chaos, wenn es nicht einen Gott im Himmel gäbe, den man oft genug nicht verstand, weil seine Wege unerforschlich, der aber nach seinem Ratschluß das Weltganze lenkte, die Gerechten einst belohnen, die Ungerechten bestrafen und alles zu einem herrlichen

Ende führen würde. Auch ersehnt der Mensch sich ein Fortleben nach dem Tode und kann sich nicht damit abfinden, daß er nur geschaffen wurde, um einst ausgelöscht zu werden, daß die Spur von seinen Erdentagen verwehen und nichts, nichts, nichts von ihm übrigbleiben wird, noch nicht einmal Erinnerung. Das Christentum aber bot ihm durch ein gottgefälliges Leben die Möglichkeit, daß seine Seele gottähnlich werden würde – unsterblich! – und gab der scheinbaren Sinnlosigkeit seines Lebens einen Sinn.

Die da zweifelten, mögen an ihrem Pfarrer gezweifelt haben, an den Mönchen des nahegelegenen Klosters, an ihrem Bischof, an dem von Rom entsandten päpstlichen Legaten, am Papst selbst, aber sie zweifelten nicht an dem Heiligen, zu dem sie beteten, damit er für sie bitte; nicht an der Himmelskönigin, die anzurufen schon so vielen zum Segen gereicht; nicht an dem zur Rechten Gottes sitzenden Gottessohn, der für ihre Sünden den Tod am Kreuz auf sich genommen hatte; und nicht an Gottvater.

Die Diener der Kirche und die Gemeinden der Gläubigen, die sich gegenseitig immer häufiger und heftiger anklagten, verbündeten sich, wenn es gegen Rom ging. Aus ihrer stillen Opposition zu Rom aber wurde Feindseligkeit, wurde Haß. Ein Romhaß, der wie eine Welle durch ganz Deutschland lief, arm und reich, jung und alt gleichermaßen erfaßte. Er verband sich mit einem plötzlich aufkommenden Nationalgefühl, dem Bewußtsein, daß man ja ein Deutscher war und einer großen Nation mit einer großen Vergangenheit angehörte (1425 hatte man in der Hersfelder Klosterbibliothek die *Germania* des Tacitus entdeckt). Ein Patriotismus nicht der Sendung, sondern der Selbstbehauptung begann sich zu entwickeln.

Ein Mann mit dem schönen deutschen Namen Martin Mair, seines Zeichens Kanzler des Erzbischofs von Mainz, sprach allen aus dem Herzen, wenn er 1457 an den bereits des öfteren erwähnten Enea Silvio Piccolomini, nunmehrigen

Kardinal in Rom, schrieb: »Um Geld zusammenzuscharren, werden täglich neue Ablässe ausgeschrieben und Türkenzehnten erhoben, ohne die deutschen Prälaten darüber zu hören. Prozesse, die daheim verhandelt und entschieden werden sollten, schleppt man vor die apostolischen Tribunale in Rom. Man denkt tausend Wege aus, wie der römische Stuhl von den Deutschen, als seien sie reiche, aber dumme Barbaren, in schlauer Manier Geld herausziehen könne. Infolgedessen ist diese Nation, die mit ihrem Mut und Blut das Römische Reich erobert, die einst die Herrin und Königin der Welt gewesen, zinspflichtig und eine Magd. Im Staube liegend, betrauert sie schon viele Jahre hindurch ihre Armut, ihr Geschick.

Jetzt aber sind ihre Edlen wie vom Schlafe erwacht, jetzt sind sie entschlossen, das Joch abzuschütteln und die alte Freiheit wiederzuerringen.«

Was das Volk dachte, fühlte, empfand, wofür es zu kämpfen bereit gewesen wäre, nirgends ist es faszinierender zum Ausdruck gekommen als in einer Schrift, deren Autor unbekannt geblieben ist trotz aller wissenschaftlichen Detektivarbeit: in der *Reformatio Sigismundi;* so genannt, weil sie vorgab, im Namen Kaiser Sigismunds verfaßt worden zu sein. Entstanden Ende der dreißiger Jahre des 15. Jahrhunderts im Umkreis des Baseler Konzils, erlebte sie in Handschriften und, nach der Erfindung der Buchdruckerkunst durch Johannes Gutenberg (einer Tat, die in ihren Folgen der Entdeckung Amerikas gleichkam), im Druck zahlreiche Auflagen, beeinflußte die Forderungen der Bauernkrieger, ja Luther selbst benutzte sie für sein Sendschreiben *An den christlichen Adel deutscher Nation.*

Sie zu lesen ist noch heute lohnend. Hinter jedem Satz spürt man Sprachkraft und revolutionären Schwung. »Gehorsamkeit ist tot, Gerechtigkeit leidet not, nichts steht in seiner rechten Ordnung. Krank, blöd und schwach geworden ist das Reich, durch der Fürsten Übermut und der Priester Käuflichkeit. Was ist das für eine Welt, in der ein Christenmensch zu einem anderen sagen darf: ›Du bist mein eigen. ‹« Fort deshalb mit der Leibeigenschaft, die Gott nicht gewollt, hinweg mit der Knechtung der Bauern durch Fronarbeit, Bann und Zwingrecht. Hat nicht Christus durch seinen Tod auch den gemeinen Mann erlöst? Den auf dem Land und den in der Stadt, der die Waren kaufen muß, die die großen Handelsherrn skrupellos verteuern. Kein Priester dürfe mehr weltliche Herrschaft ausüben, kein Kleriker irdisches Gut anhäufen, nur wenn die Kirche zur Armut zurückfinde, könne sie ihre Aufgabe erfüllen. Die Forderungen der *Reformatio* reichen von der Abschaffung des Zölibats über das Verbot der Simonie und des Ablasses bis zur Säkularisierung allen kirchlichen Besitzes.

Der Verfasser ist weltklug genug, um zu wissen, daß mit dem Wort allein den Mächtigen dieser Erde nicht beizukommen ist, und schreibt deshalb: »Wenn die Großen schlafen, müssen die Kleinen wachen.« Sie sollen erhöht und die Gewaltigen erniedrigt werden. Mit dem Schwerte müsse das Unkraut gejätet werden, um die neue Ordnung in Reich und Kirche aufzurichten, deren Fundamente die Wahrheit, die göttliche Gerechtigkeit, die Freiheit seien. Und wie ein Schrei klingt das Gebet »Almechtiger schopffer hymels und des ertrichs, gib kraft und tue gnad, gib weizheit zu volbringen nach den allersäligsten und eine Ordnung zu haben in deß geistlichen und weltlichen standes!!«

Wallfahrten, Wunder und Wanderprediger

Auf diesem Boden wucherten schillernde Gewächse. Die hektische Betriebsamkeit und die Hysterie des Zeitalters wurde offenbar in den Massenwallfahrten. Da zogen Zehntausende von Menschen durch Mitteldeutschland nach Wilsnack hin, und wo sie vorbeizogen, ließen Bauern ihr Gespann im Stich, Frauen ihre Kinder, Handwerker ihre Werkstatt und gingen mit, ohne daß alle gewußt hätten, wohin es ging. In dem im Brandenburgischen gelegenen Marktflecken war vor Zeiten die Kirche abgebrannt; anderntags hatte man, so der Pfarrer, in der Asche drei vom Blute Christi besprengte Hostien gefunden! Ein Wunder ...

Als vor dem Gnadenbild der *Schönen Maria* in Regensburg Wunderheilungen geschahen, kam es zu spontanen Wallfahrten. »Und sie hatten es so eilig«, schrieb der Abt Wolfgang Marius, »daß viele von ihnen halbnackt, der Sinne und der Stimme beraubt, nachdem sie ohne Speise und Trank Tag und Nacht gelaufen, gänzlich erschöpft anlangten. Und wenn sie die Stätte erreicht hatten, fielen sie wie in Ekstase schluchzend zur Erde. Auf dem freien Platz vor dem gnadenbringenden Bild lagen so viele Geldbeutel und Gegenstände, daß man damit mehrere Wagen hätte anfüllen können.«

Religiösen Wahn gibt es auch in unserem Jahrhundert – und Wunder, die des Glaubens liebstes Kind sind, geschehen immer wieder –, doch im Spätmittelalter verband sich das Heilsverlangen oft mit sozialen Forderungen. Ein Verkünder solchen Heils konnte die Massen bis zur Hysterie aufpeitschen. Dem Schafhirten und Musikanten Hans Böheim widerfuhr, daß ihm die Jungfrau Maria erschien und befahl, er möge seine Sackpfeife verbrennen, um den sündigen Menschen eine andere Musik zu machen. Hans gehorchte und rief alle auf, zur Marienkapelle in Niklashausen, unweit Würzburgs, zu pilgern, wo er ihnen von seinen Gesichten erzählen würde. Viele Tausende folgten seinem Ruf, und er las nicht nur ihnen die Leviten, sondern auch der Obrigkeit, der weltlichen wie der geistlichen, wobei Anklagen und Forderungen denen der *Reformatio Sigismundi* ungefähr entsprachen. Auch der Pfeifer von Niklashausen, wie er bald genannt wurde, drohte mit dem Schwert, wenn anders die hohen Herren nicht gehorchen wollten. Wer dann zum Beispiel dreißig Pfaffen abschlachte, dem würde das als Verdienst angerechnet werden.

Gefährliche Worte, die eine bis zum äußersten erregte Menge, unter ihnen in der Mehrzahl Bauern, zum Aufruhr bringen konnten. Der Bischof von Würzburg, der nichts dagegen gehabt hatte, daß das Pfeiferhänsle große Feuer entzündete, in die die Menschen allen eitlen Tand warfen, auch ihre Kleider, so daß sie nackt wieder nach Hause ziehen mußten, der Bischof verstand jetzt keinen Spaß mehr, ließ den Aufrührer ergreifen und überantwortete ihn dem Scheiterhaufen, während seine Reiter die Bauern auseinandertrieben. Wie weiland Jan Hus – nicht nur bei Hans Böheim war dessen Saat aufgegangen – lobte er bis zum letzten Atemzug Jesus Christus, und auch seine Asche wurde im Wasser (des Mains) verstreut, auf daß nichts von ihm bleibe.

Die höhere Geistlichkeit war gegen derlei betriebsame Frömmigkeit, gegen die hektische Unruhe der Pilger, die zu immer neuen Wallfahrtsorten aufbrachen, gefälschte Reliquien verehrten und auf Betrügereien hereinfielen (wie in Wilsnack, wo der Schwindel sozusagen kirchennotorisch war). Gegen die Ortsgeistlichen – und gegen die jeweiligen weltlichen Oberen – war jedoch nichts auszurichten: sie verdienten einfach zu gut am Pilgerstrom. Die Wallfahrer entrichteten ihren Obolus, schleppten Opfergaben heran in Form von Mehl, Eiern, Käse, Hühnern, Schafen, ganzen Rindern, brachten mit Geld gespickte Kerzen; wer einem kranken Kind die Gesundheit wiederzugeben hoffte, spendete so viel Wachs, wie das Kind wog; und wer ein übriges tun wollte, ließ sich selbst in Weizen aufwiegen. Gute Einnahmen erzielten auch die vielen Buden mit jenem Devotionalienkitsch, der, sieht man sich heute an den Andachtsstätten um, die Jahrhunderte unbeschadet überdauert hat.

Man wallfahrte zu den neu in Mode gekommenen Orten, und man wallfahrte in steigender Zahl zu den heute noch berühmten alten Stätten. Wer zum Heiligen Grab nach Jerusalem wollte, brauchte neben viel Geld eine Portion Mut und eine eiserne Gesundheit; wer darüber nicht verfügte, sah die Heimat kaum wieder. Auch für die Hauptstadt der Christenheit galt nicht selten, was man später von Neapel sagte: Rom sehen und sterben. Santiago de Compostela war das Ziel der armen Leute, welche – die zum Wasserschöpfen benutzte (Jakobs-)Muschel am Hut und den Stab in der Rechten – durch von Wegelagerern bedrohte Gegenden zogen und in Nordspanien noch ärmer ankamen. Sie besuchten das Grab des Apostels Jakobus des Älteren, neben Petrus und Johannes der engste Vertraute Jesu Christi. Wer um sein Seelenheil besorgt war, brauchte nicht in die Ferne zu schweifen, auch wenn Fahrten nach Jerusalem, Rom und Santiago den größten Sündenablaß boten, aber das Gute lag ja nah: in Aachen zum Beispiel mit dem Gewand Mariens, dem Leichentuch Johannes des Täufers und den Windeln des Jesuskindleins; in Köln mit den Gebeinen der Heiligen Drei Könige, von Kaiser Barbarossa einst aus Mailand entführt; in Trier mit dem von den Soldaten unter dem Kreuz verlosten ungenähten Gewand Christi, Heiliger Rock genannt (den zu besitzen mehrere Städte in Anspruch nahmen). Da der Rock nur höchst selten ausgestellt wurde, zog er besonders viele Christenmenschen an. Der Trierer Torwächter zählte an einem einzigen Tag zweiundvierzigtausend Besucher – vielleicht eine für das Mittelalter typische Übertreibung – die mit dem Lied »In Gottes Namen fahren wir« in die Stadt eingezogen waren. Doch viele werden es schon gewesen sein, der Sekretär des Kardinals d' Aragona hätte sonst kaum berichtet, daß allein die Ungarn eine stattliche Zahl ausmachten. »In Massen strömten die Söhne der Pußta nach Trier, daß die Luft meilenweit nach ihnen stank.«

Kostbare Reliquien waren hochbegehrt. Die Gemeinde, die sie besaß, durfte sich himmlischen und irdischen Lohns erfreuen. Die besten Stücke waren jedoch längst vergeben, und es blieb meist nichts anderes übrig, als sie zu stehlen. Den Widerspruch, daß man eine Sünde wegen eines heiligen Überbleibsels beging, das ja dazu diente, die Sündenlast zu erleichtern, empfand niemand. Diebe, die auszogen, eine Reliquie zu entwenden, ließen sich von ihren Auftraggebern vorher Absolution zusichern. Meister Bäls, von den Bernern entsandt, um in Köln das Haupt des heiligen Vinzenz zu stehlen, forderte, praktischer Schweizer, der er war, zusätzlich eine Altersversicherung. Selbst hohe Fürstlichkeiten waren hier gegen Versuchungen nicht gefeit; wie Karl IV., der sich, wir erinnern uns, im Prager Clarissenkloster heimlich ein Stück des Fingers von St. Nikolaus abschnitt.

Auch bei der Verehrung der heiligen Reste kam es zu Mißbrauch und Übertreibung, zu einem wahren Reliquienwahn, dem entgegenzutreten die Geistlichen weder wagten noch wollten; aus der verständlichen Sorge, die Gefühle der einfachen Leute zu verletzen. Die nämlich wollten das, was sie verehrten, im ursprünglichen Wortsinn *be-greifen;* denn nur was man *hand-haben* konnte, war glaubhaft. Und so sagte niemand etwas gegen die Nägel und Splitter vom Kreuz Christi, die die Pilger aus dem Heiligen Land mitbrachten; gegen den auf dem Ölberg vergossenen Schweißtropfen des Herrn; den Lehm vom Acker zu Damaskus, aus dem Gott Adam erschuf; gegen die Knöchelchen der von Herodes gemordeten Kindlein; den rauchgeschwärzten Zweig vom brennenden Dornbusch des Moses, die Münze aus dem Beutel mit den dreißig Silberlingen des Judas.

Große Reliquiensammlungen wie die in Augsburg, Wittenberg, Köln führten Listen, auf denen die einzelnen Stücke verzeichnet standen mit der genauen Angabe, wie viele Tage Ablaß dem gläubigen Verehrer des betreffenden heiligen

Überbleibsels winkten. Ein Ablaß von fünfzig Tagen zum Beispiel bedeutete einen Strafnachlaß, dem nach der altkirchlichen Bußordnung eine fünfzigtägige Buße entsprochen hätte. Ablaß von seinen Bußleistungen konnte der Gläubige auch durch Wallfahrten, Almosen, Fasten, häufiges Aufsagen bestimmter Gebete wie *Virgo mater dei* oder *Precor te, amantissime Jesu Christe* erreichen. Christus und die Heiligen hatten für die ewige Seligkeit mehr getan, als dazu nötig war, wodurch ein Konto angewachsen war, ein »Schatz der überschüssigen Werke«, von dem die Priester die jeweils benötigten Gnadenmittel abheben konnten.

Geld verdarb dann diese Einrichtung, die gerade bei den einfachen Leuten populär geworden war, verschaffte sie ihnen doch die Möglichkeit, durch eine Art tätiger Reue einen Teil ihrer Sündenlast loszuwerden. Der zunehmende Finanzbedarf der Kirche führte dazu, daß alle Sündenstrafen, inklusive der Fegefeuerstrafen, durch die Zahlung bestimmter Summen abgelöst werden konnten. Von nun an regierte Geld nicht mehr nur die Welt, sondern auch den Himmel und die Hölle. Ablaßprediger zogen durch Deutschland und verkauften ihre Beichtbriefe wie die Krämer auf Marktplätzen und vor Kirchenportalen. Der Werbespruch eines der berüchtigtsten unter den späteren Verkäufern der heiligen Ware wurde zum geflügelten Wort: »Sobald das Geld im Kasten klingt, die Seele aus dem Fegfeuer springt.« (Im Original: »So balde der pfennige ins becken geworffen und clunge, so balde were die sele dofur er geleget, gen hymel.«)

Die besten Freunde der Menschen waren die Heiligen. Und man bediente sich ihrer in gewohnt exzessiver Weise. Nicht umsonst hatte ihre Zahl derart zugenommen im Laufe der Jahrhunderte, daß sie sich im Himmel, wie Spötter behaupteten, bereits gegenseitig auf die Füße traten und die Sicht auf den Thron Gottes versperrten. Von der Wiege bis zur Bahre wurde man von ihnen begleitet, von Männern und Frauen, die um ihres Glaubens willen den Märtyrertod erlitten, Ungeheuer erlegt, Wunder vollbracht oder sich auf andere Weise um das Christentum verdient gemacht hatten. Für die katholische Kirche sind sie noch heute unverzichtbare Leitbilder und ihre Legenden keineswegs als bloße Wundermären aufzufassen.

Die Heiligen waren in ihrem irdischen Leben nicht ohne Fehl und Schwächen gewesen. Wer sie um Hilfe bat, jetzt, wo sie Diener Gottes geworden, tat das mit dem Gefühl des Zutrauens, ja der Zutraulichkeit. An die Allerseligste Jungfrau, an den Herrn Jesus Christus oder gar an Gottvater hätte man sich in dieser vertraulichen Form nicht zu wenden gewagt. Das Verhältnis zu den Heiligen entsprach der Naivität und Unbekümmertheit, die die Volksfrömmigkeit überhaupt auszeichnete. Dem heiligen Erasmus waren die Gedärme mit einer Winde aus dem Leib gedreht worden, also rief man ihn bei Unterleibsschmerzen an. Der heilige Dionysius, von den Künstlern dargestellt mit dem abgeschlagenen Kopf in den Händen, half bei Kopfweh. Hubertus, der Schutzheilige der Jäger, wirkte hilfreich bei Bißwunden und Tollwut. Bisweilen genügte eine ungefähre Wortgleichheit des Heiligennamens mit dem Namen der Krankheit für eine Anrufung. Gegen Blasenbeschwerden war St. Blasius gut, gegen Lahmheit der heilige Lambertus, gegen Zahnschmerzen St. Zeno. Die Schützenvereine genierten sich nicht, einen Heiligen zum Patron zu wählen, den numidische Bogenschützen mit ihren Pfeilen gemartert hatten, Sebastian, und die Metzger vertrauten sich einem Märtyrer an, den man geschunden, das heißt, dem man die Haut abgezogen hatte. Auch den Tieren wurde Schutz gewährt: den Pferden von Leonhard, den Schweinen von Antonius, den Rindern von Josef und Lukas, den Schafen von Genoveva.

Es gab genug Kritiker unter der hohen Geistlichkeit, die im Heiligenkult einen Rückfall ins Heidentum sahen, in die Vielgötterei, die auch den (Miß)brauch der Votivgaben als heidnischen Brauch verdammten. Wem nämlich ein Gnadenerweis zugekommen war, der pflegte sich mit einem Weihgeschenk zu bedanken. So schenkte man die nun nicht mehr benötigten Krücken, Tafeln, die die wundersame Rettung oder Heilung bildlich darstellten, und vor allem die in Wachs, Ton oder Holz nachgebildeten, nunmehr genesenen Körperteile. Die Wände der vielbesuchten Wallfahrtskirchen waren bedeckt mit Armen, Beinen, Herzen, Augen, Brüsten, Füßen, Händen, Penissen, Gebärmüttern, mit roten Seiden (bei Heilung von Blutungen), Bildern, Kränzen.

Die Angst vor dem Endgericht

Trotz aller scheinbaren Oberflächlichkeit, die Heilssehnsucht der Menschen war echt. »Ach ja, jedermann will gen Himmel«, notierte der Chronist Burkard Zink, das Zeitgefühl in einem Satz trefflich charakterisierend. Die Sehnsucht kam aus den Tiefen des Unbewußten, von dorther, wo der Zweifel sich eingenistet hatte an allem, was einst unbezweifelbar gewesen war, und die Unsicherheit, in Erinnerung an eine einst (Glaubens)sicherheit vermittelnde Welt. Aufbruchstimmung, doch Aufbruch wohin, zu neuen Ufern oder zum Weg in den Abgrund? Das späte Mittelalter war eine Epoche der Gärung, der Umwertung aller Werte, in der das Alte wankte, das Neue aber seine Gestalt noch nicht gefunden hatte. Durch alle Erscheinungen ging ein Riß, und zerrissen waren seine Menschen, ohne Mitte und Maß: grausam und gütig, wollüstig und keusch, erbarmungslos und mildtätig, anmaßend und demütig, widersetzlich und ergeben, todessehnsüchtig und daseinsfroh; und in ihnen allen lauerte die dumpfe, namenlose Angst vor dem, was kommen würde, was kommen mußte, die Angst vor dem Endgericht. Deuteten nicht alle Zeichen dahin, daß der Jüngste Tag bevorstand?

Die Pest war wiedergekommen, und ihre Heimsuchung war so schrecklich wie zuvor. Eine neue Entsetzen und Abscheu erregende Seuche ängstigte die Menschen: die Syphilis. Mißernten häuften sich, Überschwemmungen, Erdbeben; Hungersnöte und Teuerungen waren die Folge. Dämonenfurcht und Aberglaube wuchsen, Propheten des Untergangs fanden gläubige Zuhörer, und banale Ereignisse wurden zum Menetekel. Wundersame Zeichen erschienen überall: die Konstanzer sahen ein riesiges Kreuz am Himmel; die Zisterziensermönche in Brandenburg warfen sich zu Boden, als über dem Altar weißleuchtende Flammen aufzüngelten; Kinder hatten die Vision der Mutter Gottes in den Abendwolken, in einem Birnbaum, in einer Höhle; Madonnen weinten blutige Tränen, es regnete sogar Blut (ein auch in unserer Zeit beobachtetes Phänomen, ausgelöst von aus der Sahara herübergewehtem gelbrötlichen Sandstaub); in Westfalen, Schlesien, Niedersachsen kam es immer wieder zu Niederschlägen, die auf den Kleidern wie Kreuze aussehende Flecken hinterließen (der »Kreuzregen« wurde vermutlich verursacht durch die von fernen Vulkanen in die Stratosphäre geschleuderten Aschepartikel).

Über alle diese Erscheinungen sich zu mokieren stünde einem Zeitalter schlecht an, in dem keine Woche vergeht, ohne daß irgendwo eine fliegende Untertasse gesichtet worden wäre.

Man hatte einen Kaiser, der sein Reich nicht kannte und irgendwo im Österreichischen dahinlebte, damit beschäftigt, für seine Kinder passende Partien zu suchen; Päpste, für die die Deutschen nur zählten, wenn sie zahlten; Bischöfe im ständigen Kampf mit den Patriziern; im gegenseitigen Haß untereinander zerstrittene Stände; Städte, deren Mauern nicht mehr schützten; Bauern, bereit zum Aufstand; ein Heer von Bettlern, Ausgestoßenen, Gescheiterten, das über die Landstraßen zog; eine einst meerebeherrschende Hanse, durch die

Selbstsucht ihrer Mitglieder zerfallen; die Eidgenossenschaft aus dem Reich ausgeschieden, ja ausgestoßen.

Deutschland, die Heimat, war ein Land der Mitte, das keine Mitte hatte und keine Grenzen und unfähig war, dem Beispiel Englands, Frankreichs, Spaniens nachzueifern: sich zum Staat, zur Nation zu bilden.

Ein zu düsteres Bild, das wir hier gezeichnet haben? Es hat auch freundlichere Farben, und wir haben sie gesehen: in der Schaffenskraft der Handwerker, dem Unternehmensgeist der Kaufleute, der Blüte der Städte, im Bau der himmelstürmenden Dome, der Kunst der Maler und Bildhauer. »In der Verteilung von Licht und Schatten im widerspruchsvollen Bild des ausgehenden Mittelalters wird sich nicht leicht eine völlige Einheit erzielen lassen«, meint Michael Seidlmayer, einer der besten Kenner der Epoche. »Aber die negative Dominante steht außer Zweifel. Die Reformation ... – das Entscheidende vollzieht sich in weniger als einem Jahrzehnt – ist der strikte Beweis dafür, daß in der seelischen Struktur der Zeit ein Wesentliches nicht ›in Ordnung‹ war. Das Gesunde, in sich fest Gefügte, sich seines Weges Gewisse gibt sich nicht selbst kampflos preis und verbrennt nicht heute, was es gestern angebetet hat – nur weil ein rebellischer Mönch das Signal zum Aufstand gibt.«

♦♦♦

Der »rebellische Mönch« wurde am 10. November 1483 in Eisleben als Sohn des Bergmanns Hans Luther und seiner Frau Margarete geboren und dem Heiligen des Tages zur Ehre Martin genannt.

Stammtafel der Habsburger

(Auswahl; die Namen der deutschen Könige und Kaiser sind halbfett gesetzt.)

(Wittelsbacher)
Ludwig d. Strenge
* 1229, † 1294
Hg. v. Oberbayern,
Pfalzgraf b. Rhein 1255

∞ Mathilde
* 1251, † 1304

Albrecht I.
* 1248, † 1308
Hg. v. Österreich 1282
deutscher Kg. 1298
∞ Elisabeth v.
Görz (Tirol)
† 1313

Rudolf I.
* 1274, † 1319

(Pfalzgrafen b.
Rhein u. Kf.
v. d. Pfalz)

Ludwig IV., d. Bayer
* um 1283, † 1347
Hg. v. Bayern 1294
deutscher Kg. 1314, K. 1327
∞ 1. Beatrix v. Glogau, † 1322
∞ 2. Margarethe v. Holland, † 1356

(Hg. v. Bayern)

Rudolf III.
* um 1282, † 1307
Hg. v. Österreich 1298
Kg. v. Böhmen 1306
∞ 1. Blanka, To. Kg.
Philipps III. v.
Frankreich, † 1305
∞ 2. Elisabeth v.
Polen, † 1335

Friedrich I., d. Schöne
* 1286, † 1330
Hg. v. Österreich 1298/1308
deutscher Gegenkg. 1314
∞ Elisabeth v.
Aragon, † 1330

Rudolf IV.
* 1339, † 1365
Hg. v. Österreich 1358
∞ Katharina, To. K.
Karls IV., † 1395

(Albertinische Linie)

Albrecht IV.
* 1377, † 1406
Hg. v. Österreich 1395
∞ Johanna v. Bayern, † 1410

Albrecht II. (als Hg. A. V.)
* 1397, † 1439
Hg. v. Österreich 1404
Kg. v. Böhmen 1437 u.
v. Ungarn 1438,
deutscher Kg. 1438
∞ Elisabeth, To. u. Erbin
K. **Sigismunds**, † 1442

Elisabeth
* 1437, † 1505
∞ Kasimir IV., Kg. v.
Polen † 1492

Ladislaus Posthumus
* 1440, † 1457
Kg. v. Ungarn 1440 u.
v. Böhmen 1440/1453

Wilhelm
* 1370, † 1406
Hg. v. Österreich 1386
u. d. Steiermark, v.
Kärnten, Krain u. Friaul
1395/96
∞ Johanna v. Neapel
† 1435

Friedrich III. (als Hg. F. V.)
* 1415, † 1493
Hg. (Erzhg. 1453) v. Innerösterreich 1424/1439
Nachfolger d. Albertinischen Linie 1458
deutscher Kg. 1440, K. 1452
∞ Eleonore v. Portugal † 1476

Maximilian I.
* 1459, † 1519
Erzhg. d. Österreichischen Erblande 1493
deutscher Kg. 1486, K. 1508/1493
∞ 1. Maria, To. u. Erbin
Hg. Karls d. Kühnen v. Burgund, † 1482
∞ 2. Bianca Sforza (Mailand) † 1510

Rudolf I.
* 1218, † 1291, Gf. v. Habsburg 1240, deutscher Kg. 1273
∞ 1. Gertrud v. Hohenberg, † 1281
∞ 2. Agnes v. Burgund, † 1323

(1. Ehe)

Jutta
* 1271, † 1297
∞ Wenzel II.,
Kg. v. Böhmen
† 1305

Rudolf II.
* 1271, † 1290
Hg. v. Österreich 1282
∞ Agnes, To. Kg. Ottokars II. v. Böhmen, † 1296

Johann (Parricida)
* 1290, † 1313

Leopold I.
* 1290, † 1326
Hg. v. Österreich
(i. d. Vorlanden)
1298

Albrecht II.
* 1298, † 1358
Hg. v. Österreich 1330
∞ Johanna v. Pfirt
† 1351

Otto d. Fröhliche
* 1301, † 1339
Hg. v. Österreich 1330
∞ 1. Elisabeth v.
Bayern, † 1330
∞ 2. Anna, To. Kg.
Johanns v. Böhmen,
† 1338

Margarethe
* 1346, † 1366
∞ 1. Meinhard III.
v. Tirol † 1363
∞ 2. Johann Heinrich
v. Böhmen † 1375

Albrecht III.
* 1348, † 1395
Hg. v. Österreich 1365
∞ 1. Elisabeth, To. K.
Karls IV., † 1373
∞ 2. Beatrix v.
Hohenzollern, † 1414

Leopold III.
* 1351, † 1386
Hg. v. Österreich 1365–1379
nur d. Steiermark, v. Kärnten,
Tirol u. i. d. Vorlanden 1379
∞ Viridis Visconti
(Mailand) † 1414

(Leopoldinische Linie)

Leopold IV.
* 1371, † 1411
Hg. d. Steiermark,
v. Kärnten , Krain
u. Friaul 1386,
in Tirol u. d. Vorlanden 1395/96
∞ Katharina v.
Burgund † 1425

Ernst d. Eiserne
* 1377, † 1424
Hg. d. Steiermark 1402
u. v. Kärnten, Krain
u. Friaul 1411
∞ 1. Margarethe v.
Pommern † 1407
∞ 2. Cimburga v.
Masowien † 1429

Friedrich IV.
* 1382, † 1439
Hg. i. Tirol u. d.
Vorlanden 1402/1406
∞ 1. Elisabeth, To.
**Kg. Ruprechts (v. d.
Pfalz)**, *† 1408*
*∞ 2. Anna v.
Braunschweig † 1432*

(2. Ehe)

(2. Ehe)

Albrecht VI.
* 1418, † 1463
Hg. (Erzhg. 1453) i. d. Vorlanden 1446,
i. Oberösterreich 1458
u. i. Niederösterreich 1462
∞ Mathilde v. d. Pfalz † 1482

Kunigunde
* 1465, † 1520
∞ Hg. Albrecht IV.
v. Bayern † 1508

Sigismund
* 1427, † 1496
Hg. (Erzhg. 1453) v. Tirol 1439/1446
∞ 1. Eleonore v.
Schottland † 1480
∞ 2. Katharina v.
Sachsen † 1524

Abkürzungen

K.:	Kaiser
Kg.:	König
Kf.:	Kurfürst
Hg.:	Herzog
To.:	Tochter

Stammtafel der Luxemburger

(Auswahl; die Namen der deutschen Könige und Kaiser sind halbfett gesetzt.)

Heinrich III.
* um 1240, † 1288, Graf v. Luxemburg 1281
∞ Beatrix v. Beaumont † 1320

Heinrich VII. (als Graf H. IV.)
* 1274, † 1313, Graf v. Luxemburg 1288, deutscher Kg. 1308, K. 1312
∞ Margarethe v. Brabant † 1311

Johann
* 1296, † 1346
Kg. v. Böhmen 1310, Graf v. Luxemburg 1313
∞ 1. Elisabeth, To. Kg. Wenzels II. v. Böhmen, † 1330
∞ 2. Beatrix v. Bourbon † 1383

(1. Ehe)

Jutta
* 1315, † 1349
∞ Kg. Johann II. v. Frankreich † 1364

Karl IV. (Wenzel)
* 31316, † 1378
Graf v. Luxemburg 1346–1353
Kg. v. Böhmen 1346, deutscher Kg. 1346/47, K. 1355
∞ 1. Blanca v. Valois † 1348
∞ 2. Anna v. d. Pfalz † 1353
∞ 3. Anna v. Schweidnitz † 1362
∞ 4. Elisabeth v. Pommern † 1393

(1. Ehe)

Margarethe
* 1335, † 1349
∞ Kg. Ludwig I. v. Ungarn u. Polen † 1382

Katharina
* 1342, † 1395
∞ 1. Hg. Rudolf IV. v. Österreich † 1365
∞ 2. Markgraf Otto V. v. Brandenburg † 1379

(3. Ehe)

Elisabeth
* 1358, † 1373
∞ Hg. Albrecht III. v. Österreich † 1395

Wenzel
* 1361, † 1419
Kg. v. Böhmen (W. IV.) 1363
deutscher Kg. 1376/1378–1400
∞ 1. Johanna v. Bayern * 1386
∞ 2. Sofie v. Bayern † 1425

Abkürzungen

K.: Kaiser
Kg.: König
Kf.: Kurfürst
Hg.: Herzog
To.: Tochter

Balduin
* 1285, † 1354
Erzbischof u. Kf. v. Trier 1307

Maria
* 1304, † 1324
∞ Kg. Karl IV. v. Frankreich † 1328

Beatrix
* 1305, † 1319
∞ Kg. Karl I. Robert v. Ungarn † 1342

(2. Ehe)

Anna
* 1319, † 1338
∞ Hg. Otto d. Fröhliche
v. Österreich † 1339

Johann Heinrich
* 1322, † 1375
∞ 1., o|o 1341 Margarethe Maultasch
v. Kärnten u. Tirol † 1369
∞ 2. Margarethe v. Troppau † 1363
∞ 3. Margarethe v. Österreich † 1366

Wenzel
* 1337, † 1383
Graf v. Luxemburg 1353
(Hg. v. L. 1354)
∞ Johanna v. Brabant † 1406

(4. Ehe)

Anna
* 1366, † 1394
∞ Kg. Richard II.
v. England † 1400

Sigismund
* 1368, † 1437
Kg. v. Ungarn 1387
u. v. Böhmen 1419
deutscher Kg. 1410, K. 1433
∞ 1. Maria, To. Kg.
Ludwigs I. v.
Ungarn, † 1395
∞ 2. Barbara v.
Cilly † 1441

Johann
* 1370, † 1396
Hg. v. Görlitz
1377
∞ Richardis v.
Mecklenburg

Elisabeth
* 1409, † 1442
∞ Albrecht II. (Hg. A. V. v. Österreich) † 1439

Ladislaus Posthumus
* 1440, † 1457
Kg. v. Ungarn 1440 u. v. Böhmen 1440/1453

Jobst
* 1351, † 1411
Markgraf v.
Mähren 1375 u.
v. Brandenburg
1397
Kg. 1410

Prokop
† 1405
Markgraf v.
Mähren
1375

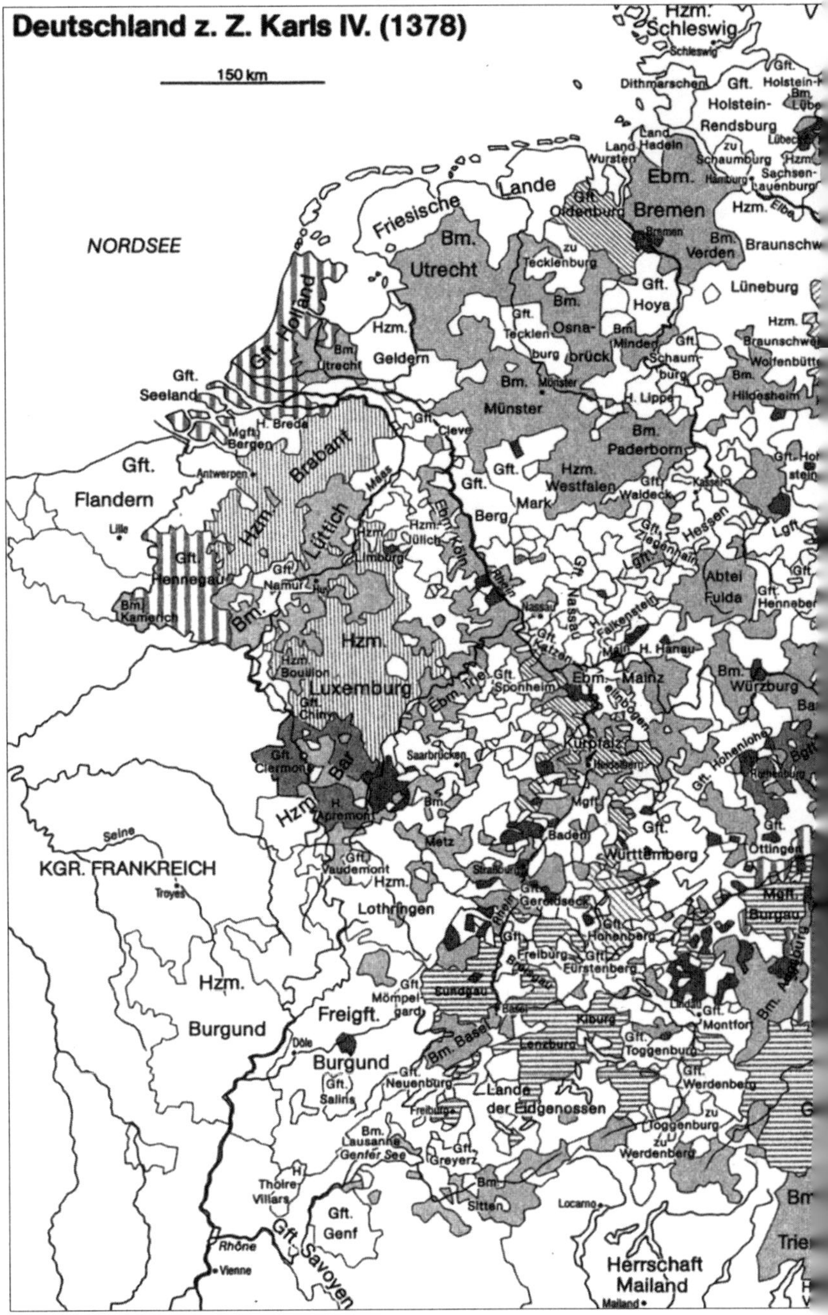

Deutschland z. Z. Karls IV. (1378)

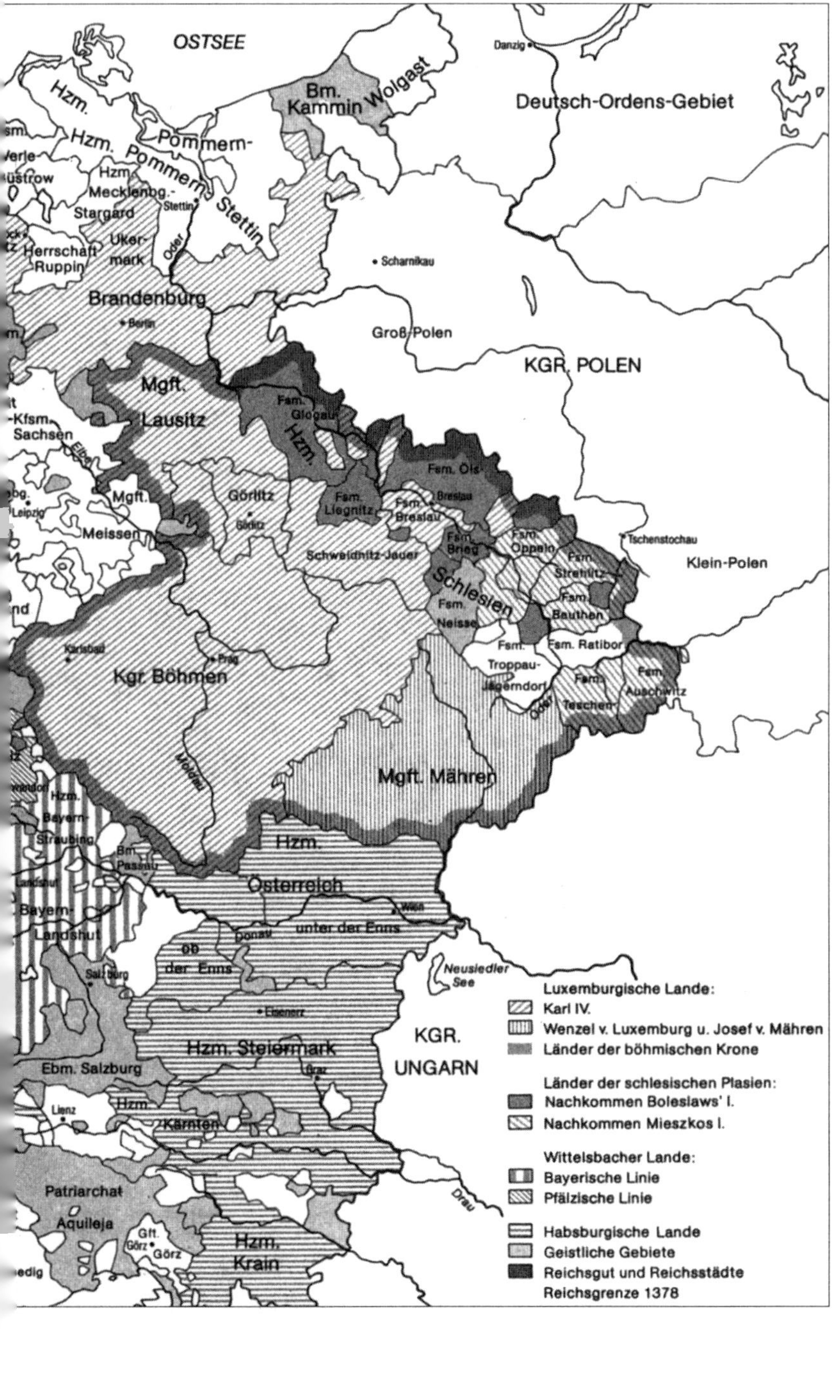

OSTSEE
Danzig
Hzm.
Bm. Kammin
Wolgast
Deutsch-Ordens-Gebiet
Hzm. Pommern-
Pommern-Stettin
Hzm. Mecklenbg.-Stargard
Stettin
Uker-mark
Oder
Herrschaft Ruppin
Brandenburg
Berlin
Scharnikau
Groß-Polen
KGR. POLEN
Mgft. Lausitz
Kfsm. Sachsen
Elbe
Fsm. Glogau
Hzm.
Fsm. Öls
Breslau
Fsm. Liegnitz
Fsm. Breslau
Görlitz
Mgft. Meissen
Leipzig
Schweidnitz-Jauer
Fsm. Brieg
Fsm. Oppeln
Tschenstochau
Klein-Polen
Fsm. Strehlitz
Schlesien
Fsm. Neisse
Fsm. Bauthen
Fsm. Ratibor
Fsm. Troppau-Jägerndorf
Fsm. Teschen
Fsm. Auschwitz
Oder
Karlsbad
Prag
Kgr. Böhmen
Moldau
Mgft. Mähren
Hzm. Bayern-Straubing
Bm. Passau
Landshut
Bayern-Landshut
Hzm. Österreich
Wien
unter der Enns
ob der Enns
Donau
Salzburg
Neusiedler See
Eisenerz
KGR. UNGARN
Hzm. Steiermark
Ebm. Salzburg
Graz
Lienz
Hzm. Kärnten
Drau
Patriarchat Aquileja
Gft. Görz
Görz
Hzm. Krain
Luxemburgische Lande:
Karl IV.
Wenzel v. Luxemburg u. Josef v. Mähren
Länder der böhmischen Krone
Länder der schlesischen Plasien:
Nachkommen Boleslaws' I.
Nachkommen Mieszkos I.
Wittelsbacher Lande:
Bayerische Linie
Pfälzische Linie
Habsburgische Lande
Geistliche Gebiete
Reichsgut und Reichsstädte
Reichsgrenze 1378

Europa um 1450
300 km
ATLANTISCHER OZEAN
Nordsee
Shetland-In.
Hebriden
KGR. NORWEGEN
Jämtlan
Oslo
Vika (Vikin)
Union
KGR. SCHOTTLAND
Aberdeen
Glasgow
Irland
English Pale
Dublin
Cork
Fsm. Wales
KGR. ENGLAND
Lincoln
Cardiff
London
Wight
Der Kanal
Aalborg
Halla
Kopenhagen
KGR. DÄNE
Hzm. Schleswig
Gft. Holstein
Lübeck
Gft. Ostfriesland
Gft. Oldenburg
Hzm. Braunschweig
Amsterdam
Gft. Holland
Gft. Seeland
Gft. Flandern
Hzm. Brabant
Dortmund
RÖMISCHES
Gft. Artois
Rhein
Lgft. Hessen
Hzm. Luxemburg
Hzm. Normandie
Hzm. Bretagne
Le Mans
Gft. Champagne
Kurpfalz
Straßburg
Hzm. Lothringen
Gft. Württemberg
München
Bayern
Hzm. Anjou
Loire
KGR.
Hzm. Bourges Berry
Gft. Nevers
Hzm. Burgund
Gft. Burgund
Gft. Poitou
Hzm. Bourbon
Eid-Genossen
REICH
Gft. Tirol
FRANKREICH
Bordeaux
Hzm. Guyenne
Genf
Hzm. Savoyen
Hzm. Mailand
Trient
Dauphiné
Mantua
Hzm. Ferrara
Golf von Biscaya
Hzm. Gascogne
Toulouse
Languedoc
Gft. Nizza
Rep. Genua
Gft. Provence
Nizza
Rep. Florenz
Rep. Siena
STAAT
La Coruna
Kgr. Galicien
Fsm. Asturien
Kgr. KRONE
Kgr. Navarra
León
KGR. ARAGON
FSM. KATALONIEN
Kgr. Alt-Kastilien
Madrid
KGR. PORTUGAL
Tejo
Lissabon
Extremadura
Neu-Kastilien
Alentejo
Kgr. Algarve
Kgr. Sevilla
Kgr. Córdoba
KASTILLIEN
Kgr. Jaén
KGR. GRANADA
Kgr. Murcia
Gibraltar
Tanger
KRONE
KGR. VALENCIA
Ibiza
Formentera
Balearen
Palma
Mallorca
Menorca
Korsika
ARAGON
Kgr. Sardinien
Cagliari
Tyrrhen
MITTELLÄNDISCHES MEER
Reichsstädtisches Gebiet
Länder der Böhmischen Krone
Habsburgische Lande
Wittelsbacher Lande
Ludovizianische Linie
Rudolfinische Linie
Wettinische Lande
Kfstl.-Ernestinische Linie
Albertinische Linie
Hohenzollernsche Lande
Burgundische Lande
Hauptlinie
Nebenlinie Nevers
Französische Krondomäne
Venezianische Besitzungen
Genuesische Besitzungen
Byzantinisches Reich
Reichsgrenze

Finnland
FSM.
Gebiet Wjatka
SCHWEDEN
Åbo
GROSSFSM.
Galitsch
Chanat
UND LAND
Ålands-In.
Stockholm
Dagö
Estland
Nowgorod
LD. NOWGOROD
Fsm. Twer
MOSKAU
Ösel
Livland
ORDEN
PSKOW
Kason
Gotland
Riga
Kurland
Fsm.
Rjasan
Öland
Ostsee
Schamaiten
Smolensk
Oka-
Fürsten-
tümer
Mordwinen
Aukstaiten
Dnjepr
DEUTSCHER
Danzig
GROSSFSM.
Schwarzreussen
Kursk
Masowien
LITAUEN
Kujawien
Union von Krewo und Krakau 1385/1386
Warschau
Polesien
KGR. POLEN
Kiewer
Land
Schlesien
Kleinpolen
Wladimir
Wolynien
Rotreussen
Dnjepr
Galizien
Podolien
Dikoje Pole
(„Wildes Feld“ Steppe)
Mähren
Chanat
Asowsches
Meer
Fsm.
Erlau
KGR. UNGARN
Moldau
Krim
Siebenbürgen
Kaffa
Kronstadt
Walachei
Schwarzes Meer
Bosnien
Donau
Trapezunt
Serbien
Bulgarien
Herzegowina
Sofia
OSMANISCHES
Ragusa
Üsküp
(Skopia)
Konstantinopel
Ankara
REICH
Albanien
KARAMANIDEN
Skiathos
Lesbos
RAMASAN
Ägäisches
Meer
Izmir
Santa Maura
Hzm. Athen
Athen
Kephalenia
Hzm.
Naxos
Johanniter
(Rhodiser)
Zante
Despotat
Morea
Modon
Ionisches Meer
Rhodos
Karpathos
KGR.
ZYPERN
Kreta
MITTELLÄNDISCHES MEER
MAMLUKENSULTANAT

Zeittafel

1254–1273	Interregnum in Deutschland: Schwächeperiode der Zentralgewalt im Reich (»die kaiserlose, die schreckliche Zeit«).
1254	Gründung des Rheinischen Städtebundes gegen die Zollwillkür der Landesherren und zur Wahrung des Landfriedens.
1273–1291	Rudolf I., Graf von Habsburg, deutscher König.
1276	Wegen verweigerter Anerkennung des deutschen Königs Rudolf I. wird über König Ottokar von Böhmen aus dem Haus der Przemysliden die Reichsacht verhängt; Ottokar II. wird besiegt und erneut mit Böhmen belehnt.
1278	Schlacht auf dem Marchfeld (Niederösterreich): der erneut aufständische König Ottokar II. wird von Rudolf I. besiegt und fällt im Kampf.
1280	Albertus Magnus (* um 1200), deutscher Philosoph und Theologe, in Köln gestorben.
1282	Sizilianische Vesper in Palermo (Aufstand der Sizilianer): Ende der Herrschaft Karls von Anjou († 1285).
1285–1314	König Philipp IV., der Schöne, von Frankreich.
1287	Verkündung eines Reichslandfriedens auf dem Reichstag zu Würzburg.
1291	Eroberung von Akko, des letzten christlichen Kreuzfahrerstützpunktes im Heiligen Land.
1291	»Ewiges Bündnis« der Waldstätte Uri, Schwyz und Unterwalden, Keimzelle der Schweizer Eidgenossenschaft.
1292–1298	Adolf, Graf von Nassau, deutscher König.
1294–1303	Papst Bonifatius VIII.

1296	Der Kaufherr Marco Polo kehrt nach vierundzwanzigjähriger Abwesenheit von seinen Reisen durch Zentralasien und China in seine Heimat Venedig zurück.
1298	Ein Fürstengericht erklärt König Adolf für abgesetzt (Mai); Adolf fällt in der Schlacht bei Göllheim (Juli).
1298–1308	Albrecht I. von Österreich (Habsburg) deutscher König.
1300	Papst Bonifatius VIII. verkündet in Rom das erste Jubeljahr der katholischen Kirche.
1302	Mit Hilfe der rheinischen Städte unterwirft König Albrecht I. die Kurfürsten am Rhein, zieht Reichsgut und -recht ein und hebt die Rheinzölle auf (Zollkrieg).
1302	Aufstand in Flandern gegen die Herrschaft der Franzosen: in der Sporenschlacht bei Kortrijk besiegt ein flämisches Bürgerheer die französischen Ritter.
1302	Papst Bonifatius VIII. verkündet den absoluten Vorrang der geistlichen vor der weltlichen Macht (Bulle *Unam sanctam*).
1303	Abgesandte des französischen Königs setzen Bonifatius VIII. in Anagni bei Rom gefangen: Höhepunkt der Auseinandersetzung zwischen universaler Kirche (Papsttum) und dem nationalen Königtum Philipps IV. von Frankreich.
1303–1319	Markgraf Woldemar von Brandenburg, letzter Herrscher aus dem Haus der brandenburgischen Askanier.
1305	Der italienische Anatom und Arzt Mondino di Luzzi († 1326) seziert erstmals öffentlich eine Leiche.
1307–1354	Balduin von Luxemburg, Erzbischof von Trier.
1308	Ermordung König Albrechts I. durch seinen Neffen Johann Parricida.
1308–1313	Heinrich VII. (Graf von Luxemburg), deutscher König.

1308	Johannes Duns Scotus, schottischer Scholastiker, stirbt in Köln (* um 1265/66).
1309	Papst Clemens V. verlegt den Sitz des Papstes und der Kurie nach Avignon, Südfrankreich.
1309	Der Deutsche Orden verlegt den Sitz des Hochmeisters von Venedig nach der Marienburg in Preußen.
1310 (um)	In Zürich entsteht die Manessische Liederhandschrift, eine Sammlung mittelhochdeutscher Minnedichtung.
1310	Johann von Luxemburg, Sohn Heinrichs VII., wird mit dem Königreich Böhmen belehnt.
1311–1312	Allgemeines Konzil in Vienne: u.a. wird der päpstliche Entscheid, den Templerorden aufzuheben, angenommen; damit wird das Vorgehen des französischen Königs, Philipps IV., gegen den Templerorden seit 1306 (Verhaftung der Ritter, Einzug des Vermögens) sanktioniert.
1312	Krönung Heinrichs VII. im Lateran zu Rom zum Kaiser.
1314	Doppelwahl im deutschen Königtum: Wahl Friedrichs des Schönen von Österreich († 1330) in Sachsenhausen bei Frankfurt und Ludwigs IV., des Bayern († 1347), in Frankfurt.
1315	Schlacht am Morgarten: die Schweizer Waldstätte besiegen Herzog Leopold I. von Österreich und erneuern den Ewigen Bund.
1316–1334	Papst Johannes XXII.
1316–1322	König Philipp V. von Frankreich.
1318	Erwin von Steinbach (*um 1244), deutscher Baumeister, in Straßburg gestorben; Leiter der Bauhütte am Straßburger Münster (seit 1284).
1320–1333	König Wladislaw I. von Polen; er hat die polnischen Teilfürstentümer geeinigt (seit 1288).
1321	Dante Alighieri (1265), italienischer Dichter (*Göttliche Komödie*) in Ravenna gestorben.
1322–1328	König Karl IV. von Frankreich.

1322	Schlacht bei Mühldorf am Inn: Ludwig der Bayer besiegt den Gegenkönig Friedrich den Schönen; Ende des Thronstreits.
1323	Beginn eines neuen Konflikts zwischen Papsttum sowie König- und Kaisertum: Papst Johannes XXII. erklärt die Königswahl Ludwigs des Bayern ohne päpstliche Approbation (Anerkennung) für ungültig; Ludwig weist den Approbationsanspruch zurück, appelliert an ein künftiges Konzil, bezichtigt den Papst u.a. der Ketzerei und verlangt seine Rückkehr nach Rom.
1324	Papst Johannes XXII. bannt Ludwig den Bayern und erklärt ihn für abgesetzt.
1326/1330 (um)	Beginn der Verwendung von Schwarzpulver als Treibmittel für Geschosse in Westeuropa.
1327–1377	König Edward III. von England (mündig 1330).
1328 (um)	Die Erfindung der Sägemühle verbessert die Technik der Tischlereibetriebe.
1328	In Breslau stellen die Gürtlergesellen ihre Arbeit für ein Jahr ein (ältester bekannter Streik in Deutschland).
1328	Ludwig der Bayer von »Vertretern des römischen Volkes« im Petersdom zu Rom zum Kaiser gekrönt; er erklärt Papst Johannes XXII. für abgesetzt und erhebt mit Nikolaus (V.) einen Gegenpapst.
1328–I350	König Philipp Vl. von Frankreich.
1328	Der Mystiker Meister Eckhart (* um 1260) während eines gegen ihn geführten Ketzerprozesses in Avignon gestorben.
1328	Gräfin Loretta von Sponheim geb. Gräfin Salm nimmt den Erzbischof und Kurfürsten Balduin von Trier gefangen.
1330	Vertrag von Hagenau (August): Nach dem Tod Friedrichs des Schönen (Januar) versöhnt sich Kaiser Ludwig mit den Habsburgern.
1330 (um)	Beginn planmäßiger Hexenverfolgungen in Nordspanien, die sich bald über ganz Europa verbreiten.

1334–1342	Papst Benedikt XII.
1334	Der italienische Maler Giotto di Bondone zum Leiter des Bauwesens (Dombauhütte) von Florenz bestellt.
1337–1453	Hundertjähriger Krieg zwischen England und Frankreich, um den Anspruch der englischen Könige auf die französische Krone und um wirtschaftliche Interessen Englands auf dem Kontinent.
1338	Die Kurfürsten (Kurverein von Rhense) stellen die Unabhängigkeit der deutschen Königswahl vom Papsttum fest.
1340–1375	König Waldemar IV. Atterdag.
1341	Der italienische Humanist und Dichter Francesco Petrarca wird auf dem Kapitol zu Rom zum Dichter gekrönt.
1341	Kaiser Ludwig der Bayer verleiht Lübeck als erster deutscher Stadt das Recht, Goldmünzen zu prägen.
1342–1352	Papst Clemens VI.
1342–1382	Ludwig I. aus dem Haus Anjou König von Ungarn (1370 auch König von Polen).
1342 oder 1343	Marsilius von Padua (* um 1275), italienischer Staatstheoretiker, in München gestorben.
1346 (August)	Schlacht bei Crécy: Sieg der Engländer über die Franzosen; der mit den Franzosen verbündete König Johann von Böhmen fällt.
1346/47–1378	Karl IV. König von Böhmen und deutscher König (gewählt als Gegenkönig).
1347	Volksaufstand in Rom: Cola di Rienzo proklamiert den Volksstaat.
1347 (nach)	Wilhelm von Ockham (* um 1285), englischer Philosoph und Theologe, in München gestorben.
1347	Der Schwarze Tod (die Pest) tritt seuchenartig in Sizilien auf und verbreitet sich rasch über ganz Europa.
1347	Nach dem Tod Kaiser Ludwigs des Bayern (Mai) wird Karl IV. als deutscher König anerkannt (Oktober).

1348	Geißlerzüge (Flagellanten) zur Erlangung von Sündenvergebung nehmen überhand (1349 vom Papst verboten).
1348	Der Schwarze Tod löst schwere Judenverfolgungen in Europa aus.
1348	König Karl IV. gründet in Prag die erste deutsche Universität.
1349 (Januar - Juni)	Günther von Schwarzburg deutscher Gegenkönig.
1349	*Buch der Natur*, eine volkstümliche Naturkunde, von Konrad Megenberg.
1350–1364	König Johann II., der Gute, von Frankreich.
1350	Till Eulenspiegel, Volksnarr und Schelm, in Mölln (Lauenburg) gestorben.
1351–1382	Winrich von Kniprode, Hochmeister des Deutschen Ordens; unter ihm erlebt der Staat des Ordens seine höchste Blüte.
1352– 1362	Papst Innozenz VI.
1353	Der Bildhauer und Baumeister Peter Parler wird von Karl IV. zum Dombaumeister in Prag bestellt.
1354/55	Italienzug König Karls IV.: Krönung im Petersdom zu Rom zum Kaiser (April 1355).
1356	Erlaß *der Goldenen Bulle*, einer Art Reichsgrundgesetz über die deutsche Königswahl, durch Karl IV. (gültig bis 1806).
1356	Unter Führung der Freien und Reichsstadt Lübeck haben sich die norddeutschen städtischen Kaufmannschaften zusammengeschlossen und treten erstmals förmlich unter der Bezeichnung Hanse auf.
1361	Kunstuhr an der Frauenkirche in Nürnberg: die sieben Kurfürsten verneigen sich stündlich vor dem Kaiser.
1362–1370	Papst Urban V.
1363	König Johann II. von Frankreich belehnt seinen Sohn Philipp (II., den Kühnen, † 1404) mit dem Herzogtum Burgund.
1364–1380	König Karl V., der Weise, von Frankreich.

1364	Gründung der Universität Krakau.
1365	Gründung der Universität Wien.
1365	In Nürnberg werden Stecknadeln hergestellt.
1367–1370	Papst Urban V. weilt in Rom, vermag aber nicht seine Residenz endgültig dorthin zurückzuverlegen und kehrt nach Avignon zurück.
1367	Bündnis der Hansestädte mit Holland und Seeland, dem sich Holstein und Mecklenburg anschließen, und Eröffnung des Krieges gegen König Waldemar IV. Atterdag von Dänemark.
1370	Nach dem Sieg über Dänemark und Norwegen schließt die Hanse den Frieden von Stralsund; Beginn der großen Zeit der Hanse.
1370–1382	Ludwig I. König von Ungarn (seit 1342) und Polen.
1370 (um)	Blütezeit der flandrischen Tuchindustrie.
1373	Kaiser Karl IV. erwirbt die Mark Brandenburg von den Wittelsbachern.
1374	Francesco Petrarca (*1304), italienischer Dichter und Humanist, gestorben.
1375	Giovanni Boccaccio (*1313), italienischer Dichter (*Decamerone*), in Certaldo bei Florenz gestorben.
1376	Gründung des Schwäbischen Städtebundes zur Abwehr landesherrlicher und königlicher Ansprüche.
1376/77	Reichskrieg (Karl IV. mit Hilfe Bayerns und Württembergs) gegen den Städtebund (Belagerung Ulms durch Karl IV., Niederlage Württembergs vor Reutlingen).
1377–1399	König Richard II. von England.
1378–1417	Großes Abendländisches Schisma der katholischen Kirche: Nach dem Tod Papst Gregors XI. wird in Rom Urban VI. († 1389) zum Papst gewählt und in Fondi, von Frankreich unterstützt, Clemens VII. († 1394), der nach Avignon geht.

1378	Nach dem Tod Kaiser Karls IV. (November 1378) Erbteilung: sein Sohn Wenzel folgt ihm als deutscher König und König von Böhmen; der zweite Sohn Sigismund erhält Brandenburg und der dritte Sohn, Johann, Görlitz; Karls Neffen Jobst und Prokop teilen sich in die Herrschaft Mährens.
1380–1422	König Karl VI., der Wahnsinnige, von Frankreich.
1381	Gründung eines neuen Rheinischen Städtebundes, der sich mit dem Schwäbischen Städtebund vereinigt.
1383	König Wenzel erläßt einen allgemeinen Landfrieden, den die Städte ablehnen, weil darin Bünde untersagt sind.
1386	Gründung der Universität Heidelberg.
1386	Schlacht bei Sempach: die Schweizer Eidgenossen besiegen Herzog Leopold III. von Österreich, der im Kampf fällt.
1387	Sigismund wird nach seiner Vermählung mit Maria (1385), der ungarischen Erbtochter, König von Ungarn, kann sich aber nur allmählich durchsetzen.
1387–1412	Margarete, regierende Königin von Dänemark und Norwegen, Tochter König Waldemars IV. Atterdag von Dänemark († 1375), Gemahlin König Hakons VI. († 1380), Vormund ihres Sohnes Olaf († 1387).
1387	Erzbischof Pilgrim II. von Salzburg wird von den beiden bayrischen Herzögen Albrecht I. (Straubing) und Friedrich (Landshut) entführt.
1388	Erneut Krieg zwischen Fürsten und Städten im Reich: Sieg Graf Eberhards II., des Greiners, über den Schwäbischen Städtebund bei Döffingen; Sieg Ruprechts I. von der Pfalz über den Rheinischen Städtebund bei Worms.
1388	Gründung der Universität Köln (erstmals Gründung einer Universität durch eine Stadt).
1389	König Wenzel verkündet den Landfrieden von Eger (u.a. Untersagung aller Städtebünde).

1389	Königin Margarete von Dänemark und Norwegen setzt sich auch gegenüber König Albrecht (Herzog von Mecklenburg) von Schweden als Königin von Schweden durch.
1389	Schlacht auf dem Amselfeld: die vereinigten Serben werden von den osmanischen Türken vernichtend geschlagen.
1389–1404	Bonifatius IX. Papst in Rom.
1393–1407	Konrad von Jungingen Hochmeister des Deutschen Ordens.
1397	Kalmarer Union: Königin Margarete erreicht die Vereinigung der drei Reiche Dänemark, Norwegen und Schweden.
1399	Der deutsche Baumeister Ulrich Ensinger Bauleiter am Ulmer Münster.
1399	Peter Parier (* 1330), deutscher Bildhauer und Baumeister, in Prag gestorben.
1399–1413	König Heinrich IV. von England.
1400 (Seit etwa)	Das Bier gewinnt an Beliebtheit; der Weinverbrauch geht zurück.
1400	Die vier rheinischen Kurfürsten setzen König Wenzel ab und wählen Kurfürst Ruprecht III. von der Pfalz zum deutschen König († 1410)
1401	Die Seeräuber und Anführer der Vitalienbrüder Klaus Störtebeker und Godeke Michels werden in Hamburg hingerichtet.
1404–1406	Innozenz VII. Papst in Rom.
1404–1419	Herzog Johann ohne Furcht von Burgund.
1406	Nach der Wahl Gregors XII. zum Papst in Rom verweigert Benedikt XIII., Papst in Avignon, die Abdankung; darauf setzt das von Kardinälen aus Rom und Avignon nach Pisa berufene Konzil beide Päpste ab und wählt Alexander V.; das Schisma besteht mit den Päpsten fort.
1409	Gründung der Universität Leipzig.
1470	Schlacht bei Tannenberg: der Deutsche Orden wird von den Polen und Litauern vernichtend geschlagen.

1410–1414	Heinrich von Plauen Hochmeister des Deutschen Ordens; seine Reformversuche scheitern.
1410–1411	Jobst von Mähren deutscher König.
1410–1437	Sigismund deutscher König.
1413–1422	König Heinrich V. von England.
1413	Mit Einwilligung Johannes' XXIII. Einberufung eines Allgemeinen Konzils nach Konstanz zur Beendigung des Abendländischen Schismas und Reform der Kirche.
1413	Geschütz aus Eisenguß hergestellt (etwa 180 Zentner).
1414	Eröffnung des Konzils in Konstanz.
1414	Johannes Tepl, deutscher Dichter (*Der Ackermann aus Böhmen*), in Prag gestorben.
1414	Jan Hus, tschechischer Reformator, erscheint unter Zusicherung freien Geleits vor dem Konzil von Konstanz, um seine Lehren zu rechtfertigen.
1415	Schlacht bei Azincourt: Sieg der Engländer über die Franzosen.
1415	Die Lehren von Hus werden vom Konzil verworfen; der Reformator wird zum Tod auf dem Scheiterhaufen verurteilt und hingerichtet.
1417	Nachdem Johannes XXIII. und Gregor XII. abgedankt haben (1415), wählt das Konzil Martin V. zum neuen Papst; Benedikt XIII. weigert sich in Avignon ebenfalls abzudanken und wird abgesetzt (1417); Ende des Abendländischen Schismas.
1417	In Konstanz belehnt König Sigismund den Burggrafen von Nürnberg, Friedrich VI. von Hohenzollern, feierlich mit der Mark und dem Kurfürstentum Brandenburg.
1419	Nach dem Tod König Wenzels wird sein Bruder Sigismund auch König von Böhmen.
1419–1433	Hussitenkriege; der Aufstand der Anhänger von Jan Hus weitet sich zu einer religiös-revolutionären Bewegung aus.

1419	Ulrich von Ensingen (*um 1350 oder 1360), deutscher Baumeister, gestorben.
1420	In den *Vier Prager Artikeln* legen die Hussiten ihre Forderungen fest (Predigtfreiheit, Laienkelch, Reform der Geistlichkeit).
1420/21	Kreuzzug gegen die Hussiten (endet mit Niederlage König Sigismunds).
1422	Ritterschaften erhalten von König Sigismund das Privileg, sich in Bünden zusammenzuschließen.
1422–1461, 1470/71	König Heinrich VI. von England (mündig 1437)
1422–1461	König Karl VII. von Frankreich (gegen die englischen Ansprüche Heinrichs VI. zum König proklamiert).
1422 (seit etwa)	Entwicklung der Geschützgießerei.
1423	König Sigismund belehnt nach dem Aussterben der sächsischen Askanier den Markgrafen Friedrich den Streitbaren aus dem Haus Wettin mit dem Herzogtum Sachsen-Wittenberg (1423 erhält er auch die sächsische Kurwürde).
1426–1435	Krieg der Hanse und Holsteins gegen König Erich von Dänemark wegen der Sundzölle des Herzogtums Schleswig.
1426/27	Die Hussiten verheeren Österreich, Bayern, Franken, Sachsen, Schlesien und Brandenburg; ein Reichsheer kann sie nicht aufhalten.
1428	Herzog Philipp III., der Gute, von Burgund gliedert dem Herzogtum Burgund Hennegau, Holland und Seeland ein (1429 Namur).
1429	Jeanne d'Arc, ein Bauernmädchen aus Lothringen, besiegt als Anführerin französischer Truppen die Engländer vor Orléans; Karl VII. wird in Reims zum französischen König gesalbt.
1430 (um)	Die Ravensburger Handelsgesellschaft wird führend im Textilgroßhandel.
1431	In Basel wird ein Allgemeines Konzil eröffnet.
1433	Krönung König Sigismunds im Petersdom zu Rom zum Kaiser durch Papst Eugen IV.
1433	Letzte Niederlage eines Kreuzfahrerheeres gegen die Hussiten bei Taus in Böhmen.

1434	Umseglung des Kaps Bojador, Westafrika, durch portugiesische Seefahrer: Beginn der Entdekkung der afrikanischen Küsten durch die Portugiesen.
1435	Konstruktion einer Standuhr mit Federzug für Herzog Philipp von Burgund.
1435	Im Frieden von Wordingbord zwischen Dänemark, der Hanse und Holstein werden die Vorrechte der Hanse in der Ostsee bestätigt.
1436	Iglauer Kompakten: Endgültiger Friedensschluß zwischen Kaiser Sigismund, den Abgesandten des Konzils zu Basel und Vertretern Böhmens (Ende der Hussitenkriege); den Hussiten wird nun der Laienkelch zugestanden; Sigismund wird als König von Böhmen anerkannt.
1437 (Juli)	Auf dem Reichstag zu Eger scheitern die Reichsreformpläne Kaiser Sigismunds am Gegensatz von Fürsten und Städten.
1437 (September)	Das Basler Konzil spaltet sich: Papst Eugen IV. verlegt das Konzil nach Ferrara; die papstfeindliche Konzilsmehrheit bleibt in Basel.
1437	Nach dem Tod Kaiser Sigismunds (Dezember) tritt sein Schwiegersohn, Herzog Albrecht V. von Österreich, das Erbe der Luxemburger an.
1438–1440	Herzog Albrecht V. von Österreich aus dem Haus Habsburg als Albrecht II. deutscher König.
1438	In Bourges werden die *Gallikanischen Freiheiten*, die Rechte der französischen Kirche gegenüber dem Papsttum, festgelegt.
1439	Die anonyme Flugschrift *Reformatio Sigismundi* erscheint: im Namen des Kaisers wird eine Reform des geistlichen und weltlichen Standes sowie die Aufhebung der bäuerlichen Leibeigenschaft gefordert.
1439	Das Basler Konzil setzt Papst Eugen IV. ab und wählt Felix (V.) zum Gegenpapst; Eugen IV. verlegt das Konzil von Ferrara nach Florenz.
1440–1493	Friedrich V. von Steiermark, Haupt des Hauses Habsburg, als Friedrich III. deutscher König.

1441	Im Frieden von Kopenhagen wird der Kaperkrieg (seit 1430) zwischen Holland und der Hanse beendet: das Eindringen der Holländer in den Ostseehandel kann nicht verhindert werden.
1442	Auf dem Reichstag zu Frankfurt am Main erläßt König Friedrich III. eine *Reformatio* zur Einschränkung des Fehdewesens.
1442	Der italienische Humanist Enea Silvio Piccolomini wird an den Hof Friedrichs III., berufen und vom König zum Dichter gekrönt.
1443	Schlacht bei Nisch in Serbien: der ungarische Heerführer Johann Hunyadi besiegt die osmanischen Türken.
1445	Oswald von Wolkenstein (*um 1377), deutscher Dichter, in Meran gestorben.
1445 (um)	Johannes Gutenberg (Gensfleisch) stellt erstmals ein Druckwerk mit beweglichen Lettern her.
1444	Konkordat zwischen König Friedrich III. (als österreichischer Landesherr) und Papst Eugen IV.; dem kirchenrechtlichen Abkommen folgen verschiedene Fürstenkonkordate mit der Kurie (zwischen 1447 und 1476).
1446	Konrad Witz (* um 1400), deutscher Maler, in Basel gestorben; Werke: Heilsspiegelaltar in Basel, Genfer Altar in Genf.
1446	Erster nachweisbarer datierter Kupferstich.
1448	Im Wiener Konkordat regeln König Friedrich III. und Papst Nikolaus V. die Beziehungen zwischen Reich und Kurie (gültig bis 1806); die Reformbeschlüsse des Basler Konzils bleiben unberücksichtigt; die finanziellen Belastungen der deutschen Kirche durch die Kurie werden nicht erleichtert.
1449	Auflösung des Basler Konzils.
1450	In Nürnberg und Augsburg werden Singschulen gegründet; der Meistersang wird schulmäßig organisiert.

1451 (dann 1455 u. 1458)	Die Reichsstände legen ihre Unzufriedenheit über ausgebliebene Reformen in den *Gravamina* (Beschwerden) der deutschen Nation nieder.
1451	Stephan Lochner (* um 1410), deutscher Maler, in Köln gestorben; Gemälde: Maria im Rosenhag, Dreikönigsaltar (beide Köln).
1452	Krönung König Friedrichs III. im Petersdom zu Rom zum Kaiser; letzte Kaiserkrönung in Rom.
1453	Ohne förmlichen Friedensschluß endet der Hundertjährige Krieg zwischen Frankreich und England.
1453	Kaiser Friedrich III. verleiht den Angehörigen seines Hauses den Titel Erzherzog.
1453	Unter Führung des osmanischen Sultans, Muhammads II., erobern die Türken Konstantinopel; damit endet das fast tausendjährige, in der Tradition des Römischen Reiches stehende Byzantinische Reich.
1454 (um)	Als erstes gedrucktes großes Buch schafft Gutenberg die zweiundvierzigzeilige lateinische Bibel.
15. Jahrhundert:	Blüte des Fachwerkhauses in Niederdeutschland. Aufkommen der Arkebuse als Schußwaffe mit Luntenzündung. Verbreitung von Eisenhütten von den Niederlanden nach England und Schweden. Blüte der Blockbuchkunst (Bild- und Textholzschnitte): u.a. Armenbibeln, Totentänze. Entwicklung der Wohnkultur (mehr Komfort als im hohen Mittelalter). Um 1450 Verbreitung des Buchdrucks mit beweglichen Lettern von Mainz aus: u.a. Straßburg 1458, Köln 1465, Rom 1467, Basel 1468, Venedig 1469, Paris 1471, Krakau 1476, London 1477, Wien 1482.
1455–1485	Rosenkriege in England zwischen den Häusern Lancaster und York.
1456 (um)	In Deutschland existieren etwa 3000 stadtartige Siedlungen; zu den größten Städten zählen Köln, Lübeck, Danzig, Nürnberg, Augsburg mit 20 000 bis 30 000 Einwohnern.

1456	Gründung der Universität Greifswald.
1457	Gründung der Universität Freiburg im Breisgau.
1458	Nach dem Tod seines Neffen Ladislaus Postumus erhält Kaiser Friedrich III. Niederösterreich mit Wien. In Böhmen folgt Georg Podiebrad († 1471) und in Ungarn Matthias I. Corvinus (Hunyadi; † 1490) als König.
1458–1464	Papst Pius II. (Enea Silvio de Piccolomini).
1459	Cosimo de' Medici der Alte, Stadtherr von Florenz, gründet eine Platonische Akademie.
1459 (nach)	Hans Stethaimer, deutscher Baumeister, gestorben. Bauwerke: Heiliggeistkirche in Landshut, Franziskanerkirche in Salzburg.
1459	Eroberung Serbiens durch die osmanischen Türken.
1461–1470 u. 1471–1483	König Eduard IV. von England.
1461–1483	König Ludwig XI. von Frankreich.
1463	Papst Pius II. erläßt eine Kreuzzugsbulle gegen die Türken.
1464–1471	Papst Paul II.
1464	Nikolaus von Kues (*1401), deutscher Philosoph und Theologe, in Todi gestorben.
1466	Zweiter Thorner Friede: Der Deutsche Orden verliert Pommerellen, Kulmerland, Ermland und die Marienburg an Polen und muß die polnische Oberhoheit anerkennen.
1467	Hans Multscher (*um 1400), deutscher Maler und Bildhauer, in Ulm gestorben; Skulpturen am Hochaltar der Pfarrkirche in Sterzing.
1467–1477	Herzog Karl der Kühne von Burgund.
1468	Die Schließung des Londoner Stahlhofs der Hanse führt zur Handelssperre der Hansestädte gegen England (Seekrieg 1469–1474).
1471	Der deutsche Mystiker Thomas von Kempen (*1379/80) gestorben; Vertreter einer verinnerlichten Frömmigkeit.

1471–1484	Papst Sixtus IV.
1471	Auf dem Reichstag zu Regensburg erläßt Kaiser Friedrich III. einen Reichslandfrieden.
1471	Albrecht Dürer († 1528) in Nürnberg geboren (erster Graphikzyklus *Apokalypse* 1498).
1471–1516	König Wladislaw Jagiello von Böhmen.
1472	Gründung der Universität Ingolstadt.
1473	Zusammenkunft Kaiser Friedrichs III. mit Herzog Karl dem Kühnen von Burgund; Karl erreicht nicht die Königskrone für sein Reich.
1473 (seit)	Meistersänge, Fastnachtsspiele des Nürnberger Dichters Hans Folz († 1513).
1474	Der italienische Kunsttheoretiker Leon Battista Alberti (*1404) in Rom gestorben; er gilt als erster Universalgelehrter der Renaissance.
1476	Karl der Kühne verspricht sein einziges Kind Maria dem Sohn Kaiser Friedrichs III., Maximilian.
1476	Schlachten bei Grandson und Murten: Karl der Kühne unterliegt den Eidgenossen.
1477	Karl der Kühne fällt vor Nancy im Kampf gegen die vereinigten Eidgenossen, elsässischen und lothringischen Truppen.
1477	Der Ulmer Arzt Heinrich Steinhöwel übersetzt die Fabeln des Äsop ins Deutsche.
1477	Gründung der Universität Tübingen.
1483	Martin Luther geboren, Mönch, Theologe und Reformator.
1485 (um)	Tafelgeschirr aus Zinn kommt in Gebrauch.
1485	König Matthias I. Corvinus von Ungarn erobert Wien.
1485	Rudolf Agricola (*1443), niederländischer Philosoph, Wegbereiter des Humanismus, in Heidelberg gestorben.
1486	Wahl Maximilians I., Sohn Kaiser Friedrichs III., zum deutschen König.
1487	Der *Hexenhammer* erscheint, das für die Gerichtspraxis und Inquisition maßgebliche Gesetzbuch für die Verfolgung von Hexen.

1488	Zusammenschluß des Adels und der Städte Schwabens zum Schwäbischen Bund gegen Übergriffe der Landesherren.
1489	Bei Nürnberg wird die erste deutsche Papiermühle errichtet.
1490	Nach dem Tod König Matthias' I. Corvinus von Ungarn erobert Maximilian Österreich zurück.
1491	Martin Schongauer (*um 1435), deutscher Maler, in Breisach gestorben; Gemälde: Maria im Rosenhag in Kolmar, Weltgericht (Fresken) im Breisacher Münster.
1491	Friede von Preßburg: Maximilian erkennt Wladislaw Jagiello als König von Böhmen (seit 1471 dort König) und König von Ungarn (seit 1490 dort König) an und sichert sich das Nachfolgerecht im Fall eines erbenlosen Todes Wladislaws.
1492	Der Nürnberger Martin Behaim fertigt den ältesten erhaltenen Erdglobus.
1492	Der Genueser Christoph Kolumbus entdeckt im Dienst der Königin Isabella von Kastilien Amerika.
1494	Sebastian Brant († 15 21) dichtet *Das Narrenschiff*, ein moralisch-satirisches Lehrgedicht.
1498	Michael Pacher (*um 1435/1440), deutscher Maler und Bildhauer, in Salzburg gestorben. Werke: Krönung Mariä in München, Muttergottes in Salzburg.

Literatur

Vorwort

E. Friedell, Kulturgeschichte der Neuzeit. Die Krisis der europäischen Seele von der Schwarzen Pest bis zum Weltkrieg, 3 Bde., München 1927–1928

1. Kapitel

G. Sticker, Abhandlungen aus der Seuchengeschichte und Seuchenlehre, 2 Bde., Gießen 1908–1912
Colmarer Annalen (Annales minores et Annales Basilienses et Colmarienses), hg. v. Ph. Jaffé, Monumenta Germaniae Historica, Scriptores Bd. 17, Hannover 1861
F. Gregorovius, Geschichte der Stadt Rom im Mittelalter vom 5. bis zum 16. Jahrhundert, Darmstadt 1978
Die großen Deutschen, hg. v. H. Heimpel, Th. Heuss, B. Reifenberg, 5 Bde., Berlin 1956–1957 (hier Bd. 1, 1956)
I. Raithel-Zivsa, Karl IV. Ein Fremder in der deutschen Literatur, in: Kaiser Karl IV., Staatsmann u. Mäzen, hg. v. F. Seibt, München 1978
A. Schulte, Der deutsche Staat. Verfassung, Macht und Grenzen 919–1914, Stuttgart und Berlin 1933
W. Eberhard, Herrschaft und Raum – Zum Itinerar Karls IV., in: Kaiser Karl IV., Staatsmann u. Mäzen, hg. v. F. Seibt, München 1978
K. Hampe, Herrschergestalten des Deutschen Mittelalters, Darmstadt 1980
F. Seibt, Karl IV., München 1978

2. Kapitel

G. Freytag, Bilder aus der deutschen Vergangenheit, Hamburg 1978
J. Twinger von Königshofen, Chronik [Straßburg], in: Chroniken deutscher Städte, Bd. 8 u. 9, 1871

Th. Lindner, Geschichte des deutschen Reiches unter König Wenzel, Braunschweig 1875
W. Schivelbusch, Das Paradies, der Geschmack und die Vernunft, München 1980
H. Döbler, Kochkunst, Tafelfreuden, Eßkultur, München 1972
R. Gööck, Das Buch der Gewürze, München 1981
A. Waas, Der Mensch im deutschen Mittelalter, Graz 1964
H. Schipperges, Das Menschenbild Hildegards von Bingen. Die anthropologische Bedeutung von »Opus« in ihrem Weltbild, Leipzig 1962
G. Steinhausen, Kaufleute und Handelsherren in alter Zeit, Leipzig 1899
F. W. Henning, Das vorindustrielle Deutschland 800–1800, Paderborn 1974
Geiler von Kaysersberg, Ausgewählte Schriften, hg. v. Ph. de Lorenzi, 4 Bde., Trier 1881–1883
E. Maschke, Die Stadt am Ausgang des Mittelalters, hg. v. W. Rausch, Linz 1974
Chr. Meyer, Die unehrlichen Leute in älterer Zeit, Hamburg 1894
E. Mummenhoff, Der Handwerker in der deutschen Vergangenheit, Leipzig 1901

3. Kapitel

Pius II. (Papst), Der Briefwechsel (Epistolae) des Enea Silvio Piccolomini, hg. v. R. Wolkan, 4 Bde., Wien 1909–1920
H. Grundmann, Wahlkönigtum, Territorialpolitik und Ostpolitik im 13. und 14. Jahrhundert, in: B. Gebhardt, Handbuch der deutschen Geschichte, Bd. I, Stuttgart 1970
H. Heimpel, Deutschland im späteren Mittelalter; in: Handbuch der deutschen Geschichte, hg. v. L. Just, Bd. I, Konstanz 1957
R. Wahl, Die Deutschen, Eine Historie, München 1953

4. Kapitel

F. Gregorovius, a.a.O. (1. Kapitel)
R. Friedenthal, Ketzer und Rebell. Jan Hus und das Jahrhundert der Revolutionskriege, München 1972
M. Vischer, Jan Hus, sein Leben und seine Zeit, 2 Bde., Frankfurt am Main 1940

Th. Lindner, a.a.O. (2. Kapitel) H. Heimpel, a.a.O. (3. Kapitel) H. Diwald, Deutsche Geschichte, Berlin 1978
Nikolaus von Kues, De Concordantia Catholica, hg. v. G. Kallen, 2 Bde., Leipzig 1939–1940 (Werke Bd. 14)
K. Lamprecht, Deutsche Geschichte, 14 Bde. und 2 Erg.-Bde., Berlin 1891–1909
G. Benn, Zum Thema Geschichte, in: Gesammelte Werke, Bd. 3, Wiesbaden 1968

5. Kapitel

H. Foerster/H. Thiele, Das Leben in der Gotik, München 1969 P. Booz, Der Baumeister der Gotik, München 1956
G. E. Lessing, Alte deutsche Baukunst, in: Werke, Bd. 16, Berlin, Wien und Stuttgart 1925
J. W. von Goethe, Von deutscher Baukunst, in: Werke, Bd. 12, Hamburg 1953
B. W. Jaxtheimer, Gotik, München 1982
I. Vallery-Radot, Bernard de Fontaines, Abbé de Clairvaux ou Les noces de la grâce et de la nature, 2 Bde., Paris 1963 –1969
G. Dehio, Geschichte der deutschen Kunst, 3 Bde., Berlin 1919–1924

6. Kapitel

G. Kaiser, Der tanzende Tod, Frankfurt am Main 1982
H. Rosenfeld, Der mittelalterliche Totentanz, Münster 1954
Die letzte Reise, hg. v. S. Metken, München 1984
F. Falk, Die deutschen Sterbebüchlein von der ältesten Zeit der Buchdrucke bis zum Jahr 1520, Köln 1890
R. Rudolf, Ars moriendi. Von der Kunst des heilsamen Lebens und Sterbens, Köln u. Graz 1957 J. Huizinga, Herbst des Mittelalters, München 1969
W. Stammler, Der Totentanz, München 1948
Ph. Ariès, Essai sur l'histoire de la mort en Occident du moyen-âge à nos jours, Paris 1975 (deutsche Ausgabe: Geschichte des Todes, München 1980) '
L. Tolstoi, Der Tod des Ivan Iljitsch, Stuttgart 1965
Vom Mittelalter zur Reformation, hg. v. A. Berndt und K. Burdach, Berlin 1917–1932

E. Ewig, Die Anschauungen des Karthäusers Dionysius v. Roermond über den christlichen Ordo in Staat u. Kirche, Bonn 1936
Lexikon für Theologie und Kirche, 10 Bde., Freiburg im Breisgau 1957–1965
Deutsches Mittelalter, ausgewählt von F. v. d. Leyen, eingeleitet von P. Wapnewski, Frankfurt am Main 1962
J. Le Goff, Die Geburt des Fegefeuers, Stuttgart 1984
Kindlers Literaturlexikon, 8 Bde., Zürich 1965–1974

7. Kapitel

Wie ein Mann ein fromm Weib soll machen, hg. v. M. Dallapiazza, Frankfurt am Main 1984
L. Kuhn, Petrus Damiani und seine Anschauungen über Staat und Kirche, Freiburg 1913
B. von Freiburg, Summa Confessorum, Augsburg 1472, zitiert in: Wie ein Mann ein fromm Weib soll machen, hg. v. M. Dallapiazza, Frankfurt am Main 1984
G. Jung, Geschlechtsmoral des deutschen Weibes im Mittelalter, Leipzig 1921
J. T. Noonan, Empfängnisverhütung, Geschichte ihrer Beurteilung in der katholischen Theologie und im kanonischen Recht, Mainz 1965
Deutsche Predigten, hg. v. F. Pfeiffer u. J. Strobl, 2 Bde., 1862–1880
Avicenna, Canon medicinae, Venedig 1495
A. M. Goichon, Introduction à Avicenna, Paris 1933
A. Borst, Alltagsleben im Mittelalter, Frankfurt am Main 1983
Sh. Shahar, Die Frau im Mittelalter, Königstein 1981
M. Wensky, Die Stellung der Frau in der stadtkölnischen Wirtschaft im Spätmittelalter, Köln 1980
Deutsche Privatbriefe des Mittelalters, hg. v. G. Steinhausen, 2 Bde., Berlin 1907

8. Kapitel

H. G. Reuter, Die Lehre vom Ritterstand, Köln und Wien 1971
Das Rittertum im Mittelalter, hg. v. A. Borst, Darmstadt 1976
D. F. Strauß, Ulrich von Hutten, hg. v. K. Clemens, Leipzig 1938
S. Fischer-Fabian, Die deutschen Cäsaren, Locarno 1977

Froben Christoph Graf von Zimmern, Die Chronik der Grafen von Zimmern, hg. v. Hansmartin Decker-Hauff, 3 Bde., Konstanz und Stuttgart 1964–1972
Wernher der Gartenaere, Meier Helmbrecht, hg. v. F. Panzer, Halle 1902
J. Bühler, Fürsten und Ritter, nach zeitgenössischen Quellen, Leipzig 1928
W. Andreas, Deutschland vor der Reformation, Berlin 1959
B. Tuchmann, Der ferne Spiegel, Düsseldorf 1980

9. Kapitel

S. v. Riezler, Geschichte der Hexenprozesse in Bayern, im Lichte der allgemeinen Entwicklung, Stuttgart 1896
Justiz in alter Zeit, hg. v. Ch. Hinkeldey, Rothenburg 1984
K. Baschwitz, Hexen und Hexenprozesse, München 1963
W. G. Soldan/U. Heppe, Geschichte der Hexenprozesse, 2 Bde., München 1911
J. Hansen, Zauberwahn, Inquisition und Hexenprozeß im Mittelalter, München/Leipzig 1900
Lexikon für Theologie und Kirche, a.a.O. (Kapitel 6)
W. Nigg, Das Buch der Ketzer, Zürich 1949
S. Brant, Das Narrenschiff, hg. v. M. Richter, Berlin 1958
W. Durant, Das Zeitalter der Reformation, Bern 1959
Deutsches Mittelalter, ausgewählt von F. v. d. Leyen und eingeleitet von P. Wapnewski, Frankfurt am Main 1962
L. Graf zu Dohna, Reformatio Sigismundi, Göttingen 1960
H. Rössler u. G. Franz, Sachwörterbuch zur deutschen Geschichte, München 1958
W. E. Peuckert, Die große Wende, Hamburg 1948
W. Andreas, a.a.O. (Kapitel 8)
E. u. H. Melchers, Das große Buch der Heiligen, München 1978
M. Seidlmayer, in: Handbuch der deutschen Geschichte, hg. v. L. Just, Bd. I, Konstanz 1957

Bildnachweis

Archiv für Kunst und Geschichte, Berlin, S. 4

Bildarchiv Gerstenberg, Wietze, S. 7, 8

Bildarchiv Preußischer Kulturbesitz, Berlin, S. 1, 3, 5, 6

Historia-Photo, Hamburg, S. 1, 2, 5, 6, 8

Interfoto Friedrich Rauch, München, S. 1, 7

Süddeutscher Verlag, Bilderdienst, München, S. 2, 3, 4

Ullstein Bilderdienst, Berlin, S. 2, 4, 8

Register